So folgt mein Hund mit Freude

DIETER EICHLER

So folgt mein Hund mit Freude

Die besten Tricks der Hundepsychologen

blv

Inhalt

Was man wissen sollte –
damit man Hunde besser versteht

Was können wir mit Psychologie erreichen? 6
Forderndes Verhalten nicht belohnen 6 · Mit kleinen Schritten zum Erfolg 9
Wie Hunde denken und fühlen 10
Hund und Mensch – eine besondere Beziehung 10 · Wie Hunde lernen 12 · Die Intelligenzfrage 14

Sozialisation des Welpen –
Grundlage für eine gute Entwicklung

Woran muss ich denken, wenn ich einen Welpen bekomme? 16
Wir sozialisieren unseren Welpen 17 · Warum müssen Hunde sozialisiert werden? 18 · Mein Hund im Auto 20 · Die Bindung 21 · Die Narrenfreiheit des Hundebabys 23 · Welpen dürfen nicht behütet werden 23
Routine im Alltag 25
Gewöhnung an unnatürliche Geräusche 25 · Wie wird mein Hund stubenrein? 26 · Junge Hunde zerbeißen gern Schuhe 29 · Hunde liegen immer im Weg 31 · Allein zu Hause 32 · Gewöhnung an eine Transportbox 34
Hund und Kind 36
Fremde Kinder 36 · Eigene Kinder 38 · Frauchen bekommt ein Baby 39
Kontakt zu Tieren 41
Artgenossen 41 · Andere Tierarten 43

Hundeerziehung –
mit 8 Wochen fängt man an

Warum ein Hund erzogen werden muss 46
Je früher, desto besser 47
Die Lernfähigkeit des Hundes 49
In welchem Alter lernt ein Hund am schnellsten? 49 · Wie lernt ein Hund? 50 · Wie funktioniert eine Verknüpfung? 50 · Schneller Erfolg durch positive Bestärkung 51 · Negative Bestärkung statt Strafe 52 · Wie versteht ein Hund, was »Nein« bedeutet? 52

Trainingsmethoden 54
Das Clickertraining 54 · Das Aufmerksamkeitstraining 55 · Ohne Vertrauen läuft nichts 56
Wenn ein Hund nicht lernen will 59
Wie lernt ein Hund am schnellsten? 59 · Mein Welpe an der Leine 60
Die Hierarchie im »Rudel« 63
Übertriebene Fürsorge 63 · Rudelführer haben es leichter 64 · Hunde erziehen sich gegenseitig 65
Gewaltfreie Erziehung 65
Die passive Lehrmethode 65 · Für den Welpen beginnt der Ernst des Lebens 66 · Von Hunden lernen 67 · Gewaltfreie Verhaltenskorrektur 67 · Wie bringt man einem Hund Signale bei? 70
Lob und Tadel 71
Richtiges und falsches Belohnen 71
Die Hörzeichen 74
»Komm« 75 · »Hier« 76 · »Fuß« 77 · »Sitz« 79 · »Platz« 79 · »Bleib« 80 · »Sitz« und »Bleib« 80 · »Aus« 82 · »Stopp« 83 · Weitere akustische Signale 83
Sichtzeichen 84

Erwachsene Hunde –
können mehr lernen, als man glaubt

Nachhilfestunden für Hunde 86
Vorsicht beim Tadeln 88 · Unangemessene Strafen 89 · Verweigern von Befehlen 92 · Die Leinenführigkeit 94 · Erziehungshilfen 94 · Akustische Erziehungshilfen 96
Das Problem mit der Entfernung 98
»Fernbedienung« für Hunde 100 · Ausflug mit dem Fahrrad 101
Zwei Hunde in einem Haushalt 102
Vierbeiniger Familienzuwachs 102

Kommunikation –
wie verständigen sich Hunde?

Die Körpersprache 106
Beschwichtigungssignale 107 · Drohsignale 109 · Unterwerfung 110 · Spielaufforderung 112 · Anschleichen 112 · Die Übersprungshandlung 113
Typische Verhaltensweisen 114
Wenn ein Hund den Kopf abwendet 114 ·

Inhalt

Wenn ein Hund das Fell sträubt 114 · Wenn ein Hund mit dem Schwanz wedelt 115 · Wenn ein Hund das Bein hebt 117 · Wenn ein Hund die Pfote hebt 117 · Wenn sich ein Hund von hinten nähert 118 · Wenn ein Hund uns anspringt 119 · Wenn ein Hund die Pfote auflegt 120 · Wenn ein Hund aufreitet 120 · Wenn ein Hund »Über die Schnauze fasst« 121 · Wenn ein Hund unser Gesicht leckt 122 · Wenn ein Hund »erstarrt« 123 · Wenn ein Hund sich flach hinlegt 123 · Warum legen sich Hunde auf den Rücken? 124

Die Mimik 125
Blickkontakt 125 · Zähneblecken 126 · Lippen lecken 127

Akustische Signale 127
Bellen 127 · Knurren 129 · Winseln, Fiepen und Jaulen 130 · Heulen 130 · Hecheln 131

Rangordnung –
Die Hierarchie in der Familie

Wie wird man »Rudelführer«? 132

Begegnungen mit anderen Hunden 135
Wann anleinen? 136 · Kommunikation zwischen frei laufenden Hunden 137 · Aggression durch Unsicherheit 138 · Menschliche Fehlinterpretationen 138 · Hunde friedlich stimmen 140 · Zurückhaltung kann nützen 141 · Droh- und Angriffssignale erkennen 144

Angst und Aggression –
das Regelsystem im Sozialverhalten der Hunde

Der ängstliche Hund 147
Wie wir unsere Körpersprache einsetzen können 147 · Negative Einflüsse 148 · Richtiges Verhalten gegenüber ängstlichen Hunden 149 · Ängste 152

Der unsensible Hund 161

Der dominante Hund 162
Präventive Maßnahmen 162 · Rollentausch 164 · Wenn Herrchen kein Rudelführer ist 166

Der aggressive Hund 168
Was ist eigentlich Aggression? 168 · Vorbeugende Maßnahmen 170 · Stress bei Hunden 171 · Maßnahmen bei einer Rauferei 175 · Eifersucht unter Hunden 177 · Nachbarhunde 178 · Aggressives Verhalten verhindern 179 · Wie führt man einen aggressiven Hund? 180 · Aufmerksamkeit bei der Hundeführung 181 · Bei Aggression richtig reagieren 185 · Aggression gegen Menschen 185 · Die Sicherheit im »Rudel« 187 · Aggression gegen Familienmitglieder 188 · Erwünschte Aggressivität 189 · Die letzte Rettung 190

Unerwünschtes Verhalten –
wie man Fehlverhalten korrigiert

Erziehungsprobleme 192
Mein Hund will seinen Willen durchsetzen 194 · Mein Hund kommt nicht auf Befehl 197 · Mein Hund streunt 200 · Mein Hund ist wehleidig 201

Probleme daheim 203
Mein Hund bellt zu oft 203 · Mein Hund jault, winselt, maunzt oder fiept 205 · Mein Hund will nicht allein bleiben 206 · Mein Hund wird nicht stubenrein 206 · Mein Hund bettelt 208 · Mein Hund klaut 209 · Mein Hund springt Leute an 211 · Wenn ein Hund auf den Schoß springt 212 · Mein Hund zwickt 212 · Mein Hund lässt sich nicht hochheben 216 · Mein Hund zerlegt die Wohnung 218 · Hund und Briefträger oder andere Besucher 220 · Probleme mit den eigenen Kindern 222 · Wenn ein Hund uns nachts weckt 224

Probleme unterwegs 225
Mein Hund zieht an der Leine 225 · Mein Hund läuft zu weit voraus 226 · Mein Hund rennt auf fremde Menschen zu 228 · Mein Hund hetzt Radfahrer, Jogger oder Kinder 229 · Mein Hund knurrt Menschen an 231 · Mein Hund jagt Tiere 233 · Mein Hund killt Hühner oder andere Tiere 236 · Wälzen in stinkenden Sachen 237 · Das Aufreiten 238 · Mein Hund macht auf den Fußweg 239 · Probleme mit fremden Kindern 239 · Unerwünschte Deckung einer Hündin 242 · Probleme beim Autofahren 243

Fressverhalten 246
Mein Hund frisst alles, was er findet 246 · Hunde fressen Gras 247 · Wenn Hunde Erbrochenes fressen 247 · Kotfressen 247

Weitere Probleme 248

Register 250 · Literatur 254

Was man wissen sollte – damit man Hunde besser versteht

Was können wir mit Psychologie erreichen?

Ein so umfassendes Thema wie Psychologie kann man natürlich nicht mit ein paar Sätzen beschreiben. Aber wir wollen ja keine Tierpsychologen werden, sondern uns nur ein paar Grundkenntnisse für die Erziehung unseres Hundes aneignen.

Mit psychologischer Erziehung kann man einen Hund gewaltlos beeinflussen, führen und leiten, damit er sich so verhält, wie wir es wünschen. Auch Hunde besitzen die Fähigkeit, ihrem Herrchen oder Frauchen (im Folgenden nur Herrchen genannt) geschickt zu suggerieren, wie sie sich verhalten sollen; darin sind sie wahre Meister. Viele Hundehalter lassen sich von ihrem Hund »manipulieren«, ohne es überhaupt zu bemerken. Sie finden das aufmerksamkeitfordernde Verhalten sogar noch drollig.

Oft erzieht dann nicht der Mensch den Hund, sondern der Hund seinen Besitzer. Sobald ein Hund mit einer bestimmten Verhaltensweise Erfolg hat, wiederholt er dieses Verhalten. Reagiert Herrchen brav darauf und der Hund bekommt, was er will, wird er künftig immer hartnäckiger versuchen, seine Bedürfnisse durchzusetzen. Das kann aber nicht Sinn und Zweck der Hundeerziehung sein.

Forderndes Verhalten nicht belohnen

Wir müssen uns bewusst werden, mit welchen Mitteln uns Hunde beeinflussen können. Ein Hund heckt nicht etwa einen Plan aus, wie er uns übertölpeln kann, sondern wir ermöglichen ihm unbewusst dieses Verhalten. Das einfachste und bekannteste Beispiel ist das Heben der Pfote: Es ist ein angeborenes Beschwichtigungssignal und stammt vom Urvater aller Hunderassen, dem Wolf. Das sogenannte Pföteln und des Lecken der Mundwinkel wird von Welpen als Bettelgeste eingesetzt. Damit erreichen sie bei erwachsenen Wölfen, dass sie Futter auswürgen. Sind die Welpen groß genug, reagieren die Alten auf die Bettelgesten mit Aggression. Daraufhin hört das Pföteln binnen kurzer Zeit auf.

Das sogenannte Pföteln ist eine Bettelgeste, die vom Futterbetteln der Wölfe stammt. Wenn man es immer ignoriert, hört dieses Infantilverhalten bald auf.

Was können wir mit Psychologie erreichen?

Das Pföteln wird nicht nur eingesetzt, wenn ein Hund betteln will, sondern auch, wenn er unsere Aufmerksamkeit erregen möchte. Oft erinnert uns unser Hund so daran, dass wir uns lange nicht um ihn gekümmert haben. Viele Hundehalter machen dann den Fehler und reagieren sofort darauf oder geben ihm gar ein Leckerchen als Entschädigung.

Durch Belohnen wird ein Hund ermuntert, ein gezeigtes Verhalten zu wiederholen. Diese Eigenschaft können wir uns bei der Erziehung eines Hundes zunutze machen. Allerdings müssen sich alle Familienmitglieder einig sein. Denn es genügt, wenn nur ein Familienmitglied inkonsequent ist. Mitleid wäre hier fehl am Platz, weil Tiere diese menschliche Eigenschaft nicht kennen. Übertriebene Emotionen führen zur Vermenschlichung und fördern sein Fehlverhalten. Stellt ein Hund bereits erfolgreich mit manipulativem Verhalten seine Forderungen, muss man lernen, richtig darauf zu reagieren.

Man könnte einem Hund das Pföteln verbieten, indem man bei jedem Versuch »Nein« sagt. Es geht aber noch besser: Ignorieren Sie ihn konsequent, sobald er die Pfote hebt: Dabei darf man einen Hund nicht ansehen, nicht berühren und nicht mit ihm sprechen. Am besten wendet man sich ab und beachtet ihn nicht. Erst wenn er seine Pfote runternimmt, lobt man ihn. Reagiert man jedes Mal so, merkt der Hund bald, dass er mit dem Pföteln nichts erreicht. Hunde lernen durch Erfolg und Misserfolg. Warum sollte ein Hund für etwas Zeit und Energie verschwenden, das ihm keinen Erfolg bringt? Auf jedwede Art von Forderung darf ein guter Hundehalter nicht eingehen. Der Hund wird dann bald keine Bettelgesten mehr zeigen. Auf keinen Fall sollte man sich von einem hartnäckigen Hund erweichen lassen. Man ist in der Erziehung nur dann erfolgreich, wenn man »hartnäckiger« sein kann als der Hund.

Unsere Emotionen – besonders im Bereich des »Kindchen-Schemas« –

Tipp

Manche Menschen finden es »süß«, wenn ein Hund die Pfote hebt. Sie merken oft nicht, dass er sie damit geschickt manipuliert. Hunde haben eine hervorragende Beobachtungsgabe und erkennen an Herrchens Reaktion, wie leicht er zu beeinflussen ist.

Das Heben der Pfote wird bei befreundeten Hunden oft als Spielaufforderung eingesetzt. Bei fremden Hunden ist es ein Dominanzversuch.

Wenn Hunde auf den Schoß springen wollen, sollte man sie ignorieren. Denn berührt man sie beim Runterschieben, werden sie für die Unart unbewusst belohnt.

machen es uns oft schwer, vernünftig zu handeln. Wer also einen richtigen Hund haben möchte und kein »Ersatzbaby«, kann sich notwendige Erziehungsmaßnahmen mit einem Trick erleichtern: Man braucht sich nur vorzustellen, dass der Hund uns mit dem Pföteln sagt: Gib mir jetzt sofort was zu fressen! Oder: Kümmere dich sofort um mich! Bei »unverschämten« Forderungen fällt es uns leichter, konsequent zu bleiben.

Forderndes Verhalten ist bei Hunden sehr vielseitig und wird von den meisten Haltern oft nicht wahrgenommen. Ein Hund kratzt an der Balkontür, weil er (ohne dringendes Bedürfnis) raus möchte. Öffnet man ihm die Tür, hat er sein Ziel erreicht, und die Tür ist bald zerkratzt. Denn sobald ein Hund merkt, dass er mit seiner Forderung Erfolg hat, wird er fortan immer kratzen, wenn er raus möchte. Ignoriert man das Kratzen gleich am Anfang und öffnet ihm die Tür nur, wenn er brav davor wartet, wird er das Kratzen bald lassen. Am schnellsten unterlässt ein Hund ein Verhalten, wenn er damit nie Erfolg hat.

Springt ein Hund mit den Vorderpfoten auf den Schoß und wir fassen ihn an, belohnen wir ihn mit dieser Berührung; selbst wenn wir ihn nur runterschieben wollen. Damit erhält er bereits Aufmerksamkeit. Es ist besser, ihn so lange zu ignorieren, bis er seine Vorderpfoten wieder auf dem Boden hat. Dann wird er sofort gelobt und durch Streicheln belohnt.

Wenn ein Welpe versucht, mit Bellen etwas durchzusetzen, darf man nicht darauf reagieren. Ist ein Hund bereits ein Kläffer, kann man mit dieser Methode allerdings nicht mehr viel erreichen; das würde zu lange dauern und zu viel Nerven kosten.

Mit Ignorieren kann man einem Hund zwar viele unerwünschte Verhaltensweisen abgewöhnen, aber nicht jede. Am besten ist, einem Hund von Anfang an gar nicht erst die Gelegenheit zu geben, sich Unarten anzugewöhnen. Damit macht man sich und dem Hund das Leben leichter. Es gibt zwar noch viele andere Möglichkeiten, einem Hund unerwünschtes Verhalten abzugewöhnen, aber mit der oben beschrie-

Tipp

Psychologie und Psychotherapie werden nicht nur erfolgreich bei Menschen eingesetzt, die unter Ängsten leiden. Auch ängstliche Hunde kann man therapieren und ihr Selbstbewusstsein aufbauen.

benen sanften Methode kann man nichts verkehrt machen. Sie ist besonders bei Welpen, sensiblen oder ängstlichen Hunden angebracht, weil man nichts verbieten muss. Man braucht ihn nur zu loben, sobald er sich wunschgemäß verhält.

Mit kleinen Schritten zum Erfolg

Will man einem Hund etwas Neues beibringen, darf man die Aufgaben nie zu schwierig gestalten oder ihn mit zu häufigen Wiederholungen überfordern. Das führt zwangsläufig zu Misserfolgen und würde den Lernprozess hinauszögern. Besonders wenn ein sensibler Hund überfordert wird, kann das zu einem Desaster führen. Eine Übung, die zu schwierig ist und keinen Erfolg bringt, darf man nicht wiederholen. Man ignoriert sie und beendet die Trainingseinheit mit einer leichten Übung, die der Hund gut beherrscht. Danach lobt man ihn überschwänglich und belohnt ihn; dann ist für ihn die Welt wieder in Ordnung.

Mit klaren Anweisungen geben Sie einem Hund eine gute Orientierung und damit Selbstsicherheit. Und mit Didaktik kann man auch bei ängstlichen Hunden schnelle Lernerfolge erzielen. Werden die Lernschritte so klein wie möglich gehalten, kann man ein Lernziel relativ schnell erreichen. Beginnt man mit einer leicht lösbaren Aufgabe und steigert den Schwierigkeitsgrad in ganz kleinen Schritten, vermeidet man Misserfolge. Lobt und belohnt man jeden kleinen Fortschritt, kann der Hund über sich selbst hinauswachsen.

Übrigens gibt es in der Hunde- und Kindererziehung viele Parallelen. Man erinnere sich nur an seine eigene Kindheit: Erzieher wie Eltern, Kindergärtnerinnen oder Lehrer, die jeden kleinen Lernfortschritt lobten, haben uns glücklich gemacht und unser Selbstbewusstsein gestärkt. Bei solchen Menschen lernt jedes Kind gern. Aber bei einem nörgelnden, schreienden oder gar prügelnden Erzieher macht keinem Kind das Lernen Spaß. Das ist bei Hunden nicht anders. Wenn Sie bei der Erziehung eines Hundes die Fehler – die schlechte Erzieher bei uns gemacht haben – vermeiden, werden Sie bald einen folgsamen Hund haben. Das erreicht man, indem die Anforderungen nur so gesteigert werden, dass der Hund möglichst jede Aufgabe lösen kann. Loben und belohnen wir jeden kleinen Fortschritt, ermuntern wir ihn zur Wiederholung einer Übung. Wie erfolgreich wir bei der Erziehung unseres Hundes sind, hängt sehr von unserem Einfühlungsvermögen und unserer Geduld ab. Auch eine positive Stimmung während der Übungsstunden fördert die Lernbereitschaft eines Hundes. Dagegen nimmt jede Art von Bestrafung dem Hund das Selbstvertrauen.

Die meisten Probleme entstehen durch ungenügende Kommunikation, weil viele Halter die »Sprache« der Hunde nicht verstehen. Erziehen Sie also nicht munter drauflos, sondern eignen Sie sich Wissen an, damit Ihr Hund sich gut entwickelt. Viele Verhaltenskorrekturen würden sich erübrigen, wenn man einen Welpen mit guter Sozialisation und Erziehung richtig auf sein Leben vorbereitet.

Sollten doch Anzeichen von ungewöhnlichem Verhalten auftreten,

Tipp

Fast jeder Hundehalter erzieht seinen Hund »nach bestem Wissen und Gewissen« und glaubt, alles richtig zu machen. Die Tatsache, dass es viele verhaltensauffällige Hunde gibt, macht jedoch deutlich, dass ein großer Teil der Hundehalter offenbar über unzureichende Kenntnisse verfügt.

Tipp

Hinweis für »Leseratten«: Es gibt relativ wenige Leser, die ein Sachbuch von Anfang bis Ende durchlesen. Viele Benutzer informieren sich nur über das für sie zutreffende Problem. Es kommt deshalb in manchen Kapiteln zu Wiederholungen. Wir bitten um Verständnis.

warten Sie nicht zu lange und ziehen Sie einen Fachmann zu Rate. Da die meisten Hundetrainer konventionell ausbilden und keine psychologischen oder therapeutischen Kenntnisse besitzen, ist bei verhaltensabnormen Hunden ein Tierpsychologe oft der bessere Ansprechpartner; Ihr Tierarzt sollte wissen, wo Sie einen erfahrenen Therapeuten finden.

Wie Hunde denken und fühlen

Je mehr Kenntnisse die Wissenschaft über Tiere gewinnt, umso mehr Fähigkeiten und Anlagen entdeckt man, die Tieren früher generell abgesprochen wurden. Erst in jüngster Vergangenheit hat man beispielsweise bei wissenschaftlichen Untersuchungen herausgefunden, dass Schimpansen ein wesentlich besseres Kurzzeitgedächtnis haben als Menschen. Sie lösen Aufgaben nicht nur wesentlich schneller, sondern machen auch weniger Fehler. Einige Säugetiere zeigen sogar Ansätze von Kultur: Sie benutzen nicht nur Werkzeuge, sie setzen sie in getrennten Populationen auch unterschiedlich ein. Bei Schimpansen, die in Zoologischen Gärten leben, also in isolierten Gruppen gehalten werden, haben sich unterschiedliche »Dialekte« entwickelt. Verschiedene Affenarten sind außerdem in der Lage, bestimmte Problemlösungen, die sie erlernt haben, an ihre Nachkommen weiterzugeben. Keine andere Tierart besitzt eine ähnliche Nachahmungsfähigkeit wie Schimpansen. Selbst Diplomatie ist Affen nicht fremd. Seelöwen wiederum können abstrakte Darstellungen schneller und genauer erkennen als Menschen. Das wurde ebenfalls in wissenschaftlichen Experimenten nachgewiesen.

Man könnte die Liste ungewöhnlicher Begabungen der Tiere beliebig fortsetzen. Und wer weiß schon, welche Fähigkeiten man in Zukunft noch herausfinden wird. Genetische Untersuchungen haben ergeben, dass Menschenaffen etwa so nahe mit uns verwandt sind wie eine Hausmaus mit einer Feldmaus. Da fängt unser Bild von der »Krone der Schöpfung« doch langsam an zu bröckeln. Sind wir wirklich das Maß aller Dinge? Der Grund, warum man Tiere bisher als so minderwertig beurteilte, war wohl nichts anderes als Unkenntnis und Überheblichkeit. So wundert es nicht, dass Menschen ohne Selbstkritik sich Tieren gegenüber besonders überlegen vorkommen. Selbstkritische Menschen haben es deshalb leichter, zu Tieren eine gute Beziehung aufzubauen.

Es ist unumstritten, dass Hunde wesentlich feinere Sinne besitzen als wir. Wieso glauben eigentlich viele Menschen, dass Säugetiere weniger Leid empfinden, und behandeln sie so rücksichtslos? Tiere sind nur nicht so wehleidig und leiden still.

Hund und Mensch – eine besondere Beziehung

Hunde haben eine grandiose Fähigkeit: Sie reagieren auf die menschliche Körpersprache und Mimik wie kein anderes Tier. Noch nicht einmal Menschenaffen können da mithalten. Neue Erkenntnisse haben gezeigt, dass diese Fähigkeit nicht erlernt ist. Es handelt sich vielmehr um eine evolutionäre Entwicklung während der 15 000-jährigen Beziehung zwischen Mensch und Hund (man vermutet sogar, dass Hunde sich schon vor 100 000 Jahren den Menschen anschlossen). Das kann man daran erkennen, dass schon Welpen auf die Körpersprache fremder Menschen reagieren, während junge Wölfe nichts mit diesen Signalen anfangen können.

Auch das Einfühlungsvermögen mancher Hunde ist erstaunlich. Dazu ein Erlebnisbericht des bekannten Verhaltensforschers Konrad Lorenz:

Bei dem Versuch, seinen Hund Bully, der in einen Kampf mit einem anderen Hund verwickelt war, von dem Gegner zu trennen, wurde er versehentlich von ihm in die Hand gebissen. Der Kampf war daraufhin sofort zu Ende, und Bully brach buchstäblich zusammen. Obwohl sein Herrchen das Versehen erkannte und ihm nicht die geringsten Vorwürfe machte, sondern ihm freundlich zusprach, blieb er wie gelähmt liegen und war unfähig, sich zu erheben. Er zitterte wie Espenlaub, und Schauer durchliefen in Abständen seinen Körper. Seine Atmung war flach und wurde nur durch einige tiefe Seufzer unterbrochen, die aus seiner gequälten Brust drangen. Aus seinen Augen kullerten dicke Tränen. Bully war an diesem Tag durch den Schock, den er durch sein Versehen erlitt, so geschwächt, dass er nicht in der Lage war, die Treppen hinunterzugehen; er musste getragen werden. Mehrere Tage lang nahm er keine Nahrung an, und danach nur aus der Hand seines Herrchens, wenn dieser ihm gut zusprach. Hätten alle Menschen, die Tieren Leid oder anderes Unrecht zufügen, nur 10 % der Selbstvorwürfe von Bully, es gäbe viel weniger gequälte Kreaturen auf diesem Planeten.

Obwohl sich fast alle Menschen für intelligent halten, gibt es viele Hundebesitzer, die sich nicht in die Denkweise ihres Tieres hineinversetzen können. Hunde lernen neue Signale unserer Körpersprache in sehr kurzer Zeit, aber nur wenige Menschen machen sich die Mühe, die Körpersprache ihres Hundes zu verstehen. Erst in den letzten Jahren sind mehr Hundehalter motiviert, sich diese Kenntnisse anzueignen. Dieser Umdenkungsprozess hat beim Menschen so lange gedauert, weil Hunde die Eigenschaft besitzen, sich nie zu »beklagen« und sich in ihr Schicksal zu fügen. Jeder Hundebesitzer sollte versuchen, die Denkweise seines Hundes zu verstehen und seine Signale richtig zu deuten. Hunde wachsen über sich selbst hinaus, wenn sie sich von ihrem Menschen verstanden

Damit man eine gute Bindung zu seinem Hund aufbauen kann, ist Körperkontakt in der richtigen Form wichtig; also nicht auf dem Sofa und erst recht nicht im Bett.

Tipp

Machen Sie bei der Hundeerziehung möglichst keine Ausnahmen. Damit macht man einem Hund nur das Leben schwer. Denn er weiß dann letztlich nicht, was richtig und was falsch ist. Wenn wir statt »Ausnahme« »Inkonsequenz« sagen, wird uns eher bewusst, wie oft wir Fehler machen.

fühlen. Körpersprache, Mimik und Laute sind für Rudeltiere wichtige Kommunikationsmittel, besonders wenn zwei unterschiedliche Arten in einer so engen Beziehung leben.

Wenn man nicht alles, was ein Hund tut, als Instinkthandlung abtut, kann man das Denken und Fühlen eines Hundes gut nachempfinden. Besonders kritisch sollten wir unsere Emotionen unter die Lupe nehmen, die uns häufig auf den Holzweg führen: Oft kann man Menschen beobachten, die einem bettelnden Hund etwas geben, weil sie glauben, er würde dann zufrieden weggehen. Aber genau das Gegenteil ist der Fall.

Wie Hunde lernen

Das Wichtigste, was Hundebesitzer wissen sollten, ist, dass Hunde ein Kurzzeitgedächtnis haben; dies bezieht sich aber nur auf Aktivitäten, die wir ihm beibringen. Wenn ein Hund während unserer Abwesenheit in die Wohnung macht und wir kommen 5 Minuten später heim und schimpfen ihn, weiß er nicht, weshalb. Jede Strafe wäre in diesem Fall nicht nur völlig sinnlos, sondern macht uns selbst das Leben schwer: Der Hund hat nämlich bei Herrchens nächster Abwesenheit Angst, denn er weiß nur, dass er nach seiner Heimkehr bestraft wurde. Dadurch kann er seine Verdauung noch schlechter kontrollieren.

Hunde können die Bedeutung eines Befehls vergessen, den sie längere Zeit nicht gehört haben. Dazu ein Beispiel: Da fast alle Hunde zu Herrchen laufen, wenn sie aus dem Wasser kommen, wird man durch ihr Schütteln oft unfreiwillig »geduscht«. Deshalb bringe ich Hunden bei, sich auf Kommando zu schütteln. Weil Hunde aber im Winter nicht ins Wasser gehen, vergessen sie bis zum Frühjahr diesen Befehl. Also muss ich sie bei »Eröffnung der Badesaison« wieder daran erinnern: Sobald sie aus dem Wasser kommen und gerade anfangen sich zu schütteln, sage ich: »Schütteln!«. Nach einigen Wiederholungen wissen sie wieder, was der Befehl bedeutet.

Beim Erkennen von Personen haben Hunde dagegen noch nach Jahren ein gutes Erinnerungsvermögen, ebenso vergessen sie unangenehme Erlebnisse nie. Auch ihr Orientierungssinn (Heimfindevermögen) ist erstaunlich: Ein nordamerikanischer Collie-Rüde, der sein Herrchen während einer Reise aus unbekannter Ursache verlor, fand den Weg zu seinem 5000 km entfernten Zuhause zurück. Der Weg des Hundes konnte relativ genau rekonstruiert werden, da diese ungewöhnliche Leistung des Hundes in vielen Zeitungen veröffentlicht wurde. Daraufhin meldeten sich Personen, die das Tier unterwegs gesehen oder gefüttert hatten. Man darf sich aber nicht auf diese Fähigkeit eines Hundes verlassen, da die Orientierung sehr von der Landschaft abhängt. Im Gebirge hat ein Hund, der sich über einen Gebirgskamm hinweg in ein anderes Tal verirrt, nur geringe Chancen, wieder heimzufinden, auch wenn er nur wenige Kilometer von zu Hause entfernt ist.

Für die Erziehung eines Hundes ist sein Kurzzeitgedächtnis sicher ein Nachteil. Denn es ist für einen Hund völlig unverständlich, wenn man ihn für etwas anschreit oder gar bestraft, was schon einige Minuten zurückliegt. Jeder Hund nimmt zwar die Strafe seines »Rudelführers« hin, weiß aber nicht, warum. Diese unnötige Demütigung schadet einem Hund und belastet ihn psychisch, weil er aus seiner Sicht ungerecht behandelt wurde. Ganz ähnlich verhält es sich auch, wenn man einem Hund versehentlich einen Schmerz zufügt und sich nicht mit einer versöhnlichen Geste dafür »entschuldigt«.

Dazu ein Beispiel: Ich bekam eine 1-jährige Labrador-Hündin, die unsicher war und immer mit eingezogenem Schwanz und nach hinten gelegten Ohren herumlief. Als ich sie einmal versehentlich trat und sie berühren wollte, duckte sie sich ängstlich. Als sie aber merkte, dass ich mich bei ihr entschuldigen wollte, sprang sie freudig an mir hoch; offensichtlich hat sie das zum ersten Mal erlebt. Hunde können sehr wohl erkennen, ob sie gerecht behandelt werden.

Oft erlebt man, welch gravierende Fehler manche Hundebesitzer zum Schaden ihres Tieres machen. Spricht man sie darauf an, kommt meist stereotyp die Antwort: »Der weiß ganz genau ...« Ja, der Hund weiß genau, dass sein Herrchen unberechenbar ist, und fügt sich in sein Schicksal. Wenn die soziale Bindung eines Hundes an sein »Rudel« nicht so ausgeprägt wäre, würden sich wahrscheinlich viele Hunde ein anderes Herrchen suchen.

Wir sollten uns öfter fragen, was unser Hund über unser Verhalten denkt. Verlässt man das Haus und der Hund darf nicht mit, sagt man zu ihm »Bleib«; er bekommt also eine Information. Was aber denkt der Hund, wenn wir das Haus verlassen, ohne ihm zu sagen, dass er dableiben soll? Zunächst wird er versuchen, seinem Herrchen zu folgen. Wenn er aber merkt, dass das nicht möglich ist, glaubt er, er habe durch Unachtsamkeit den Anschluss an sein Rudel verloren. Entsprechend groß ist seine Trennungsangst, weil er nicht weiß, ob sein Rudelführer zurückkommt. Dadurch wird ein Hund verunsichert und kann sich künftig gar nicht mehr richtig entspannen, weil er ständig aufpassen muss, dass Herrchen nicht plötzlich wieder verschwindet. Fordert aber der Rudelführer oder ein ranghöheres Rudelmitglied den Hund auf zu bleiben, wird die Trennungsangst minimiert, besonders, wenn er in kleinen Schritten daran gewöhnt wurde (siehe S. 32, Allein zu Hause). Der Hund weiß dann, dass er sich auf sein Herrchen verlassen kann, und ist nicht so beunruhigt.

Wenn Hunde aus dem Wasser kommen und sich schütteln, wird man oft nass gespritzt. Das kann man verhindern, wenn man dem Hund beibringt, sich auf Befehl zu schütteln.

Hundehalter, die ihr Tier vermenschlichen, machen selten oder nie Gehorsamsübungen, während grobe Menschen einen Hund ständig herumkommandieren, ohne ihn zu loben. Beides ist für den Hund schädlich, nur der goldene Mittelweg ist richtig. In einem wild lebenden Rudel bekommen Rangniedere auch »gesagt«, was sie zu tun haben, und jedes Rudelmitglied ist bemüht, es einem Ranghöheren recht zu machen. Wenn wir also einen Hund Befehle ausführen lassen, ist das keine Belastung oder Strapaze für ihn, sondern er ist glücklich, zumal wenn er gelobt wird. Außerdem bekommt er durch das Lob die Information, dass er sich so verhalten hat, wie es sein Herrchen von ihm erwartet.

Die Intelligenzfrage

Die Intelligenz domestizierter Hunde fällt bei einem Vergleich mit den Wildformen zugunsten der wilden Verwandten aus. Haushunde schneiden schlechter ab, weil sie nicht ständig nach Problemlösungen suchen müssen, um zu überleben. Sie brauchen sich weder um Nahrungsbeschaffung noch um einen sicheren Unterschlupf zu kümmern. Beim Züchten von Hunden, besonders bei Modehunden, wurde auch nie Wert auf Intelligenz gelegt, sondern auf leichte Führigkeit, damit die Beaufsichtigung des Tieres einfacher wird.

Jeder Hund verfügt über irgendwelche Fähigkeiten, die oft vom Besitzer als Intelligenz gedeutet werden. Fast alle Menschen glauben, einen besonders intelligenten Hund zu haben. Nun gibt es einen ganz einfachen Test, mit dem man feststellen kann, wie intelligent ein Hund ist: Man bindet dazu eine Leine an einen Leckerbissen und legt diesen so hin, dass er vom Hund weder mit den Zähnen noch mit den Pfoten erreicht werden kann, z. B. unter einen Schrank. Die Leine wird dann so platziert, dass der Hund sie mühelos erreichen kann. Je schneller der Hund erkennt, dass er das Leckerchen nur bekommt, wenn er an der Leine zieht, umso klüger ist er. Dieser Test wird allerdings von dem Appetit eines Hundes beeinflusst. Ein verfressener Hund wird sich intensiver und ausdauernder bemühen, den begehrten Leckerbissen zu bekommen, als ein wählerischer.

Wer nun glaubt, es wäre eine Quälerei für den Hund, wenn er nicht schnell genug an das Leckerchen kommt, liegt falsch. Es ist vielmehr etwas ganz Natürliches, etwas tun zu müssen, damit man an eine »Beute« gelangt. Eine Maus ist auch nicht leicht auszugraben. Natürlich wird er Herrchen mit Blicken oder Lauten auffordern, ihm zu helfen, sobald er erkannt hat, dass er den Happen nicht erreichen kann. Denn er ist ja gewohnt, dass Herrchen ihm in kritischen Situationen hilft. Sie tun ihm aber keinen Gefallen, wenn Sie sich erweichen lassen. Jede Minute, die er beschäftigt ist, geht von der Zeit ab, in der er sich langweilt. Bei der Lösung des Problems wird er zudem geistig gefordert. Kann er die Aufgabe nicht lösen und gibt auf, kann man den Leckerbissen hervorziehen und gleich wieder an den alten Platz zu-

Tipp

Wenn Hunde sich aus Mangel an Reizen ständig langweilen, verkümmern ihre geistigen Fähigkeiten; deshalb sollte man die Tiere regelmäßig beschäftigen. Spaziergänge sind für jeden Hund wichtig, weil neue Reize auf ihn einwirken. Der Aufenthalt in einem Garten ist dagegen vergleichsweise langweilig. Er stellt nur eine Vergrößerung des Heimterritoriums dar, das bewacht werden muss. Auch ein großer Garten ist kein Ersatz für den täglichen Spaziergang. Da ist ein Hund, der in einer Wohnung gehalten wird und ausreichend Bewegung hat, oft besser dran.

rücklegen. Wer denkt, dass der Hund das Problem nun leicht lösen kann, weil er gesehen hat, wie es gemacht wird, hat sich wieder getäuscht; Hunde lernen sehr schlecht durch Nachahmung, sondern fast nur durch Versuch und Irrtum. Manche Hunde können das Problem gar nicht lösen, andere finden die Lösung in wenigen Sekunden. Es gibt natürlich noch wesentlich kompliziertere Intelligenztests für Hunde.

Bei jedem Denkvorgang läuft in der Vorstellung eine Handlung ab. Dazu sind auch Hunde eine begrenzte Zeit lang fähig, z. B. denkt der Hund: Wenn ich jetzt tue, was Herrchen sagt, bekomme ich ein Leckerchen. Sobald aber eine längere Denkleistung erforderlich ist, sind Hunde meistens überfordert.

Wenn ein Hund während der Abwesenheit seines Herrchens etwas kaputt macht, tut er es aus Langeweile und nicht, um Herrchen eins auszuwischen. Es kann allerdings zu einer spontanen Reaktion kommen, wenn er sich auf einen vermeintlichen Spaziergang freut und nicht mitgenommen wird. Dann reagiert er seine Frustration unter Umständen an einem Kissen oder Läufer ab, indem er das Objekt wie eine Beute schüttelt. Das geschieht meist unmittelbar nach dem Verlassen der Wohnung. Dazu braucht der Hund nicht lange zu überlegen. Bevor man einen Hund alleine lässt, sollte man zumindest einen kurzen Spaziergang machen.

Am besten lässt sich das Verhalten eines Hundes während Herrchens Abwesenheit mit einer Videokamera überwachen. Auf diese Weise kann man feststellen, wie, wann und warum ein Hund etwas Unerwünschtes tut. Dann ist es relativ einfach, eine Lösung für das jeweilige Problem zu finden. Bekommt ein Hund Verlustangst, wenn Herrchen geht, wurde er nicht richtig ans Alleinsein gewöhnt (vgl. S. 32, Allein zu Hause). Handelt es sich nicht um Verlustangst, kann man durch Beschäftigungsmöglichkeiten Abhilfe schaffen.

Zuerst muss man einem Hund mit Geduld etwas begreiflich machen und ihn für richtiges Verhalten loben, dann das Erlernte durch häufige Wiederholungen festigen. Der Befehl muss in vielen unterschiedlichen Situationen geübt werden. Viele Hundebesitzer überfordern ihren Hund, weil sie von ihm erwarten, dass er genauso schnell lernt wie ein Mensch, und sind dabei oft nicht in der Lage, ihm etwas verständlich beizubringen.

Bei einem einfachen Intelligenztest bindet man ein Leckerchen an eine Schnur und versteckt es unter einem Schrank. Je schneller der Hund begreift, dass er an der Schnur ziehen muss, um den begehrten Happen zu bekommen, umso klüger ist er.

 Tipp

Manche Hundebesitzer glauben, ihr Hund hätte ein schlechtes Gewissen, wenn er etwas angestellt hat. Andere sind der Meinung, ein Hund würde aus Trotz oder Boshaftigkeit etwas zerstören oder in die Wohnung machen. Derartige Aktionen setzen eine längere Überlegung voraus, wozu Hunde nicht fähig sind.

Sozialisation des Welpen – Grundlage für eine gute Entwicklung

Woran muss ich denken, wenn ich einen Welpen bekomme?

Die meisten Hundebesitzer ahnen nicht, wie wichtig die ersten Wochen eines Welpen für sein ganzes Leben sind. Vielen ist nicht bekannt, was man in dieser Zeit alles falsch machen kann und welch schwerwiegende Folgen das für einen Hund und seinen Halter hat. Noch entscheidender als die Erziehung ist die Sozialisation eines Hundes. Dieser wichtige Prozess muss bis zum Ende des 4. Lebensmonats abgeschlossen sein.

An 3 wichtige Dinge muss ein Hund so früh wie möglich gewöhnt werden:

- an die Lebensgewohnheiten des Menschen,
- an die Umgangsformen mit seinen Artgenossen und
- an alle Reize, die nicht in seinen Genen verankert sind.

Die Sozialisation wird – vereinfacht ausgedrückt – in 2 Phasen unterteilt: Die 1. Phase verbringt der Welpe beim Züchter und die 2. bei seinem neuen Besitzer. Phase 1 beginnt nach dem Öffnen der Augen in der 3. Woche und endet mit etwa 8 Wochen. In dieser Zeit lernt er das Sozialverhalten beim Spielen mit seinen Geschwistern. Ein guter Züchter übernimmt die Gewöhnung an viele unterschiedliche Menschen. Geschieht dies nicht, wird der Hund menschenscheu. Hält man jeden

Welpen lernen beim Spielen mit Ihren Geschwistern richtiges Sozialverhalten. Sobald sie ein neues Herrchen haben, sollten sie viel mit anderen Hunden spielen.

Menschen vom Wurfplatz fern, fügt man dem Welpen unbeabsichtigt einen Schaden zu. In dieser Zeit sollte ein Züchter die Welpen auch bereits an das Autofahren gewöhnen, denn die meisten Welpen werden heute mit dem Auto abgeholt.

Die 2. Phase endet bereits mit 4 Monaten. In diesen beiden Phasen sind die Welpen gegen viele Umweltreize unempfindlich. Was ein Welpe in dieser Zeit regelmäßig erlebt, empfindet er als normal und ungefährlich. Alles Neue, womit er später konfrontiert wird, verunsichert ihn dagegen. Er braucht dann viel länger, bis er damit vertraut ist. Deshalb sollte man Welpen bis zur 17. Woche nach Möglichkeit an alles gewöhnen, was sie später erleben werden. Damit erleichtern wir ihnen den Start ins Leben.

Jedes Säugetier hat Angst vor unbekannten Lebewesen – außer in der Sozialisationsphase. Das kann man auch bei kleinen Kindern beobachten. Kein Baby hat Angst vor einem Hund, die bekommt es erst durch falsche Erziehung oder andere schädliche Einflüsse. Deshalb sollte ein Welpe sehr früh mit vielen unterschiedlichen Hunden, anderen Haustieren und Personen aller Altersgruppen konfrontiert werden: mit großen und kleinen Kindern, Frauen und Männern, auch ungewöhnlich bekleideten, ebenso mit Personen in einem Rollstuhl, mit Gehhilfen wie Krücken, Babys im Kinderwagen usw.

Wir sozialisieren unseren Welpen

Wenn ein Welpe zu seiner neuen Familie kommt, sollte er seine neue Umwelt und die Lebensgewohnheiten des Menschen spielerisch kennenlernen. In kurzer Zeit wird für ihn alles zur Selbstverständlichkeit und im Unterbewusstsein als ungefährlich abgespeichert.

Erlebt ein Hund die gleichen Situationen erst später, ist ein relativ aufwendiger Lernprozess notwendig. Nicht selten treten aufgrund dieser Versäumnisse Verhaltensstörungen auf. Man gibt dann der Einfachheit halber dem Hund die Schuld, weil er angeblich schlechte Erbanlagen hat. Viele Hundehalter verdrängen es, dass sie diese Probleme selbst verursacht haben. Deshalb sollte sich jedes Familienmitglied zuständig und verantwortlich fühlen. Wenn ein Welpe mit 8 Wochen zu uns kommt, haben wir nur noch 2 Monate Zeit, ihn zu sozialisieren. Also schieben Sie nichts auf die lange Bank. Je später man beginnt, desto schwieriger wird es.

Welpen sollen mit vielen anderen Tieren sozialisiert werden.

 Tipp

Erst in den letzten Jahren wurde die Bedeutung der Sozialisation und die Auswirkung auf das Leben eines Hundes richtig erkannt.

Sobald ein Hund in die Familie aufgenommen wird, muss er lernen, welche Position er in seinem neuen »Rudel« hat. Dieser Eingliederungsprozess wird jedoch durch unser emotionales Verhalten nicht nur erschwert, sondern oft regelrecht verhindert. Ständig steht ein Welpe im Mittelpunkt und erhält Zuwendung und Futter, ohne dass er dafür etwas tun muss. Dadurch geben wir ihm das Gefühl, einen hohen Rang in der Familie zu haben. Für die Erziehung eines Hundes ist die Rangordnung von großer Bedeutung, weil sich ein ranghohes Tier von einem Rangniederen nichts vorschreiben lässt. Je eher wir unserem neuen Familienmitglied klarmachen, dass er in der Hierarchie der Familie an unterster Stelle steht, umso leichter machen wir ihm und uns das Leben. Selbst wenn die Sozialisationsphase bereits überschritten ist, ist es nie zu spät, etwas zu unternehmen.

Warum müssen Hunde sozialisiert werden?

Was heißt es eigentlich, einen Hund zu sozialisieren? Sozialisation ist der Einordnungsprozess eines Einzelnen in eine Gemeinschaft. Ein Welpe fügt sich in eine Familie ein, die ab jetzt sein »Rudel« ist. Er muss lernen, sich in allen Lebenslagen, die er mit seinem neuen Rudel erleben wird, zurechtzufinden. Es gibt gut erzogene Hunde, die aufs Wort folgen, aber ausrasten, wenn sie einen Artgenossen sehen. Das ist keine Fügung des Schicksals, sondern hängt davon ab, wie ein Hund sozialisiert wurde. Wächst ein Hund z. B. in einer ländlichen Gegend auf und kommt unvorbereitet in eine Großstadt, sind der Verkehr und die vielen hektischen Menschen für ihn eine extreme Belastung. Wird dagegen ein Stadthund aufs Land gebracht, muss man ihn an Tiere gewöhnen, die er noch nicht kennt.

Damit man mit einem Hund so wenig Probleme wie möglich bekommt, muss er sich in jeder Situation des täglichen Lebens sicher fühlen: bei Begegnungen mit anderen Hunden, lärmenden Kindern, Rad-

Was ein Welpe uns sagen würde:

- Hoffentlich behandeln mich Herrchen und Frauchen wie einen Hund und nicht wie ein Kleinkind.
- Nachts fühle ich mich nur sicher und geborgen, wenn ich neben Herrchens Bett schlafen kann.
- Hoffentlich lässt mich meine Familie nie allein, solange ich klein bin. Da bekomme ich große Verlustangst. Und es dauert sehr lange, bis ich diese Angst wieder verliere.
- Damit ich keine Verdauungsprobleme bekomme, wünsche ich mir das gleiche Futter wie beim Züchter.
- Mein größter Wunsch ist es, dass Herrchen immer ausgeglichen, geduldig und konsequent ist. Dann macht mir das Lernen viel Spaß.
- Alles Unbekannte kann mich verunsichern. Deshalb wäre es schön, wenn mich meine Familie langsam an alles gewöhnt.
- Ich verstehe nicht, warum ich als Welpe fast alles darf, und wenn ich groß bin, wird mir vieles verboten!?
- Ich möchte von meinem Herrchen viel lernen, aber nur wenn er gut gelaunt ist und keinen Alkohol getrunken hat.
- Ich wünsche mir, dass meine Familie oft Zeit für mich hat und sich viel mit mir beschäftigt.
- Alles, was ich zu Hause finde, untersuche ich und knabbere daran herum. Denn ich weiß noch nicht, was ich nicht zerbeißen darf.
- Hoffentlich werde ich nicht bestraft, solange ich noch nicht weiß, wo ich hinmachen darf. Das lerne ich aber schnell, wenn Herrchen es mir verständlich beibringt.
- Damit ich mich später mit allen Hunden gut vertrage, möchte ich oft mit vielen Artgenossen spielen. Je länger ich mit ihnen zusammen sein darf, umso schneller verstehe ich, wie ich mich verhalten muss.
- Auch wenn ich schon bald Treppen steigen kann, ist es für meine Gelenke und die Wirbelsäule besser, wenn ich so lange wie möglich getragen werde.
- Ich wünsche mir eine kluge Familie, die mich nicht unüberlegt mit technischen Geräten oder unnatürlichen Geräuschen erschreckt.

Mit unserer Technik sind Tiere oft überfordert, weil die Evolution mit der Entwicklung der Technik nicht Schritt halten kann. An der Körpersprache des Hundes kann man erkennen, dass er nicht gern in den Lift gehen möchte.

fahrern, Skateboardfahrern, in öffentlichen Verkehrsmitteln, bei Auto- oder Staubsaugergeräuschen, beim Aufzugfahren, bei Restaurantbesuchen usw.

Junge Hunde müssen auf unsere reizüberflutete Welt gut vorbereitet werden. Gewöhnen Sie Ihren Welpen jeden Tag in kleinen Schritten mit positiver Stimmung an seine neue Umwelt und an alle unnatürlichen Reize. Aber versuchen Sie nicht, am Wochenende alles nachzuholen, was Sie in der letzten Woche versäumt haben. Damit würden Sie den Welpen überfordern. Im 3. und 4. Lebensmonat sollte jeder Welpenbesitzer zum »Sozialarbeiter« für seinen Hund werden. Diese Investition zahlt sich aus, denn Ihr Hund wird es Ihnen mit problemlosem Verhalten sein Leben lang danken.

Man muss einen Welpen daran gewöhnen, dass er sich hochheben und überall anfassen lässt. Einen Hund darf man aber nicht wie ein Kleinkind unter den Achseln anheben, weil die Schultergelenke nicht nach außen gedreht werden dürfen. Wenn er beim Hochheben Schmerzen bekommt, lässt er sich künftig nur ungern anheben (siehe S. 216, Mein Hund lässt sich nicht hochheben). Wenn ein Hund von frühester Jugend an jede Art von Berührung gewöhnt ist, kann man ihm die Augen und Ohren reinigen, ins Maul schauen oder Fieber messen. Dann gibt es später bei tierärztlichen Untersuchungen kaum Probleme.

Damit Tierarztbesuche nicht automatisch mit Negativerlebnissen behaftet sind, kann man sich mit seinem Hund ab und zu ein paar Minuten ins Wartezimmer setzen und ihn dort mit Leckerchen und Streicheleinheiten verwöhnen. Wiederholt man das ein paar Mal, ohne dass eine Behandlung erfolgt, geht er künftig gern zum Tierarzt, weil er dort schon positive Erlebnisse hatte. Alles, womit ein Welpe vertraut gemacht wird, löst bei ihm später keine Ängste aus.

Für die Entwicklung eines Hundes sind Umweltreize sehr wichtig. Wächst ein Welpe behütet auf und wird nur wenigen Reizen ausgesetzt, wird er später in vielen Situationen unsicher und ängstlich reagieren. Deshalb sollten Welpen so früh wie möglich alles erleben, womit sie später konfrontiert werden könnten. **Je reichhaltiger die frühzeitige Gewöhnung an viele Umweltreize ist, umso problemloser verhält sich ein Hund später auch in unbekannten Situationen.**

Ein großes Problem für Tiere und ihre Halter sind Situationen, die selten vorkommen. Man hat dann keine Möglichkeit, einen Hund systematisch darauf vorzubereiten. Viele Hunde reagieren auf ungewohnten Lärm panisch. Das ist auch kein Wunder, wenn man bedenkt, dass ein Hund 12-mal besser hört als wir. Tritt plötzlich und unvorhersehbar Lärm auf, darf man einen Hund auf keinen Fall trösten, streicheln oder gar schützend auf den Arm nehmen. Ignorieren Sie den Lärm und verhalten Sie sich wie immer. Versuchen Sie, Ihren Hund mit einem Spiel aufzumuntern, dann vergisst er den Vorfall sehr bald. Durch übertriebene Fürsorge würde sich die Angst verstärken und immer ein Problem bleiben.

Nur an eines sollte man einen Hund nicht gewöhnen, an langes Alleinsein. Vor allem nicht zu Silvester oder bei Gewitter. Kein Rudeltier fühlt sich allein sicher. Jede Art von isolierter Haltung schadet der Entwicklung eines Hundes. Es lässt sich zwar nicht immer vermeiden, einen Hund gelegentlich allein zu lassen, doch sollte das auf ein Minimum beschränkt bleiben. Vor allem muss man ihn ganz langsam daran gewöhnen. Einen gut erzogenen Hund kann man fast überall mit hinnehmen und braucht ihn nicht allein zu lassen.

Mein Hund im Auto

Die meisten Welpen werden heute mit dem Auto vom Züchter abgeholt, ohne dass sie vorher an das ungewohnte Schaukeln beim Autofahren gewöhnt wurden. Eigentlich wäre das die Aufgabe des Züchters. Dauert die Fahrt zu lange, wird es einem Hund häufig schlecht, und er erbricht. Das ist nichts anderes als Seekrankheit. Die Übelkeit entsteht, wenn Augen und Gleichgewichtsorgane unterschiedliche Meldungen ans Gehirn leiten. Das kommt besonders dann vor, wenn ein Hund nicht aus dem Fenster sehen kann. Deshalb ist der Fußraum eines Autos kein geeigneter Platz für einen Welpen, solange er noch nicht ans Autofahren gewöhnt ist. Am besten holt man ihn zu zweit ab, damit sich einer ausschließlich um den Hund kümmern kann. Hat man diese Möglichkeit nicht, muss man ihn erst langsam ans Autofahren gewöhnen.

Wird ein Hund größer und kann schon allein ins Auto springen, stellen Sie sich immer mit dem Rücken zur Tür, damit sie nicht unbeabsichtigt zuschlagen kann. Lassen Sie sich

Hunde sollten nie unkontrolliert aus dem Auto springen dürfen, auch nicht in ungefährlichem Gelände. Geben Sie immer den Befehl »Sitz« und leinen Sie den Hund bei Bedarf an.

dabei nie ablenken. Wird ein Hund einmal einklemmt, hat er künftig Angst, ins Auto zu springen. Es dauert dann sehr lange, bis er wieder Vertrauen bekommt. Lassen Sie einen Hund auch nicht unkontrolliert in oder aus dem Auto springen. Geben Sie immer deutliche Befehle mit Sichtzeichen (siehe S. 243, Probleme bei Autofahren).

Die Bindung

Man kann zu einem Hund nur dann eine gute Bindung aufbauen, wenn man ihn weder wie ein Kleinkind noch wie einen Sklaven behandelt. Nur bei artgerechter Haltung fühlt sich ein Hund sicher und geborgen. Geborgenheit hat aber nichts mit verwöhnen zu tun. Wird ein Hund verwöhnt, hat er das Gefühl, ranghoch zu sein, und lässt sich von seiner Familie nichts vorschreiben. Wird er vermenschlicht, entwickelt er sich unselbstständig und ist außerhalb seines Heimterritoriums sehr unsicher. Diese Fehlentwicklung kann man häufig bei Schoßhunden beobachten, die von älteren Menschen verhätschelt werden. **Erlernte Hilflosigkeit ist für jeden Hund eine starke psychische Belastung, auch wenn viele Besitzer das nicht wahrhaben wollen.** Die Anhänglichkeit von Hunden gibt vielen Besitzern das trügerische Gefühl, dass ihr Hund glücklich ist, auch wenn er völlig falsch gehalten wird.

Ein Hund kann sich nur dann gut entwickeln, wenn ihm sein »Rudel« Sicherheit bietet. Das soll aber nicht heißen, dass ein Welpe auf den Arm genommen werden soll, sobald sich ein anderer Hund nähert.

Behandeln Sie einen Hund wie einen guten Freund, aber verwöhnen Sie ihn nicht mit Leckerchen, sondern mit artgerechter Beschäftigung. Jeder Hund braucht Freiheiten und Entfaltungsmöglichkeiten, damit macht

Mein Hund lernt »Autofahren«

- Besuchen Sie Ihren Welpen schon vor dem Abholtag möglichst oft und gewöhnen Sie ihn ans Autofahren. Fahren Sie keine langen Strecken, sondern beginnen Sie mit wenigen Minuten und steigern Sie die Länge der Stecke in kleinen Schritten.
- Füttern Sie einen Hund nie vor einer Autofahrt, sondern danach!
- Lassen Sie sich am Anfang von jemandem chauffieren, damit Sie sich um Ihren Hund kümmern können.
- Schnelles Anfahren und Bremsen sollte vermieden werden. Fahren Sie Kurven nicht zu schnell, damit keine unnötig starken Fliehkräfte auftreten.
- Vermitteln Sie einem Hund während der Fahrt positive Erlebnisse, damit er die Autofahrt in guter Erinnerung behält: spielen, streicheln, mit ihm sprechen und ihn aus dem Fenster sehen lassen.
- Lassen Sie Ihren Hund während der Fahrt nicht den Kopf aus dem offenen Fenster strecken. Auch wenn das Hunden Spaß macht, besteht immer die Gefahr einer Bindehautentzündung!

man einen Hund glücklich und festigt die Bindung. Ermöglichen Sie ihm so oft wie möglich Sozialkontakte zu Artgenossen. Jede Beschäftigung, die einem Hund Spaß macht, bewahrt ihn vor Langeweile und fördert seine Intelligenz. Geben Sie ihm nur Leckerchen, wenn er dafür etwas tut, dann wird er Sie als ranghoch respektieren. Aber respektieren auch Sie Ihren Hund. Stellen Sie die Rangordnung klar, damit Ihr Hund weiß, wo sein Platz im »Rudel« ist. Eignen Sie sich viele Kenntnisse an, damit Sie Ihren Hund, seine Körpersprache und sein Verhalten richtig beurteilen können.

Junge Hunde haben eine große Bindungsbereitschaft zu ihrer Bezugsperson. Je inniger die Beziehung zwischen Mensch und Hund ist, umso größer ist auch die Lernbereitschaft. Bei einem älteren Hund kann es etwas schwieriger werden, eine Bin-

Sozialisation des Welpen

dung aufzubauen, wenn er bereits schlechte Erfahrungen gemacht hat. Dann dauert es unter Umständen eine gewisse Zeit, um sein Vertrauen zu gewinnen.

Im deutschsprachigen Raum ist bei den meisten Familienhunden die Nahrungsversorgung gesichert, aber das Bewegungsbedürfnis und das Sozialverhalten werden oft vernachlässigt. Viele Menschen schaffen sich einen Hund als Kind- oder Partnerersatz an, ohne die Bedürfnisse des Vierbeiners zu kennen. Diese emotionale, aber egoistische Kaufentscheidung setzt sich oft in der Haltung und Erziehung des Tieres fort. Übertriebene Fürsorge und Angst um den Hund sind keine guten Voraussetzungen für eine erfolgreiche Sozialisation und Erziehung. Ein Hund, der mit Liebe überhäuft wird, sieht in seinem Besitzer keinen vertrauenswürdigen Sozialpartner. Er ist zwar an ihn gebunden, aber nur, weil er keine andere Möglichkeit hat. Zu weiche Menschen haben oft einen aggressiven Hund, weil er sich für ranghoch hält und glaubt, die anderen »Rudelmitglieder« beschützen zu müssen.

Neben geeigneter Nahrung, Pflege und Bewegung benötigen Hunde einen Schlafplatz, der ihnen ungestörte Ruhe und Sicherheit bietet. Besonders in Familien, in denen es durch Kinder oder häufigen Besuch turbulent zugeht, braucht ein Hund ein Rückzugsgebiet, wo ihn niemand stört. Und nachts muss er die Möglichkeit haben, in der Nähe des »Rudels« zu schlafen. Gemeinsame Abenteuer, Kontaktliegen auf einer Wiese oder zu Hause auf dem Teppich und Berührungen im Schnauzenbereich sind für das Zusammengehörigkeitsgefühl besonders wichtig. Körperkontakt ist aber nur dann gut, wenn ein Hund ihn in der richtigen Form erhält. Also nicht auf dem Sofa und erst recht nicht im Bett.

Weiterhin muss man mit einem Hund stets deutlich kommunizieren und seine Körpersprache verstehen, um Missverständnisse zu vermeiden. Damit auch der Hund uns gut versteht, müssen wir ihm mit wenigen

Damit Sie eine gute Bindung zu Ihrem Hund aufbauen können, widmen Sie sich ihm jeden Tag mindestens 5 Minuten. Streicheln Sie ihn, massieren Sie ihn, bis er sich völlig entspannt.

Wörtern (keinen Sätzen) und Sichtzeichen verständlich zeigen, wie er sich verhalten soll. Eine gute Bindung entsteht, wenn ein Hund sich verstanden fühlt. Dann entwickelt er genügend Selbstsicherheit. Ist auch die Rangordnung klar, steht einer guten Beziehung nichts mehr im Wege.

Die Narrenfreiheit des Hundebabys

Wenn man mit der Erziehung eines 8 Wochen alten Welpen beginnt, räumt fast jeder dem Jungtier Freiheiten ein, die er bei einem erwachsenen Hund nicht dulden würde. Wir erliegen leicht dem Charme eines Jungtieres und vergleichen es emotional mit einem Kleinkind. Damit tun wir dem Welpen keinen Gefallen. Es ist für das Tier viel einfacher, sich gleich an etwas zu gewöhnen, als später umzulernen. Alles, was man einem niedlichen Junghund nachsieht, kann man später oft nur mit viel Mühe wieder abtrainieren. Ein Hund begreift nicht, warum er plötzlich etwas nicht mehr darf, was bisher erlaubt war. Situationen, die ein Hund nie kennengelernt hat, vermisst er auch nicht. Je mehr wir einen Welpen verwöhnen, desto schlechter geht es ihm später, wenn er das alles nicht mehr darf. Bei der Entwicklung eines jungen Hundes macht man am wenigsten falsch, wenn man ihn immer so behandelt, als wenn er erwachsen wäre. Tierliebe wird leider von vielen Menschen falsch verstanden. Nur artgerechte Haltung macht einem Tier das Leben angenehm. Gestattet man einem Junghund z. B., im Bett zu schlafen oder auf dem Sofa, und ändert das später, wenn er erwachsen wird, dann versteht der Hund seinen Menschen nicht mehr.

Für einen Hund ist es unbegreiflich, wenn er nachts ausgesperrt wird, nachdem er den ganzen Tag mit seinem »Rudel« zusammen sein durfte. Sein instinktives Sozialverhalten sagt ihm, dass er mit seinem Rudel zusammenbleiben muss. Wer kein Verständnis für die nächtlichen Ängste eines jungen Rudeltieres hat, wird keine gute Bindung zu ihm aufbauen können. Diese Verunsicherung kann seiner Entwicklung schaden und sich auf andere Bereiche auswirken. Nicht nur Welpen, sondern auch sensible Hunde brauchen nachts die Nähe zu Herrchen, um selbstsicher zu werden. Ein selbstbewusster Hund wird sich dagegen meistens zum Schlafen unaufgefordert in einen anderen Raum begeben.

Welpen dürfen nicht behütet werden

Wer einen Hund zu sehr behütet und von allen vermeintlichen Gefahren fernhält, schadet ihm. Ängstliche Hundehalter, die einen Welpen nicht mit anderen Hunden zusammenlassen, aus Angst, er könne sich verletzen oder mit einer Krankheit infizieren, wird mit diesem Tier viele Probleme bekommen. Die Angst des Besitzers überträgt sich auf den Hund, sodass er in vielen Situationen ängstlich reagiert.

Wenn ein Welpe mit seinem ausgeprägten Spieltrieb einen erwachsenen

Damit Sie eine gute Bindung zu Ihrem Hund aufbauen können, vermeiden Sie

- jede Vermenschlichung, also den Hund nicht behüten und verhätscheln.
- unklare Anweisungen und Ausnahmen.
- jede Art von Gewalt.
- launisches oder aggressives Verhalten.
- jede isolierte Haltung wie Anketten, Zwingerhaltung, Hundepension, Ein- oder Aussperren und Alleinlassen.

Dagegen sollte ein Hund artgerecht beschäftigt werden, genügend Auslauf haben und viel mit anderen Hunden spielen.

Sozialisation des Welpen

Schon bei einem Welpen übt man die Unterwürfigkeit. Man legt ihn ohne Gewalt spielerisch auf den Rücken, damit er lernt, sich Stärkeren zu unterwerfen.

Hund zu sehr drangsaliert, kann es schon mal zum Warnschnappen kommen. Dem geht meistens ein leises Knurren voraus. Der Welpe bekommt einen gehörigen Schreck und rennt schreiend weg. Ängstliche Hundehalter glauben dann, der Welpe sei gebissen worden. Wird er daraufhin getröstet oder gar schützend auf den Arm genommen, belohnt man ihn für sein ängstliches Verhalten. Deshalb wird er künftig in jeder Schrecksituation schreien, weil er weiß, dass er sofort Hilfe bekommt. Beim Warnschnappen kommt es zu keiner Verletzung, es handelt sich um eine wichtige Erziehungsmaßnahme. Ein Welpe lernt daraus, dass er auf die Körpersprache des erwachsenen Hundes achten muss. Eine Abreibung ohne Verletzung wirkt sich auf die Entwicklung und das Sozialverhalten des Welpen immer positiv aus.

Es wäre auch falsch, den erwachsenen Hund für seine natürliche Reaktion zu bestrafen, nur weil uns seine Reaktion zu hart erscheint. Was ein Welpe in diesem Moment lernt, ist viel mehr, als wir ihm je beibringen können. Wenn wir ihn immer vor erwachsenen Hunden behüten, lernt er nie, sich Stärkeren gegenüber zu unterwerfen. Das kann dazu führen, dass er als erwachsener Hund zum Angstbeißer wird.

Bekommt ein Welpe einen Schreck, wäre es völlig falsch, ihn schützend auf den Arm zu nehmen. Er lernt nämlich daraus, dass die Situation gefährlich war, und wird künftig in ähnlichen Situationen ängstlich oder auch aggressiv reagieren. In solchen Fällen ist es besser, mit Köpfchen zu reagieren und gelassen zu bleiben. Zeigen Sie Ihrem Hund durch entspanntes Verhalten, dass die Situation ungefährlich ist.

Schreckhafte Menschen haben oft einen aggressiven Hund, weil er aus ihren Reaktionen lernt, wie »gefährlich« die Umwelt ist: Eine scheinbare Gefahr – auch wenn es keine ist – wird ihm als gefährlich vorgelebt. Nehmen Sie also den Welpen überall mit hin, damit er mit allem vertraut wird. Gewöhnen Sie ihn auch langsam an Menschenansammlungen, so wird ihn später nichts so leicht aus der Ruhe bringen. Bei jeder Gewöhnung an etwas Neues darf man die Anforderungen natürlich nicht zu schnell steigern und muss sich auf den Hund konzentrieren. Denn wenn dabei wirklich etwas schiefgeht, kann die Angst vor bestimmten Situationen größer werden.

Tipp

Trösten wir einen Hund bei jeder Kleinigkeit, belohnen wir ihn für sein ängstliches Verhalten. Er wird deshalb dieses Verhalten wiederholen, um Zuwendung zu bekommen. Auf diese Weise bestärken wir seine Ängste und erziehen ihn zur Wehleidigkeit. Außerdem wird ein Hund so daran gehindert, richtiges Sozialverhalten zu lernen.

Routine im Alltag

Gewöhnung an unnatürliche Geräusche

Wenn ein Welpe ein neues Geräusch hört, weiß er noch nicht, was dieses Geräusch bedeutet. Solange er mit der Mutter zusammenlebt, lernt er aus ihren Reaktionen, wenn etwas gefährlich ist. Ertönt ein unbekanntes Geräusch und die Mutter reagiert darauf nicht, weiß er, dass dieses Geräusch keine Gefahr für ihn bedeutet. Läutet es an der Tür und die Mutter schlägt an, wird der Welpe bald das Gleiche tun. Fällt ein Schuss und die Mutter verkriecht sich, weil sie nicht schussfest ist, lernt der Welpe, dass dieses Geräusch Gefahr bedeutet. Hunde können auf neue Geräusche sehr unterschiedlich reagieren.

Kommt ein Welpe zu uns, übernehmen wir die Aufgaben der Mutter. Er sammelt nun in unbekannten Situationen Erfahrungen aus unseren Reaktionen. Reagiert ein Hundebesitzer oft ängstlich, wird sich der Welpe bald ebenso ängstlich verhalten. Wenn man bei jeder Kleinigkeit panisch reagiert, überträgt sich diese Stimmung auf den Hund. Verbreiten Sie deshalb immer eine positive Stimmung und bleiben Sie ruhig und gelassen, dann wird Ihr Hund selbstsicherer.

Die Ursache für viele Fehlreaktionen ist oft in ungenügender Sozialisation zu suchen. Ein ängstlicher Hund versucht z. B., alle Lebewesen, die ihm Angst einflößen, mit Aggression zu vertreiben. Wenn wir einen Welpen richtig sozialisieren, wird er sich künftig in allen Situationen des täglichen Lebens gut zurechtfinden.

Als erzieherische Maßnahme kann das Erschrecken – wenn es richtig angewendet wird – einen positiven Einfluss haben. Falsch angewandt oder im unpassenden Moment, kann es

Tipp

Man darf einen Hund nie mit technischen Geräten erschrecken. Schalten Sie einen Fön, eine Bohrmaschine oder einen Staubsauger nie in der Nähe des Hundes ein, sonst wird er schnell zum Angsthasen.

So reagiert ein Hund, wenn er einen Schreck bekommt; hier vor dem ungewohnten Klick der Kamera. Alles, woran ein Hund in der Sozialisationsphase nicht gewöhnt wurde, kann ihn in Panik versetzen.

dem Hund schaden. Wenn ein Hund von Kindern oder von einem unüberlegten Erwachsenen in feuchtfröhlicher Stimmung mit Knallgeräuschen oder mit technischen Geräten erschreckt wird, kann er in ähnlichen Situationen immer wieder Angst bekommen. In solchen Fällen gelingt es auch Experten nur schwer oder mit sehr großem Zeitaufwand, die dadurch entstandene Angst wieder abzutrainieren. Man kann in der Fachliteratur unzählige Beispiele finden, bei denen Hunde durch eine einmalige Schrecksituation ein Leben lang Fehlreaktionen zeigten, sobald eine ähnliche Situation auftrat. Halten Sie also immer die Augen auf, damit Sie derartige Situationen rechtzeitig verhindern können.

Leider kann man immer wieder Menschen beobachten, die ein Tier erschrecken und sich noch über seine Angst amüsieren; manche lernen es eben nie. Angst hat für alle Lebewesen eine lebenswichtige Funktion, die sie vor Schaden bewahren soll. Da die Evolution der Tiere mit der technischen Entwicklung der Menschheit nicht Schritt halten kann, können Hunde technische Geräusche nicht einschätzen. Sie sind deshalb auf unseren Verstand und unser Mitgefühl angewiesen.

Will man einen Welpen z. B. an einen Staubsauger gewöhnen, benutzt man das Gerät im Nebenraum und lässt die Tür einen Spalt offen, damit der Hund aus sicherer Entfernung unser Treiben beobachten kann. Es wäre gut, einen Helfer zu bitten, das Saugen zu übernehmen, damit man den Welpen beobachten kann. Die erste Lektion sollte nur kurz sein, und danach bekommt er sein Futter oder eine Belohnung. Wiederholt man das mehrmals, verknüpft der Welpe das Geräusch mit dem Futter. Langsam werden dann die Saugzeiten verlängert, bis der Hund sich an das neue Geräusch gewöhnt hat. Ist man versehentlich zu schnell vorgegangen und der Welpe zeigt Angst, muss man wieder von vorn beginnen.

Hunde haben bekanntlich ein sehr feines Gehör. Deshalb darf man die Gewöhnung an Geräusche nicht übertreiben. Feuern Sie also keinen Gewehrschuss neben einem Welpen ab, damit er schussfest wird. Durch einen groben Fehler kann man einen Hund sehr schnell verderben. Es erfordert viel Zeit und Mühe, ihn wieder zu desensibilisieren; vor allem braucht man dazu entsprechende Kenntnisse.

Wenn man weiß, dass es zu Silvester in der Nähe des Hauses laut wird, kann man seinen Hund vorher daran gewöhnen, indem man eine CD mit Silvestergeräuschen abspielt (siehe S. 158, Desensibilisierung und Gegenkonditionierung)

Wie wird mein Hund stubenrein?

Wenn man einen Wurf Welpen bei ihrer Entwicklung beobachtet, ist man erstaunt, wie sehr sich schon die Kleinen bemühen, ihr Revier sauber zu halten. Besonders gut kann man das in einem warmen Land beobachten, wenn sich das Wurflager auf einer überdachten Terrasse befindet. Dort werden dem Bewegungsdrang der Jungtiere keine Grenzen durch Türen gesetzt.

Alle Raubtiere sind sogenannte Nesthocker und betreiben Brutpflege. Solange Hundewelpen blind sind und den Wurfplatz noch nicht verlassen, geben sie ihre Ausscheidungen nicht willkürlich ab. Das Bedürfnis wird erst von der Mutter durch Lecken ausgelöst; gleichzeitig werden die Ausscheidungen aufgenommen. Das Nest bleibt immer sauber. Von dem Tag an, an dem die Welpen das Wurflager das erste Mal verlassen können, erweitert sich ihr Territorium täglich zusehends.

Sobald sie die ersten Schritte gehen können, verlassen sie die Wurfkiste und verrichten ihr Geschäft daneben. Mit jedem Tag ihrer fortschreitenden Entwicklung entfernen sie sich ein Stück weiter vom Nest, bis sie ihre Ausscheidungen auf natürlichem Grund absetzen können. In der Folge wird der Ausflug immer mehr erweitert, und keiner der Welpen wird dieses Territorium je wieder beschmutzen. Nun wären die Jungtiere theoretisch stubenrein.

Doch dann kommt der große Einschnitt im Leben eines Welpen – er wird von seinem Wurf getrennt. Das vertraute Revier, in dem er genau wusste, wo er hingehen muss, ist in unerreichbare Ferne gerückt. Der Welpe braucht nun unsere Hilfe und Unterstützung, damit er mit dieser neuen Situation zurechtkommt.

Zunächst muss er sich an ein anderes »Leittier« – sein Frauchen oder Herrchen – gewöhnen und sein neues Revier erkunden. Das Erkundungsverhalten eines Welpen ist für seine Entwicklung von großer Bedeutung. Deshalb darf ein Welpe nicht zu sehr eingeschränkt werden.

Da das Revier zunächst noch nicht als Heimterritorium erkannt wird, kann es auch verunreinigt werden! Erst wenn der Welpe gelernt hat, wie groß sein neues Territorium ist, wird er nicht mehr in die Wohnung machen. Dabei müssen wir ihn mit Geduld und Know-how unterstützen.

Die ganze Umstellung bedeutet für den Hund natürlich Stress, und Aufregung aktiviert bekanntlich die Darmtätigkeit. Noch schlimmer wird die Situation für den Welpen, wenn er nachts ausgesperrt wird. Alleingelassen, hat er Angst, was wiederum zu einer Aktivierung der Darmtätigkeit führt. Also sperren Sie Ihren Hund nachts nicht aus. Der beste Platz ist allerdings nicht in, sondern neben Herrchens Bett. Wenn Herrchen morgens aufsteht, kann ein Welpe es unter Umständen nicht mehr halten. Das hängt damit zusammen, dass viele Hunde beim Unterwerfen ein paar Tropfen Harn verlieren; das wirkt auf Ranghöhere beschwichtigend. Ist die Blase voll, wird aus den paar Tropfen eine Pfütze.

Viele glauben, dass Hunde bei der Begrüßung eines Rudelmitgliedes vor lauter Freude Harn verlieren; in Wirklichkeit wollen sie damit Ranghöhere beschwichtigen. Auch aus Angst vor einem verärgerten Herrchen oder einer Strafe kann ein Hund spontan »auslaufen«. Dieses Problem tritt besonders bei Haltern auf, die zu streng mit einem jungen oder sensiblen Hund umgehen. Ignorieren Sie ihn bei der »Begrüßung« und gehen Sie mit ihm sofort ins Freie. Sobald er sein Geschäft verrichtet hat, loben Sie ihn. Nach einiger Zeit hört das unkontrollierte Urinieren dann von alleine auf. Man kann diese Entwick-

Wohnt man nicht ebenerdig, muss man einen Welpen tragen. Aber bitte nicht wie abgebildet. Mit dem Griff um den Brustkorb wird seine Atmung eingeengt! Der Welpe zeigt mit Züngeln an, dass er sich nicht wohlfühlt.

Tipp

Eine gute Eingewöhnungshilfe im neuen Heim, die den Welpen beruhigt, ist etwas, was nach seinem Nest riecht. Entweder geben Sie dem Züchter 1–2 Wochen vorher ein Tuch, das ins Nest gelegt wird, damit es den Geruch der Mutter annimmt. Oder Sie lassen sich vom Züchter etwas aus dem Nest mitgeben, bis sich der Welpe an sein neues Heim gewöhnt hat.

lung beschleunigen, indem man vorläufig besonders sanft mit dem jungen Hund umgeht. Schimpft man ihn aber, dauert es sehr lange, bis das unerwünschte Verhalten aufhört.

Erwischt man einen Welpen auf frischer Tat, unterbricht man ihn und trägt ihn schnell nach draußen. Sobald er sein Geschäft im Freien verrichtet hat, wird er gelobt. Diese Bestätigung bei richtigem Verhalten ist für einen Welpen eine wichtige Information. Um Verdauungsproblemen vorzubeugen, sollte man am Anfang das gleiche Futter geben, das vom Vorbesitzer gegeben wurde; eine Umstellung der Kost kann eine Magen- und Darmverstimmung verursachen. Damit ein Hund nachts keinen zu starken Drang bekommt, sollte man die letzte Futterration nicht nach 18 Uhr geben. Bekommt ein Hund Trockenfutter, muss er viel Wasser trinken. Deshalb sollte man ihn so spät wie möglich noch mal rauslassen.

Damit Ihr Welpe so schnell wie möglich stubenrein wird, müssen Sie lernen, wann das nächste Bedürfnis zu erwarten ist. Ein Welpe hat eine winzige Blase und kann es im Alter von 8–10 Wochen nur etwa 1 Stunde aushalten; mit 10–12 Wochen 1 $\frac{1}{2}$ Stunden usw. Je öfter man mit ihm Gassi geht, umso schneller wird er stubenrein. Ein paar Minuten nach jeder Mahlzeit kann man darauf warten, dass es losgeht. Nehmen Sie mit ihm immer den gleichen Weg ins Freie. So lernt er schon, wohin er gehen muss. Führen Sie ihn auch immer an den gleichen Platz und loben Sie ihn nach dem »Lösen«, wie man das in der Fachsprache nennt. Macht eine Welpe das erste Mal in die Wohnung, kann man auch seine Ausscheidung an der Stelle platzieren, die er künftig als »Toilette« benutzen soll.

Ein junger Hund schläft auch am Tag sehr viel. Sobald er aufwacht, gehen Sie sofort ins Freie. Auch wenn er aufhört zu spielen, unruhig wird und sucht, ist das ein untrügliches Zeichen. Lassen Sie Ihrem Hund danach noch genügend Zeit zum Schnuppern, denn wenn er sofort wieder rein muss, wird er sich künftig nicht beeilen, sein Geschäft zu verrichten.

Der Welpe wird uns bald signalisieren, wenn er ein Bedürfnis hat, und wir müssen lernen, dieses Signal zu erkennen. Wenn wir das Signal mehrmals übersehen, wird ein Hund es bald nicht mehr zeigen. Loben wir ihn aber und gehen sofort raus, wird er uns immer mitteilen, wenn er raus muss.

Das ist natürlich in der Nacht ein Problem, da wir einen viel tieferen Schlaf haben als ein Hund. Man kann versuchen, ein Plastiktablett oder einen Kartondeckel mit Folie auszulegen und mit Erde zu bestreuen. Hunde sind von Natur aus bestrebt, ihre Ausscheidungen auf natürlichem Untergrund abzusetzen. Wenn er die Erde riecht, nimmt er nachts vielleicht das »Campingklo« an. Der Erfolg lässt sich noch schneller herbeiführen, wenn man den Hundekorb bzw. die Schlafdecke des Welpen in einem Karton mit hohem Rand legt und an einer Seite einen Durchgang ausschneidet. Vor dem Schlafengehen stellt man das »Campingklo« direkt vor den Ausschnitt. Kein Hund beschmutzt sein eigenes Nest, und wenn er nachts einen Drang verspürt und seinen Schlafplatz verlässt, steht er gleich auf Erde.

Diese Methode für bequeme Hundehalter hat aber einen Nachteil: Es kann dadurch länger dauern, bis ein Welpe stubenrein wird. Schneller geht es, wenn man den Karton nicht ausschneidet, damit der Welpe ihn nicht verlassen kann. Auch eine Transportbox ist geeignet. Dadurch ist ein Hund gezwungen, sich zu melden. Das funktioniert allerdings nur, wenn man einen leichten Schlaf hat und schnell darauf reagiert. Der »Schlafkarton« sollte mindestens so groß sein, dass der Hund sich auf der Seite liegend ganz ausstrecken kann. Kalkulieren Sie auch ein, dass er in den ersten Wochen sehr schnell wächst.

Falls Sie einen Rüden besitzen, brauchen Sie keine Angst zu haben, dass er an Möbeln sein Bein hebt. Das kann er noch nicht, junge Rüden urinieren in der gleichen Stellung wie Hündinnen. Das Beinchenheben lernen großwüchsige Rüden manchmal erst nach 2 Jahren.

Auch beim Spazierengehen sollte der Hund die Möglichkeit haben, sein Geschäft auf natürlichem Untergrund abzusetzen. Ein Stadthund, der immer an der Leine eines unwissenden Hundehalters geht, macht nach einiger Zeit mitten auf den Gehsteig! Damit zieht man sich schnell den Hass seiner Mitmenschen zu. Diese ärgern sich ungerechterweise über den Hund anstatt über den Besitzer.

Trotz aller Unbilden, die der junge Hund in dieser entscheidenden Lebensphase ertragen muss, gibt es Menschen, die einen Hund anschreien, schlagen oder mit der Nase in seine Ausscheidungen drücken, wenn er diese nicht wunschgemäß platziert. Das sind völlig sinnlose Strafen, die den Welpen nur verunsichert.

Wenn ein Hund in die Wohnung macht, sollte man ihn nie bestrafen, auch wenn er schon erwachsen ist. Meistens gibt es dafür einen triftigen Grund, auch wenn wir ihn nicht erkennen. Ein Hund versucht immer, sein Revier sauber zu halten. Die Meinung, dass Hunde aus Trotz in die Wohnung machen würden, ist falsch; Hunde tun nie etwas aus Boshaftigkeit. Man sollte die Panne einfach ignorieren und alles kommentarlos entfernen.

Damit der Welpe nachts möglichst bald durchschlafen kann, darf er abends nicht zu viel fressen. Sonst ist nachts der Bauch zu voll, und er hält es nicht bis zum Morgen aus. Er sollte so spät wie möglich noch mal rausgelassen werden. Geben Sie ihm genügend Zeit, seine Geschäfte zu verrichten. Damit der Welpe begreift, was wir erwarten, sollten Sie ihn loben. Nach einiger Zeit erkennt man an seinem Verhalten, wenn er nichts mehr machen muss; manche Hunde gehen dann von selbst in Richtung Haustür. Wenn ein Hund nach 3 Wochen nicht stubenrein ist, sollten Sie ihn öfter rauslassen. Möglicherweise liegt auch ein gesundheitliches Problem vor.

Junge Hunde zerbeißen gern Schuhe

So wie Katzen das Bedürfnis haben zu kratzen, müssen junge Hunde etwas zum Beißen bekommen. Besonders während des Zahnwechsels zwischen dem 4. und 6. Monat muss ein junger Hund immer etwas haben, auf dem er herumkauen kann (geben Sie ihm aber keinen Tennisball, weil das raue Oberflächenmaterial die Zähne stark abschleift). Kommt man diesem Kaubedürfnis nicht nach, macht er sich über unsere Schuhe her oder knabbert die Möbel oder den Teppich an. Der Ledergeruch von Schuhen hat es Welpen besonders

Tipp

Wer nicht nachlässig ist, wird in kurzer Zeit einen stubenreinen Hund haben. Gelingt das einem Hundehalter nicht, darf er die Schuld nicht beim Hund suchen. Denn bei jedem Fehler verzögert sich der Lernprozess.

Sozialisation des Welpen

Tipp

Geben Sie einem Welpen nie einen alten Schuh, den er kaputt machen darf; denn er kann zwischen altem und neuem Schuh nicht unterscheiden.

angetan; bewahren Sie deshalb Schuhe immer unzugänglich für Welpen auf.

Wenn man ein kleines Kind hat, räumt man auch alles weg, was es nicht in die Hände bekommen darf; bei einem jungen Hund ist das nicht anders. Man muss also immer dafür sorgen, dass ein Welpe etwas hat, womit er sich beschäftigen kann, z. B. einen Kauknochen oder geeignetes Spielzeug. Was für den Welpen neu ist, ist natürlich interessant; wir müssen deshalb alles außer Reichweite bringen, was nicht beschädigt werden darf. Wenn Ihr Welpe trotzdem etwas erwischt, suchen Sie nicht die Schuld bei ihm, sondern bei sich selbst. Die meisten Hundehalter sind leider nicht konsequent, das kann man an einem Beispiel verdeutlichen: Nimmt ein Hund etwas ins Maul, was wertlos ist, finden wir das oft lustig; erwischt er aber etwas Wertvolles und hat es gar beschädigt, reagieren die meisten Menschen auf das gleiche Verhalten mit einem Entsetzensschrei oder einem Wutanfall. Wie soll ein Hund das begreifen? Immer, wenn er etwas nimmt, was er nicht zwischen die Zähne bekommen soll, sagt man »Nein« und entzieht ihm das Objekt. Wenn er dieses Wort oft genug gehört hat, weiß er, was es bedeutet. Loben Sie ihn oft, wenn er sich wunschgemäß verhält. Auf diese Weise kann man künftig alle unerwünschten Handlungen unterbrechen.

Nun gibt es natürlich Objekte, die man nicht entfernen kann, z. B. Möbel oder Teppiche. Damit der Welpe diese nicht anknabbert, muss man ihm das deutlich machen. Ertappt man ihn auf frischer Tat, sagt man »Nein«. Sobald er von dem Objekt ablässt, wird er sofort gelobt und belohnt. Wenn wir gut aufpassen und auf jedes Fehlverhalten schnell reagieren, hört er nach wenigen Wiederholungen damit auf.

Macht der Welpe sich an einem elektrischen Kabel zu schaffen, besteht Lebensgefahr! Der Welpe muss also wirkungsvoll davon abgehalten

Alle Hunde lieben Schuhe und kauen gern. Deshalb sollte man alle Schuhe gut sichern, denn ein Welpe muss erst lernen, dass er sie nicht zerbeißen darf.

Welpen brauchen geeignetes Spielzeug, auf denen sie herumbeißen können. Bekommen sie nichts Geeignetes, knabbern sie Möbel oder den Teppich an.

werden. Das Hörzeichen »Nein« hilft nur, wenn er schon weiß, was es bedeutet. Hindern Sie ihn sofort daran und reiben Sie das Kabel – oder auch andere Gegenstände – mit Zitrone, Essig, Senf oder Pfeffer ein.

Man darf Welpen am Anfang nicht zu sehr einschränken. Wenn einem Welpen zu viel verboten wird, kann er keine Selbstsicherheit entwickeln. Er muss viele Dinge unter der schützenden Obhut seines Herrchens untersuchen können, damit er viele positive Erfahrungen sammeln kann. Je intelligenter ein Hund ist, umso neugieriger ist er auch.

Hunde liegen immer im Weg

Wenn man beschäftigt ist und in der Wohnung viel hin und her laufen muss, liegt ein Hund oft im Weg. Das ist ein natürliches Bedürfnis. So hat er immer die Übersicht über das »Rudel« und verpasst nichts. Natürlich braucht ein Hund einen Ruheplatz, auf den man ihn bei Bedarf schicken kann. Dieser Platz sollte jedoch nicht zentral gewählt werden, damit ein Hund ihn nicht als Wachposten betrachtet. Er soll nicht aufpassen, was in der Wohnung geschieht, sondern sich entspannen können.

Rücksichtslose Menschen geben einem im Weg liegenden Hund manchmal einen Tritt. Geschieht dies unverhofft oder gar, wenn der Hund schläft, wird er scheu und ängstlich. Soll ein Hund aus dem Weg gehen, sagt man: »Geh«. Durch kräftigeres Auftreten beim Annähern wird er schnell merken, dass er seinen Platz verlassen soll. Wenn er richtig reagiert, muss er sofort gelobt werden, damit er eine Bestätigung für das erwünschte Verhalten bekommt. Nur dann weiß er das nächste Mal, wie er sich verhalten soll. Läuft er zu langsam vor uns her, kann man ihn durch einen leichten Stupser an den Schwanz aufmerksam machen, wie dicht man ihm auf den Fersen ist; darauf reagiert er sofort. Einen großen Hund kann man mit dem Knie leicht anrempeln, wenn er nicht schnell genug reagiert; das empfindet er nicht als Strafe. Nur wenn man ihn danach nicht lobt, wird er verunsichert.

Damit ein Hund keine Angst hat, dass sein »Rudel« nicht zurückkommt, muss man ihn in kleinen Schritten ans Alleinsein gewöhnen.

Allein zu Hause

In der Anfangsphase sollte man einen Welpen nie allein lassen, damit er keine Trennungsangst bekommt. Man darf nicht vergessen, dass der Welpe das erste Mal in seinem Leben verlassen wird und nicht weiß, ob Herrchen überhaupt zurückkommt! Dazu ein Beispiel, das einer Hundebesitzerin viele Jahre Probleme bereitete: Besagte Dame ging ins Theater und ließ einen jungen Labrador-Retriever zu Hause. Während ihrer Abwesenheit kam ein Gewitter. Von diesem Tage an bis ans Ende seiner Tage hatte der Hund eine panische Angst vor jedem Donner oder Knallgeräusch. Kam ein Gewitter auf oder es knallte ein Schuss, während die Halterin mit dem Hund spazieren ging, floh der Hund und war nicht mehr zu finden. Wenn die Dame dann nach langer vergeblicher Suche nach Hause kam, saß der Hund vor der Tür. Es hätte genauso passieren können, dass er bei seiner panischen Flucht überfahren wird oder einen Unfall verursacht.

Ein junger Hund muss in ganz kleinen Schritten erst langsam daran gewöhnt werden, allein zu sein; natürlich nie bei Gewitter oder zu Silvester. Auch lärmende Baumaschinen ängstigen einen Hund, solange er noch nicht daran gewöhnt ist. Wir dürfen das Alleinsein nur in seiner vertrauten Umgebung üben. Zu Hause kennt er sich aus und bekommt nicht so schnell Angst.

Um ihn an das Alleinsein zu gewöhnen, machen wir unseren Hund zunächst mit dem Hörzeichen »Bleib« vertraut. Er muss lernen, dass er uns nicht immer nachlaufen darf. Sagen Sie beim Verlassen eines Zimmers »Bleib«, aber nicht »Bleib hier«, denn »Hier« bedeutet in der Kommandosprache: Komme hierher. Sie sehen, es ist gar nicht so einfach, die Hörzeichen immer unmissverständlich zu geben. Besonders Anfänger müssen sich erst eine gewisse Routine aneignen, damit sie so wenig Fehler wie möglich machen.

Bei dem Hörzeichen »Bleib« halten Sie ihm als Sichtzeichen die Handfläche mit gespreizten Fingern vertikal vor die Nase und gehen langsam zurück. Am Anfang kann man es ihm noch deutlicher machen, indem man das Zeichen mit beiden Händen gibt. Die Türschwelle ist die Grenze. Sobald er versucht, die Schwelle zu überschreiten, sagen wir »Nein«. Kommt er zu Ihnen, gehen Sie mit ihm zurück und sagen erneut »Bleib«. Das wiederholt man so oft, bis der Hund begriffen hat, dass er uns nicht folgen darf. Sobald wir uns einen Meter entfernt haben und er bleibt sitzen, gehen wir zurück und loben und belohnen ihn. Dann wird die Entfernung in kleinen Schritten vergrößert. Vergrößern Sie den Abstand nicht zu schnell, weil jeder Misserfolg den Lernprozess verzögert.

Wenn ein Hund nach vielen Wiederholungen über mehrere Tage das Hörzeichen »Bleib« begriffen hat und man das erste Mal die Tür schließt, darf man nicht wirklich weggehen. Geben Sie das Kommando »Bleib« in Verbindung mit dem Sichtzeichen und schließen Sie die Tür zuerst nur 3 Sekunden. Bleibt der Hund ruhig, öffnen Sie die Tür und loben ihn. Dann wird die Zeit schrittweise verlängert. Aber niemals zu lang, damit er keine Angst bekommt. Entfernen Sie sich auf leisen Sohlen, damit er nicht merkt, wie weit Sie sich entfernen. Bleiben Sie stehen und lauschen Sie eine kurze Zeit, damit Sie feststellen können, wie sich Ihr Hund verhält. Geht man zu schnell voran, bekommt ein Hund Verlustangst und fängt an zu bellen. Sie müssen dann wieder ganz von vorn beginnen.

Mit Ungeduld erreicht man am wenigsten. Also überfordern Sie Ihren Hund nicht. Wenn er beim Schließen der Tür sofort oder kurz danach anfängt zu heulen oder zu bellen, sagen Sie »Nein«, ohne die Tür zu öffnen. Nur wenn er ein paar Sekunden lang still war, öffnen Sie die Tür und loben ihn.

Ist er anfänglich ruhig und fängt nach einer Weile an zu winseln oder zu bellen, war die Zeit zu lang. Das sollte man vermeiden, sonst dauert es viel länger, bis ein Hund Vertrauen bekommt. Öffnen Sie nie die Tür, solange er bellt oder andere Laute von sich gibt. Er darf mit seinen Lauten nie Erfolg haben, sonst bellt oder winselt er immer während Ihrer Abwesenheit. Ein Hund muss lernen, dass sich die Tür nur öffnet, wenn er sich ruhig verhält.

Springt Ihr Hund Sie beim Öffnen der Tür vor Freude an, beachten Sie ihn nicht. Das Öffnen und Schließen von Türen ist etwas Alltägliches und

Wenn Frauchen endlich heimkommt, freut sich der Hund und springt sie an. Damit die Begrüßung nicht noch stürmischer ausfällt, ignoriert man den Hund, bis man die wichtigsten Handgriffe erledigt hat.

sollte kein Anlass zu Freudenausbrüchen sein. Belohnen Sie ihn auch nicht, sonst ist er während Ihrer Abwesenheit noch ungeduldiger und aufgeregter, weil er nicht nur auf Sie, sondern auch auf die Belohnung wartet. Bei Hunden gibt es keinen Abschied. Bevor Sie die Tür schließen, sagen Sie »Bleib« und geben ein deutliches Sichtzeichen.

Müssen Sie das Haus verlassen, schicken Sie Ihren Hund auf seinen Platz und geben ihm vor dem Verlassen der Wohnung einen Kauknochen, damit er beschäftigt ist. Vor dem Schließen der Tür kommt das obligatorische »Bleib« mit deutlichem Sichtzeichen. Schleichen Sie sich nie aus dem Haus, sonst glaubt Ihr Hund, er habe durch Unaufmerksamkeit den Anschluss an sein Rudel verloren.

In kleinen Schritten steigert man die Zeit der Abwesenheit. Sperren Sie einen Hund aber nie in einen fensterlosen Raum, das ist etwas Unnatürliches, was es in der Natur nicht gibt. Eine Höhle ist zwar auch dunkel, aber die kann ein Hund jederzeit verlassen. Ein eingeschaltetes Radio beruhigt die meisten Hunde. Und bei Dunkelheit sollten Sie eine kleine Lampe brennen lassen. Geben Sie Ihrem Hund während Ihrer Abwesenheit die Möglichkeit, aus einem Fenster zu sehen. Dann hat er wenigstens ein bisschen Abwechslung, die ihm die Wartezeit verkürzt. Das ist auch der Grund, dass es den wenigsten Hunden etwas ausmacht, im Auto auf Herrchen zu warten. Zuerst beobachtet er die Umgebung, und wenn es ihm zu langweilig wird, schläft er.

Hat ein Hund bereits Trennungsangst, wenn wir ihn bekommen, oder uns ist am Anfang ein Fehler unterlaufen, braucht es viel Verständnis und Geduld; besonders bei einem Hund, dessen Vorgeschichte unbekannt ist. Damit wir überprüfen können, ob unser Hund während unserer Abwesenheit Trennungsangst hat, kleben wir eine Zeitung an die Wohnungstür. Ist die Zeitung schon zerrissen, wenn wir die Wohnung nur kurz verlassen, hat ein Hund Angst. Die Trennungsangst kann sich so steigern, dass er nicht nur bellt, jault oder winselt, sondern Harn oder Kot in der Wohnung absetzt, sich selbst Wunden zufügt oder Einrichtungsgegenstände zerstört. Würde man ihn dafür bestrafen, wäre das für die Psyche des Hundes eine Katastrophe; seine Angst würde sich dadurch noch steigern.

In diesem Fall darf der Hund nicht allein gelassen werden, bis er wieder Vertrauen bekommt. Beginnt man das zu üben, sollte der Sichtkontakt zu Herrchen vorläufig nicht abreißen. Entweder lässt man ihn in einem Raum warten, ohne die Tür zu schließen, oder er bleibt im Auto, und man hält sich in der Nähe auf. Vielen Hunden macht es nichts aus, allein im Auto zu bleiben. Das hängt davon ab, welche Erlebnisse zu seiner Angst geführt haben. Jede Steigerung muss man mit viel Einfühlungsvermögen dosieren.

Damit man das Verhalten seines Hundes überprüfen kann, macht man am besten eine Videoaufzeichnung; dazu genügt eine einfache Digitalkamera. An seinem Verhalten kann man erkennen, ob er Angst hat oder ob er nur seinen Willen durchsetzen möchte. Hat er keine Angst und benimmt sich schlecht, muss man ihn korrigieren. Das setzt allerdings voraus, dass man die Körpersprache der Hunde gut kennt. In diesem Fall sollte man besser professionelle Hilfe in Anspruch nehmen.

Gewöhnung an eine Transportbox

Manchmal ist es notwendig, einen Hund in eine Transportbox zu sperren. Sei es, weil er verletzt ist oder

Bevor man einen Hund in einer Box transportieren kann, sollte man ihn in kleinen Schritten daran gewöhnen. Hat er damit bereits positive Erfahrungen gemacht, bekommt er nicht so schnell Angst.

uns auf einer Flugreise begleitet. Aber fast immer ist das Eingesperrtsein mit negativen Erlebnissen verbunden. Dadurch bekommt ein Hund Angst vor der Box und wird sich im Wiederholungsfall unter Umständen vehement zur Wehr setzen. Das kann sich bei einem verletzten oder kranken Tier sehr negativ auswirken.

Um dies zu vermeiden, sollte man einen Hund schon vorher mit der Box vertraut machen und ihm positive Erlebnisse vermitteln. Man stellt dazu die Box neben seinen Schlafplatz und legt eine Decke hinein. Vielleicht entdeckt Ihr Hund darin eine brauchbare Hundehütte und zieht von selbst ein. Wenn nicht, wirft man ab und zu ein paar Leckerchen hinein oder einen Kauknochen und vermittelt ihm so positive Erlebnisse. Sobald er Anstalten macht hineinzugehen, ermuntern Sie ihn mit positiver Stimme. Wenn Sie nach ein paar Tagen die Box das erste Mal schließen, geben Sie Ihrem Hund ein paar Leckerchen durch das Gitter. Nach kurzer Zeit wird die Tür wieder geöffnet. Nun wird die Zeit, die der Hund in der Box bleiben soll, schrittweise verlängert. Man übt am besten nach dem Spazierengehen und Füttern; dann ist er müde und kann in der Box schlafen. Bei einer Autofahrt muss die Box stets gut befestigt werden.

Ist ein Transport notwendig, bei dem Herrchen nicht in der Nähe sein darf, z. B. bei einem Flug, muss der Hund ein Beruhigungsmittel bekommen; die Dosierung muss aber von einem Tierarzt festgelegt werden. Sie hängt von dem Gewicht des Hundes und der Zeit ab, wie lange er ruhiggestellt werden muss.

Tipp

Wenn man den Wohnsitz wechselt, weiß ein Hund noch nicht, dass die Wohnung sein neues Territorium ist. Selbst ein Hund, mit dem es nie Probleme gab, muss das erst begreifen. Er darf also in den ersten Tagen nicht allein gelassen werden. Sonst kann auch ein gut erzogener Hund Angst bekommen, die nur mit viel Mühe wieder zu korrigieren ist.

Hund und Kind

Fremde Kinder

Selbst wenn man keine eigenen Kinder hat, ist es notwendig, einen Welpen an Kinder aller Altersgruppen zu gewöhnen. So vermeiden Sie, dass er später Angst vor ihnen hat und zum Angstbeißer wird. In der Nachbarschaft findet man leicht Kinder, die gern mit einem Welpen spielen; man muss aber immer dabei bleiben. Sobald ein Kind etwas tut, was dem Welpen Angst einflößt, muss man sofort eingreifen und dem Kind erklären, wie es sich verhalten soll. Besser ist natürlich, vorausschauend zu denken, damit ein Hund gar nicht in beängstigende Situationen kommt. Wenn Sie Ihren Hund mit einem Kind vertraut machen wollen, bitten Sie es, sich am Anfang nicht zu schnell zu bewegen.

Wer einen Hund immer von Kindern fernhält aus Angst, es könnte etwas passieren, läuft Gefahr, dass er in einer Stresssituation ein Kind beißt. Erziehen Sie Ihren Hund deshalb so, dass die Nachbarskinder keine Angst vor ihm haben. Kommt es zwischen Kindern und Hunden zu Konflikten, sind natürlich nicht immer nur die Hundehalter schuld. Genauso, wie man einem Kind das Verhalten im Straßenverkehr beibringt, sollte es auch den richtigen Umgang mit Tieren lernen. Dazu ist allerdings niemand verpflichtet. Die Verantwortung bleibt also doch beim Hundehalter.

Damit Kinder durch Hunde nicht in Gefahr kommen, muss man ihnen vermitteln, wie man mit Hunden richtig umgeht. Wird ein Hund von Kindern schlecht behandelt oder gar gequält, kann er in Notwehr beißen. Übrigens geht von kleinen Hunden immer eine größere Gefahr aus, weil sie aufgrund ihrer geringen Größe weniger Selbstsicherheit besitzen. Die meisten Beißunfälle passieren, wenn Hunde sich in die Enge getrieben fühlen. Nehmen Sie sich deshalb die Zeit, Kindern richtiges Verhalten im Umgang mit Hunden zu erklären. Bei Welpen ist das kein Problem, weil niemand vor einem jungen Hund Angst hat.

Fast alle Kinder spielen gern mit jungen Hunden. Das sollte aber immer unter Aufsicht geschehen, damit weder der Hund noch das Kind negative Erfahrungen macht.

Fast alle Kinder sind von Tieren fasziniert, sofern sie nicht vom Elternhaus negativ beeinflusst wurden. Kein Baby hat Angst vor einem Hund, sie wird ihm erst von Eltern oder anderen Personen unbewusst anerzogen. Wenn ein Kind an einem Hund Interesse zeigt, muss es immer erst den Hundebesitzer fragen, ob es sich dem Hund nähern darf. Ein Kind darf auch nie zu einem fremden Hund gehen, der angeleint ist. Der Hund sollte immer mit seinem Namen angesprochen werden, damit er nicht durch eine unverhoffte Berührung erschreckt wird. Außerdem müssen Kinder wissen, dass ein Hund einen immer erst beschnuppern will, bevor man ihn streichelt. Tut man das nicht und das Kind fasst den Hund an, versucht der Hund, an der Hand zu riechen. Bei dieser Bewegung erschrecken die Kinder dann oft und glauben, der Hund wolle sie beißen.

Berührungen im Schnauzenbereich erscheinen den meisten Menschen als besonders gefährlich, aber genau das Gegenteil ist der Fall. Hunde tauschen mit der Schnauze Zärtlichkeiten aus und werden durch diese Berührung besänftigt.

Ein Kind sollte einen Hund nie von hinten oder von oben anfassen. In der Körpersprache der Hunde ist das »Pfoteauflegen« auf Kopf, Nacken oder Rücken ein Dominanzversuch. Alles, was von oben kommt, empfindet ein Hund als Bedrohung, außer es ist Herrchens Hand. Zwar kommt es dadurch nur sehr selten zu einer Aggression gegen Menschen, doch es ist sicherer, den Hals oder die Brust zu streicheln.

Zuerst lässt man einen Hund an der Hand riechen. Wenn er schnuppert und sich nicht entfernt, kann man ihn vorsichtig streicheln. Da viele Hunde kleine Kinder lieben, muss man aber damit rechnen, dass er das Kind abschleckt. Und nach Hundeart geschieht das oft im Gesicht.

Wenn Sie Ihren Hund mit Kindern spielen lassen, müssen Sie die Körpersprache des Hundes beobachten und rechtzeitig eingreifen, sobald er sich nicht mehr wohlfühlt. Gibt er das durch Schwanzeinziehen, Ohren-nach-hinten-Legen oder gar Knurren zu erkennen, dürfen sich die Kinder dem Hund nicht nähern. Selbst weniger auffällige Signale wie das Zur-Seite-Drehen der Augen oder des Kopfes fallen einem guten Hundeführer rechtzeitig auf. Auch wenn ein

So erklären Sie Kindern, wie man mit Hunden richtig umgeht:

- Streichle nie einen Hund, ohne vorher den Besitzer zu fragen.
- Gehe nicht zu einem Hund, der angebunden ist.
- Schaue einem Hund nicht in die Augen, das empfindet er als Drohung.
- Führe in der Nähe des Hundes keine schnellen Bewegungen aus, die ihn erschrecken können.
- Fuchtle nicht mit Gegenständen herum.
- Störe einen Hund nie beim Fressen, und versuche auf keinen Fall, ihm das Futter wegzunehmen.
- Füttere einen Hund nie, ohne vorher sein Herrchen zu fragen.
- Wenn du mit einem Hund spielst, denke immer daran, dass ein Hund keine Hände hat und Gegenständen nur mit den Zähnen halten kann. Wenn ein Hund deine Hand spielerisch mit den Zähnen hält, bleibe immer ruhig.
- Ziehe einen Hund nie am Schwanz oder an den Ohren.
- Streichle ihn nicht auf dem Kopf, Nacken oder Rücken, sondern hinter den Ohren, am Hals oder an der Brust.
- Laufe nie schnell auf einen Hund zu und laufe ihm auch nicht nach.
- Schlage nie nach einem Hund.
- Bespritze ihn nicht mit Wasser.
- Wirf keine Steine, Schneebälle oder andere Gegenstände nach einem Hund.
- Erschrecke ihn nicht mit Knallgeräuschen (Spielzeugpistole, Silvesterknaller etc.)
- Erschrecke ihn auch nicht mit technischen Geräten wie ferngesteuerten Spielsachen.
- Wenn 2 Hunde spielen oder sich streiten, darfst du nie dazwischengehen.

Hund von Kindern »belagert« wird und sich die Nase leckt, fühlt er sich eingeengt oder gar bedroht. Reagiert der Hundehalter sofort darauf, wirkt sich das auch positiv auf die Selbstsicherheit des Hundes aus.

Kinder füttern gern Tiere. Ein Kind darf einem Hund aber nur dann ein Leckerchen geben, wenn er jede Belohnung sanft abnimmt. Gierige Fresser können beim Schnappen das Kind versehentlich verletzen.

Hat man alles richtig gemacht und zwischen Hund und Kindern ein gutes Verhältnis hergestellt, werden auch ängstliche Erwachsene schnell merken, dass man vor einem gut erzogenen Hund keine Angst haben muss.

Etwas schwieriger ist es bei Kindern, denen die Angst vor Hunden anerzogen wurde. Wenn sie aber sehen, wie andere Kinder den Hund streicheln oder mit ihm spielen, werden auch sie mit der Zeit Zutrauen bekommen. Oft haben dann die Eltern mehr Angst vor einem Hund als ihr Kind. Jeder Hundehalter kann dazu beitragen, dass Unkundige ihre Angst verlieren und von Hunden eine bessere Meinung bekommen.

Eigene Kinder

Auch den eigenen Kindern muss man den Umgang mit einem Hund beibringen und damit Unfällen vorbeugen. Das Zusammenführen von Kind und Hund sollte besonders bei einem erwachsenen Hund langsam und unter ständiger Aufsicht erfolgen. Ein Hund darf am Anfang nicht durch übermütiges Herumtollen eines Kindes verunsichert werden; er braucht Zeit, sich an die neue Situation zu gewöhnen. Einerseits fühlen sich fast alle Hunde durch das übermütige Verhalten von Kindern irritiert, andererseits mögen sie es, wenn etwas los ist – ausgenommen ältere Tiere, die ein größeres Ruhebedürfnis haben.

Lassen Sie kleine Kinder und Hunde nie unbeaufsichtigt zusammen. Schon deshalb, weil sie dem Hund mit Gegenständen unabsichtlich Schmerzen zufügen könnten und es dadurch zu Beißunfällen kommen kann. Es ist zwar unwahrscheinlich, dass ein Hund ein Kleinkind beißt, man darf sich aber nicht darauf verlassen. Es kann vorkommen, dass ein Hund das Kind mit der Pfote zum Spielen auffordert und es mit den Krallen kratzt. Ein Hund weiß nicht, wie empfindlich unsere Haut ist; er darf deshalb nicht bestraft werden. Beobachten Sie Ihren Hund und unterbinden Sie es, wenn er die Pfote hebt oder das Kind anspringen will. Wir müssen ihm erst beibringen, was er nicht darf. Deshalb ist es notwendig, dass man sehr schnell reagiert,

Wenn Kinder mit Hunden spielen, muss man darauf achten, dass das Spiel nicht zu wild wird. Große Hunde können ein Kind unbeabsichtigt umreißen oder es mit den Krallen kratzen.

damit er den Zusammenhang versteht.

Jeder Hund sollte mit Kindern möglichst viele positive Erfahrungen machen. Immer wenn bei einem Spaziergang das Kind dabei ist, nimmt man besonders viel Leckerchen mit oder spielt mit dem Hund intensiv. So wird die Anwesenheit des Kindes mit positiven Erlebnissen verknüpft. Nach kurzer Zeit freut sich der Hund, wenn das Kind dabei ist. Das festigt die Familienbande und trägt zur Sicherheit der Kinder bei. Wird ein Hund aber im Beisein von Kindern eingeengt oder schlechter behandelt, entsteht im Laufe der Zeit eine Aversion gegen Kinder. Das sollte man vermeiden.

Wenn sich Ihr Hund an alle Familienmitglieder gewöhnt hat und sich wohlfühlt, freut er sich, wenn er ausgelassen herumtoben darf. Hat er aber genug, braucht er ein ungestörtes Plätzchen, wohin er sich zurückziehen kann; dieser Platz muss für Kinder tabu sein. Ein Hund braucht diese Rückzugsmöglichkeit, damit er sich nie in die Enge getrieben fühlt, sonst setzt er sich zur Wehr. Er droht dann mit Knurren und Zähnefletschen. Werden diese Drohsignale von Kindern nicht beachtet, kann er schnappen, wenn er Angst bekommt oder ihm Schmerzen zugefügt werden. Die meisten Hunde tolerieren bei Kindern der eigenen Familie fast alles. Trotzdem müssen Kinder lernen, wie weit sie gehen dürfen. Ein Hund darf auch nie von Kindern hochgehoben werden.

Man sollte einen Hund nicht bestrafen, wenn er seinen Ruheplatz verteidigt, dadurch würde sich die Beziehung zu den Kindern verschlechtern. Das könnte zur Folge haben, dass er später in ähnlichen Situationen in Notwehr beißt. Eine gute Beziehung zwischen Kindern und Hunden ist dann gegeben, wenn Kinder keine Angst vor dem Hund haben und der Hund keine Angst vor Kindern. Hundehalter müssen die Körpersprache der Hunde gut kennen, damit sie die ersten Anzeichen von Angst oder Aggression richtig deuten können und schnell darauf reagieren. Vor allem darf man einen Hund nie beruhigen oder gar streicheln, wenn er Drohsignale zeigt. Sagen Sie »Nein«, und wenn er aufhört zu drohen, loben Sie ihn.

Frauchen bekommt ein Baby

Wird ein neues Familienmitglied erwartet, sollte man einen Hund rechtzeitig darauf vorbereiten. Er muss schließlich lernen, dass er künftig Frauchens Zuwendung teilen muss. Das lernt ein Hund z. B., wenn Frauchen sich mit anderen Hunden abgibt und sie streichelt. Am Anfang müssen immer beide Hunde gleichzeitig gestreichelt werden, bis Ihr Hund sich daran gewöhnt hat. Reagiert er eifersüchtig und versucht, den anderen Hund wegzudrängen, oder wird gar aggressiv, sagt man konsequent »Nein«. Verhält er sich brav,

Voraussetzungen für den sicheren Umgang von Kind und Hund:

- Ein Kleinkind darf nie mit einem Hund unbeaufsichtigt allein gelassen werden.
- Der Ruheplatz des Hundes muss für Kinder tabu sein, und ein Hund hat auch nichts im Kinderzimmer zu suchen.
- Kinder dürfen einen Hund nicht »erziehen« oder gar bestrafen.
- Ein Kind darf einem Hund nichts wegnehmen und ihn nicht beim Fressen stören.
- Nachlauf- und Ziehspiele sollten weder dem Kind noch dem Hund erlaubt werden.
- Ein Kind darf einen Hund nicht festhalten, umklammern, hochheben, auf ihm reiten, am Schwanz oder an den Ohren ziehen.
- Bringen Sie Ihrem Hund bei, dass er Kinder nicht anspringt, anbellt und ihnen nichts aus den Händen nimmt.

Lässt man einen Hund nahe an ein Baby, muss man den Hund und seine Körpersprache sehr gut kennen. Kinder dürfen mit Hunden nie unbeaufsichtigt allein gelassen werden.

Wenn man mit dem Training beginnt, darf man nicht abrupt alles mit strengen Maßnahmen ändern. Es kommt nicht darauf an, energisch zu sein, sondern den Hund mit richtiger Kommunikation langsam an die Veränderungen zu gewöhnen. Und sobald er sich richtig verhält, muss man ihn loben. Weiterhin kann man ein »Ersatzbaby« in Form einer Puppe in den Arm nehmen und wie ein Baby behandeln. Besorgen Sie sich auch ein ungewaschenes Kleidungsstück eines Babys, damit die Puppe nach einem Lebewesen riecht.

Bevor das Baby kommt, darf man einem Hund nur so viel Zuwendung schenken, wie man ihm später geben kann, wenn das Baby da ist. Die Emotionen, die man dem Baby gegenüber hat, sollte man im Beisein des Hundes nicht so deutlich zeigen. Frauchen braucht also »schauspielerische Fähigkeiten«, damit der Hund sich nicht zurückgesetzt fühlt.

Ist das Baby da, braucht der Hund am Anfang besonders viel Zuwendung. Geschieht dies nicht, kann es zu unerwünschtem Verhalten kommen. Wenn Frauchen ihre Zuneigung immer dem Hund geschenkt hat und plötzlich erhält das Baby die ganze Liebe, bricht für den Hund eine Welt zusammen. Bekommt er nur noch Zuwendung, wenn das Baby nicht im Zimmer ist, und wird kaum mehr beachtet, sobald es anwesend ist, sind Eifersuchtsreaktionen vorprogrammiert. Es liegt also nicht am Hund, wenn er Schwierigkeiten macht, sondern am falschen Verhalten der Familie.

Man sollte deshalb genau das Gegenteil tun: Ist man mit ihm alleine, wird er nicht beachtet. Sobald das Baby ins Zimmer gebracht wird, bekommt er so viel Zuwendung wie möglich – auch wenn das nicht leicht zu verwirklichen ist. Nur so wird er sich bald über die Anwesenheit des Babys freuen. Damit es zu einer posi-

werden beide gelobt und gleichzeitig belohnt. So lassen sich Eifersuchtsreaktionen vermeiden. Einen Welpen muss man möglichst schon in der Sozialisationsphase an Babys gewöhnen.

Der Tagesablauf sollte schon geändert werden, bevor das Baby kommt. Sobald das Kinderzimmer eingerichtet wird, darf der Hund es nicht mehr betreten. Verbietet man einem Hund den Zutritt ins Kinderzimmer erst, wenn das Baby bereits zu Hause ist, verknüpft er die »Nachteile« mit dem Baby. Das Verbot kann auch auf andere Räume ausdehnt werden. Man muss an alles denken, was sich voraussichtlich ändert.

Kontakt zu Tieren

tiven Verknüpfung kommt, kann man den Hund auch immer dann füttern, wenn das Baby ins Zimmer gebracht wird. Je mehr positive Erlebnisse Ihr Hund bei Anwesenheit des Babys hat, umso schneller wird er es als neues Familienmitglied akzeptieren. Ist Frauchen mit dem Baby beschäftigt, kann sich ein anderes Familienmitglied mit dem Hund beschäftigen. Mit der Zeit wird er sich daran gewöhnen, dass sich nicht alles um ihn dreht.

Würde man einen Hund bestrafen, sobald er Eifersucht zeigt, kann sich sein Verhalten nicht bessern. Je mehr negative Erlebnisse er in Anwesenheit des Babys hat, umso schlechter wird er sich betragen. Man darf einen Hund auch nicht ständig von dem Baby fernhalten, sonst wird er immer neugieriger, und man riskiert, dass er sich unbemerkt und unkontrolliert dem Baby nähert. Unerwünschtes Verhalten kann man mit einem »Nein« untersagen. Sobald er sich wunschgemäß verhält, muss er immer gelobt werden. Streicheln Sie Ihren Hund und das Baby möglichst oft zur gleichen Zeit.

Wenn ein Hund falsch behandelt wird und es gibt Probleme, wird der vermeintlich böse Hund aus Mangel an Selbstkritik oft aus seinem »Rudel« verstoßen und abgegeben oder gar ausgesetzt. Das ist das Schlimmste, was man einem Hund antun kann. Er wird für die Fehler, die seine Familie gemacht hat, unangemessen hart bestraft. Wie sich ein Hund in neuen Situationen verhält, hängt immer davon ab, wie man ihn auf die Veränderung vorbereitet hat. Bei der Anschaffung eines Hundes muss man sich der Verantwortung bewusst sein, die man dem Tier gegenüber hat, und man sollte schon vorher alle Möglichkeiten in Betracht ziehen. Tut man das nicht, kann man dem Tier einen unermesslich großen Schaden zufügen.

Kontakt zu Tieren

Artgenossen

Damit ein Welpe lernt, gut mit anderen Hunden auszukommen, muss man ihm regelmäßigen Sozialkontakte zu vielen Artgenossen ermöglichen. Nur so kann er sich die richtigen Umgangsformen aneignen. Die sozialen »Spielregeln« lernt ein Hund nicht an der Leine – und erst recht nicht auf dem Arm eines ängstlichen Besitzers! Lassen Sie deshalb einen Welpen so viel wie möglich mit anderen Welpen spielen. Wenn Sie Ihren Hund zu einer Welpenspielgruppe anmelden, lernt er mit unterschiedlichen Rassen richtiges Sozialverhalten und sammelt wichtige Erfahrungen fürs Leben. Ist ein Welpe scheu und ängstlich, darf er nicht zum Spielen gezwungen werden. Er sollte aus einer sicheren »Deckung« heraus dem Spiel anderer Hunde zusehen. Dann kann man ihn durch positive Stimmung zum Spielen ermuntern.

In einer Welpenspielgruppe darf man einen ängstlichen Welpen nicht zwingen, sofort mit den anderen zu spielen. Er sollte zuerst aus einer sicheren Deckung heraus dem Treiben der anderen zusehen können. Aber trösten Sie ihn nicht.

Sozialisation des Welpen

Es wird oft behauptet, dass junge Hunde einen »Welpenschutz« genössen. Das trifft jedoch nur auf das eigene Rudel zu. Kein erwachsener Hund hat Veranlassung, fremdes Erbgut zu schützen; trotzdem ist ein Angriff auf einen Welpen unwahrscheinlich. Der Schutz hat weder etwas mit der Größe noch mit dem Alter zu tun. Nur das unterwürfige Verhalten eines Welpen und die Beschwichtigungssignale, die er zeigt, wirken aggressionshemmend.

Ein Welpe muss auch Erfahrungen mit Hunden aller Altersgruppen und Größen sammeln, damit er lernt, sich Stärkeren unterzuordnen. Wenn z. B. der Welpe einer großwüchsigen Rasse einem erwachsenen Yorkshire Terrier keine Beschwichtigungssignale zeigt, weil er schon größer ist, kann es zu einem Angriff kommen. Mit kleinen Hunden muss man immer vorsichtig sein, weil Schoßhündchen selten gut sozialisiert und erzogen sind. Wenn Sie Ihren Welpen mit einem fremden Hund zusammenlassen, vergewissern Sie sich vorher, ob er ein gutes Sozialverhalten zeigt und friedlich mit Artgenossen umgeht.

Seien Sie nicht überängstlich, aber lassen Sie vorsichtshalber Ihren Welpen nie zu einem angeleinten Hund. Hunde an der Leine sind immer unberechenbar. Wenn jemand seinen Hund an die Leine nimmt, wenn er einen Welpen sieht, ist er unsicher, wie sein Hund reagieren wird. Man sollte vorsichtshalber davon ausgehen, dass solche Menschen nicht viel von Hunden verstehen.

Jeder weiß, wie unterschiedlich Hunderassen in Größe, Erscheinungsbild und Verhalten sein können. Ein Welpe weiß das noch nicht, das muss er erst lernen; er weiß zunächst noch nicht einmal, dass das unbekannte Wesen ein Hund ist. Er merkt nur, dass der andere die gleiche »Sprache« spricht. Die Kommunikationsfähigkeit eines Welpen ist am Anfang noch nicht perfekt, denn sie entwickelt sich erst durch viele Sozialkontakte. Da alles, was unbekannt ist, gefährlich sein kann, ist er zunächst unterwürfig. Nur aufgrund der gemeinsamen Verständigungsmöglichkeit gewinnt er durch positive Erlebnisse Vertrauen. Diese wichtigen Erfahrungen muss ein Welpe bis zum

Welpen sollten nach der Trennung von ihren Geschwistern viel mit anderen Welpen spielen, damit sie möglichst viele unterschiedliche Rassen kennenlernen.

Beginn des 5. Lebensmonats häufig gemacht haben, damit er sich später anderen Hunden gegenüber selbstsicher verhält.

Wenn Ihr Hund beim Zusammentreffen mit anderen Hunden plötzlich laut schreit, brauchen Sie nicht gleich in Panik zu geraten. Manche ängstliche Hundebesitzer glauben dann, ihr Hund sei gebissen worden, und halten ihn künftig von anderen Hunden fern. Damit fügt man einem Welpen jedoch großen Schaden zu, denn wie soll er ohne Kontakte zu anderen Hunden richtiges Sozialverhalten lernen? Bei dem Schreien handelt es sich meistens um eine Schutzreaktion, die verhindert, dass andere Hunde zu grob werden. Man kann aber davon ausgehen, dass gewöhnlich nichts passiert. Wenn Ihr Hund zu Ihnen flüchtet, sollten Sie nicht den Fehler machen und ihn trösten oder ihn gar schützend auf den Arm nehmen; so erziehen Sie ihn nur zur Wehleidigkeit (siehe S. 201, Mein Hund ist wehleidig). Bleiben Sie bei jeder Hundebegegnung ruhig und gelassen. Ein Hund muss lernen, sich selbst durchzusetzen; auch wenn er klein ist.

Wenn Ihr Welpe mit einem anderen Welpen spielt und einer wird grob, entfernen Sie sich nicht, sondern unterbrechen Sie das Spiel. Es wird erst weitergespielt, wenn der Unterlegene den anderen zum Spielen auffordert. Daraus lernen beide Welpen richtiges Sozialverhalten (siehe S. 164, Rollentausch). Kommt ein Hund in die Flegeljahre, gibt es gelegentlich mit anderen Hunden Rangeleien. Das darf man nicht überbewerten und vor allem nicht das eigene Schmerzempfinden mit dem eines Hundes vergleichen.

Andere Tierarten

Man kann einen Hund mit fast jedem anderen Haustier sozialisieren: mit Pferden, Kühen, Katzen, Hühnern, Enten, Mäusen usw. Diese Gewöhnung geht während der Sozialisationsphase am schnellsten, weil der Welpe in dieser Zeit für neue Umweltreize relativ unempfindlich ist. Deshalb sollte man einem Welpen so früh wie möglich alle Tiere »vorstellen«, denen er später begegnen wird, damit er weder Hühner oder Katzen jagt noch vor großen Tieren Angst bekommt. Erziehen Sie Ihren Hund von Anfang an friedfertig, indem Sie ihn bei jedem Ansatz von Aggression mit einem »Nein« korrigieren. Dann bekommen Sie später keine Probleme mit anderen Tierbesitzern.

Da unterschiedliche Tierarten verschiedene Körpersignale zeigen, kommt es gelegentlich zu Missverständnissen: Legt ein Hund z. B. die Ohren nach hinten, ist er unsicher. Wenn aber eine Katze die Ohren anlegt, ist sie böse. Läuft ein Hund vor einem anderen weg, ist das meistens eine Aufforderung zu einem Verfolgungsspiel. Deshalb laufen Hunde gern Katzen nach – nur selten in der Absicht, ihr etwas zu tun. Lebt ein Hund mit einer Katze in einem Haushalt, muss er die Körpersprache der Katze »lernen«. Nur dann ist es möglich, dass sie sich gut vertragen (vgl. auch S. 233, Mein Hund jagt Tiere).

Kommt ein Welpe mit anderen Tierarten zusammen, können sich die ersten Anzeichen von Jagdverhalten zeigen. Diese Gefahr wird von den meisten Haltern zu spät bemerkt oder verharmlost, weil der Übergang vom Spielen zum Jagen fließend ist. Jagdverhalten wird hauptsächlich durch Bewegungen ausgelöst. Unterbinden Sie besser jeden Ansatz von Verfolgung, auch wenn die tollpatschigen Bewegungen eines jungen Hundes uns eher belustigen. Duldet man diese ersten Versuche, steigert sich der Jagdtrieb, denn jede Art von Jagd macht Hunden Freude, sodass es zu einer Selbstbelohnung kommt. Und je später wir eingreifen, desto

Tipp

Geben Sie Ihrem Hund die Möglichkeit, viel mit anderen Hunden zu spielen, dann wird er von erfahrenen Hunden zurechtgewiesen, wenn er sich nicht sozial verhält. Diese Erziehung durch einen älteren Artgenossen ist besser als wir es jemals könnten.

Sozialisation des Welpen

schwieriger wird es, einem Hund dieses unerwünschte Verhalten abzugewöhnen. Es kann dann Ausmaße annehmen, die uns über den Kopf wachsen. Sobald ein junger Hund die ersten Anzeichen von Jagdverhalten zeigt, sollten Sie ihn konsequent unterbrechen. Sobald er den Jagdversuch abbricht, loben und belohnen Sie ihn.

Wenn Sie sich mit Ihrem Hund einem Tier nähern, sorgen Sie dafür, dass er nicht bellt. Nehmen Sie ihn am Anfang an die Leine und gehen Sie langsam auf das Tier zu. Sprechen Sie beruhigend mit Ihrem Hund, solange er sich ruhig verhält. Damit loben Sie ihn für sein unaggressives Verhalten. Beginnt er zu bellen oder zu knurren, sagen Sie »Nein« und gehen etwas zurück. Hört er nicht auf, greifen Sie ihm über den Fang. Bleiben Sie in angemessenem Abstand stehen und warten Sie, bis Ihr Hund nicht mehr aufgeregt ist. Nun wird er gelobt und belohnt. Aber belohnen Sie ihn nie, um ihn zu beruhigen! Die Annäherung erfolgt schrittweise, damit sich beide Tiere langsam auf die Anwesenheit des anderen einstellen können. Viele Tierarten gewöhnen sich schnell an einen Hund, besonders wenn er jung ist.

Bei 2 Tierarten muss man allerdings vorsichtig sein:

Katzen sind keine Rudeltiere und brauchen sehr lange, um mit einem Hund vertraut zu werden. Sie reagieren bei zu schneller Annäherung mit Flucht oder Verteidigung (siehe auch S. 233, Mein Hund jagt Tiere). Trotz der sprichwörtlichen Feindschaft können »Hund und Katz« durchaus eine gute Beziehung entwickeln. Beide müssen dazu aber erst die Körpersprache des anderen lernen. Wir können die friedliche Koexistenz fördern, indem wir versuchen, jede Aggression zu unterbinden und ihnen Zeit lassen, sich langsam aneinander zu gewöhnen. So finden die beiden am raschesten einen Weg, sich zu arrangieren. Bisweilen können sogar echte Freundschaften zwischen den beiden Tierarten entstehen.

Kühe und andere Großtiere sehen in einem Hund ihren Urfeind, den Wolf. Sie nähern sich zuerst neugierig, versuchen dann aber manchmal, einen Hund auf die Hörner zu nehmen. Hunde beschnuppern gelegentlich Kühe von hinten, wie das bei Hunden üblich ist. Kühe und Pferde empfinden das als Bedrohung und keilen aus. Der Tritt eines Großtieres ist für einen Hund nicht harmlos.

Je jünger ein Welpe ist, umso leichter kann man ihn mit anderen Tierarten sozialisieren. Daraus können richtige Freundschaften entstehen.

Kontakt zu Tieren

Trotzdem kann man die beiden Arten aneinander gewöhnen, wenn man von außen an eine Koppel tritt. Versuchen Sie das aber nie an einem elektrischen Weidezaun. Denn wenn ein Hund in der Nähe einer Kuh einen elektrischen Schlag bekommt, verknüpft er das Negativerlebnis mit der Kuh. Dann sind die Probleme schlimmer als vorher. Man führt den Hund an der Leine, damit man ihn besser kontrollieren kann. Zeigt er Angst, lässt man die Leine locker; auf keinen Fall darf man den Hund mit Gewalt in die Nähe der Kuh ziehen. Dann fasst man eine Kuh an, damit der Hund merkt, dass Herrchen keine Angst hat. Auf diese Weise wird auch er seine Angst verlieren – aber nicht den Respekt, und das ist gut so.

Einen Stadthund kann man während der Sozialisationsphase in einem Zoo an viele neue Tiere gewöhnen – natürlich nur an der Leine. Sein Halsband darf sich nicht über den Kopf ziehen lassen, falls er mal den »Rückwärtsgang« einlegt. Ein Brustgeschirr ist in jedem Fall sicherer. Da Hunde nicht in allen Zoologischen Gärten erlaubt sind, sollte man sich vorher erkundigen. Machen Sie vor dem ersten Besuch vorsichtshalber einen Spaziergang außen um den Zoo herum, dann lernt er schon einmal die vielen neuen Gerüche unterschiedlicher Tiere kennen. Am Anfang wird der Hund durch die vielen neuen Reize sehr aufgeregt sein, deshalb setzt man sich auf eine Bank und wartet, bis sich diese Erregung gelegt hat. Geduld ist bei der Gewöhnung an andere Tiere die wichtigste Voraussetzung.

Sorgen Sie auch dafür, dass Ihr Hund nicht bellt. Wenn Herrchen alles richtig macht, passt sich der Hund nach einer gewissen Zeit der neuen Situation an und reagiert gelassen. Dann erst sollte man sich den Tiergehegen langsam nähern. Ziehen Sie Ihren Welpen nicht in die Nähe von Tieren, wenn er sich sträubt oder Angst zeigt. Es ist in jedem Fall besser, wenn zuerst die Familie zu den Gehegen hingeht und der Führer des Hundes mit ihm zurückbleibt. Dann sollte man beobachten, wie sich der Hund verhält. Nur wenn er selbst hinmöchte, kann man sich mit ihm nähern.

Wenn ein Hund mit großen Tieren gut sozialisiert wird, hat er keine Angst vor ihnen und versucht auch nicht, sie zu bedrohen oder zu vertreiben.

 Tipp

Ziehen Sie einen Hund nie gegen seinen Willen zu einem anderen Tier hin. Erst recht nicht darf man ihn hochheben und in die Nähe eines Tieres tragen. Dann ist er in seiner Bewegungsfreiheit noch mehr eingeschränkt als an der Leine, und entsprechend groß ist seine Angst.

Hundeerziehung –
mit 8 Wochen fängt man an

Warum ein Hund erzogen werden muss

Die meisten Hundebesitzer möchten zwar einen gut erzogenen Hund, sind aber oft zu wenig motiviert, um sich genügend Kenntnisse anzueignen. Viele informieren sich über Hundeerziehung viel zu spät – nämlich dann, wenn die ersten Probleme auftreten.

Ein Hund, der nicht erzogen wird, kann seinem Besitzer erheblich schaden: Ein bekanntes Bild, das man oft sieht, ist der Hund, der mit seinem Herrchen spazieren geht – und nicht umgekehrt, wie es eigentlich sein sollte. Meistens kann ein Hundehalter diesen Erziehungsfehler mit körperlicher Kraft ausgleichen, aber nur bei kleineren Rassen. Wir müssen auch daran denken, dass z. B. bei Schnee oder Glatteis ein Vierbeiner einen erheblich besseren Stand hat als ein Zweibeiner und außerdem Krallen besitzt. Zudem kann man durch eine Krankheit zeitweilig geschwächt oder durch einen Unfall behindert sein. Es ist leicht vorzustellen, wie schwierig es sich gestaltet, mit einem körperlichen Handicap einen großen Hund auszuführen, der

Ob ein Hund gut folgt, ist keine Fügung des Schicksals. Ein guter Hundeführer hat auch einen gut erzogenen Hund. Man muss allerdings motiviert sein, sich Kenntnisse anzueignen.

nie gelernt hat, bei Fuß zu gehen. Dabei ist man besonders in solchen Lebenslagen natürlich froh, jemanden zu haben, der immer zu einem hält. Und wer könnte das besser als ein Hund?

Ein Hund, der nicht folgt, kann beim plötzlichen Überqueren einer Straße überfahren werden oder einen Unfall verursachen, der dem Eigentümer – wenn er nicht ausreichend versichert ist – teuer zu stehen kommt. Selbst wenn er versichert ist, muss er bei Personenschäden mit einer empfindlichen Strafe rechnen. Nicht zuletzt müssen wir daran denken, dass eine Situation eintreten kann, in der wir uns nicht selbst um unseren Hund kümmern können, z. B. Urlaub oder Krankenhausaufenthalt. Es ist viel leichter, einen gut erzogenen Hund bei Freunden oder Bekannten unterzubringen als einen unfolgsamen. Eine gute »Kinderstube« ist für einen Welpen auch eine wichtige Voraussetzung für seine Entwicklung. Wer sich schlecht benimmt, hat wenig Freunde zum Spielen.

Ein Hundehalter, der seinem Hund nicht beigebracht hat, bei dem Kommando »Hier« zu ihm zu kommen, schadet nicht nur sich, sondern auch dem Hund, weil er ihn nur selten frei laufen lassen kann. Hunde, die bei einem Spaziergang in der Natur ständig an der Leine gehen müssen, sind zu bedauern. Was für den Menschen ein herrlicher Ausblick ist, das sind für Hunde Gerüche. Für die Vierbeiner gibt es kein schöneres Erlebnis, als ihrem Bewegungsdrang freien Lauf zu lassen und dabei den Düften der Natur zu folgen. Und letztendlich bringen Hundebesitzer, die ihren Hund schlecht erziehen, alle anderen Hunde und deren Besitzer in Verruf.

Wenn ein Hundehalter mit der Erziehung eines Welpen beginnen möchte, sollte er sich ein Konzept machen, wie die Erziehung ablaufen soll. Versuche ohne System bringen zwangsläufig viele Fehler mit sich, und der Lernerfolg stellt sich nur langsam ein. Fehlgeschlagene Erziehungsversuche oder gar Strafen schaden nicht nur dem Hund, sondern auch uns, weil alles viel länger dauert.

Tipp

Bei dem Versuch, einen Hund ohne jegliche Vorkenntnisse zu erziehen, können Verhaltensstörungen beim Tier die Folge sein, die oft nur von Tierpsychologen oder -therapeuten unter großem Zeitaufwand korrigiert werden können. Damit Ihnen diese Schwierigkeiten erspart bleiben, sollten Sie mit Ihrem Hund von Anfang an richtig umgehen. Bauen Sie eine gute Bindung auf, aber verhätscheln und vermenschlichen Sie ihn nicht. Damit fügt man einem Hund nur ungewollt Schaden zu.

Je früher, desto besser

Mit den ersten Erziehungsschritten beginnt man schon, wenn der Welpe zu uns kommt. Dabei handelt es sich um eine Grundausbildung, denn für eine Spezialausbildung wie etwa zum Schutz-, Blinden- oder Rettungshund fehlt dem Welpen noch die nötige Reife. Arbeiten Sie aber trotzdem schon konzentriert, dann haben Sie es später bei der Führung des Hundes leichter. **Gehorsamstraining nimmt einem Hund nicht etwa die Lebensfreude. Genau das Gegenteil ist der Fall:** Er bekommt eine klare Orientierung und entwickelt sich selbstbewusst. Jede artgerechte Beschäftigung macht einen Hund glücklich und festigt die Bindung zu Herrchen.

Am 1. Tag darf unser jüngstes »Familienmitglied« sein neues Territorium ausgiebig erkunden und beschnüffeln. Dabei hat er so viele neue Eindrücke zu verarbeiten, dass man ihn nicht zusätzlich fordern sollte. Auch wenn Sie sich noch so über Ihre Neuanschaffung freuen, reichen

Bevor man beginnt, mit einem Welpen zu üben, sollte er die Möglichkeit haben, sich auszutoben. Dann kann er sich viel besser auf die Übungen konzentrieren.

Sie den Welpen nicht gleich bei allen Freunden und Bekannten herum; das wird zu viel für ihn. Warten Sie damit ein paar Tage, bis der Welpe sich gut eingelebt hat.

Damit er sich schnell wohlfühlt, lassen Sie ihn nie allein, und weisen Sie ihm nachts einen Platz neben Ihrem Bett zu. Am 2. Tag können Sie dann schon mit dem ersten Hörzeichen – »Komm« – beginnen. Der Welpe weiß noch nicht, was das Wort bedeutet, denn das bringen wir ihm erst bei.

Alle Rudeltiere müssen lernen, sich Stärkeren unterzuordnen, und fühlen sich nur dann sicher, wenn sie ihren Platz in ihrem Sozialgefüge gefunden haben. Welpen genießen innerhalb ihres Rudels eine gewisse Narrenfreiheit, denn sie brauchen die Möglichkeit, sich oft austoben zu können. Deshalb darf man einen Welpen nicht zu sehr einschränken. Das bedeutet aber nicht, dass ein Welpe tun und lassen kann, was er will.

Genau wie die antiautoritäre Kindererziehung nicht wirklich funktionieren konnte, ist auch antiautoritäre Hundeerziehung schlecht für den Hund, weil er keine richtige Orientierung hat. Ein Hund fühlt sich nur dann sicher, wenn er einen starken und verlässlichen Rudelführer hat. Übrigens gibt es in der Hunde- und Kindererziehung viele Parallelen. Leider werden Hundehalter, die antiautoritäre Erziehung ablehnen, oft verdächtigt, gewalttätig zu sein. Autoritäre Erziehung hat aber nichts mit Gewalt zu tun. Nur Menschen, die nicht souverän sind und keine Autorität besitzen, versuchen, diese Schwäche mit Gewalt zu kompensieren. Ein Hund soll zwar Respekt vor Herrchen haben, aber keine Angst.

Die Lernfähigkeit des Hundes

In welchem Alter lernt ein Hund am schnellsten?

Die beste Lernfähigkeit zeigt ein Hund bereits mit 8 Wochen. Sie hängt sehr von seiner Neugier ab, die im 3. und 4. Monat am stärksten ausgeprägt ist. In dieser Phase sollte sich ein Hundebesitzer viel Zeit für den Welpen nehmen. Später kann man einem Hund zwar auch noch viel beibringen, jedoch unter größerem Zeitaufwand und mit entsprechend mehr Geduld. Aber lernfähig bleibt ein Hund sein ganzes Leben lang.

Erziehungsfehler oder -versäumnisse kann man notfalls von einem guten Hundetrainer korrigieren lassen, doch wenn der Hund in seine vertraute Umgebung zurückkommt, kann es sein, dass er vieles nicht tut, was er beim Trainer gelernt hat. Es ist also sinnvoll, dem Tier in der günstigsten Phase seines Lebens so viel wie möglich selbst beizubringen.

Die weit verbreitete Meinung, ein Hund sei noch zu jung oder schon zu alt, um dieses oder jenes zu lernen, ist nach neuen Erkenntnissen falsch. Das Problem liegt eher darin, dass viele Hundehalter zu ungeduldig sind oder nicht über genügend lerntheoretische Kenntnisse verfügen.

Das Alter eines Hundes muss dennoch bei der Erziehung berücksichtigt werden. Ein älterer Hund, mit dem nicht oft trainiert wurde, braucht manchmal etwas länger, bis er versteht, was wir von ihm erwarten. Und ein Welpe ist noch zu verspielt und lässt sich sehr leicht ablenken. Als Erstes muss man einem Hund beibringen, aufmerksam zu werden und sich in Geduld zu üben.

Spricht man mit einem Hund und erklärt ihm etwas, hört er uns meist aufmerksam zu, und es hat den Anschein, als wenn er uns genau versteht. Wir müssen uns aber im Klaren sein, dass ein Hund auf diese Weise nichts lernen kann. Damit ist nicht gemeint, dass es sinnlos wäre, mit einem Hund zu sprechen. Im Gegenteil, wir vermitteln ihm damit soziale Zusammengehörigkeit.

Ebenso wenig hat es einen Sinn, dem Welpen etwas zu demonstrieren, z. B. einen Bewegungsablauf, in der

Wenn Welpen keinen Kontakt zu Artgenossen haben, also isoliert gehalten werden, kommt es zu einer Fehlentwicklung.

Hoffnung, er würde es nachmachen; tut er das dennoch, ist es reiner Zufall. Anders verhält es sich beim Umgang mit Artgenossen; da können junge Hunde einiges von anderen lernen. Leider schauen sie sich auch Unarten ab. Es ist deshalb angebracht, den Welpen häufig mit gut erzogenen Hunden zusammenzulassen, dann lernt er erwünschte Verhaltensweisen wesentlich schneller. Er macht meistens das, was die anderen tun.

Menschen mit viel Ehrgeiz, die einem Hund in kurzer Zeit möglichst viel beibringen möchten, neigen dazu, sich über ihren Hund zu ärgern, wenn er etwas nicht begreift. Dabei nimmt man unbewusst eine bedrohliche Körperhaltung ein; auch Stimme und Mimik verändern sich. Dadurch fühlt sich ein Hund bedroht und zeigt Beschwichtigungssignale: Er bewegt sich langsam oder erstarrt und meidet Blickkontakt. Aus der Sicht des Hundes tut er für seine Sicherheit genau das Richtige. Er kann ja nicht wissen, dass seine Beschwichtigungssignale bei ehrgeizigen Menschen oft keine Wirkung zeigen. Das ist der Grund, weshalb Hundehalter mit viel Ehrgeiz bei der Hundeerziehung oft weniger erfolgreich sind.

Wie lernt ein Hund?

Hunde lernen durch Versuch und Irrtum. Damit wir einem Welpen beibringen können, was wir von ihm erwarten, dürfen wir nicht nur unerwünschtes Verhalten korrigieren. **Ein Hund braucht vor allem viel Lob, wenn er sich so verhält, wie wir es wünschen.**

Macht ein Hund bei einer Handlung eine positive Erfahrung (z. B. wenn er gelobt oder belohnt wird), kann er durch eigene Initiative das positive Erlebnis wiederholen. Bei einer negativen Erfahrung wird er künftig dieses Verhalten meiden. Ein Hund kann also aufgrund seiner Erfahrungen in einem begrenzten Umfang selbst Entscheidungen treffen. Diesen Lernvorgang nennt man **Instrumentelle Konditionierung.**

Treten zwei Reize in kurzer Folge oft auf, kommt es zu einer Verknüpfung. Ein anschauliches Beispiel beschrieb der bekannte russische Forscher Pawlow: Beim Anblick von Futter setzt bei Hunden der Speichelfluss ein. Gibt man unmittelbar vor jedem Füttern ein Klingelzeichen und wiederholt dies über einen bestimmten Zeitraum regelmäßig, wird das akustische Signal mit dem Füttern verknüpft. Hört ein Hund dann das Klingelzeichen und bekommt kein Futter, setzt trotzdem der Speichelfluss ein. Bei dieser sogenannten **Klassischen Konditionierung** handelt es sich um einen bedingten Reflex, der nicht willentlich beeinflusst werden kann.

Um den Unterschied noch einmal deutlich zu machen: Bei der Instrumentellen Konditionierung kann die Reaktion auf einen Reiz durch positive oder negative Bestärkung beeinflusst werden, während bei der Klassischen Konditionierung auf einen bestimmten Reiz eine unbewusste Reaktion folgt.

Wie funktioniert eine Verknüpfung?

Um bei der Erziehung eines Hundes einen schnellen Erfolg erzielen zu können, muss man wissen, wie eine Verknüpfung (Konditionierung) am schnellsten erreicht wird:
- Zwei Reize müssen in kurzer Folge auftreten (max. 1 Sek. Abstand).
- Die Reize müssen intensiv genug sein.
- Der erste Reiz muss den zweiten zuverlässig ankündigen.
- Die Reizfolge muss oft wiederholt werden.

Tipp

Wenn ein Hund etwas nicht begreift, liegt es nie am Hund, sondern immer an den Fehlern oder der Ungeduld seines Herrchens.

Die Lernfähigkeit des Hundes

In der Praxis sieht das dann so aus: Wenn wir einem Welpen z. B. beibringen wollen, sich bei dem Befehl »Sitz« zu setzen, muss das Wort mit der Handlung verknüpft werden. Das erreicht man am schnellsten ohne Zwang. Man hält dem Welpen eine Belohnung so hoch über den Kopf, dass er nicht rankommt. Dabei gibt man mit der gleichen Hand das Sichtzeichen: Man streckt den Zeigefinger nach oben und nimmt die Belohnung zwischen Daumen und Mittelfinger. Macht er Anstalten, sich zu setzen, sagen wir leise »Sitz«. Sobald der Welpe seine Sitzposition erreicht, bekommt er so schnell wie möglich die Belohnung. Je schneller sein Verhalten bestärkt wird, umso eher begreift der Hund den Zusammenhang. Die Belohnung wirkt als Verstärker. Der Welpe wird deshalb dieses Verhalten gern wiederholen. Es muss aber nicht immer ein Leckerchen sein, auch mit Streicheln, Loben, Zuwendung, freundlicher Stimmung oder einem Spiel kann man einen Hund positiv bestärken.

Schneller Erfolg durch positive Bestärkung

Wenn Tiertrainer mit Delfinen neue Kunststücke einüben, arbeiten sie mit Bestärkung. Jede kleine Bewegung, die dem Lernziel näherkommt, wird positiv bestärkt. Auf diese Weise kann man selbst relativ schwierige Bewegungsabläufe in kleinen Schritten formen. Durch das Bestärken einer Bewegung ist die Wahrscheinlichkeit groß, dass der Delfin diese Bewegung wiederholt. Als man diese neue Lehrmethode auch bei anderen Tieren ausprobierte, stellte man fest, dass alle wesentlich schneller lernten als mit konventionellen Methoden.

Will man erreichen, dass ein Hund ein bestimmtes Verhalten wiederholt, muss er während der Lernphase bei jeder richtigen Übung bestärkt werden. Übt man mit viel Enthusiasmus und Schwung, motiviert das jeden Hund. Denn langweiliges Üben bringt nur spärliche Erfolge.

Je attraktiver die Belohnung, desto größer ist der Anreiz, eine Handlung zu wiederholen. Ein hungriger Hund reagiert auf Belohnungen immer besser als ein gesättigter. Deshalb sollte man immer vor dem Füttern trainieren.

Erst wenn ein Befehl konditioniert ist, also automatisch befolgt wird, kann man auch ohne Belohnung arbeiten. In der Übergangsphase sollte man den Hund unregelmäßig (variabel) bestärken. Dann bleibt er motiviert, das Gelernte richtig auszuführen. Die Belohnungshäppchen müssen sehr klein sein, damit der Welpe nicht kauen muss. Das Schlucken ist die eigentliche Belohnung, das Kauen nur die »Vorarbeit«.

Wie schnell ein Hund lernt, hängt davon ab, welche Erfahrungen er

Gibt man den Befehl »Sitz«, hält man schon das Leckerchen in der Signalhand, damit man den Welpen so schnell wie möglich belohnen kann. Nur dann kommt es schnell zu einer Verknüpfung.

Hundeerziehung

beim Lernen macht. Wenden wir Zwang an, wird er versuchen, die Übungen zu umgehen. Gelingt es uns aber, ihm viele positive Erlebnisse zu vermitteln, wird er mit Freude dabei sein. Jede Übung muss in den folgenden Tagen oft wiederholt werden, damit der Bewegungsablauf konditioniert wird. Mit dem nächsten Befehl sollte man nicht zu zeitig beginnen, sonst ist die Verknüpfung noch nicht gefestigt, und das Hörzeichen wird nur unzuverlässig befolgt.

Negative Bestärkung statt Strafe

Mit negativer Bestärkung kann man erreichen, dass unerwünschtes Verhalten nicht wiederholt wird. Wenn ein Hundehalter einen Hund bestraft oder ihm gar Schmerzen zufügt, ist das immer ein Zeichen dafür, dass er mit seinem Latein am Ende ist. Aus Mangel an Selbstkritik geraten solche Menschen oft in Wut, weil sie glauben, der Hund sei schuld, wenn er etwas nicht begreift. In Wirklichkeit sind solche Menschen nicht fähig, einem Tier verständlich zu vermitteln, was es tun soll. Wer seine Emotionen nicht unter Kontrolle halten kann und einen Hund für das eigene Unvermögen bestraft, sollte besser keine Tiere halten.

Jede Strafe, ob Schlagen, Schreien oder aggressive Stimmung, wirkt sich ungünstig auf den Lernprozess aus, weil der Hund die Freude am Lernen verliert. Hundeerziehung sollte immer angst- und stressfrei ablaufen. Schon ein mürrischer Gesichtsausdruck oder unzufriedenes Nörgeln motiviert einen Hund keinesfalls.

Wie versteht ein Hund, was »Nein« bedeutet

Mit negativer Bestärkung kann man einen Hund von einer unerwünschten Handlung abhalten, ohne Zwang anzuwenden. Alles, was nicht erlaubt ist, macht man einem Welpen mit dem Wort »Nein« deutlich. Manche

Tipp

Der Unterschied zwischen einer Strafe und negativer Bestärkung besteht darin, dass die Strafe erst nach der unerwünschten Handlung erfolgt. Die sogenannte negative Bestärkung dagegen wird während oder möglichst schon im Ansatz einer Unart angewendet.

Ein aufmerksamer Hund lernt sehr schnell. Deshalb sollte man die Aufmerksamkeit seines Hundes von Anfang an trainieren.

Die Lernfähigkeit des Hundes

Nach dem Befolgen einer gestellten Aufgabe muss ein Hund immer gelobt werden. Und wenn er ein Leckerchen erhält, bleibt die Motivation beim Lernen hoch.

Hundetrainer lehnen das Kommando »Nein« ab. Es kommt aber nicht auf das Wort an – denn ein Hund kennt die Bedeutung nicht, sondern reagiert darauf, wie man es ausspricht. Es darf nicht im barschen Befehlston gesagt werden, sondern nur als freundliche Information. Hat man einen sensiblen Hund oder hat bisher »Nein« falsch angewendet, kann man auch »Schade« oder »Oje« sagen, im Sinne von: Jetzt kann ich dich gar nicht loben und belohnen.

Verbietet man einem Hund etwas und er unterbricht die unerwünschte Handlung, muss man ihn sofort positiv bestärken. Er wird mit hoher Stimme gelobt und mit einem Leckerchen belohnt. Durch die negative und positive Bestärkung bekommt der Welpe zwei Informationen; erhält er neben dem Lob noch eine Belohnung, sind

 Tipp

Stellt ein Hund etwas an, fällt das den meisten Haltern sofort auf. Aber wenn er sich wunschgemäß verhält, bemerkt es kaum jemand. Richtiges Verhalten wird von vielen Haltern als selbstverständlich vorausgesetzt. Dadurch werden Hunde viel zu oft negativ bestärkt und viel zu selten gelobt. Es sollte aber genau umgekehrt sein. Denn bei positiver Bestärkung lernt ein Hund wesentlich schneller.

es sogar drei. Entsprechend schnell begreift er auch, worauf es ankommt.

Also beobachten Sie Ihren Hund gut, damit Sie ihn bei erwünschtem Verhalten möglichst oft positiv bestärken können. Wenn er einen Befehl ausführt, vergessen Sie bitte nie, ihn zu loben. **Für Hunde ist es wie eine Strafe, wenn sie eine Anordnung befolgen und nicht gelobt werden!** Benutzt man »Nein« selten, wird durch das Schweigen vor und nach dem Befehl die Wirkung verstärkt. Sagt man aber 10-mal hintereinander »Nein«, hat der Welpe mindestens 9-mal den Befehl ignoriert.

Bestärken wir einen Welpen aus Unkenntnis oder Unachtsamkeit positiv für falsches Verhalten, wird er dieses ebenso wiederholen. Dadurch kann es zu einer unerwünschten Konditionierung kommen. Die Erziehung eines Hundes hängt also weitgehend von unserer Konzentrationsfähigkeit ab sowie davon, wie schnell und konsequent wir auf sein Verhalten reagieren.

Damit ein Hund versteht, was »Nein« bedeutet, muss man nach dem Befehl die verbotene Handlung sofort unterbinden. Legen Sie z. B. eine Wurst auf den Boden. Sobald der Welpe versucht ranzukommen, knurren Sie ihn an. Machen Sie das Gleiche, was ein ranghoher Hund tun würde, wenn er sein Futter verteidigt. Ignoriert er die Drohung, schubsen Sie ihn von der Wurst weg, nicht zu sanft und nicht zu derb. Bei jeder Korrektur sagen Sie »Nein«, bis der Welpe das Wort mit dem Verbot verknüpft hat und es nicht mehr versucht. Dann nehmen Sie die Wurst wieder weg. Der Welpe darf sie nicht bekommen, sonst würde er immer hartnäckiger versuchen, sein Ziel zu erreichen. Wenn man nach dem Befehl »Nein« etwas durchgehen lässt oder Ausnahmen macht, dauert es viel länger, bis der Hund versteht, was das Wort bedeutet.

Trainingsmethoden

Das Clickertraining

Mit einem spezifischen Geräusch kann man einen richtig ausgeführten Befehl noch deutlicher bestärken als mit einem Lob. Dazu eignet sich z. B. ein sogenannter Clicker. Diese Trainingsmethode ist bereits seit den 1960er-Jahren bekannt und wird nicht nur erfolgreich bei Hunden, Katzen und Pferden eingesetzt, sondern auch bei vielen anderen Tieren, von denen man glaubte, dass sie nichts lernen können.

Besonders geeignet ist das Clickertraining, wenn wir einem Hund neue Hörzeichen beibringen wollen. Der Klick ist quasi ein Versprechen: »Jetzt bekommst du ein Leckerchen.« Mit dem Clicker kann man eine Belohnung sehr schnell ankündigen. Und je schneller ein Hund eine Bestätigung für richtiges Verhalten bekommt, umso leichter kann er beides miteinander verknüpfen. Durch das unverwechselbare Geräusch eines Clickers erhält der Welpe eine klare Information, die nur für ihn bestimmt ist. Erfolgt dagegen die Bestätigung eines richtig ausgeführten Befehls relativ spät, dauert es entsprechend länger, bis der Welpe den Zusammenhang begreift.

Wenn ein Hund schon einige Hörzeichen kennt, aber nicht zuverlässig befolgt, kann man die Schwachpunkte mit einem Clicker schnell korrigieren. Legt der Welpe sich z. B. bei dem Befehl »Platz« nicht hin, sondern setzt sich, klickt man erst dann, wenn er sich gelegt hat. Wer schon klickt, wenn er sich setzt, bestärkt sein falsches Verhalten. Es kommt also auf den genauen Zeitpunkt, das richtige Timing an.

Bei richtiger Anwendung des Clickers und positiver Stimmung haben viele Trainer die Erfahrung gemacht, dass die Tiere offensichtlich freudig

Trainingsmethoden 55

Wenn Hunde sich freuen, hüpfen sie mit den Vorderpfoten hoch. Viele springen deshalb auch Menschen an. Wenn man ihnen das abgewöhnt, sollte man ihnen die Lebensfreude nicht nehmen.

reagieren. Sie machen gelegentlich Freudensprünge, tänzeln, werfen den Kopf hoch, geben Laute von sich, die nur als Freude zu deuten sind. Es wird sogar berichtet, dass Tiere versuchen, Herrchen zu einer Übungsstunde zu »überreden«. Daran kann man erkennen, wie glücklich Hunde sind, wenn wir mit ihnen richtig kommunizieren. Es hat sich gezeigt, dass Tiere, die mit dem Clicker trainiert werden, über sich hinauswachsen. Bei diesem Training entwickeln viele einen deutlich erkennbaren Lerneifer und bringen Herrchen mehr Zuneigung entgegen. Aber auch Herrchen hat durch den positiven Lerneffekt mehr Freude an seinem Tier. Dagegen reagieren Hunde, die nur über Disziplinierung trainiert werden, wie Angestellte, die ihre Pflicht erfüllen. Sie entwickeln keine Initiative und haben wenig Freude am Lernen. Entsprechend langsam stellt sich der Erfolg ein.

Die positive Bestärkung mit einem Clicker hat trotz ihres schnellen Erfolges eine Langzeitwirkung. Erfahrene Clickertrainer berichten, dass die mit einem Clicker erlernten Übungen auch nach längeren Unterbrechungen noch zuverlässig befolgt werden. Man braucht auch nicht zu befürchten, dass man immer auf den Clicker angewiesen ist. Es genügt, wenn man ihn nur während der Lernphase anwendet.

Das Aufmerksamkeitstraining

Damit Hunde schnell lernen und sicher geführt werden können, ist Aufmerksamkeit Voraussetzung. Ein Hund ist aufmerksam, wenn er Herrchen ansieht und die Ohren spitzt. Rudeltiere sind von Natur aus aufmerksam. Doch wenn ein Hund nicht richtig geführt wird, kann diese Anlage teilweise verkümmern. Es ist deshalb an-

Damit ein Hund die Freude am Lernen nicht verliert, müssen die Übungen spannend gestaltet werden. Jede Übungsstunde muss mit einem Erfolgserlebnis abgeschlossen werden.

gebracht, die Aufmerksamkeit von Anfang an zu fördern. Auch hier kann der Clicker sehr nützlich sein:

Man beginnt damit zu Hause. Zuerst muss der Hund lernen, dass nach dem Klick eine Belohnung folgt. Er wird immer dann belohnt, wenn er aufmerksam ist und uns ansieht. Der Blickkontakt ist wichtig, damit man dem Hund Sichtzeichen geben kann. In der einen Hand hält man den Clicker und in der anderen die Belohnung. Der Welpe muss sich darauf verlassen können, dass jeder Klick eine Belohnung ankündigt. Also klicken Sie nicht, wenn Ihr Hund die Hand mit dem Futter oder den Clicker ansieht.

Aufmerksamkeit kann und sollte man auch unterwegs oft üben. Bleiben Sie beim Spazierengehen unvermittelt stehen und warten Sie, bis der Welpe zu Ihnen sieht; in diesem Moment kommt der Klick. Wenn man sich bei einem Spaziergang mit jemandem unterhält, hört der Welpe viele Wörter. Gibt man dann einen Befehl, geht die Anweisung oft in dem Wortschwall der Unterhaltung unter, und der Hund fühlt sich nicht angesprochen. Ruft man nur seinen Namen, ohne ein Hörzeichen zu geben, und er sieht Herrchen an, folgt ein Klick. Er ist sofort hellwach und kommt zu Herrchen, um sich sein Leckerchen zu holen. Kommt er nicht, geben Sie ein Hörzeichen Ihrer Wahl. Führt er den Befehl richtig aus, klicken Sie, und der Welpe bekommt seine Belohnung.

Ohne Vertrauen läuft nichts

Hat ein Hund zu seinem Herrchen Vertrauen, wirkt sich das sehr positiv auf seine Lernfähigkeit aus. Nur wenn ein Mensch sich berechenbar verhält, bekommt ein Hund schnell Vertrauen. Man darf bei missglückten Erziehungsversuchen nie ärgerlich oder gar wütend reagieren. Eine harmonische Beziehung erreicht man nicht mit schlechter Laune. Besser, Sie versuchen herauszufinden, was

Sie falsch machen, und kommunizieren deutlich, damit der Welpe weiß, was Sie vom ihm erwarten.

Vermitteln Sie Ihrem Hund, dass Sie ranghoch sind und ihm in »gefährlichen« Situationen beistehen können: Wenn Ihr Welpe von einem größeren Hund zu sehr bedrängt oder von Kindern eingeengt wird und Beschwichtigungssignale zeigt, müssen Sie schnell darauf reagieren. Damit Sie erkennen, wann Ihrem Welpen eine Situation unangenehm wird, sollten Sie seine Körpersprache gut beobachten (die Ohren werden nach hinten gedreht, und die Rute senkt sich). Greifen Sie nur ein, wenn sich Ihr Hund unwohl fühlt, dann merkt er, dass Sie ihn beschützen können. So fördert man das Vertrauen und das Selbstbewusstsein eines Hundes. Das erreicht man aber nicht, wenn man einen Hund auf den Arm nimmt. Entfernen Sie sich auch nicht sofort vom Ort des Geschehens, weil Sie sonst dem Hund das Gefühl geben, dass diese Situation gefährlich sei.

Für einen Hund ist ein ausgeglichener, souveräner Halter, der konsequent ist, nicht nur ein zuverlässiger »Rudelführer«, er lernt auch wesentlich schneller, weil er sich gut orientieren kann. Ein Hund sollte deshalb bei richtigem Verhalten so oft wie möglich gelobt werden. Vermeiden Sie bei der Erziehung jede Unklarheit und Bestrafungen. Vor allem muss der Hund immer freundlich empfangen werden, wenn er auf Befehl kommt; auch wenn Herrchen schlecht gelaunt ist.

Ein Hund verliert das Vertrauen zu seinem Herrchen durch
- gewaltsame Erziehung
- aggressives Verhalten
- ungerechte Bestrafung
- lautes Schreien
- unklare Kommunikation
- seltenes Loben
- Ungeduld
- falsche Rangordnung
- häufige Isolation
- mangelnde Sicherheit

Tipp

Leider gibt es viele Hundehalter, die glauben, alles richtig zu machen, und suchen den Fehler für fehlgeschlagene Erziehungsversuche beim Hund. Hunde sind aber stets das Resultat unserer Erziehung. Wenn ein Hund schlecht lernt, liegt es immer an dem, der ihn trainiert.

Sobald ein Hund sich unsicher fühlt, erkennt man das an seiner Körpersprache: ducken, Augen zur Seite drehen, über die Nase lecken und erstarren. Man muss ihm dann Sicherheit bieten, ohne ihn zu bedauern. Nehmen Sie ihn aber nicht auf den Arm.

Hundeerziehung

Ein Hund, der nach Herzenslust laufen darf – also überschüssige Energie abbauen kann –, folgt wesentlich besser als ein Hund mit einem starken Bewegungsdrang.

Die Zuneigung eines Hundes gewinnt man am schnellsten durch viele gemeinsame Aktionen, also mit reichlich Auslauf, viel Abwechslung und klaren Anweisungen. Auch sollte ein Hund beim Spazierengehen ab und zu die Möglichkeit haben, richtig schnell zu laufen, mit anderen Hunden herumzutoben, einen Ball zu apportieren und nach Herzenslust zu schnuppern. Das ist für Hunde genauso schön wie für Kinder ein Ausflug auf einen Abenteuerspielplatz.

Wenn Hunde Vertrauen zu einem Menschen haben, erkennt man das beispielsweise daran, dass sie ihren Kopf beim Schmusen (nicht beim Schnuppern) zwischen die Oberschenkel stecken und nichts sehen können. Das ist im wahrsten Sinne blindes Vertrauen. Ebenso wenn man über einen liegenden Hund steigt, ohne dass er Angst zeigt. Man muss ihn allerdings vorher mit dem Wort »Bleib« informieren, dass er nicht aus dem Weg gehen soll. Jeder Vertrauensbruch schadet nicht nur dem Hund, sondern auch seinem Halter, weil die Erziehungserfolge länger auf sich warten lassen.

Manche Menschen haben die Regeln eines guten Hundetrainings nie gelernt und reagieren spontan richtig, weil sie Einfühlungsvermögen besitzen. Wer intuitiv handelt und erfolgreich ist, hat das Wesentliche erkannt. Diese Fähigkeit besitzen leider nur sehr wenige Menschen, aber viele bilden es sich ein. Gutmütigkeit und guter Wille allein reichen dafür nicht aus.

Wenn ein Hund nicht lernen will

Manche Hundehalter glauben, dass ihr Hund stur sei und nichts lernen möchte. Das stimmt so nicht. Bei der Erziehung sollten wir immer berücksichtigen, dass Hunde nicht in jeder Situation lernen können. Ist ein Hund abgelenkt, verunsichert, ängstlich oder befindet er sich gar in einer Stresssituation, kann er nichts lernen. Gibt man trotzdem einen Befehl, ist es möglich, dass der Hund nicht darauf reagiert oder »erstarrt«. Damit will er nicht etwa sein erregtes Herrchen ärgern, ganz im Gegenteil, er will es damit besänftigen. Je ärgerlicher Herrchen reagiert, umso weniger bewegt sich der Hund. Dieses Verhalten ist in seinen Genen verankert. Man darf ihn deshalb nie bestrafen. Trainieren Sie deshalb nur, wenn Sie gut gelaunt sind und Ihr Hund keine Angst hat. Achten Sie beim Üben immer auf die Körpersprache (siehe S. 106, Die Körpersprache), denn ein Hund zeigt uns deutlich, wenn er sich nicht wohlfühlt.

Jede neue Übung sollte man zuerst nur in einer entspannten Atmosphäre trainieren. Dadurch erreicht man das angestrebte Ziel viel schneller. Das soll aber nicht heißen, dass man nur ohne Ablenkung üben soll. Im Gegenteil. Wenn der Welpe eine Übung schon gut beherrscht, ist es sehr wichtig, diese unter erschwerten Bedingungen und an unterschiedlichen Plätzen zu trainieren. Damit stellen wir sicher, dass er später das Hörzeichen in jeder Situation befolgt.

Das Prinzip der Lernschritte:
1. Lernen in sicherer Umgebung ohne Ablenkung.
2. Üben in neuer Umgebung ohne wesentliche Ablenkung.
3. Langsames Steigern der Ablenkungsreize.

Wie lernt ein Hund am schnellsten?

Eine Familie ist für einen Hund nichts anderes als ein Rudel, in dem er sich nach den Ranghöheren orientiert. Damit wir einem Hund innerhalb kurzer Zeit beibringen können, wie er sich in unserer Gemeinschaft verhalten soll, müssen wir mit ihm richtig kommunizieren. An Tonfall, Mimik und Gesten erkennt der Welpe, ob wir sein Verhalten akzeptieren oder nicht. Je ausgeglichener und konsequenter wir auf sein Verhalten reagieren, umso schneller versteht er uns.

Ein inkonsequenter, launischer oder gar cholerischer Mensch ist als Hundeführer nicht geeignet, denn der Hund weiß nie, wie er es Herrchen recht machen soll. Ein inkonsequenter Mensch lässt 10-mal etwas durchgehen, und beim 11. Mal »explodiert« er. So lernt ein Hund nie, wo seine Grenzen sind. Er wird verunsichert, weil Herrchen sich nicht berechenbar verhält. Wenn man Regeln aufstellt und diese nicht einhält, hat ein Hund keine Orientierung. Auch jede Ausnahme stiftet bei einem Hund nur Verwirrung! Ein Hund begreift nicht, was der Unterschied zwischen einer Regel und einer Ausnahme ist. Menschen, die Ausnahmen machen, werden von einem Hund nicht als zuverlässige Rudelführer eingestuft, weil sie sich nicht »hundegerecht« verhalten.

Launische Menschen sind oft nachtragend und neigen dazu, einen Hund längere Zeit zu ignorieren. Das ist für einen Hund eine unangemessene Strafe. Hunde sind Rudelmitgliedern gegenüber nie nachtragend und nehmen immer Kontakt zueinander auf. Nur beim Korrigieren von Unarten kann kurzzeitiges(!) Ignorieren bestimmter Verhaltensweisen sehr hilfreich sein: Der Hund wird weder beachtet noch angesprochen oder berührt, wenn er versucht zu betteln, uns mit der Pfote zum Streicheln auffordert oder bei der Begrüßung an uns hochspringt. Man wendet sich einfach ab. Hat der Welpe mit seinen Versuchen keinen Erfolg, wird er das unerwünschte Verhalten bald nicht mehr wiederholen. Beendet er die Unart, lobt man ihn.

Ignorieren Sie Ihren Hund aber nie, wenn Sie schlecht gelaunt sind oder weil Sie sich über ihn geärgert haben. Auch wenn der Welpe etwas getan hat, was uns missfällt, stellt sich oft heraus, dass wir selbst schuld sind. Wir machen unbewusst Fehler, die dem Hund das unerwünschte Verhalten erst ermöglichen. Um Fehler zu vermeiden, muss man einem Welpen zuerst in einer für Hunde verständlichen Form beibringen, was wir von ihm erwarten. Die meisten Fehler passieren, weil ein Hund noch gar nicht begriffen hat, wie er sich verhalten soll.

Oft liegt es auch daran, dass Herrchen bei der Führung des Hundes unaufmerksam ist oder keine klaren Anweisungen gibt. Wer bei der Erziehung und Führung eines Hundes mit seinen Gedanken nicht bei der Sache ist, kann nicht schnell genug auf das Verhalten des Hundes reagieren.

Mein Welpe an der Leine

Sinn und Zweck des Anleinens ist, dass ein Hund nahe bei uns bleibt; sonst könnten wir ihn ja frei laufen lassen. Man darf einem Welpen nicht die Möglichkeit geben, in jede Richtung zu ziehen, wo es etwas Interessantes zu sehen oder zu riechen gibt. Er muss von Anfang an lernen, auf uns zu achten. Reißen oder zerren Sie nicht an der Leine, dazu ist sie nicht gedacht. Durch den ständigen Druck auf den Kehlkopf kann ein Hund eine chronische Rachenreizung bekommen. Der Zug an der Leine ist besonders bei sehr kleinen Hunderassen für die zarten Halswirbel nicht ungefährlich. Bei einer Studie mit 400 Hunden stellte ein Chiropraktiker fest, dass 252 Tiere, also 63 %,

Übt man mit einem Hund neue Befehle, sollte man sich gut konzentrieren und deutliche Signale geben. Dann begreift er uns viel schneller.

Nach einer Welpenspielstunde sind die Welpen ausgelastet und laufen gut an der Leine, ohne zu ziehen.

Wirbelsäulenschäden durch falsche Leinenführung hatten! Verwenden Sie besser ein Brustgeschirr.

Solange ein Hund an der Leine läuft, sollte er andere Menschen und Hunde ignorieren. Und sobald wir stehen bleiben, lässt man ihn absitzen. Zum Ausgleich sollte man ihn so viel wie möglich frei laufen lassen. Dann kann er seinen natürlichen Bedürfnissen nachkommen. Ein Hund folgt viel besser, wenn er sich oft in ungefährlichem Gelände austoben kann. Ist dies wegen einer nahe gelegenen Verkehrsstraße nur bedingt möglich, befestigt man am Brustgeschirr eine lange Schleppleine ohne Schlaufe. Ein Halsband ist nicht zu empfehlen, falls die Leine hängen bleibt (Verletzungsgefahr). Damit kann man einen Welpen leichter einfangen, indem man auf die Leine tritt. Bevor sich die Leine strafft, sagt man »Stopp«. So lernt er nach einigen Wiederholungen, dass es nach diesem Hörzeichen nicht weitergeht. Solange der Welpe noch nicht gelernt hat, auf Befehl zu kommen, locken Sie ihn mit aufmunternden Worten zu sich. Kommt er, wird er schon beim Näherkommen gelobt und dann belohnt.

Während ein Welpe an der Leine läuft, sollte man viel mit ihm kommunizieren, dann folgt er auch viel besser, wenn er ohne Leine laufen darf. Vermeiden Sie jedoch unnötige Wörter oder gar Sätze, beschränken Sie sich vielmehr auf notwendige Hörzeichen. Läuft man los, sagt man »Komm«, läuft der Welpe nahe bei uns, sagt man »Fuß«, und hält man an, sagt man »Stopp«. Vergessen Sie nicht, ihn zu loben, wenn er sich richtig verhält. So wird er schon an die Befehle gewöhnt, die er später ohne Leine befolgen soll.

Flexi-Leinen, die heute viel benutzt werden, sind zur Hundeerziehung ungeeignet. Sie sind zwar bequem, haben aber den Nachteil, dass sich der Hundeführer kaum noch auf die Führung des Hundes konzentriert. Durch die flexible Verbindung brauchen Hund und Herrchen nicht aufmerksam zu sein. Durch den Aufrollmechanismus bringen wir dem Welpen zudem ungewollt bei, an der straffen Leine in die Richtung zu ziehen, in die er will. Aber genau das

Hundeerziehung

Tipp

Ein kräftiger Hund, der nie gelernt hat, bei Fuß zu gehen, kann seinem Besitzer erhebliche Schwierigkeiten machen und ihn in eine Richtung ziehen, in die er gar nicht will. Nur bei kleineren Rassen lässt sich dieser Erziehungsfehler mit körperlicher Kraft ausgleichen.

Für temperamentvolle Hunde ist Laufen an der Leine langweilig. Sie versuchen deshalb, in die Leine zu beißen und Frauchen zum Tauziehen zu »überreden«. Das sollte man von Anfang an verhindern.

darf ein gut erzogener Hund nicht, denn er soll an der lockeren Leine laufen. Hatte ein Welpe lange Zeit die Möglichkeit zu ziehen, wird es für Laien schwierig, ihm diese Unsitte wieder abzugewöhnen. Überlassen wir einem Hund die Führung, brauchen wir uns nicht zu wundern, wenn er ohne Leine nicht gehorcht.

Wollen Sie Ihren Welpen an ein Halsband oder Brustgeschirr gewöhnen, legen Sie es am besten unmittelbar vor dem Spazierengehen an. Dann ist der Hund abgelenkt und versucht kaum, das lästige Ding durch Kratzen loszuwerden. Lassen Sie den Welpen vor dem Üben an ungefährlichen Plätzen frei laufen, damit er nach Herzenslust schnuppern und seinen natürlichen Bewegungsdrang ausleben kann. Erst wenn er seine Notdurft verrichtet hat, beginnen wir, das Laufen an der Leine zu üben. Wählen Sie dazu ein Gelände, wo es wenig Gelegenheit zum Schnuppern gibt, damit der Welpe möglichst wenig abgelenkt wird. Gewöhnen Sie ihn gleich daran, immer auf derselben Seite zu laufen. Wenn er das gewöhnt ist, entfällt das lästige Wechseln von einer Seite zur anderen. Das ist besonders unangenehm, wenn man etwas tragen muss. Gewöhnlich geht der Hund links. Für besondere Situationen kann man einem Hund natürlich auch beibringen, rechts zu laufen, z. B. beim Radfahren.

Unmittelbar nach dem Anleinen darf der Welpe nicht das Gefühl bekommen, dass ihm seine Freiheit entzogen wurde. Das Anleinen darf nicht als Strafe empfunden werden, sonst versucht er künftig, dem zu entgehen. Zeigen Sie ihm beim Laufen an der Leine ein Leckerchen, und sagen Sie »Fuß«. Wenn der Welpe ein paar Schritte links neben Ihnen läuft, wird er gelobt und belohnt. So verknüpft er das Anleinen mit etwas Positivem. Üben Sie immer nur kurze Strecken, denn junge Hunde haben noch keine Geduld.

Halten Sie die Leine stets so, dass der Welpe nicht hineinbeißen kann, sonst möchte er während des Spazierganges mit Ihnen Tauziehen – ein beliebtes Spiel bei allen Hunden. Das Training darf nie ins Spielen übergehen, sonst begreift er den »Ernst des Lebens« nicht. Hat ein Hund bereits diese Angewohnheit, kann man die

Leine vor dem Spazierengehen mit Zitrone einreiben.

Sobald Ihr Hund an der Leine zieht, bleiben Sie sofort stehen und locken ihn zurück. Nur wenn sein Ziehen erfolglos bleibt, wird er es unterlassen. Fördern Sie seine Aufmerksamkeit mit Leckerchen, damit er freiwillig neben Ihnen läuft. Bleibt der Hund bei dieser Übung stehen, um zu schnuppern, sagen Sie »Fuß« und gehen einfach weiter. Nur wenn uns ein anderer Hund entgegenkommt, darf man ihn nicht zum Laufen zwingen. Sonst würden wir ihn an der Kommunikation mit dem Artgenossen hindern. Dann ist es besser, ihn absitzen zu lassen oder in ungefährlichem Gelände von der Leine zu lösen.

Ist das in einer belebten oder verkehrsreichen Gegend nicht möglich, muss der Welpe lernen, dass er mit anderen Hunden keinen Kontakt aufnehmen darf. Angeleinte Hunde sollte man nur zusammenlassen, wenn sie sich sehr gut kennen. Und dann muss man immer noch gut aufpassen, denn sie können sich in den Leinen verheddern, sodass es zu Missverständnissen kommen kann. Schon durch einen Zug an der Leine wird die Kommunikation zwischen zwei Hunden beeinflusst. **Lassen Sie Ihren Welpen keinen Kontakt mit fremden Hunden aufnehmen, wenn er angeleint ist.**

Die Strecke, die der Welpe »bei Fuß« laufen soll, wird jedes Mal etwas länger. Bauen Sie auch Kurven ein, damit er sich immer auf Sie konzentrieren muss. Dann steigern Sie die Anforderungen: Biegen Sie ab oder bauen Sie Wenden ein. Dabei dürfen Sie nicht an der Leine reißen. Wenn der Welpe größer wird und schnell genug laufen kann, trainiert man »bei Fuß« an der Leine mit forschem Schritt. Dieses Tempo entspricht einem Hund eher als ein Spaziergängertempo.

Die Hierarchie im »Rudel«

Übertriebene Fürsorge

Zu viel Liebe und übertriebene Fürsorge können einem Hund erheblich schaden. Besonders dann, wenn er verhätschelt wird und kein Hund, sondern Kind- oder Partnerersatz ist. Einem vermenschlichten Hund geht es nicht etwa besser als einem, der artgerecht gehalten wird – genau das Gegenteil ist der Fall. Durch Vermenschlichung kann ein Hund zur Lebensuntüchtigkeit und Ängstlichkeit erzogen werden. Es handelt sich dabei um erlernte Hilflosigkeit. Kommt ein verwöhnter Hund durch unvorhersehbare Umstände in andere Hände, kann die Umstellung für ihn sehr unangenehm werden, selbst wenn er von dem neuen Halter artgerecht gehalten wird.

Ein Rudeltier fühlt sich bei einem »starken« Rudelführer immer sicherer als bei einer sanften Person, die alles durchgehen lässt. Halter, die ihren Hund einerseits verwöhnen und andererseits Gehorsam erwarten, sind nicht selten von ihm enttäuscht. Das ist aber nicht die Schuld des Hundes. Aus seiner Sicht hält sich Herrchen nicht an die Regeln, die in einem Rudel üblich sind; er kann ihm also nicht vertrauen.

Tipp

Verwöhnte Hunde, die nicht artgerecht geführt und ausgelastet werden, sind nicht selten neurotisch. Kein Hund wird neurotisch geboren, er wird es erst durch falsche Haltung und Erziehung. Hunde sind liebenswerte »Egoisten« und »Opportunisten«, die – wenn sie vermenschlicht werden – eine ganze Familie terrorisieren können. Das passiert aber nur, wenn man einem Hund die Möglichkeit dazu gibt.

Rudelführer haben es leichter

Wölfe oder Wildhunde versuchen ständig, die Position in der Hierarchie ihres Rudels zu verbessern. Das ist bei Hunden innerhalb der Familie nicht viel anders. Gewöhnlich erkennt uns ein Hund schon aufgrund unserer Größe als Rudelführer bzw. als ranghöher an. Wenn ein Hund aber zu sanft erzogen wird und tun und lassen kann, was er will, wird er unweigerlich eines Tages versuchen, die Führung des Rudels zu übernehmen.

Was in einem Wolfsrudel das Alphatier ist, müssen wir für unseren Hund sein. Menschen, die von Natur aus »Alpha« sind, haben bei der Hundeerziehung einen Vorteil. Und die, die es nicht sind, sollten lernen, es zu werden (siehe S. 132, Wie wird man »Rudelführer«?). Dazu muss man freilich »Kleinkind-Emotionen«, die viele Hundebesitzer einem Welpen gegenüber haben, unterdrücken und alles über den Verstand steuern.

Je mehr wir über Hunde wissen, desto leichter wird es, sich bei der Erziehung und Führung des Hundes Routine anzueignen. Außerdem müssen wir dem Hund, wenn er größer wird, immer das Gefühl geben, dass wir die Stärkeren sind. Wir heben ihn hoch, wenn es nicht gerade ein ausgewachsener Bernhardiner ist, oder wir vermitteln ihm, dass wir »schneller« und »ausdauernder« sind. Dann wird er uns immer die Führungsrolle überlassen. Da aber die meisten Hundehalter durch die Dauerleistung eines temperamentvollen Hundes überfordert sind, lasten wir einen Hund am besten mit dem Fahrrad aus. Er kann den Vorteil, den wir uns mit dem Rad verschaffen, nicht einschätzen. Ein Hund, der richtig gefordert wird, also überschüssige Energie abbauen kann, folgt viel besser als ein Hund mit einem starken Bewegungsdrang. Ein müder Hund ist ein folgsamer Hund!

Manche Hundehalter, die keine natürliche Autorität besitzen, versuchen, sich durch Schreien oder gewaltsame Erziehung Respekt zu verschaffen. Aber genau dadurch erreicht man es nicht! Daran erkennt der Hund nämlich, dass Herrchen ein unsicherer Rudelführer ist. Bleiben Sie besser in jeder Situation ruhig und souverän.

Emotionales Schreien kann einen Hund auch in Gefahr bringen: Ein frei laufender Hund versucht plötzlich, eine Verkehrsstraße zu überqueren. Da sich ein Auto nähert, schreit der Halter erregt »Hier«. Das aggressive Kommando wirkt auf einen Hund bedrohlich. Er versucht sein erregtes Herrchen zu beschwichtigen und duckt sich oder kommt nur sehr langsam aus der Gefahrenzone. An diesem Beispiel kann man erkennen, dass es nicht der Fehler des Hundes ist, wenn er scheinbar unfolgsam ist.

Die meisten Hunde werden beim Spazierengehen nicht richtig gefordert. Beim Joggen oder Radfahren sind sie besser ausgelastet und können ihre überschüssige Energie viel schneller verbrauchen.

Wenn man möchte, dass ein Hund schnell kommt, muss man ihn mit fröhlicher Stimmung ermuntern und am besten in die Hocke gehen. Damit signalisiert man ihm, dass er nichts zu befürchten hat. Aggressives Verhalten dagegen bedeutet: Komm mir nicht zu nahe!

Hunde erziehen sich gegenseitig

Geht man mit einem gut erzogenen Hund und einem jungen Hund zusammen spazieren, lernt der Junge sehr viel von dem älteren. Leider schaut sich ein Hund auch Unarten von Artgenossen ab. Und genau wie bei kleinen Kindern lernen die Vierbeiner unerwünschtes Verhalten viel schneller als erwünschtes. Es ist deshalb nicht sinnvoll, mit einem schlecht erzogenen Hund zusammen zu üben. Dazu ein Beispiel:

Eine Bracken-Hündin namens Anka hatte die unangenehme Eigenschaft, jedes Auto zu verbellen und hinterherzujagen. Eines Tages tat sie das in Gegenwart von Max, einem 6 Monate alten Golden Retriever. Dieses eine Erlebnis genügte, und Max reagierte fortan genauso. In solchen Fällen muss man sofort etwas unternehmen, denn Hunde mit dieser Angewohnheit leben sehr gefährlich. Für Laien ist es natürlich nicht ganz einfach, derartige Probleme in den Griff zu bekommen.

Tipp

Man darf eine notwendige Erziehungsmaßnahme nie auf die lange Bank schieben, denn je später man beginnt, umso schwieriger wird es, das Fehlverhalten zu korrigieren.

Gewaltfreie Erziehung

Die passive Lehrmethode

Das passive Lernen ist eine indirekte Konditionierung. Wir machen den Welpen mit einem neuen Wort vertraut, das später zum Hörzeichen wird. Die Bezeichnungen »Befehl« oder »Kommando« sind etwas irreführend, weil sie ein wenig an einen Kasernenton erinnern. Alle Anweisungen sollten immer als freundliche Information gegeben werden, für die Lernphase gilt das ganz besonders.

Beim passiven Lernen bekommt der Welpe keine Befehle, die er befolgen soll, sondern man sagt ihm das, was er gerade tut: Legt er sich in sein Körbchen, sagt man »Platz«, und wenn er Anstalten macht, sich hinzusetzen, sagt man »Sitz«. Läuft er beim Spazierengehen nahe bei uns, sagt man »Fuß« usw. Man sollte die Hörzeichen nie laut aussprechen, weil der Welpe sonst von seinem Vorhaben abgelenkt werden könnte. Hunde können viel besser hören als wir, deshalb genügt es, das Hörzeichen leise auszusprechen. Dadurch gewöhnt sich Herrchen obendrein daran, Befehle leise und nur einmal zu geben. Denn die meisten Halter wiederholen Hörzeichen viel zu oft. Es ist wenig erfolgversprechend, »Sitz«, »Sitz«, »Sitz« zu sagen, wenn der Welpe noch nicht einmal weiß, was das Wort bedeutet.

Mit der Zeit wird der Welpe das Wort mit seiner Aktion in Zusammenhang bringen. Nach vielen Wiederholungen kommt es dann zu einer Verknüpfung. Und irgendwann wird er automatisch das tun, was wir ihm sagen. Je eher wir damit beginnen, umso schneller lernt der Welpe spielerisch, was die Hörzeichen bedeuten.

Man kann den Lernprozess beschleunigen, indem man den Welpen schon belohnt, obwohl er das Hörzeichen noch gar nicht befolgt. Wenn er sich setzen will, sagen wir »Sitz«. Sobald er die gewünschte Position eingenommen hat, belohnen wir ihn. Man reagiert einfach so, als hätte er einen Befehl ausgeführt. Er lernt zunächst nur, dass er bei dem Hörzeichen »Sitz« eine Belohnung erhält. Bei regelmäßiger Wiederholung dauert es nicht lange, bis er das Hörzeichen mit der Handlung verknüpft. Auch ältere Tiere lernen mit dieser Methode erstaunlich schnell.

Für den Welpen beginnt der Ernst des Lebens

Wenn man mit dem aktiven Unterricht beginnt, sollte der Welpe am Anfang so wenig wie möglich abgelenkt werden; am besten übt man mit ihm allein. Denn unterhält man sich, hört der Welpe viele Wörter, die für ihn keine Bedeutung haben. Deshalb reagiert er auf Hörzeichen schlechter. Bei einem Spaziergang machen sich Hunde sehr schnell selbstständig, wenn man durch ein Gespräch abgelenkt ist. Das liegt daran, dass wir die Kommunikation mit dem Hund vernachlässigen. Auch wenn es uns nicht bewusst ist, hat man mit seinem Hund oft Blickkontakt und gibt intuitiv mimische und gestische Signale. Bei einer Unterhaltung bricht diese Kommunikation oft ganz ab. Das merkt ein Hund schnell. Uns fällt es aber erst dann auf, wenn er nicht mehr zu sehen ist oder etwas anstellt.

Will man einem Hund einen Befehl geben, muss man vorher immer seinen Namen rufen, damit er sich »angesprochen fühlt«. Sind wir häufig unkonzentriert, lernt er daraus, dass

Welpen genießen keinen Welpenschutz, wie häufig behauptet wird. Nur ihr unterwürfiges Verhalten bewahrt sie vor Aggression.

er nur etwas Unerlaubtes tun muss, um Herrchens Aufmerksamkeit zu erregen. So weit sollte es nach Möglichkeit nicht kommen. Also konzentrieren Sie sich bei jeder Übung ganz auf den Hund.

Später, wenn Ihr Hund ein Hörzeichen ohne Ablenkung gut befolgt, sollte die Aufgabe in vielen unterschiedlichen Situationen geübt werden. Ein Hund muss auch gehorchen, wenn er vielen Ablenkungsreizen ausgesetzt ist. Junge Hunde darf man natürlich nicht überfordern. Wenn der Ablenkungsreiz zu stark ist, z. B. bei einer Hundebegegnung, wird der Welpe auf einen Befehl kaum reagieren.

Die ersten Hörzeichen »Komm« und »Hier« erfordern von einem Welpen keine Geduld, weil sie nur aus einer Handlung bestehen. Die nächsten Befehle sind viel schwieriger, weil mehrere Aktionen eine sogenannte Verhaltenskette bilden.

Stellt sich trotzdem der gewünschte Erfolg nicht ein, haben Sie Ihren Hund wahrscheinlich überfordert. Also ärgern Sie sich nicht darüber, sondern machen Sie leichtere Übungen, die er gut beherrscht. Nach einer missglückten Übung sollte immer eine einfache Aufgabe folgen. Jede Übungsstunde muss mit einem Erfolgserlebnis abgeschlossen werden.

Einem Hund etwas beizubringen ist sehr einfach. Wesentlich schwieriger ist es, einem Hundehalter etwas begreiflich zu machen. Das liegt daran, dass festgefahrene Gewohnheiten, Unkonzentriertheit, Inkonsequenz oder zu nachgiebiges Verhalten zunächst erkannt und dann geändert werden müssen – für viele Menschen eine schier unlösbare Aufgabe. Deshalb kann man allen Hundehaltern und denen, die es werden wollen, nur raten, sich die wichtigsten Grundregeln so oft vor Augen zu halten, bis alles zur Routine wird. Wem das nicht gelingt, der wendet sich besser an eine Hundeschule.

Bei jedem Lernprozess kommt man irgendwann an einen toten Punkt, wo es nicht weitergehen will. Genau dann darf man sich nicht entmutigen lassen, sondern muss konsequent weitermachen. Hektische Aktionen bewirken das Gegenteil von dem, was wir erreichen wollen. Machen Sie deshalb alles mit unerschütterlicher Ruhe! Denn emotionale Gefühlsausbrüche sind bei der Hundeerziehung fehl am Platz.

Von Hunden lernen

Die sanfteste Art der Bestrafung ist das Ignorieren. Da können wir vom Verhalten der Hunde untereinander viel lernen: Wenn ein Welpe mit seinen spitzen Milchzähnen die Geschwister beim Spielen zu derb beißt, wendet sich der Betroffene von dem rüpelhaften Artgenossen ab, sodass er seinen Spielkameraden verliert. Durch dieses konsequente Ignorieren lernt er, wie er seine Beißkraft richtig dosieren muss.

Die nächste Steigerung der Bestrafung ist die Lautäußerung, verbunden mit einer mimischen Drohung. Wenn eine Hündin verhindern möchte, dass ein Welpe etwas Bestimmtes tut, gibt sie ihm das durch Knurren oder Bellen zu verstehen. Hilft das nicht, nimmt sie ihn am Nackenfell hoch. In dieser Position verfallen die Welpen in eine Starre und können nichts mehr anstellen. Erst wenn gar nichts mehr hilft, kommt es zum Warnschnappen, aber ohne ihn zu verletzen. Durch die Schnelligkeit dieser Reaktion bekommt der Welpe einen Schreck und unterlässt die unerwünschte Handlung künftig.

Gewaltfreie Verhaltenskorrektur

Die natürliche Erziehungsmethode der Hundemütter kann man nachahmen. Besonders die schnelle Reak-

Tipp

Eine Trainingseinheit darf nicht zu lang sein, weil junge Hunde sehr verspielt sind und keine Geduld haben. 5-mal 5 Minuten täglich sind besser als 1-mal 1 Stunde! Ein Befehl sollte nicht öfter als 5-mal hintereinander geübt werden.

Reagiert ein Hund nicht auf einen Befehl, den er gut kennt und schon oft befolgt hat, kann man ihn mit dem Nackengriff korrigieren. Hündinnen wenden diesen »Griff« bei ihren Jungen auch an.

tion, mit der eine Hündin ein Junges ermahnt, sollten wir uns zum Vorbild nehmen. Nie würde sie ungerecht oder nachträglich drohen. Nach einer Verhaltenskorrektur muss sofort wieder alles so sein wie vorher; also nicht nachträglich schimpfen.

Die wichtigsten Verhaltenskorrekturen:

- **Der Entzug:** Macht sich der Welpe an etwas zu schaffen, was kaputtgehen könnte, ist die sanfteste Erziehungsmethode, es ihm zu entziehen. Noch besser wäre es, vorausschauend zu denken, damit es gar nicht so weit kommt.
- **Die Lautäußerung:** Immer wenn der Welpe etwas tun will, was er nicht soll, sagen wir leise »Nein«: z. B. wenn er auf dem Couchtisch etwas Verlockendes riecht und sich mit der Nase dem Essen nähert oder wenn er in einen Raum will, den er nicht betreten soll. Auch beim Spazierengehen sagt man »Nein«, wenn der Welpe auf dem Fußweg seine Notdurft verrichten möchte, eine falsche Richtung einschlägt, sich in einer Pfütze wälzen will oder zielstrebig auf fremde Personen zuläuft.
- **Der Nackengriff:** Überraschen wir einen Welpen auf frischer Tat, nehmen wir ihn beim Nackenfell. Nur wenn er nicht stillhält und versucht, sich aus diesem Griff zu befreien, heben wir ihn vorsichtig an – genauso wie es eine Hündin mit einem Jungen macht. Manche Hundehalter reißen ihren Welpen am Nackenfell hoch; das würde eine Hündin nie tun! Schütteln Sie einen Hund auch niemals, denn das ist eine Todesdrohung (Totschütteln).

Gibt das Tier beim Anheben einen Schmerzenslaut von sich, muss es sofort abgesetzt werden; wahrscheinlich wurde der Griff nicht richtig angesetzt. In diesem Fall darf die Maßnahme nicht wiederholt werden. Man sollte Hunde auch nur bis zum 4. Lebensmonat am Nackenfell anheben. Halbwüchsige und erwachsene Hunde sind bereits zu schwer.

Gewaltfreie Erziehung

Auch mit einem **Griff über die Schnauze** kann man einem Hund deutlich machen, dass er unsere Anordnungen ernst nehmen muss. Hunde tauschen bei Schnauzenkontakt meistens Zärtlichkeiten aus, deshalb sollte der Welpe schon vorher liebevoll an Schnauzenberührungen gewöhnt werden. Dann kann man ihm den Unterschied bei einem Verweis besser verständlich machen.

- **Der Schreck:** Da wir nicht wie das Muttertier nach dem Welpen schnappen können, müssen wir zu anderen Maßnahmen greifen. Sobald der Welpe etwas tut, was er nicht darf, informieren wir ihn mit einem Hörzeichen. Wenn er darauf nicht reagiert, versucht man es mit einem Ablenkungsreiz (z. B. in die Hände klatschen). Sobald er die unerwünschte Handlung abbricht, wird er sofort gelobt. Mit einer Belohnung locken wir ihn, damit er zu uns kommt. Daraus lernt er, dass er vor uns keine Angst haben muss. So bleibt er besser unter unserer Kontrolle, als wenn er aus Angst weglaufen würde.

Die straffreie Zone

Damit ein Hund in unserer Nähe keine Angst vor einer Strafe bekommt, schaffen wir um uns herum eine »straffreie Zone«. Er darf in unserer Nähe keine negativen Erlebnisse haben wie anschreien oder an der Leine reißen, vor allem keine Schmerzen. Damit erreicht man, dass ein Hund, wenn er durch einen Schreck verunsichert wird, schutzsuchend zu uns flieht.

Kommt ein Hund nicht auf Befehl, hat man die Möglichkeit, ihn mit einem feinen Wasserstrahl aus einer Wasserpistole oder Blumenspritze von einer unerwünschten Handlung abzulenken. Bemerkt er, woher der Wasserstrahl kommt, locken Sie ihn mit positiver Stimmung und einem Leckerchen zu sich. Denn er darf nicht aus Angst fliehen. Das erreicht man nur, wenn ein Hund nach dem Unterlassen einer unerwünschten Handlung immer etwas Positives erlebt.

Damit ein Welpe nicht wasserscheu wird, darf man ihn nicht zu oft

Wenn ein Hund auf Befehl nicht aufhört zu bellen, kann man ihm über den Fang greifen. Das ist eine natürliche Strafe, die Hunde bei Rangniederen auch anwenden.

und nur mit einer geringen Menge Wasser bespritzen. Das Erschrecken mit Wasser sollte nur selten angewendet werden. Personen, die das »zum Spaß« machen, sind zur Hundeerziehung ungeeignet. Deshalb dürfen Erziehungshilfen auch nie von Kindern und Jugendlichen benutzt werden.

Wenn der Welpe bereits 6 Monate alt ist, kann man ihn auch mit einer kleinen Klapperdose korrigieren. Die im Fachhandel erhältlichen Klapperdosen sind dazu ungeeignet, weil sie viel zu schwer sind. Die Dose sollte so klein wie möglich sein. Man kann sich dieses Hilfsmittel leicht selbst basteln: Ein paar Steinchen, Schrauben oder Muttern in eine kleine Blechdose legen (5 cm Durchmesser, 1 cm hoch und 40–50 g schwer, ist völlig ausreichend) und mit einem Klebeband verschließen.

In den ersten Tagen wird diese Erziehungshilfe zu Hause nur mit positiven Erlebnissen in Verbindung gebracht. Wenn der Welpe das neue Geräusch hört, wird er sich neugierig nähern. Loben Sie ihn und geben Sie ihm jedes Mal eine Belohnung, sobald er bei dem Geräusch kommt. So bekommt dieser spezifische Klang die gleiche Bedeutung wie das Hörzeichen »Hier«. Sobald der Welpe etwas tut, was er nicht soll, schüttelt man die Klapperdose. Damit lenkt man ihn von der unerwünschten Handlung ab, und er richtet seine Aufmerksamkeit auf Herrchen. In Erwartung des gewohnten Leckerchens wird er sofort kommen. Sobald er kommt, wird er bereits mit positiver Stimmung ermuntert.

Ist ein Hund den Kinderschuhen entwachsen, versucht er irgendwann, Befehle zu verweigern. Dann kann man ihn mit der Klapperdose rufen. Kommt er, wird er gelobt und belohnt. Kommt er nicht, kann man ihn damit erschrecken – aber nur, wenn er den Befehl schon gut kennt und über längere Zeit befolgt hat. Ignoriert er das Schütteln, wirft man die Dose über den Hund hinweg, sodass sie auf der gegenüberliegenden Seite aufschlägt. Die »Gefahr« kommt also von der anderen Seite und nicht von Herrchen. Bekommt er einen Schreck, flieht er zu Herrchen und wird »mit offenen Armen« empfangen. Werfen ist zwar nicht artgerecht, aber eine Hundeleine ist das auch nicht. Beides kommt in der Natur nicht vor. Aber es sind Hilfsmittel, die den Arm eines Hundeführers »verlängern«.

Wie bringt man einem Hund Signale bei?

Wenn man die passiven Vorübungen oft genug wiederholt hat, kann man mit dem ersten Befehl beginnen. Jeder kleine Fortschritt sollte sofort belohnt werden, dann macht das Lernen Spaß. Bringt man einem Hund ein Hörzeichen bei, muss man die Übung in den ersten Tagen häufig wiederholen. Bei jeder längeren Trainingspause geht wieder einiges verloren. Denn was man einem Hund beigebracht hat, bleibt nicht zwangsläufig ein Leben lang erhalten.

Ein Hund ist am liebsten mit dem Familienmitglied zusammen, das konsequent ist und klar kommuniziert. Alle Familienmitglieder sollten den Welpen gleich behandeln. Hunde können zwar typische Verhaltensweisen einzelner Familienmitglieder erkennen, aber wenn jeder etwas anderes erwartet, ist er überfordert. Ein sensibler Hund wird dadurch unsicher, während ein unsensibler Hund hartnäckig wird und nicht mehr folgt. Je konsequenter alle sind, umso besser lernt der Welpe. Kinder sollten sich am Anfang nicht an den Erziehungsmaßnahmen beteiligen. Erst wenn der Welpe schon einige Hörzeichen sicher beherrscht, kann man ein Kind mit den wichtigsten Regeln der Hundeerziehung vertraut machen.

Tipp

Zu einer guten Hundeausbildung gehören Ruhe, Konzentration, Geduld und Konsequenz. Leben mehrere »Erziehungsberechtigte« in einem Haushalt, müssen sich alle absprechen und natürlich auch die gleichen Hör- und Sichtzeichen geben.

Hunde verständigen sich hauptsächlich über Mimik und Körpersprache. Bevor wir ein Sichzeichen anwenden, müssen wir also die Aufmerksamkeit des Vierbeiners mit einem akustischen Signal auf uns lenken. Setzt man die Körpersprache regelmäßig ein, lernt der Welpe von Anfang an, aufmerksam zu sein. So wie wir gewöhnt sind, uns fast nur mit unserer Sprache zu verständigen, sind Hunde hervorragende Beobachter und können uns ohne Worte gut verstehen. Gewöhnen Sie sich deshalb gleich an, alle Hörzeichen zusammen mit dem entsprechenden Sichtzeichen zu geben. Darauf reagieren Hunde besser, weil die meisten Menschen dazu neigen, Hörzeichen zu oft zu wiederholen. Man kann einem Hund leicht beibringen, alle Befehle ohne Wörter, also nur mit Sichtzeichen, zu befolgen.

Ignoriert ein Hund ein Hörzeichen, das er gut kennt und schon oft befolgt hat, kann man bei der Wiederholung lauter werden. Schauen Sie dem Hund dabei in die Augen; das verleiht dem Befehl mehr Nachdruck. Eine Ausnahme bildet der Befehl »Hier«. Wenn ein Hund kommen soll, darf man ihm nie drohen. Auch einem sensiblen Hund darf man keine Drohsignale zeigen.

Eine altbekannte Regel besagt: Gib keinen Befehl, wenn du ihn nicht durchsetzen kannst! Diese Regel wird oft falsch interpretiert. Viele meinen, sie müssten den Hund zwingen, den Befehl auszuführen. Es ist aber gemeint: Man sollte keinen Befehl geben, wenn ein Hund zu sehr abgelenkt ist. Trifft z. B. ein junger Hund mit einem anderen Hund zusammen, hat es keinen Sinn, ein Hörzeichen zu geben. Der Reiz, mit dem Artgenossen Kontakt aufzunehmen, ist viel zu groß. In diesem Fall ist es besser, ihn nur zu locken, und wenn er trotz der Ablenkung kommt, zu loben und zu belohnen.

Lob und Tadel

Will man einem Hund etwas Neues beibringen, darf man ihn nie schimpfen! Dadurch würde man ihn nur verunsichern. Ein Tier tut das, was es will. Es hat also wenig Sinn, einen Hund zu einer Aktivität zu zwingen. Wenn wir ein bestimmtes Verhalten erwarten, müssen wir einen Hund dazu motivieren. **Damit junge Hunde den Spaß am Lernen nie verlieren, kann man sie gar nicht oft genug loben.** Also achten Sie darauf, wenn er sich richtig verhält, und zeigen Sie ihm das deutlich.

Bei einer neuen Übung muss man jeden kleinen Fortschritt bestärken. Das ist nicht nur bei Welpen wichtig, sondern auch, wenn man einem erwachsenen Hund etwas beibringen will. Die Motivation zum Lernen ist bei positiver Bestärkung viel größer als bei konventioneller Erziehung. Diese Methode ist jeder anderen überlegen.

Richtiges und falsches Belohnen

Viele Hundebesitzer geben ihrem Hund Leckerchen ohne Aufgabenstellung. Vielleicht haben sie ein schlechtes Gewissen, weil sie sich zu wenig um ihn kümmern, oder sie wollen sich die Zuneigung des Hundes »erkaufen«. Aber damit kann man weder den Bewegungsdrang des Tieres befriedigen noch Langweile kompensieren – es führt nur zu Übergewicht. Wenn man schon das Bedürfnis hat, einen Hund zu verwöhnen, sollte man die Leckerchen verstecken oder in einen »Kong« geben, dann ist der Hund sinnvoll beschäftigt. Wenn ein Hund etwas haben will, muss er dafür etwas tun.

Gibt man Belohnungen im unpassenden Moment, kann sich daraus eine schlechte Angewohnheit entwickeln: Das beste Beispiel ist das

Betteln. Gibt man einem bettelnden Hund ein Leckerchen, damit er Ruhe gibt, wird er künftig immer hartnäckiger betteln. Auch wenn man auf sein Bellen reagiert und er hat dadurch Vorteile, bellt er immer häufiger.

Legt uns ein apportierfreudiger Hund seinen Ball zu Füßen und bellt uns an, darf man nicht darauf reagieren. Denn wirft man den Ball, wird er künftig immer bellen, wenn er apportieren möchte. Sagen Sie besser leise »Nein«, aber in einem freundlichen Ton. Ihr Hund bekommt so lediglich eine Information. Wenn er eine Weile still war, loben Sie ihn und werfen Sie den Ball. Die Aufforderung zu einem Spiel sollte immer von Herrchen ausgehen, der die Ressourcen verwaltet. Wenn Sie konsequent bleiben, hört das fordernde Bellen bald auf.

Wenn ein Welpe bei dem Hörzeichen »Nein« eine unerwünschte Handlung abbricht, loben Sie ihn sofort und zeigen ihm ein Leckerchen. Kommt er, um sich das Leckerchen zu holen, belohnen Sie ihn nicht nur für das Abbrechen der Handlung, sondern gleichzeitig für das Kommen. Das hat den Vorteil, dass der Hund bei dem Verbot »Nein« nicht aus Angst wegläuft, sondern immer zu Ihnen kommt. Sie können ihn dann in Ihrer Nähe auch besser kontrollieren, damit er das Fehlverhalten nicht wiederholt.

Wollen Sie einem Hund ein neues Hörzeichen beibringen, begreift er es schneller, wenn Sie richtiges Verhalten überschwänglich loben und belohnen. Bei besonderen Leistungen lobt man mit »Fein«, weil sich dieses Wort in einer höheren Tonlage aussprechen lässt als »Brav«. Auch bei ängstlichen Hunden, die nicht genügend Selbstvertrauen haben, kann man mit einer besonders positiven Reaktion erreichen, dass sie selbstsicherer werden.

Bei jeder neuen Übung, die man einem Hund beibringen will, sollte man ihm Leckerchen als Verstärker geben. Zeigt man ihm eine Belohnung, kann man ihn in eine gewünschte Position dirigieren, ohne ihn zu zwingen. Man hält das Leckerchen so vor seine Nase, dass er »automatisch« das tut, was man vom ihm erwartet.

Mit einem sogenannten Kong oder anderen Futterspendern kann man einem Hund die Langeweile verkürzen. Er muss sich damit sein Futter selbst »erarbeiten«.

Lob und Tadel

Man sollte einem Hund nicht den Kopf tätscheln. Gute Beobachter erkennen an der Mimik des Hundes, dass er zwinkert. Dieses Beschwichtigungssignal zeigt deutlich, dass das Tätscheln jedem Hund unangenehm ist.

Hat der Welpe eine bestimmte Übung nach häufigen Wiederholungen verstanden und reagiert richtig, zeigt man ihm das Leckerchen nicht mehr. Denn er muss auch lernen zu gehorchen, wenn man ihm keine Belohnung »verspricht«. Dann kann man ihn mit Streicheln bestärken, das wird von einem Welpen ähnlich wie das beruhigende Lecken der Mutter empfunden. Aber tätscheln Sie einem Hund nie den Kopf, das ist kein hundegerechter Körperkontakt. Wenn man einem Hund den Kopf tätschelt, zwinkert er mit den Augen. Das ist ein Beschwichtigungssignal, weil er sich nicht wohlfühlt. Alles, was von oben kommt, verunsichert einen Hund.

Wenn Sie den Befehl »Sitz« geben und der Welpe legt sich, dürfen Sie ihm keine Belohnung geben. Denn schleichen sich Ungenauigkeiten ein und Sie belohnen ihn trotzdem, weil er sich ja schon so »auf die Belohnung gefreut hat«, wird er auch andere Kommandos ungenau ausführen.

Beherrscht der Welpe ein Hörzeichen schon sehr gut, gibt es nicht jedes Mal eine Belohnung. Unregelmäßiges Belohnen bringt bei einem »fortgeschrittenen Schüler« oft mehr Erfolg. Loben muss man ihn allerdings immer. Ein Lob ist eine wichtige Rückmeldung für jeden »Schüler«, damit er schneller begreift, was wir von ihm wollen. Hundehalter, die ihren Hund nicht loben, verunsichern nicht nur das Tier, sondern müssen auch viel länger auf den Erfolg warten.

Tipp

Belohnungshappen sollen möglichst klein sein, damit keine Sättigung erreicht wird; sonst geht die Motivation verloren. Aber die Qualität der Leckerchen muss einen starken Anreiz bieten. Je älter ein Welpe wird, umso mehr kann man Loben, Streicheln, Spielen oder Ballwerfen als Verstärker einsetzen.

Die Hörzeichen

Wenn Sie einen Befehl geben, konzentrieren Sie sich bitte immer ganz auf den Hund. Ein Hörzeichen sollte immer klar im Raum stehen und nicht in einem Wortschwall untergehen: »Komm sofort hier her! Folgst du jetzt wohl. Was machst du denn schon wieder? Na warte!«, usw. Da stellen viele Hunde die Ohren auf Durchzug und ignorieren Herrchens Befehle. Das ist so ähnlich wie bei Menschen, die ohne Punkt und Komma reden; da kann man auch kaum zuhören. **Damit ein Hund einen Befehl von einem Lob gut unterscheiden kann, werden Befehle kurz ausgesprochen, während ein Lob gedehnt wird: »Braaav« oder »Feiiin«.** Besonders Personen mit ausgeprägtem Redebedürfnis sind bei der Hundeerziehung selten erfolgreich, weil ein Hund unklare Anweisungen nicht versteht.

Auch Halter, die ihrem Hund immer im gleichen Tonfall Hörzeichen geben, werden in der Hundeerziehung wenig Erfolg haben. Dies trifft nicht nur auf sanfte Hörzeichen zu, das Gleiche geschieht auch, wenn ein Hundehalter immer schreit. Ignoriert der Hund dann eine Anweisung, hat der Hundebesitzer kaum eine Möglichkeit, sich zu steigern. Ständiges Schreien stumpft einen Hund nur ab. Hunde hören wesentlich besser als Menschen; also wozu schreien? Nur wenn man beim Loben eine sanfte Stimme hat und beim Nichtbefolgung eines Befehls lauter wird, merkt der Welpe, dass unsere Stimmung umschlägt. So hat er eine bessere Orientierung.

Im Umgang mit Hunden sollte man die üblichen Hörzeichen der Abrichtsprache benutzen: »Komm«, »Hier«, »Sitz«, »Bleib«, »Aus«, »Platz« und »Fuß«. Das sind die wichtigsten Befehle, die man laufend braucht. Erst wenn der Hund sie kennt und befolgt, kann man ihm weitere Hörzeichen beibringen. Bevor wir mit dem Unterricht beginnen, sollten wir uns ein Konzept machen, welche Hörzeichen in welchen Situationen verwendet werden. Dann braucht man nachträglich nichts ändern.

Gewöhnlich beginnen die meisten Hundebesitzer mit »Sitz«. Warum eigentlich? Es ist doch viel wichtiger, dass ein Hund zuerst lernt, sofort zu kommen. Außerdem besteht der Befehl »Sitz« aus 3 Aktionen: Erst muss sich der Hund setzen, dann sitzen bleiben, und nach dem Aufheben des Hörzeichens soll er sich wieder erheben. Es handelt sich dabei um eine (kleine) Verhaltenskette. Das Gleiche gilt für »Platz« und »Fuß«. Diese 3 Hörzeichen sind für einen Welpen zu schwierig, weil er noch viel zu ungeduldig ist. Deshalb ist es empfehlenswert, mit einfachen Übungen zu beginnen, die man nicht aufheben muss. Dazu eignen sich die Hörzeichen »Komm« und »Hier«.

Damit ein Welpe lernt, ein Hörzeichen zuverlässig zu befolgen, darf man einen Befehl nicht 5- oder 10-mal in kurzen Abständen im gleichen Tonfall wiederholen. Damit bringen Sie einem Hund nur bei, dass er nicht unbedingt folgen muss. Ziel des Trainings ist es, dass der Welpe möglichst auf das erste Hörzeichen reagiert. Gehen Sie besser folgendermaßen vor: Beim ersten Ruf sollte das Hörzeichen nicht zu laut ausgesprochen werden. Geben Sie dazu das entsprechende Sichtzeichen

Tipp

Die Befehle »Sitz«, »Platz« und »Fuß« müssen immer aufgehoben werden, damit Ihr Hund genau weiß, ab wann er sich wieder frei bewegen darf. Verwenden Sie dazu immer das gleiche Wort, z. B. »Okay«.

und warten Sie in unveränderter Position. Reagiert er relativ spät, muss er trotzdem positiv bestärkt werden. Dann kommt er das nächste Mal schneller. Ignoriert er z. B. das Hörzeichen »Hier«, lenken wir seine Aufmerksamkeit mit einem Geräusch auf uns. Am Anfang ist es das Rascheln mit der Belohnungstüte. Wenn der Welpe den Befehl schon kennt, klatscht man in die Hände. Reagieren Sie nie ärgerlich, sondern motivieren Sie ihn mit guter Laune.

Regelmäßiges Belohnen ist nur am Anfang notwendig. Wenn ein Hund Befehle schon beherrscht und nur noch zu der Stelle sieht, wo das Futter herkommt, muss man beginnen, unregelmäßig zu belohnen. Die Aufmerksamkeit eines Hundes wird gefördert, wenn er mal ein Leckerchen erhält und dann wieder nicht. Natürlich kann man einen Hund auch ohne Belohnung erziehen. Es wäre sogar artgerechter, denn in einem Wolfs- oder Wildhundrudel gibt es bei richtigem Verhalten auch kein Leckerchen. Will man einem Hund eine neue Übung beibringen, gelingt das mit Belohnung jedoch wesentlich schneller. Alle Übungen müssen mit viel Geduld und Konsequenz oft wiederholt werden.

»Komm«

Das Hörzeichen »Komm« wendet man immer dann an, wenn man sich entfernt und der Hund uns folgen soll. Ein Welpe, der mit 8 Wochen gerade von Mutter und Geschwistern getrennt wurde, wird immer bemüht sein, den Kontakt zu seiner neuen Bezugsperson zu halten. Diesen natürlichen Trieb nutzen wir, um dem Welpen das Hörzeichen »Komm« beizubringen. Üben Sie anfänglich möglichst nur, wenn Sie alleine sind, damit er so wenig wie möglich abgelenkt wird.

Wenn ein Hund kommen soll, macht man sich am besten klein, damit dem Welpen die Scheu vor unserer Größe genommen wird. Loben Sie ihn bereits, sobald er sich anschickt zu kommen.

Gibt man den Befehl »Hier«, darf man dem Hund nicht in die Augen sehen. Das ist in der Hundesprache eine Drohung, die bedeutet: Komm mir nicht zu nahe.

Bewegen wir uns in der Wohnung, achten wir auf unseren Welpen. Sobald er sich anschickt, uns zu folgen, sagen wir »Komm«. Bei diesem passiven Üben verhalten wir uns genauso, als wenn der Welpe auf unser Hörzeichen richtig reagiert hätte, und loben ihn. Am Anfang sollte man immer Belohnungshäppchen griffbereit halten. Das Gleiche tun wir beim Spazierengehen. Schon bald wird er unbewusst auf das Hörzeichen »Komm« reagieren. Wenn der Welpe schon gut zu Fuß ist, können Sie das Tempo beim Weglaufen steigern.

Jede neue Übung trainiert man 3–4 Tage, bevor man mit dem nächsten Schritt beginnt – je nachdem, wie oft man Zeit zum Üben hat. Zu jedem Befehl gibt man ein deutliches Sichtzeichen (vgl. S. 84): Bei dem Hörzeichen »Komm« schlägt man sich mit der linken Hand auf den Oberschenkel. Dann läuft der Welpe gleich auf der richtigen Seite, wenn wir später mit ihm »bei Fuß« gehen.

»Hier«

Das Hörzeichen »Hier« bedeutet: Komme hierher, während wir auf den Welpen warten. Wir wollen erreichen, dass er immer sofort zu uns kommt – besonders dann, wenn man ihn aus einer Gefahrenzone rufen muss. Damit der Hund gern auf das Hörzeichen »Hier« reagiert, muss er immer freundlich empfangen, also gelobt und belohnt werden. Bevor der Welpe seine Belohnung bekommt, hält man ihn kurz am Halsband fest. Macht man das regelmäßig, hat man nie Probleme, seinen Hund bei Bedarf anzuleinen. Später, wenn der Welpe den Befehl »Sitz« schon beherrscht, lässt man ihn absitzen.

Zur Unterstützung des Hörzeichens »Hier« zeigt man als Sichtzeichen mit gestrecktem Arm den Zeigefinger nach unten. Möchte man das Zeichen aus größerer Entfernung geben, muss man berücksichtigen, dass Hunde nur bis etwa 8 m scharf sehen können. Aber Bewegungen sehen Sie gut. Heben Sie deshalb den Arm hoch und bewegen Sie ihn seitlich im großen Bogen nach unten. Das erkennt ein Hund auch aus großer Entfernung.

Manche Hundehalter zeigen ihrem Hund unbewusst Drohsignale und wundern sich, wenn er nicht kommt. Schauen Sie einem Hund nicht in die Augen, das ist in der Hundesprache eine Drohung. Sehen Sie besser zu

der Stelle, zu der der Hund kommen soll; dann hat er keine Angst.

Man beginnt mit dem neuen Befehl wieder zu Hause. Durch Rascheln mit der Belohnungstüte oder Schnippen mit den Fingern erregt man die Aufmerksamkeit des Welpen. Wenn er sich anschickt zu kommen, sagt man »Hier« und gibt das Sichtzeichen. Sobald er in unsere Richtung läuft, wird er mit positiver Stimmung bestärkt. In der Signalhand hält man die Belohnung bereit und streckt sie ihm entgegen. Es wirkt sich immer positiv aus, wenn man sich dabei klein macht, also in die Hocke geht. Das nimmt dem Hund die Scheu, sich uns zu nähern. Gehen Sie ihm nie entgegen, das könnte ihn einschüchtern. Eine frontale Annäherung bedeutet in der Hundesprache nämlich eine Drohung. Die Belohnung wird beim Näherkommen zurückgezogen, damit der Welpe lernt, bis zu unseren Füßen zu kommen. Ein Hund darf nach dem Kommen nie etwas Negatives erleben, sonst kommt er nur ungern.

Auch dieses Hörzeichen wird mindestens 3 Tage geübt, bevor man mit der nächsten Übung beginnt. Man sollte den Befehl »Hier« so lange zu Hause üben, bis man ganz sicher ist, dass der Welpe zuverlässig kommt. Beginnt man zu zeitig im Freien, wird der Welpe abgelenkt. Jeder missglückte Versuch verzögert den Lernprozess. Wenn unser Hund größer wird und sich relativ weit von uns entfernt, kann man, statt »Hier« zu rufen, auch eine Pfeife benutzen.

Bevor man eine **Hundepfeife** das erste Mal einsetzt, muss der Hund daran gewöhnt werden. Man beginnt mit einem leisen Pfiff, wenn man ihm den Futternapf hinstellt oder spazieren gehen will. In kurzer Zeit weiß der Hund, dass nach dem Pfiff immer etwas Positives folgt. Wenn Sie ihm nach jedem Pfiff ein Leckerchen geben, kommt er relativ schnell. Rufen oder pfeifen Sie einem Hund nie, um ihn dann für einen vorangegangenen Fehler zu bestrafen! Er versteht den Zusammenhang nicht und wird künftig das Hörzeichen nicht befolgen.

»Fuß«

Welpen sind noch unsicher und bleiben von sich aus in unserer Nähe. Dieses natürliche Verhalten nutzen wir, um einem jungen Hund den Befehl »Fuß« so früh wie möglich beizubringen. Mit diesem Hörzeichen wollen wir erreichen, dass der Welpe links nahe bei uns läuft. Als Sichtzeichen kann man das gleiche Signal wie bei »Komm« einsetzen. Man schlägt sich mit der linken Hand auf den Oberschenkel. Da Hunde im Freien zu sehr abgelenkt sind, beginnt man zu Hause.

Man nimmt ein paar ganz besonders gute Leckerchen und hält sie dem Welpen kurz vor die Nase, damit er Witterung bekommt. Dann sagt man »Fuß« und läuft los. Wenn Sie ihm ein Leckerchen zeigen, geht es leichter. Sobald er links neben Ihnen läuft, sagen Sie »Fuß«. Dann loben und belohnen Sie ihn; aber nie, wenn er rechts geht. Das hat den Vorteil, dass der Welpe von Anfang an lernt, auf der richtigen Seite zu laufen. Dies übt man über mehrere Tage, bis der Welpe verstanden hat, was der Befehl bedeutet. Die Strecke wird schrittweise verlängert. Bauen Sie auch Kurven und Wenden ein.

Wenn wir mit dieser Übung im Freien beginnen, bekommt der Welpe sein Futter nicht zu Hause, sondern beim Spazierengehen. Wir gehen in ein Gebiet ohne Verkehr und lassen ihn ohne Leine laufen. Zuerst darf er ein bisschen schnuppern, bevor wir mit dem Üben beginnen. Wir laufen los und sagen »Komm«. Gleichzeitig lassen wir den Welpen an dem Futter riechen oder rascheln mit dem Futterbeutel. Wenn er ein kurzes Stück auf

Hundeerziehung

Trainiert man mit einem Welpen den Befehl »Fuß«, kann man ihn mit einem Leckerchen in der Hand locken. Sobald er in der richtigen Position läuft, lobt man ihn.

gleicher Höhe mit uns geht, wird er gelobt, und wir reichen ihm die Belohnung, ohne stehen zu bleiben. Bei jedem Happen, den wir ihm geben, sagen wir »Fuß« und laufen dabei kontinuierlich weiter. Zeigen Sie ihm schon das nächste Leckerchen und wiederholen Sie das Hörzeichen. Später, wenn der Welpe »Sitz« beherrscht, kann man ihn am Ende jeder Bei-Fuß-Übung absitzen lassen und bei Bedarf anleinen.

Bevor Sie den Befehl mit »Okay« aufheben, stecken Sie den Futterbeutel weg. Der Welpe darf sich nun wieder frei bewegen. Dazu kann man ein aufmunterndes Sichtzeichen geben: Machen Sie beispielsweise eine vorwärts führende Armbewegung und sagen Sie »Lauf«. Dann weiß der Welpe, dass er nach Herzenslust laufen kann. Ermuntern Sie einen scheuen oder ängstlichen Hund mit positiver Stimmung. Nach ein paar Minuten wiederholt man die Übung. So lernt der Welpe in kurzer Zeit, bei Fuß zu gehen. Am Anfang darf die Übungsstrecke nur ein paar Meter betragen, dann wird sie in kleinen Schritten verlängert. Steigert man die Anforderungen zu schnell, führt das zu Misserfolgen.

Hat ein Hund schon gelernt, was »Fuß« bedeutet, und läuft während dieser Übung zu schnell oder bleibt zurück, können wir ihn mit einem kurzen »Na« erinnern, dass die Aufgabe noch nicht beendet ist. Kommt er wieder nahe zu uns, wird er sofort gelobt. Natürlich darf man nie vergessen, den Befehl am Ende der Übung aufzuheben.

Bekommt man einen erwachsenen Hund, der nie gelernt hat, »bei Fuß« zu gehen, beginnt man mit der passiven Methode: Sobald er von sich aus nahe bei uns läuft, sagt man »Fuß« und wiederholt dies bei jeder Gelegenheit, bis er weiß, was dieses Hörzeichen bedeutet. Bleibt er eine kurze Strecke bei uns, loben und belohnen wir ihn. Für jede Leistungssteigerung gibt es wieder ein Leckerchen. Auch hier ist es sinnvoll, dem Hund die Belohnung zu zeigen; dann bleibt er von sich aus in unserer Nähe. Bei regelmäßigem Üben wird der Hund bald auf dieses Hörzeichen richtig reagieren. Genauso trainieren Sie bei Fuß an der Leine.

Tipp

Wenn Ihnen ein Hund direkt entgegenkommt, dürfen Sie Ihren Hund nicht zwingen, bei Fuß zu gehen. Er kann sich sonst nicht so verhalten, wie es der »Hundeanstand« erfordert. Eine frontale Annäherung zeugt von schlechtem Hundebenehmen und stellt eine Drohung dar. Laufen Sie also nicht geradlinig auf den fremden Hund zu. Damit kann man Aggression vermeiden!

»Sitz«

Wenn Sie die passiven Vorübungen zur Gewöhnung an das Hörzeichen »Sitz« oft genug geübt haben, beginnen Sie gezielt, den Befehl zu trainieren. Dabei darf der Welpe möglichst nicht abgelenkt werden. Nehmen Sie eine Belohnung in die Hand und rufen Sie den Welpen. Geben Sie das Sichtzeichen für den Befehl »Sitz« und halten Sie die Hand mit dem Leckerchen kurz an die Nase und anschließend über seinen Kopf. Sobald der Blick zum Leckerchen durch das weite Zurücklegen des Kopfes zu anstrengend wird, setzt er sich von selbst. Genau in diesem Moment sagen Sie »Sitz« und geben ihm so schnell wie möglich die Belohnung. Damit der Hund nicht sofort wieder aufsteht, krault man ihm die Brust und zeigt ihm gleich das nächste Leckerchen. Die Belohnung bekommt er nur, wenn er sitzen bleibt, bis der Befehl mit »Okay« aufgehoben wird. Macht man das nicht, steht der Welpe künftig auf, wann er will. Das ist aber nicht der Sinn dieses Befehls.

Geben Sie den Befehl »Sitz« immer, bevor etwas Positives folgt, z. B. Füttern oder Ballwerfen, und vor dem Spazierengehen. Dann kann man ihn z. B. besser anleinen. Diese Übung muss man über mehrere Tage so oft wiederholen, bis das Hörzeichen automatisch befolgt wird. Erst dann sollte man mit der nächsten Aufgabe beginnen.

»Platz«

Auch bei diesem Befehl ist passives Üben sinnvoll: Sagen Sie »Platz«, wenn der Welpe sich aus eigenem Antrieb hinlegt; dann loben Sie ihn.

Hat man den Befehl »Platz« oft genug aus einer tiefen Position geübt, gibt man das Sichtzeichen immer weiter oben, bis es auch im Stehen klappt.

Er wird deshalb schneller begreifen, was das Hörzeichen bedeutet. Im Wesentlichen halten wir uns an die gleiche Methode wie beim Hörzeichen »Sitz«. Statt den Belohnungshappen über den Kopf zu halten, damit er sich setzt, halten wir ihn jetzt jedoch flach über den Boden. Das Sichtzeichen bauen wir gleich ein: Man führt mit der flachen Hand eine Abwärtsbewegung aus. Dabei bleibt die Hand horizontal, und der Daumen hält das Leckerchen; die Handfläche zeigt nach unten. Wenn der Welpe die Belohnung riecht, wird er versuchen, an sie ranzukommen. Da wir das verhindern, legt er sich irgendwann hin. Genau in diesem Moment sagen wir leise »Platz«, drehen die Hand um und geben ihm das Leckerchen.

Durch das Tiefhalten der Belohnung sind wir zunächst gezwungen, uns klein zu machen. Wir wollen aber erreichen, dass wir den Befehl in normaler Körperhaltung geben können. Je nachdem, wie schnell der Welpe die Aufgabe begreift, geben wir dann das Sichtzeichen immer ein bisschen höher, bis es auch im Stehen klappt. Zur Aufhebung des Befehls sagt man »Okay«. Dann verlängert man die Zeit des Abliegens schrittweise. Der Befehl muss immer aufgehoben werden, außer wenn wir den Hund in sein Körbchen schicken.

»Bleib«

Dieses Hörzeichen bedeutet: Folge mir nicht!

Obwohl Hunde relativ viele Wörter begreifen, kann man ihnen das Lernen erleichtern, indem man so wenig Hörzeichen wie möglich verwendet und diese miteinander kombiniert. Wir können z. B. »Bleib« in Verbindung mit »Sitz« oder »Platz« beim Verlassen eines Raums geben. So bringen wir dem Welpen bei, dass er länger an einer Stelle verweilen soll. Zur Unterstützung gibt man das gleiche Sichtzeichen wie bei dem Befehl »Stopp«. Man zeigt ihm die Innenseite der flachen Hand vertikal mit gespreizten Fingern (siehe S. 32, Allein zu Hause). Auch beim Öffnen der Autotür sagen wir »Bleib«, damit wir unseren Hund bei Bedarf anleinen können.

»Sitz« und »Bleib«

Wenn man mit einem Welpen diese Übung zu Hause beginnt, muss man wieder didaktisch vorgehen. Wir geben den Befehl »Sitz« mit Sichtzeichen und warten, bis der Hund diese Position eingenommen hat. Dann sa-

Bei dem Befehl »Bleib« darf ein Hund den Platz nicht verlassen, bis Herrchen ihn ruft oder zurückkommt und den Befehl aufhebt.

gen wir »Bleib«, ebenfalls mit Sichtzeichen. Zunächst entfernen wir uns noch nicht, bis der Welpe begriffen hat, dass er sitzen bleiben soll. Man beginnt mit 2 Sekunden und steigert sich langsam. Jeder kleine Fortschritt muss belohnt werden. Wie schnell man sich steigert, hängt vom Temperament des Hundes ab. Erhebt er sich, war die Zeit zu lang. Dann wiederholen Sie die Hörzeichen »Sitz« und »Bleib« und verkürzen die Wartezeit, damit der Hund wieder überschwänglich gelobt werden kann und ein Erfolgserlebnis hat.

Bleibt er eine Zeit lang sitzen, kann man beginnen, sich schrittweise zu entfernen. Man gibt das Hörzeichen »Sitz« und dann »Bleib« und geht nur einen Schritt rückwärts und sofort wieder zurück. Dann lobt und belohnt man ihn für das Bleiben. Macht der Welpe Anstalten, sich zu erheben, sagen Sie sofort wieder »Sitz«. In kleinen Schritten entfernt man sich immer ein bisschen weiter. Bei dieser Übung dürfen Sie den Welpen nie verunsichern. Er muss wissen, dass Herrchen immer zurückkommt. Also entfernen Sie sich nicht zu weit und nie außer Sichtweite, bis er sicher ist, dass er sich auf sein Herrchen verlassen kann.

Beherrscht der Welpe das Hörzeichen »Sitz« und »Platz« schon gut und man möchte, dass er die Aufgabe auch aus einer gewissen Entfernung befolgt, braucht man einen Helfer. Er führt den Welpen an der Leine 2 m weg. Dann gibt Herrchen das Hörzeichen »Sitz« mit Sichtzeichen. Zur Bestätigung dieser Aufgabe eignet sich ein Clicker besonders gut, weil man den Welpen nicht schnell genug belohnen kann. Klappt das nach ein paar Wiederholungen, kann man die Entfernung systematisch vergrößern. Hat man keinen Helfer, kann man den Hund notfalls anleinen. Man geht zwei Schritte weg und gleich wieder zurück.

Üben wir während eines Spazierganges die Hörzeichen, ist der Welpe viel mehr abgelenkt als zu Hause. Wenn ein anderer Hund in der Nähe ist, darf man vorläufig keinen Befehl geben. Das wäre von einem jungen Hund zu viel verlangt. In einer fremden Umgebung wird er wahrscheinlich auch ohne Ablenkung nur kurz sitzen bleiben. Also überfordern Sie einen jungen Hund nicht.

Hat man einen Helfer, wird der Welpe in der Sitzposition gehalten und gestreichelt, bis der Befehl aufgehoben wird. Sollte der Welpe anfangen zu bellen oder zu fiepen, sagen Sie »Nein« und bleiben stehen. Dann darf man weder die Entfernung vergrößern noch zurückgehen. Denn wenn wir einmal auf sein Jammern reagieren, wird er sich künftig jedes Mal »beklagen«. Sobald Ihr Hund ruhig ist, loben Sie ihn und bringen ihm ein Leckerchen, auch wenn das Bleiben unfreiwillig war.

Selbst wenn Sie mit dieser Übung bereits erfolgreich sind und sich schon einige Meter entfernen können, kann es hin und wieder passieren, dass Ihr Hund Ihnen nachläuft. Dann bringen Sie ihn zurück an dieselbe Stelle und lassen ihn wieder absitzen. Denn wenn es ihm gelingt, durch sein Verhalten näher an Sie heranzukommen – sich also einen Vorteil zu verschafft –, wird er es immer wieder versuchen. Beim Wiederholen entfernen Sie sich nicht so weit wie vorher, damit er wieder ein Erfolgserlebnis hat.

Wie weit man sich entfernen darf, hängt von der Sensibilität des Hundes ab. Ein ängstlicher Hund versucht immer, relativ nahe bei Herrchen zu bleiben. Die Entfernung darf dann nicht zu groß gewählt werden. Auch Hündinnen sind oft anhänglicher und entfernen sich nicht weit. Ein unsicherer Hund wartet gespannt darauf, dass er endlich kommen darf. Sind Sie abgelenkt oder unterhalten sich

Tipp

Welpen oder sensible Hunde dürfen keine Angst bekommen, den Anschluss an ihr Rudel zu verlieren. Deshalb sollte man die Entfernung bei dem Befehl »Bleib« immer nur in sehr kleinen Schritten steigern. Gehen Sie nie außer Sichtweite, damit würden Sie einen jungen Hund überfordern.

während dieser Übung, kann es sein, dass er beim ersten Wort aufspringt, weil er »hofft«, Sie hätten ihn gerufen. Um dies zu vermeiden, kann man die Aufgabe immer mit einem Pfiff beenden. Dann ist das Signal unverwechselbar.

Dagegen kann ein selbstsicherer Hund, der sich beim Spazierengehen relativ weit entfernt, bei diesem Training ruhig etwas gefordert werden. Wenn ein Hund bei dem Hörzeichen »Bleib« nicht kommen darf, wird der Wunsch größer, endlich kommen zu dürfen. Je weniger Verlustängste ein Hund hat, umso weiter können wir uns bei dieser Übung von ihm entfernen. Das wirkt sich positiv auf die Führung eines selbstbewussten Hundes aus.

»Aus«

Das Hörzeichen »Aus« sollte man nur anwenden, wenn ein Hund etwas im Maul hat, das er auslassen soll. Sei es, er hält etwas zwischen den Zähnen, was nicht kaputtgehen darf, oder er hat etwas erwischt, was ihm schaden könnte.

Zunächst übt man daheim. Wenn der Welpe ein Spielzeug im Maul hat, sagen Sie »Aus« und halten ihm ein Leckerchen hin. Wenn er die Belohnung nehmen will, lässt er den Ball fallen. Dann lobt man ihn. Das übt man so oft, bis der Welpe auf Befehl alles, was er zwischen den Zähnen hält, fallen lässt.

Wenn Sie diese Übungen oft genug trainiert haben, können Sie es mit einem Kauknochen probieren. Gehen Sie aber nicht halbherzig ans Werk, das merkt der Welpe sofort und wird dadurch ermutigt, sein Futter zu verteidigen. Lässt er nach dem »Aus« den Knochen fallen, lobt und belohnt man ihn überschwänglich und gibt ihm den Knochen zurück. Muss man ihm etwas wegnehmen, was er nicht wiederbekommen darf, sollte er eine Belohnung erhalten, die besser schmeckt und ihn für den Verlust entschädigt.

Wenn ein Hund etwas im Maul hat, was er auslassen soll, wendet man zweckmäßigerweise den Befehl »Aus« an. Man sollte dieses Wort nur für diesen Fall reservieren und nicht beim Bellen oder anderen Handlungen anwenden.

Bei Welpen, die vom Züchter zu kurz gehalten wurden, kommt es vor, dass sie laut knurren, wenn man sich dem Futter nähert, oder sogar nach der Hand schnappen, die nach dem Futter greift. Das kann man einem Hund abgewöhnen, indem man den leeren Futternapf hinstellt und kleine Futtermengen hineinwirft. Dann lernt er, dass die Hand nichts nimmt, sondern gibt, und er sein Futter nicht bewachen muss. Knurrt er wieder, unterbrechen Sie das Füttern (siehe auch S. 213, Mein Hund zwickt).

Bekommt man einen erwachsenen Hund mit dieser Angewohnheit, gibt man ihm zunächst reichlich Futter, damit sich seine Gier reduziert. Das kann man aber nur eine begrenzte Zeit praktizieren, sonst bekommt der Hund Übergewicht.

Findet Ihr Hund beim Spazierengehen etwas, was ihm schaden könnte, sagt man »Aus«. Befolgt er die Anweisung und lässt das Objekt fallen, wird er überschwänglich gelobt und bekommt als Entschädigung ein Leckerchen. Reagiert er nicht auf den Befehl, erschreckt man ihn mit einer Wasserpistole, bis er den Gegenstand fallen lässt. Dann lobt man ihn sofort. Alle Befehle müssen regelmäßig trainiert werden, egal wie alt der Hund ist.

»Stopp«

Dieses Hörzeichen setzt man ein, wenn ein Hund an der Stelle stehen bleiben soll, wo er sich gerade befindet. Damit er schnell versteht, was »Stopp« bedeutet, üben wir zunächst mit einer langen Leine – aber nicht mit einer Flexi-Leine. Läuft der Hund vor uns, geben wir den Befehl »Stopp« und hindern ihn mit der Leine am Weitergehen. Bleibt Ihr Hund bei dem Hörzeichen stehen, gehen Sie zu ihm. Loben Sie ihn aber erst, wenn Sie in seiner Nähe sind. Wenn Sie ihn zu zeitig loben, kommt er Ihnen wahrscheinlich entgegen. Nur wenn er stehen bleibt, geben Sie ihm seine wohlverdiente Belohnung, auch wenn die Ausführung des Hörzeichens erzwungen war. Kommt er aber zurück, dürfen Sie ihn nicht belohnen. Die Hörzeichen »Stopp« und »Hier« sollte man klar unterscheiden.

Wenn der Welpe das Signal mit dem Stehenbleiben verknüpft hat, kann man die Übung bei einem Spaziergang in übersichtlichem Gelände trainieren. Lassen Sie dem Welpen zuerst etwas Freiheit, damit er sich austoben kann. Dann ist die Aussicht auf Erfolg viel größer.

Weitere akustische Signale

Neben diesen Befehlen kann man einem Hund noch viele andere Hörzeichen beibringen. Zum Beispiel:
- »Steh«, wenn er stehen und sich nicht setzen soll, z. B. bei der Körperpflege.
- »Hopp«, wenn er ins Auto springen soll oder heraus.
- »Such«, wenn er sein Spielzeug suchen soll.
- »Bring«, wenn er seinen Ball bringen soll.
- »Geh«, wenn er aus dem Weg gehen soll.
- »Lauf«, wenn er loslaufen darf.
- »Voran«, wenn er vor uns laufen soll.
- »Zurück«, wenn er nicht vor uns laufen soll, z. B. an einer Engstelle, Tür etc.

Der Fantasie sind keine Grenzen gesetzt. Benutzen Sie aber für jeden Befehl immer das gleiche Wort und sagen Sie keine Sätze. Geben Sie Ihrem Hund ein Leckerchen, wenn Sie ihm einen neuen Befehl beibringen wollen; dann lernt er viel schneller. Mit neuen Hörzeichen sollte man erst beginnen, wenn die wichtigsten Befehle zuverlässig befolgt werden.

Sichtzeichen

Hunde geben uns mit ihrer Körpersprache deutliche Informationen und können auch unsere Mimik und Gesten sehr gut deuten; das ist ihnen angeboren. Diese Fähigkeit können wir uns zunutze machen und unserem Hund Befehle zusammen mit deutlichen Sichtzeichen geben oder Befehle sogar durch Sichtzeichen ersetzen.

Zunächst müssen wir uns selbst kontrollieren, welche Zeichen wir in Verbindung mit den Befehlen bisher unbewusst gegeben haben. Gelingt uns das nicht, bitten wir einen Freund, uns beim Training mit dem Hund zuzusehen oder zu filmen und auf die Bewegungen zu achten, die wir bei dem jeweiligen Befehl ausführen. Diese Signale geben wir dann noch deutlicher, damit sie von unserem Hund unmissverständlich erkannt werden. Das hat den Vorteil, dass ein Hund Kommandos befolgt, selbst wenn er uns nicht hören kann.

Bei regelmäßigem Üben der Sichtzeichen kommt man ganz ohne verbale Befehle aus. Mit der folgenden Übung können Sie überprüfen, wie Ihr Hund bisher auf Ihre unbewussten Körpersignale reagiert hat: Legen Sie die Hände auf den Rücken und lehnen Sie sich an eine Wand. Ihr Körper befindet sich jetzt in einer statischen Haltung, sodass Sie nur noch darauf achten müssen, Ihren Kopf nicht zu bewegen. Dann geben Sie die Befehle, die Ihr Hund bereits gut befolgt. Reagiert er wie gewohnt? Reagiert er zögerlich? Oder führt er den Befehl nicht aus? An der Reaktion können Sie feststellen, wie sich Ihre Körpersprache auf das Befolgen der Befehle auswirkt.

Wollen wir unserem Hund beibringen, allein auf Sichtzeichen zu reagieren, müssen wir zunächst zu jedem Befehl das entsprechende Sichtzeichen geben. Danach brauchen wir nur den akustischen Befehl in kleinen Schritten immer leiser auszusprechen, bis er unhörbar wird. Einziger Nachteil ist, dass ein Hund Sichtzeichen nur dann befolgen kann, wenn er Sichtkontakt hat. Man muss also die Aufmerksamkeit des Hundes trainieren (siehe S. 55, Das Aufmerksamkeitstraining). Auch mit einem akustischen Signal können Sie seine Aufmerksamkeit erregen und dann das Sichtzeichen geben.

Ein routinierter Hundehalter kann selbst einen tauben Hund mit Sichtzeichen problemlos erziehen und führen. Er braucht dazu nur ein Vibrationsgerät mit Fernbedienung, damit er den Hund bei Bedarf auf sich aufmerksam machen kann.

Wenn wir beim Erziehen eines Welpen von Anfang an deutliche Sichtzeichen geben, wird unsere Kör-

Oben: Auch bei dem Befehl »Platz« hält man das Leckerchen in der Signalhand parat. Sobald der Welpe die Platz-Position einnimmt, dreht man die Hand um und belohnt ihn.

Unten: Ein Hund muss lernen, dass er bei dem Sichtzeichen »Bleib« nicht zu Frauchen kommen darf.

persprache für den Hund viel verständlicher. Hierzu einige Anregungen:
- »Fuß« oder »Komm« – die Handfläche schlägt auf den linken Oberschenkel.
- »Sitz« – erhobener Zeigefinger
- »Platz« – die flache Hand führt eine vertikale Bewegung nach unten aus, die Handfläche zeigt dabei nach unten.
- »Bleib« oder »Stopp« – die Handfläche zeigt mit gespreizten Fingern zum Hund. Dadurch wird der Unterschied zu dem Sichtzeichen »Platz« deutlicher.
- »Hier« – der Zeigefinger und der gestreckte Arm zeigen nach unten.
- »Hier« (aus Entfernung) – der Arm wird erst nach oben gestreckt und dann seitlich in großem Bogen nach unten geführt. Erst wenn der Hund sich nähert, zeigt der gestreckte Arm vor dem Hundeführer auf den Boden. Die weite Armbewegung ist für einen Hund aus einer größeren Entfernung gut zu erkennen.

Diese Zeichen können beliebig ergänzt oder auch geändert werden. Man kann theoretisch jedes beliebige Zeichen einsetzen. Das will aber gut überlegt sein, denn es erfordert vom Hundeführer sehr viel Konzentration. Denn jedes falsch gegebene Zeichen verzögert den Lernprozess. Außerdem kann man einen Hund, der mit ungewöhnlichen Befehlen oder Sichtzeichen erzogen wurde, nicht ohne Weiteres von jedem betreuen lassen, wenn man z. B. krank ist oder verreist.

Aus größerer Entfernung muss man bei dem Befehl »Hier« eine weite Bewegung machen, weil Hunde nur bis etwa 8 m weit scharf sehen können. Heben Sie den Arm hoch und führen Sie ihn seitlich in weitem Bogen nach unten.

Erwachsene Hunde –
können mehr lernen, als man glaubt

Nachhilfestunden für Hunde

Bekommt man einen Hund, der bereits erwachsen ist und nicht gut folgt (oder man hat versäumt, seinen Hund in jungen Jahren richtig zu erziehen), kann man das Versäumte nachholen. Ein Hund bleibt sein ganzes Leben lang lernfähig. Es kommt nicht darauf an, wie alt er ist, sondern nur, wie verständlich wir ihm etwas vermitteln.

Zunächst muss man das Vertrauen des Hundes aufbauen, denn er braucht eine Weile, bis er sich an die neue Umgebung und das neue Herrchen gewöhnt. Dazu sollten Sie ihm die Möglichkeit geben, Tag und Nacht in Ihrer Nähe zu sein. Lassen Sie ihn aber nicht ins Bett oder aufs Sofa. Auch erwachsene Hunde darf man in der ersten Zeit nie allein lassen, bis sie das neue Heim als ihr Revier annehmen. Bei Tieren mit unbekannter Vergangenheit muss man besonders nachsichtig sein. Auch wenn man Informationen über das Vorleben bekommen hat, müssen sie nicht stimmen.

Solange man einen Hund nicht richtig kennt, sollte er wie ein sensibler Hund behandelt werden, auch wenn er aggressiv reagiert – denn das ist nicht selten ein Zeichen von Angst. Wenn Sie einen Hund mit unbekanntem Vorleben bekommen

Für einen Hund gibt es nichts Schöneres, als durch die Natur zu streifen. Er sollte aber immer nur mit einem Hundeführer unterwegs sein und nicht alleine.

Hunde, die durch ein Hindernis keinen artgerechten Kontakt zu anderen Lebewesen aufnehmen können, reagieren oft aggressiv. Das muss man ihnen abgewöhnen.

haben und keine überdurchschnittlichen Kenntnisse besitzen, kann sich ein Besuch bei einem Tiertherapeuten auszahlen. Von ihm können Sie einiges über den Hund erfahren und sich dadurch viel Ärger ersparen. Machen Sie sich vorher möglichst viele Notizen über alles, was Ihnen auffällt.

Man braucht am Anfang viel Geduld und darf trotzdem nicht alles durchgehen lassen. Loben Sie den Hund oft, wenn er sich so verhält, wie Sie es erwarten. Wenn man deutlich mit einem Hund kommuniziert, fühlt er sich verstanden, und man kann schnell eine Bindung aufbauen. Beobachten Sie besonders seine Körpersprache, bis Sie ihn gut kennen. Versuchen Sie nicht, ihm sofort neue Befehle beizubringen. Damit beginnt man erst, wenn der Hund genügend Vertrauen hat.

Ein »Gebrauchthund« hat Verlustangst, wenn er schon schlechte Erfahrungen in seinem Leben gemacht hat. Wahrscheinlich wird er Ihnen in der Wohnung auf Schritt und Tritt folgen aus Angst, Sie zu verlieren. Auch wenn das lästig sein kann, darf man ihn deshalb nicht schimpfen. Das legt sich mit zunehmendem Vertrauen. Wird er allein gelassen, kann er leicht in Panik geraten.

Hat Ihr Hund sich gut eingelebt, sollten Sie bei der Erziehung seine Sensibilität berücksichtigen. Man kann zwar alles, was man als störend empfindet, korrigieren, aber bitte in kleinen Schritten. Ein sensibler Hund kann aus Angst in bestimmten Situationen aggressiv reagieren. Da es sich dabei meistens um Unsicherheit handelt, darf man dann nicht mit strengen Maßnahmen vorgehen. Für Laien ist es sehr schwierig, die Sensibilität eines aggressiven Hundes richtig zu beurteilen. Mit einem ängstlichen oder sensiblen Hund muss man am Anfang sanft umgehen, dann hört die Aggression oft von selbst auf (siehe S. 147, Der ängstliche Hund).

Bei unsensiblen Hunden entstehen Probleme oft dadurch, dass Herrchen kein »Rudelführer« ist. Wird ein Hund nicht mit sicherer Hand geführt, kann er ein ausgeprägtes Bewachungsver-

 Tipp

Wer von seinem Hund nicht als Rudelführer akzeptiert wird, darf nicht erwarten, dass er gehorsam ist. Vermitteln Sie ihm, dass Sie ein »starker« Rudelführer sind, aber nicht mit Strenge oder Gewalt, sondern durch Ruhe und Souveränität.

halten entwickeln. Irgendwann versucht er dann, die Führung selbst zu übernehmen.

Will man einem erwachsenen Hund neue Befehle beibringen, bildet man ihn genau wie einen Welpen aus. Nicht nur Welpen müssen während der Lernphase viel gelobt werden, auch erwachsene Hunde brauchen diese wichtige Information. Ein aufmerksamer Hund lernt neue Befehle schneller als ein unaufmerksamer, deshalb sollte man die Aufmerksamkeit des Hundes trainieren (siehe S. 55, Das Aufmerksamkeitstraining).

Vorsicht beim Tadeln

Einen Hund zu tadeln, setzt voraus, dass er bereits gelernt hat, was er nicht darf. Doch wenn ein Hund eine gestellte Aufgabe nicht richtig löst, darf man ihn erst recht nicht tadeln, sonst verliert er die Freude am Lernen. Beginnen Sie besser damit, Ihren Hund positiv zu bestärken. Loben Sie ihn so oft wie möglich, wenn er sich so verhält, wie Sie es wünschen. Stellen Sie ihm vorläufig nur leichte Aufgaben, damit Sie ihn oft positiv bestärken können.

Man muss einen neuen Befehl mindestens 2000-mal(!) wiederholen, damit ein Hund ihn zuverlässig befolgt. Macht ein Hundeführer Fehler, kann es länger dauern. Es ist aber auch möglich, dass ein Hund bereits nach wenigen Wiederholungen verstanden hat, wie er sich verhalten soll. Das kann man aber nicht von jedem Hund erwarten. Hunde sind genauso unterschiedlich wie wir Menschen. Wer seinen Hund für dumm hält, weil er angeblich nichts kapiert, muss vorsichtig sein. Denn oft stellt sich heraus, dass nicht der Hund, sondern Herrchen die Fehler macht.

Müssen wir einem Hund etwas verbieten, sagen wir in ruhigem Ton »Nein«. Unterbricht der Hund das unerwünschte Verhalten, muss er sofort gelobt werden. Viele Hundehalter vergessen das oft und verfahren nach der Devise: Nicht »geschumpfen« ist genug gelobt. Bei dieser Einstellung geht viel von der natürlichen Fröhlichkeit eines Hundes verloren.

Mit positiver Bestärkung erreicht man mehr als mit anderen Methoden. Wird ein Hund für erwünschtes Verhalten bestärkt, wiederholt er dieses Verhalten gern, um gelobt oder belohnt zu werden (siehe auch S. 51, Schneller Erfolg durch positive Bestärkung). Hunde sollten nicht zu oft negativ bestärkt werden, sonst werden sie unsicher und verlieren den Spaß am Lernen. Jeder Hund ist eine individuelle »Persönlichkeit«, was man besonders beim Korrigieren von Fehlern beachten muss. Wenn ein Hund schon bei dem Hörzeichen »Nein« den Schwanz einzieht oder sich duckt, sollte man ihn nur positiv bestärken. Vermeiden Sie alles, was einen Hund verunsichert. Denn ein unsicherer oder ängstlicher Hund braucht länger, bis er einen neuen Befehl begreift, als ein selbstbewusster. Angst schränkt die Lernfähigkeit eines Hundes erheblich ein.

Es gibt viele unterschiedliche Philosophien über Hundeerziehung. Jede Methode hat ihre Existenzberechtigung, wenn sie erfolgreich ist und der Hund nicht darunter leidet. Man sollte aber verschiedene Methoden nicht gleichzeitig anwenden. Arbeitet man immer nach dem gleichen Prinzip, begreift ein Hund einen neuen Befehl viel schneller. Versucht man zwischendurch etwas anderes, ist das für einen Hund verwirrend. Manche Halter probieren eine Übung aus, und wenn sie nicht sofort Erfolg zeigt, versuchen sie es mit einer anderen. Oft hört man diese Leute klagen: Ich habe schon alles versucht, und nichts hat geholfen. Wahrscheinlich liegt es genau daran – dass die Erziehungsmethoden zu oft gewechselt wurden und der Hund keine richtige Orien-

Tipp

Man kann einem Hund unerwünschtes Verhalten abgewöhnen, indem man richtiges Verhalten kontinuierlich bestärkt und unerwünschtes nicht. Dadurch wiederholt er das erwünschte Verhalten oft und das unerwünschte immer seltener.

tierung hat. Auf diese Weise dauert es sehr lange, bis ein Hund versteht, was wir von ihm erwarten.

Unangemessene Strafen

Wenn das Verhalten eines Hundes korrigiert werden muss, darf er weder Angst bekommen, noch dürfen ihm Schmerzen zugefügt werden. Bei der Familie der Hundeartigen gehört das Schlagen mit der Pfote nicht zum natürlichen Verhaltensrepertoire. Hunde setzen das Heben der Pfote entweder als Bettelgeste ein oder zum Dominieren. Deshalb begreift ein Hund nicht, was es bedeutet, wenn er geschlagen wird. Sinnlose Strafmaßnahmen schaden in erster Linie dem Hund, aber auch seinem Halter, weil er auf diese Weise keinen guten Hund heranzieht. Hundehalter, die körperliche Strafen anwenden, wollen sich damit emotional abreagieren, weil sie sich nicht zu helfen wissen.

Solche Menschen wollen nicht wahrhaben, dass sie die Fehler selbst verursachen. Denn es erfordert Kreativität und Verstand, sich alternative Verhaltenskorrekturen auszudenken.

Manche Hundehalter schlagen einen Hund nach einer Rauferei, weil sie erregt sind und nicht wissen, wie sie sich richtig verhalten sollen. Dadurch wird der Hund noch aggressiver. Er sollte besser für den Abbruch des Kampfes gelobt und belohnt werden. Damit erreicht man, dass er sich schneller beruhigt und künftig weniger aggressiv reagiert.

Ebenso hat es keinen erzieherischen Wert, einen Hund ein- oder auszusperren. Er begreift den Sinn einer Langzeitstrafe nicht. Im Übrigen sollte man einen Hund auch nicht zur Strafe in sein Körbchen schicken. Natürlich kann man ihn auf seinen Platz schicken, wenn er im Weg ist. Das sollte aber nicht in ärgerlicher Form geschehen. Sobald Ihr Hund

Beim spielerischen Raufen lernen Hunde die Beißhemmung. Man sollte deshalb nur eingreifen, wenn die Situation eskaliert.

Gibt man einen Befehl zu energisch, unterwirft sich der Hund und legt sich auf den Rücken. Dieses Verhalten ist angeboren und bietet dem Hund gegenüber Artgenossen die größtmögliche Sicherheit.

sich auf seinen Platz gelegt hat, loben Sie ihn; dann ist für ihn die Welt wieder in Ordnung.

Aus der Sicht des Hundes wird die Strafe eines ranghöheren »Rudelmitgliedes« hingenommen. Fällt die Sanktion aber nicht »hundegerecht« aus, verliert er die Motivation zum Lernen. Deshalb darf ein Hund nie bestraft werden, wenn man ihm etwas beibringen will. Hunde, die mit Gewalt erzogen werden, befolgen Befehle aus Angst und lernen deshalb schlechter. Wurde Ihr Hund schon oft bestraft und sein Verhalten hat sich nicht gebessert, sollten Sie Ihre Erziehung komplett umstellen! Es kommt nicht darauf an, was man glaubt, tun zu müssen, sondern wie ein Hund es

empfindet. Bei einem sensiblen oder ängstlichen Hund hilft nur Einfühlungsvermögen. Sobald man erkennt, dass ein Hund Angst hat und verkrampft ist oder gar zittert, darf man ihm keine Befehle geben. Mit Ungeduld kann man einem ängstlichen Hund nichts beibringen; er wird dadurch nur noch mehr verunsichert.

Bei überängstlichen Hunden bietet sich in der Lernphase als medikamentöse Unterstützung eine Bachblütentherapie an. Dadurch kann ein sensibler Hund lernfähig werden.

Unerwünschtes Verhalten kann man zwar spontan mit einer Strafe unterbinden; aber dieser Schritt will gut überlegt sein. Denn wenn eine Strafe falsch angewendet wird, ist der Schaden größer als der Nutzen. Manche Hundebesitzer bemerken noch nicht einmal, wie sehr sie ihrem Hund schaden, wenn sie auf ihn einschlagen. Ein Hund, der von einem Ranghöheren bedroht wird, unterwirft sich schon bei den geringsten Anzeichen von Aggression, um ihn zu besänftigen. Hundehalter, die die Bedeutung der Körpersprache nicht richtig kennen, lassen sich durch Demutsbezeugungen nicht von ihrem Vorhaben abhalten. Spätestens der zweite Schlag, meistens aber schon der erste, läuft deshalb regelwidrig ab. Aus der Sicht eines Hundes ist das ein Vertrauensbruch. Und ein Rudelführer, der sich nicht artgerecht verhält, kann das Überleben des »Rudels« nicht sicherstellen.

Besonders schlimm ist es für einen Hund, wenn er verdächtigt wird, etwas angestellt zu haben. An Herrchens Haltung und Tonfall erkennt er die Aggression, die gegen ihn gerichtet ist. Obwohl er gar nicht weiß, weshalb sein Halter aggressiv ist, zeigt er sofort Beschwichtigungssignale, um Herrchen zu besänftigen. Der Hundehalter deutet dann das als schlechtes Gewissen und glaubt, dass der Vierbeiner eine Strafe verdient habe. Man kann von einem Tier kein schlechtes Gewissen erwarten, weil das moralisches Denken voraussetzt. Er hat nur Angst vor einer Strafe, weil er schon schlechte Erfahrungen gemacht hat.

Hat ein Hund kein Vertrauen zu seinem Herrchen, kommt er nur ungern auf Befehl. Der schlimmste Fehler, den ein Hundebesitzer machen kann, ist, einen Hund zu rufen, um ihn dann zu bestrafen. Das hat zur Folge, dass sein Vierbeiner künftig das Hörzeichen »Hier« nur ungern befolgt. Aus der Sicht des Hundes wurde er bestraft, obwohl er die letzte Anordnung befolgt hat. Wenn ein Hund auf Befehl kommt, darf man ihn nie für einen vorherigen Fehler bestrafen, sondern muss ihn loben; nämlich für das Befolgen des letzten Befehls.

Ärgert man sich über seinen Hund und wird aggressiv, bedeutet das in der Hundesprache: Hau ab! Oder: Komm mir nicht zu nah! Das ist für einen Hund eine unverständliche Information und ein Widerspruch in sich. Einerseits soll er kommen, andererseits wird er quasi davongejagt.

Richtige Verhaltenskorrekturen

- Damit ein Hund nicht durch falsche Strafen verdorben wird oder gar Verhaltensstörungen bekommt, darf man sein Verhalten nur unter bestimmten Voraussetzungen korrigieren.
- Ein Hund darf niemals geschlagen oder mit Schmerzen bestraft werden. Bei jungen oder sensiblen Hunden darf man ausschließlich mit Bestärkung arbeiten, damit sie sich selbstsicher entwickeln können.
- Zuerst muss immer ein klares, unmissverständliches Hörzeichen gegeben werden, das der Hund gut kennt und schon sehr oft befolgt hat.
- Das Hörzeichen darf nur von einer ranghohen Person gegeben werden, also nicht von einem Kind oder einer fremden Person, die nicht zum »Rudel« gehört.
- Eine Verhaltenskorrektur darf nur in demselben Augenblick erfolgen, in dem ein Hund etwas Unerwünschtes beginnt oder noch dabei ist. Niemals nachträglich!
- Sobald ein Hund nach einem Korrekturreiz oder einer Drohung zu Herrchen kommt, muss er sofort positiv bestärkt werden; auch wenn er vorher etwas angestellt hat!
- Faustregel: Ein Hund, der sich nicht wenige Sekunden nach einer Verhaltenskorrektur wieder mit erhobener Rute und selbstsicherer Haltung bewegt, wurde zu hart korrigiert.

Hunde sollten nicht von Kindern erzogen werden. Erst wenn ein Hund von den Eltern gut erzogen wurde, kann man das Kind mit den wichtigsten Regeln der Hundeerziehung vertraut machen.

Damit bringt man den Hund in einen »Gewissenskonflikt«. Man darf Ärger oder gar Wut nie an seinem Hund auslassen, sondern sollte sich mehr Routine und Souveränität bei der Führung und Erziehung aneignen. Wenn wir erreichen wollen, dass ein Hund so schnell wie möglich kommt, müssen wir ihn immer freundlich empfangen.

Ein Hund befolgt den Befehl »Hier« immer gern, wenn er beim Kommen nur positive Erfahrungen macht. Er lernt nach einiger Zeit daraus, dass er in Herrchens Nähe am sichersten ist. **Schimpfen oder bestrafen Sie Ihren Hund nie in Ihrer Nähe.** Damit ist die wichtigste Voraussetzung für eine gute Beziehung geschaffen. Denn fast alle Probleme lassen sich leicht lösen, wenn ein Hund auf Befehl sofort kommt. In einem »Rudel« muss sich einer auf den anderen verlassen können. Nicht nur der Hundehalter auf den Hund, sondern auch der Hund auf sein Herrchen.

Verweigern von Befehlen

Hat ein Hund eine gute Grundausbildung, aber folgt nur manchmal, muss man alle Gehorsamsübungen regelmäßig üben. Die Befehle sollten in verschiedenen Situationen trainiert werden, aber überfordern Sie Ihren Hund nicht. Man darf nicht erwarten, dass er z. B. den Befehl »Fuß« oder »Hier« in einer Extremsituation befolgt, wenn die Befehle lange Zeit nicht geübt wurden.

Genau genommen ist Hundeerziehung nie abgeschlossen, auch wenn es bei sachkundigen Hundeführern den Anschein hat. Man muss einen Hund ein Leben lang darüber informieren, was er richtig und was er falsch macht. Was bei guten Hundeführern so leicht aussieht, ist Routine. Es ist deshalb nicht empfehlenswert, einen Hund von einem Fachmann erziehen zu lassen. Routine bekommt man am schnellsten, wenn man Hundeerziehung unter der Anleitung eines guten Hundetrainers oder Tiertherapeuten selbst von der Pike auf lernt.

Ein Hund muss sich täglich austoben können. Wenn er überschüssige Energie abbauen kann, folgt er viel besser, als wenn er einen starken Bewegungsdrang verspürt. Mit einem jungen oder temperamentvollen Hund sollte man nicht gleich zu Beginn eines Spazierganges neue oder schwierige Übungen trainieren, sonst ist er zu ungeduldig und kann sich nicht konzentrieren.

Jeder Hund versucht irgendwann, Hörzeichen, die er gut kennt und schon über längere Zeit befolgt, zu ignorieren. Darüber sollte man sich nicht ärgern, denn es kommt nur auf uns an, ob der Befehl doch noch ausgeführt wird. Patentrezepte für alle Probleme gibt es nicht, denn es ist ein Unterschied, ob ein Hund in der Nähe ist und nicht folgt oder ob er auf Befehl nicht kommt. Oft genügt schon das Rascheln mit der Belohnungstüte, und der Hund kommt zurück. Reagiert er auf das erste Hörzeichen nicht, gibt man den Befehl nach ein paar Sekunden in schärferem Ton erneut. Es hat aber keinen Sinn, einen Befehl 10-mal hintereinander in kurzen Abständen im gleichen Tonfall zu wiederholen; dann nimmt der Hund die Befehle nicht ernst. Soll ein Hund auf Befehl kommen, darf man ihn nicht unbewusst bedrohen. Ruft man ärgerlich »Hier«, signalisiert man dem Hund mit der eigenen Aggression, dass er abhauen soll. Je wütender Herrchen wird, umso weniger Veranlassung hat ein Hund zu kommen.

Ein selbstbewusster Hund, der Herrchens Befehle ignoriert, kann von seiner Eigeninitiative mit einem geeigneten Reiz abgelenkt werden. Man klatscht beispielsweise kräftig in die Hände, bespritzt ihn mit der Was-

Verfolgt ein Hund einen anderen, kann man an der Gangart erkennen, ob er friedlich ist. »Hoppelt« er beim Galoppieren, möchte er spielen.

serpistole oder schüttelt die Klapperdose. So wird seine Aufmerksamkeit wieder auf Herrchen gerichtet. Reagiert er und befolgt einen Befehl, muss er sofort gelobt und belohnt werden, auch wenn man über sein vorangegangenes Fehlverhalten verärgert ist.

Wenn ein Hund nahe bei uns ist und ein Hörzeichen, das er immer gut befolgt hat, ignoriert, können wir ihm mit unserer Mimik und Körpersprache drohen. Wir sehen ihm in die Augen und beugen uns über ihn. Weicht der Hund jedem Blickkontakt aus, muss man seine Aufmerksamkeit trainieren.

Lässt sich ein unsensibler Hund kein bisschen beeindrucken, greifen Sie ihm über die Schnauze. Fügen Sie ihm dabei aber keine Schmerzen zu. Denn jeder Schmerz kann zu einer unbeabsichtigten Verknüpfung führen, aus der sich neue Probleme entwickeln. Dieser Griff darf nur als letzte Maßnahme angewendet werden, und nie bei einem sensiblen Hund.

Verlassen Sie sich dabei nicht auf Ihre subjektive Selbstbeurteilung, sondern ziehen Sie besser einen Hundepsychologen oder Tiertherapeuten zurate, ob Ihr Hund wirklich unsensibel ist.

Wenn Ihr Hund sich in sein Schicksal fügt, lassen Sie ihn kommentarlos frei. Danach darf kein böses Wort mehr fallen. Hunde sind nie nachtragend, deshalb darf es ein Rudelführer auch nicht sein. Denn wer sich nicht hundegerecht verhält, ist als »Rudelführer« ungeeignet. Am besten geben Sie Ihrem Hund danach gleich wieder eine leichte Aufgabe in ruhigem Ton, z. B. »Sitz«. Befolgt er die Anweisung, wird er sofort gelobt. Nur so ist die Rangordnung geklärt und das Vertrauen bleibt erhalten.

Ein Hund, der noch nicht gelernt hat, sich unterzuordnen, oder sich durch falsche Erziehung für ranghoch hält, kann beim Schnauzengriff in »Notwehr« beißen. Daran ist dann aber nicht der Hund schuld, sondern das Unvermögen seines Halters. Wer

Erwachsene Hunde

Mit Hunden, die nie gelernt haben, bei Fuß zu laufen, kann ein Spaziergang sehr anstrengend sein.

nicht wirklich Rudelführer ist, sollte von solchen Maßnahmen besser die Hände lassen. Man darf nicht erwarten, dass ein Hund sich alles gefallen lässt, nur weil man in ernährt.

Die Leinenführigkeit

Zieht ein Hund an der Leine, ist das ein Zeichen dafür, dass er die Leinenführigkeit von klein auf nicht gelernt hat. Lässt man das Ziehen bei einem jungen Hund durchgehen, behält er dieses Verhalten bei. Damit man nicht ständig hinter einem starken Hund hergeschleift wird, muss man so bald wie möglich etwas dagegen unternehmen. Auch bei kleinwüchsigen Rassen ist das Ziehen äußerst lästig. Man beginnt die Korrektur genau wie bei einem Welpen (siehe S. 60, Mein Welpe an der Leine).

Gelingt diese Methode bei einem kräftigen Hund nicht, benutzt man ein Hundehalfter (Halti); damit kann man ihn leichter kontrollieren. Beim ersten Einsatz sollte man sich von einem erfahrenen Trainer beraten lassen, damit man nicht die gleichen Fehler wie bisher macht.

Ein Halti ist dazu da, einen Hund sicher zu halten und zu führen, aber nicht, um daran zu reißen. Das ist gefährlich für seine Halswirbel. Die Führung des Hundes erfolgt durch einen gleichmäßigen Zug in die gewünschte Richtung. Hunde, die an der Leine ziehen, verfolgen in aller Regel ein bestimmtes Ziel. Mit einem leichten Zug kann man die Blickrichtung des Hundes von dem anvisierten Objekt ablenken. Damit wird seine Aufmerksamkeit wieder auf Herrchen gerichtet.

Erziehungshilfen

Reagiert ein Hund nicht zuverlässig auf Befehle, können Erziehungshilfen sehr wirkungsvoll sein. Personen, die Geräte wie Clicker, Klapperdose, Hundepfeife, Pet- und Ferntrainer anwenden, müssen sich allerdings immer bewusst sein, dass man einem Hund durch falsch angewendete Strafreize erheblichen Schaden zufügen kann. Das kann sogar dazu führen, dass er nicht mehr weiß, wie er sich verhalten soll. Deshalb dürfen Erziehungshilfen nie bei sensiblen Hunden oder bei Junghunden unter 9 Monaten eingesetzt werden. Diese kann man mit positiver Bestärkung schneller und besser erziehen (siehe S. 51, Schneller Erfolg durch positive Bestärkung). Ein Hundehalter muss zuerst lernen, seinen Hund immer dann zu loben, wenn er sich wunschgemäß verhält; dann lösen sich die meisten Probleme von selbst.

Ist ein Hund oft unfolgsam, sollte zunächst ein Tierpsychologe klären, was die Ursache für das Fehlverhalten ist. Denn viele sensible Hunde verhalten sich aus Angst und Unsicherheit anders, als wir es erwarten. Manche reagieren aggressiv, um eine vermeintliche Gefahr von sich fernzuhalten. Für Laien ist es kaum möglich, zu erkennen, was sich hinter aggressivem Verhalten verbirgt. Strengere Erziehungsmaßnahmen würden das Gegenteil von dem bewirken, was wir erreichen wollen.

Wer glaubt, diese Kenntnisse durch Eigenversuche erlernen zu können, verunsichert seinen Hund in kurzer Zeit. Es kann dann sehr lange dauern, bis das verlorengegangene Vertrauen wiederhergestellt ist.

Mit Erziehungshilfen, die einen spezifischen Klang erzeugen, kann man einem Hund beibringen, sofort zu kommen. Der Signalton sollte kein alltägliches Geräusch sein, das oft zu hören ist, sondern ein ganz spezieller Klang, der nur für Ihren Hund bestimmt ist (Hundepfeife, Clicker, Klapperdose, Ultraschall).

Mit einem Schreck kann man einen Hund von einer unerwünschten Handlung ablenken. Nach dieser sogenannten Umorientierung hat der Hund den Kopf wieder frei für Herrchens Befehle. Ablenkungsreize sollten immer schmerzfrei erfolgen.

Für Laien ist es nicht einfach, spielerische Aggression von echter Aggression zu unterscheiden. Deshalb greifen die meisten Hundehalter im falschen Moment ein. An der Haltung der Ruten ist zu erkennen, dass es sich hier um ein Spiel handelt.

Wenn z. B. der Hund zu weit entfernt ist und auf Befehl nicht kommt, kann er mit einem Schreck verunsichert werden. In unserer Nähe muss er sich aber immer wohlfühlen. Das hat den Vorteil, dass er besser unter unserer Kontrolle ist.

Die Wirkung von Erziehungshilfen beruht entweder auf akustischen oder mechanischen Reizen. Wir müssen genau im richtigen Moment auf das Verhalten des Hundes einwirken; also niemals zu spät, sonst versteht er den Zusammenhang nicht. Bei falscher Anwendung wird ein Hund scheu und ängstlich. **Erziehungshilfen sollte man nur sehr selten anwenden.** Denn unsensible Hunde gewöhnen sich daran und reagieren nicht mehr darauf. Und unsichere Hunde werden dadurch noch unsicherer. Das richtige Dosieren des Ablenkungsreizes setzt nicht nur Einfühlungsvermögen des Hundeführers voraus, sondern man braucht auch ausreichende Kenntnisse über die Körpersprache der Hunde. Nur dann kann man beurteilen, wie der Reiz auf ihn wirkt.

Die Reaktion auf einen Reiz ist bei Hunden individuell verschieden und muss bei der Erziehung berücksichtigt werden. Fügt man z. B. einem Hund versehentlich einen Schmerz zu, sollte man ihn nicht bedauern und trösten, sondern sich kurz mit einer versöhnlichen Berührung »entschuldigen«, sonst weiß er nicht, weshalb er »bestraft« wurde. Tut man das nicht, wirkt sich das negativ auf seine Selbstsicherheit aus. Damit Fehler vermieden werden, sollte man keine Erziehungsversuche machen, wenn man alkoholisiert oder schlecht gelaunt ist. **Erziehungshilfen dürfen nie von Kindern und Jugendlichen benutzt werden, weil sie noch nicht einschätzen können, wie sich falsches Bestrafen auf die Psyche des Hundes auswirkt.**

Akustische Erziehungshilfen

Mit akustischen Erziehungshilfen kann man den spezifischen Klang zum Rufen des Hundes einsetzen. Ein Hund muss zunächst lernen, dass er bei dem Geräusch einer Klapperdose zu Herrchen kommen soll. Setzen Sie die Erziehungshilfe anfänglich ausschließlich zu Hause ein. Das Geräusch darf vorläufig nur mit positiven Erlebnissen verknüpft werden. Wenn der Hund das neue Geräusch das erste Mal hört, wird er neugierig näher kommen. Halten Sie immer ein Leckerchen bereit. Sobald er kommt, wird er belohnt. So erhält dieser Klang die gleiche Bedeutung wie das Hörzeichen »Hier«. Wenn ein Hund etwas Unerlaubtes tut, gibt man den Signalton. Damit lenkt man ihn von der unerwünschten Handlung ab, und er richtet seine Aufmerksamkeit auf Herrchen. Sobald er kommt, wird er bereits mit positiver Stimmung ermuntert.

Hat man seinen Hund mit dem Klang über mehrere Tage vertraut gemacht und er ignoriert einen Befehl, den er gut kennt, kann man die Klapperdose in seine Nähe werfen. Der Hund bekommt einen Schreck und flieht zu Herrchen – aber nur, wenn man vorher alles richtig gemacht hat. Auch wenn er etwas angestellt hat, muss er trotzdem gelobt und belohnt

Tipp

Die »Kunst« der Erziehung besteht darin, einem Hund beizubringen, dass er bei einer Strafandrohung nicht flieht, sondern kommt! Das erreichen Sie nur, wenn Sie ihn für das Abbrechen einer unerwünschten Handlung immer loben oder ihm ein Leckerchen anbieten. Dann wird er beim Ertönen des Signals sofort kommen. Empfangen Sie Ihren Hund immer freundlich, unabhängig davon, was er vorher angestellt hat. Nach einigen Wiederholungen wird er bald jeden Befehl zuverlässig befolgen, weil er Vertrauen hat.

Der Yorkshire versucht sich mit aktiver Unterwerfung bei dem stärksten Tier der Gruppe »einzuschmeicheln«. Da er zu klein ist, die Mundwinkel des Großen zu lecken, versucht er hochzuspringen.

werden, damit die positive Wirkung des Geräusches nicht verloren geht. Die Erziehungshilfe kann dann als Ruf- oder Drohsignal eingesetzt werden. Bei der nächsten Befehlsverweigerung braucht man die Dose nur zu schütteln.

Setzt man eine Klapperdose ein, darf man sie nie unverhofft werfen. Zuerst muss immer ein klares Hörzeichen gegeben werden, das der Hund gut kennt und schon sehr oft befolgt hat. Der Befehl darf nur von einer ranghohen Person gegeben werden. Befolgt Ihr Hund den Befehl nicht, droht man ihm durch Schütteln der Klapperdose. Nur wenn er auch darauf nicht reagiert, kann man die Dose werfen.

Eine weitere Erziehungshilfe ist der sogenannte **Pet Trainer.** Damit kann man auf Knopfdruck einen Signalton im Ultraschallbereich senden, der unhörbar für unsere Ohren ist. Neben diesem negativen Reiz kann man mit einem zweiten Knopf einen angenehmen Ton erzeugen, mit dem der Hund gelobt wird. Die Reichweite

 Erziehungshilfen richtig einsetzen

- Vor jedem Einsatz einer Erziehungshilfe muss man den Hund mit dem akustischen Signal vertraut machen und ihm positive Erlebnisse vermitteln.
- Der Hund sollte mindestens 9 Monate alt sein, besser noch 1 Jahr, je nach rassebedingter Entwicklung. Bei jungen und sensiblen Hunden darf man ausschließlich mit Bestärkung arbeiten.
- Geben Sie vorher immer ein deutliches Hörzeichen, das der Hund gut kennt und schon sehr oft befolgt hat.
- Die Erziehungshilfe darf nur vom Rudelführer angewendet werden; auf keinen Fall von Jugendlichen.
- Ein Korrekturreiz darf nur in demselben Augenblick erfolgen, in dem der Hund etwas Unerwünschtes beginnt oder noch dabei ist; niemals nachträglich!
- Sobald der Hund bei einer Strafandrohung gehorcht, muss er sofort gelobt werden, damit er begreift, wie er sich verhalten soll.
- Ein Korrekturreiz darf nur sehr selten angewendet werden und ausschließlich dann, wenn eine Strafandrohung wirkungslos blieb.
- Fügen Sie einem Hund bei einer Verhaltenskorrektur nie Schmerzen zu!

Am besten unterbindet man das Jagen schon von klein auf, wenn Welpen gerade damit beginnen. Tritt bei erwachsenen Hunden diese Unsitte häufig auf, hilft oft nur ein Ferntrainer. Mit dem Sprühstoß eines geruchlosen Treibgases wird er dabei erschreckt.

beträgt allerdings nur 10 m. Man kann das Gerät also im häuslichen Bereich einsetzen oder auch beim Spazierengehen, solange der Hund nicht zu weit entfernt ist. Wenn er z. B. auf fremde Menschen zuläuft oder sie gar anspringt, geben Sie den negativen Signalton. Reagiert er darauf und unterlässt das Verhalten, geben Sie das positive Signal. Dieses Gerät ist besonders für Halter geeignet, die z. B. aus gesundheitlichen Gründen keine klaren Hör- oder Sichtzeichen geben können.

Auch mit einem Wasserstrahl kann man einen Hund bei unerwünschtem Verhalten ablenken. Es genügt eine Blumenspritze oder Wasserpistole. Selbst bei wasserfreudigen Hunden ist der ungewohnte Reiz meist sehr wirkungsvoll. Diese einfachen Erziehungshilfen sind allerdings nicht geeignet, Hunde zu korrigieren, die weit entfernt sind.

Das Problem mit der Entfernung

Ist die Grunderziehung weitgehend abgeschlossen und der Hund ist in Herrchens Nähe folgsam, kann es sein, dass er ab einer gewissen Entfernung Anweisungen ignoriert. Viele Hunde befolgen Hörzeichen nicht, sobald sie außer Reichweite des Hundeführers sind. Je weiter ein Hund entfernt ist, umso weniger Einfluss hat man. Ist ein Hund erstmal dahintergekommen, dass er Befehle erfolgreich verweigern kann, können sich Befehlsverweigerungen auch auf andere Bereiche ausweiten. Läuft Ihr Hund zu weit voraus, kann es zu unkontrollierten Begegnungen mit anderen Hunden kommen. Oder er bellt fremde Menschen an, weil er glaubt, sie hätten in »seinem Revier« nichts zu suchen. Und wenn er Tiere jagt,

gibt es Ärger mit Bauern oder dem Förster. Ihr Hund kann sich auch selbst in Gefahr bringen, wenn er eine verkehrsreiche Straße überqueren will. Selbst erfahrene Hundetrainer stoßen bei diesem Problem an ihre Grenzen, besonders bei unsensiblen Hunden.

Wird man das erste Mal mit diesem Problem konfrontiert, sollte man sofort mit notwendigen Korrekturmaßnahmen beginnen. Jedes Problem lässt sich am Anfang leicht korrigieren. Trainieren Sie jeden Tag mindestens 20 Gehorsamsübungen und loben und belohnen Sie Ihren Vierbeiner für jede richtig ausgeführte Aufgabe. Sind wir unterwegs und der Hund darf ohne Leine laufen, müssen wir ihm das Gefühl geben, dass er für uns immer erreichbar ist – so, als hätten wir ihn an einer langen Leine.

Damit er sich nicht zu weit entfernt, kann man durch häufige Richtungswechsel seine Eigeninitiative bremsen. Sobald er zu weit voraus läuft, machen wir ohne Ankündigung kehrt und gehen zurück; nun muss der Hund uns nachlaufen. Ist er wieder zu weit voraus, wechseln wir abermals die Richtung. Kommen wir an eine Abzweigung, folgen wir nicht dem Weg des vorauslaufenden Hundes, sondern gehen immer in die andere Richtung – ohne unseren Vierbeiner zu rufen. Sobald er merkt, dass wir nicht kommen, wird er uns folgen. Auf diese Weise wird er bald aufmerksamer. Lassen Sie sich nie den Willen des Hundes aufzwingen. Wenn Ihr Hund lange braucht, bis er merkt, dass Sie die Richtung gewechselt haben, müssen Sie seine Aufmerksamkeit trainieren (siehe S. 55, Das Aufmerksamkeitstraining).

Laufen Sie Ihrem Hund nie nach, um ihn einzufangen! Ein Hund läuft fast immer voraus und fordert uns quasi auf, ihm nachzulaufen. Gehen wir auf dieses Spiel ein, läuft er natürlich noch schneller. Da er schon als »Halbstarker« schneller laufen kann als wir, ziehen wir meist den Kürzeren. Und genau das müssen wir vermeiden, sonst merkt er sehr bald, dass er für uns nicht erreichbar ist.

Sehr wirksam ist es auch, sich zu verstecken. Gelingt es Ihnen, sich so zu verbergen, dass er einige Zeit suchen muss, bekommt er Verlustangst, weil er sich als Rudeltier alleine unsicher fühlt.

Wer sich über das Verhalten seines Hundes ärgert, macht leicht Fehler, denn Ärger beeinträchtigt das logische Denkvermögen. Dann fällt eine Strafe nicht artgerecht aus, und der Hund wird unsicher. An der Körpersprache kann man deutlich erkennen, ob ein Hund einen Befehl aus Angst befolgt oder ob er mit Freude bei der Sache ist.

Verfolgt ein Hund eine Spur, kann sein Jagdinstinkt erwachen. Dann vergisst er die Welt um sich herum; auch Herrchens Ruf wird gern überhört. Das sollte man so bald wie möglich korrigieren.

Wenn ein Hund zu selbstsicher wird und sich zu weit entfernt, muss er etwas verunsichert werden. Besonders »Halbstarke« ignorieren plötzlich Hörzeichen, die sie vorher gut befolgt haben. Dann braucht man einen Helfer, der mit dem Hund nicht vertraut sein sollte. Der Helfer befindet sich beim Spazierengehen in der Nähe des vorauslaufenden Hundes. Ist der Hund mit Schnuppern beschäftigt und sieht weder zum Helfer noch zu Herrchen, ruft der Hundeführer seinen Namen und gibt den Befehl »Hier«. Ignoriert der Hund den Befehl, bespritzt der Helfer ihn mit Wasser; manchmal genügt auch ein Schreck mit der Klapperdose. Sobald er verunsichert wird und sich in Richtung seines Herrchens bewegt, muss er positiv bestärkt und mit einem Leckerchen motiviert werden. Wenn ein Hund schon eine längere Zeit zu weit wegläuft und auf Befehl nicht kommt, übt man mit einer 20 m langen Trainingsleine.

»Fernbedienung« für Hunde

Ferntrainer sind Erziehungshilfen, die Verhaltenskorrekturen in größerer Entfernung ermöglichen. Das Problem ist nur, dass man mit diesem Gerät einen Hund bestrafen, aber nicht loben kann. Jeder falsch angewendete Strafreiz schadet dem Hund. Eigentlich gehört der Hinweis über diese Erziehungshilfen nicht in ein Buch. Da aber Ferntrainer ohne Einschränkung erworben werden können, muss auf die Gefahren hingewiesen werden. Diese Geräte gehören nur in die Hände von erfahrenen Fachleuten. Leider überschätzen sich die meisten Hundehalter und glauben, auch ohne Ausbildung alles richtig zu machen; zum Schaden ihres Hundes.

Der Reizimpuls, der einen Hund von einer unerwünschten Handlung durch einen Schreck ablenkt, ist ein geruchloses Spray, das mit einer Fernbedienung verabreicht wird. Bei manchen Geräten kann man vor dem Ablenkungsreiz einen Signalton geben. Das hat den Vorteil, dass der Hund den Signalton schnell mit dem Strafreiz verknüpfen kann. Man braucht ihn also nicht bei jeder Unart zu korrigieren, sondern kann ihn mit dem Signalton rufen und dann loben. Hat man das Fehlverhalten eines Hundes abtrainiert und er trägt den Ferntrainer nicht mehr, hat man auch keine Möglichkeit mehr, den Signalton zu geben. Also benutzt man besser eine Hundepfeife. Damit es zu keiner unerwünschten Verknüpfung kommt, darf man den Korrekturreiz nie anwenden, wenn sich der Hund in der Nähe von Menschen oder Tieren befindet. Ferntrainer darf man auch nie an einem Hund ausprobieren, um zu sehen, wie er darauf reagiert!

Haben Sie sich bereits einen Ferntrainer angeschafft, müssen Sie sich der Verantwortung bewusst sein. Die Anwendung setzt voraus, dass man ausreichende psychologische Kenntnisse besitzt. Erziehungshilfen können eine solide Grundausbildung nicht ersetzen. Zuerst müssen alle anderen erzieherischen Maßnahmen ausgeschöpft werden. **Sollte es einem Hundehalter nicht gelingen, seinen Hund so zu erziehen, dass er in seiner Nähe gut folgt, wird es ihm auch mit einem Ferntrainer nicht gelingen.** Denn das Gerät kann uns nicht davon befreien, vorausschauend zu denken.

Alle Erziehungshilfen sollten wohl durchdacht und so selten wie möglich angewendet werden. Lassen Sie sich besser vor dem ersten Einsatz von einem erfahrenen Tierpsychologen beraten. Wer glaubt, dass ein Ferntrainer ein Wundermittel für schlecht erzogene Hunde sei, kann seinem Hund großen Schaden zufügen!

Ausflug mit dem Fahrrad

Damit ein Hund, wenn er dem Welpenalter entwachsen ist, sich nicht immer der Laufgeschwindigkeit seines Herrchens anpassen muss, kann man ihn zum Radfahren oder Joggen mitnehmen. Wenn man mit einem Hund langsam spazieren geht, wird er kaum ausgelastet. Dagegen kann er beim Traben in kurzer Zeit seinen Bewegungsbedarf decken. Er sollte möglichst schon einige Hörzeichen, besonders »Fuß«, gut kennen. Je nachdem, welches Gelände zur Verfügung steht, muss man ihn anleinen oder kann ihn frei laufen lassen; beides ist möglich. Fahren Sie kurze Strecken und gönnen Sie Ihrem Hund oft eine Pause. Vermeiden Sie zu langes Laufen auf Asphalt. Hunde überhitzen sehr schnell, weil sie nur wenige Schweißdrüsen besitzen; das ist nicht ungefährlich. Ein Hund muss häufig Gelegenheit bekommen, zu trinken. Fahren Sie deshalb möglichst in der Nähe von Naturgewässern, dann kann sich ein wasserfreudiger Hund im Wasser auch abkühlen.

> **Tipp**
>
> Sobald man einen Hund am Fahrrad angeleint hat, muss man das Fahrrad immer gut festhalten. Denn reißt er das Rad um, fällt es immer in seine Richtung. Schlägt es knapp neben ihm auf oder fällt gar auf ihn, bekommt er Panik vor Fahrrädern. Es wird dann sehr schwierig, ihm diese Angst wieder zu nehmen.

Zum Anleinen braucht man eine kurze Leine, die man am Rahmen nahe der Hinterachse befestigt. Je tiefer der Befestigungspunkt liegt, umso günstiger ist die Hebelwirkung. Dann kann auch ein größerer Hund unsere Fahrt wenig beeinflussen. Im Fachhandel gibt es spezielle Leinenhalterungen für das Fahrrad.

Fahren wir in ungefährlichem Gelände und der Hund darf sich frei bewegen, wird er uns sehr oft vor das Fahrrad laufen. Das muss man ihm mit Vorübungen abgewöhnen, sonst ist man mehr am Bremsen als am Fahren. Zuerst machen wir ihm ver-

Hunde überhitzen sehr schnell, weil sie nur wenige Schweißdrüsen haben. Sie sollten deshalb bei Spaziergängen oft die Möglichkeit bekommen, zu trinken oder sich im Wasser abzukühlen; besonders an warmen Tagen.

ständlich, dass es unangenehm sein kann, mit dem Vorderrad »Bekanntschaft zu machen«. Wir schieben zunächst das Fahrrad und laufen mit häufigen Richtungswechseln ziellos umher. Wenn Ihr Hund nicht weiß, welche Richtung Sie einschlagen, läuft er nicht zu weit voraus. Sobald er vor das Vorderrad läuft, beschleunigen Sie das Fahrrad und rempeln ihn dosiert an. Vor der Berührung rufen wir »Geh«, was bedeutet: Geh mir aus dem Weg!

So lernt Ihr Hund, dass er auf das Fahrrad aufpassen muss und nicht vor das Vorderrad laufen darf. Wenn er gelernt hat, darauf zu reagieren, kann man sich auf das Fahrrad schwingen und mit langsamer Fahrt beginnen. Immer wenn der Hund vor das Rad läuft, rufen Sie »Geh«. Selbst wenn ein Hund nicht auf uns achtet, wird er die Annäherung des Fahrrades hören. Gleichzeitig lernt er dadurch, anderen Fahrrädern aus dem Weg zu gehen.

Bei manchen Hunden gibt es noch ein anderes Problem. Sie sind oft übermütig und beißen während der Fahrt in Herrchens Hose oder Schuhe. Damit man einem Hund diese Unart schnell abgewöhnt, sagt man »Nein«. Wenn er nicht darauf reagiert, bespritzt man ihn mit einer Wasserpistole oder Blumenspritze. Man kann auch eine zusammengefaltete Zeitung mit einem Schießgummi griffbereit am Lenker befestigen. Sobald sich der Hund anschickt, während der Fahrt in die Hose zu beißen, schlägt man sich auf das Bein. Sobald er loslässt, lobt man ihn. Versucht er es erneut, schlägt man auf die Stelle, in die er gezwickt hat. Das wiederholt man konsequent so oft, bis er es unterlässt. Wer diese Sicherheitsübungen nicht macht, läuft Gefahr, bei schnellerer Fahrt zu stürzen oder seinen Hund zu verletzen. Auf gar keinen Fall dürfen Sie den Hund schlagen!

Zwei Hunde in einem Haushalt

Wenn Hundebesitzer nicht genügend Zeit für ihren Hund haben, wird manchmal ein zweiter Hund angeschafft. Hat sich vorher ein Hund gelangweilt, langweilen sich dann zwei. Denn man erspart sich dadurch keine Spaziergänge. Ein zweiter Hund macht nicht weniger, sondern mehr Arbeit. Besonders für die Erziehung von zwei Hunden braucht man viel Zeit und Kenntnisse.

Da ein alteingesessener Hund ein Territorium besitzt und dieses gegen fremde Hunde verteidigt, sollten sich die Tiere im Freien kennenlernen. Je weiter ein Hund von seinem Heimterritorium entfernt ist, umso mehr nimmt die territoriale Aggression ab.

Wenn sich beide im Freien sehr gut vertragen und zusammen spielen, geht man gemeinsam nach Hause. Dann kann es aber immer noch am Hauseingang oder an der Wohnungstür zu Drohverhalten kommen. Viele meinen, dass der »Stammhund« eigentlich glücklich sein müsste, einen Spielkameraden zu haben. Er betrachtet den Neuen aber zunächst als Konkurrenten. Gewöhnlich vertragen sich ein Rüde und eine Hündin besser als zwei Tiere des gleichen Geschlechts.

Vierbeiniger Familienzuwachs

Bekommt man einen jungen »Zweithund«, machen viele Hundehalter den Fehler und beschützen den Welpen vor dem erwachsenen Hund. Alles dreht sich nur noch um den süßen Kleinen, weil er ja so niedlich ist. Er bekommt Zuwendung im Überfluss und wird von allen Seiten verwöhnt. Durch diese Bevorzugung vermittelt man dem erwachsenen Hund, dass der Neue in der Familie

Zwei Hunde in einem Haushalt

ranghoch eingegliedert werden soll. Und wer lässt sich schon gern einen Jungen vor die Nase setzen? Noch dazu, wenn man Herrchens Zuwendungen teilen muss oder kaum noch welche bekommt. Der Ältere wird daher natürlich versuchen, sich in den Mittelpunkt zu drängen. Findet er weiterhin keine Beachtung oder wird abgelehnt, geschimpft oder gar bestraft, hat er allen Grund, auf den Neuen sauer zu sein. Selbst ein gut erzogener Hund kann unter diesen Bedingungen unangenehm reagieren. Man darf den Schwächeren nie bevorzugen oder in Schutz nehmen.

Ausgelassenes Spiel macht Hunden große Freude und lastet sie aus. Hunde, die sich draußen gut verstehen, vertragen sich gewöhnlich auch zu Hause.

Erwachsene Hunde

Bei 2 Hunden in einem Haushalt sollte man sich nur im Notfall in die Rangordnung einmischen. Wenn man den Schwächeren beschützt, dauert es sehr lange, bis die Rangordnung hergestellt ist.

Wenden Sie bei Hunden nie unser menschliches Sozialverhalten an! Das funktioniert nicht.

Bei Rudeltieren gibt es keine Gleichberechtigung; entweder hat ein Hund einen niedereren oder einen höheren Rang. Nur so wird gewährleistet, dass keine unnötigen Konflikte das Rudel schwächen. Das Überleben des Rudels darf nicht gefährdet werden. Obwohl für Haustiere wenig Gefahr für Leib und Leben besteht, sind diese Verhaltensweisen noch in ihren Erbanlagen vorhanden und müssen bei der Erziehung berücksichtigt werden. Würden wir mit unserem Gerechtigkeitsempfinden in die Rangordnung zweier Hunde eingreifen und den Schwächeren vor einem Starken beschützen, brächte das keinen Vorteil. Denn der Schwache würde viel öfter »Prügel« von dem Stärkeren beziehen. Je schneller eine Rangordnung hergestellt ist, umso eher wird Aggression vermieden!

In einer Familie muss ein Junghund in der Rangordnung immer an letzter Stelle stehen. Deshalb sollte man dem Welpen besonders in den ersten Tagen kaum Beachtung schenken. Dann wird der »Alte« den Welpen nicht als Konkurrenz betrachten und ihn schneller als Rudelmitglied akzeptieren. Hündinnen sind am Anfang oft sehr eifersüchtig, entwickeln aber bald Muttergefühle und einen Beschützerinstinkt. Der Welpe sollte auf keinen Fall mit ins Bett genommen werden, dann sucht er von Anfang an nachts die Nähe des erwachsenen Hundes. Man darf einen Welpen auch am Anfang nicht mit dem alteingesessenen Hund unbeaufsichtigt zu Hause lassen.

Will man den Welpen streicheln, muss man zuerst den erwachsenen Hund streicheln und dann beide gleichzeitig. Genauso verhält man sich bei der Begrüßung der Hunde. Dann fühlt sich der Ranghohe nicht zurückgesetzt. Bitten Sie auch Freunde, immer den älteren Hund zuerst zu begrüßen. Denn fast jeder Mensch reagiert emotional auf junge Tiere, und kaum jemand bemerkt, dass er dadurch in die Rangordnung eingreift. Wahre Tierliebe bedeutet artgerechte Haltung, emotionale Tierliebe dagegen kann Tieren sehr schaden.

Nehmen Sie den Welpen im Beisein des erwachsenen Hundes so wenig wie möglich hoch, es sei denn, Sie müssen eine Treppe gehen. Junge Hunde dürfen bis zum 6. Lebensmonat keine Treppen gehen. Das ist für Wirbelsäule und Gelenke eine große Belastung.

Zwei Hunde in einem Haushalt

Junge und kurzbeinige Hunde sollten möglichst keine Treppen abwärts gehen. Das ist sehr schädlich für die Wirbelsäule (Gefahr von Dackellähme).

Da Welpen öfter gefüttert werden müssen als erwachsene Hunde, sollten die Hunde bei zusätzlichen Fütterungen des Welpen getrennt werden. Auch wenn jetzt zwei Hunde zusammenleben, muss der Welpe bis zum 4. Lebensmonat mit vielen anderen Hunden sozialisiert werden (siehe S. 18, Warum müssen Hunde sozialisiert werden?).

Wenn ein Welpe mit seinem ausgeprägten Spieltrieb einen erwachsenen Hund zu sehr drangsaliert, braucht er ein ungestörtes Plätzchen, wohin er sich zurückziehen kann. Notfalls muss man den Welpen in der Nähe seines Körbchens anbinden. Denn wenn der ältere von dem Welpen fortgesetzt belästigt wird, kann es schon mal zum Warnschnappen kommen. Der Welpe bekommt dann einen gehörigen Schreck und rennt schreiend weg. Der erwachsene Hund darf dafür auf keinen Fall bestraft werden. Eine Abreibung ohne Verletzung wirkt sich auf die Entwicklung und das Sozialverhalten des Welpen immer positiv aus. Ängstliche Hundehalter schätzen diese Situation meistens falsch ein, weil sie glauben, der Welpe sei gebissen worden. Wird er daraufhin getröstet, belohnt man ihn für sein ängstliches Verhalten. Deshalb wird er künftig in jeder Schrecksituation schreien, weil er weiß, dass er sofort Hilfe bekommt. Dadurch verschlechtert sich die Beziehung zwischen den Hunden.

Kommunikation – wie verständigen sich Hunde?

Die Körpersprache

Hunden – und auch Menschen – ist die Körpersprache angeboren, doch wird sie von uns sehr vernachlässigt. Nur wenn wir uns mit Menschen verständigen möchten, die nicht unsere Sprache sprechen, setzen wir ganz automatisch unsere Körpersprache ein. Im Umgang mit Hunden überschätzen die meisten Halter die Bedeutung von Worten. Hunde beobachten uns sehr genau, ohne dass es uns bewusst wird. Sie verstehen unsere Mimik und Gesten viel besser als Hörzeichen. Hunde kommunizieren ständig mit uns, doch deuten viele Halter die Signale nicht richtig und »antworten« deshalb falsch.

Hundebesitzer, die schon lange mit einem Hund zusammenleben, haben manchmal das Gefühl, ihr Hund könne Gedanken lesen. Das liegt daran, dass man bei dem Gedanken, etwas Bestimmtes zu tun, unbewusst minimale Bewegungen ausführt, die der Hund sofort richtig deutet. Wenn ein Hund schon diese unbewussten Signale richtig einschätzen kann, wird deutlich, wie leicht die Verständigung mit einem Hund wird, wenn wir außer den Hörzeichen noch deutliche Sichtzeichen geben. Für einen Hundeführer, der viel über die Körpersprache weiß, ist es einfacher, einen Hund zu führen und Gefahren rechtzeitig zu erkennen. So kann man viele Probleme vermeiden.

Wenn wir einen Welpen bekommen, kann er mit unserer Sprache zunächst nicht viel anfangen. Mit einem Artgenossen kann er sich sofort verständigen, aber an unsere Art der Kommunikation muss er sich erst gewöhnen. Er lernt quasi eine »Fremdsprache«.

Die Fähigkeit der Hunde, die Körpersprache des Menschen zu verstehen, hat sich während der 15 000-jährigen Domestikation teilweise in ihren Erbanlagen verankert. Das konnte bei wissenschaftlichen Vergleichen zwischen Hunden und Wölfen nachgewiesen werden. Obwohl Affen mit uns viel näher verwandt sind und Hände besitzen, können sie unsere Körpersprache nicht annähernd so gut deuten wie Hunde. Also kommunizieren Sie mit Ihrem Hund überwiegend mit der Körpersprache.

Ebenso wichtig ist es, dass Hundebesitzer die Körpersprache ihres Hundes richtig deuten können. Man kann mit einem Hund nur eine gute Bindung aufbauen, wenn man richtig kommuniziert. Das ist im Sozialverhalten der Menschen nicht anders. Will man zu jemandem eine Beziehung herstellen, muss man sich verständigen können.

Viele Hundebesitzer kennen die Körpersprache der Hunde nur ungenügend und greifen bei einer Hundebegegnung im unpassenden Moment ein. Damit stören sie die Kommunikation der Hunde. Sie glauben in der Annäherung eines fremden Hundes eine potenzielle Gefahr zu erkennen. Manche versuchen, einen entgegenkommenden Hund zu verjagen, oder leinen ihren Hund an. Kein Hund kann sich an einer straffen Leine mit einem Artgenossen verständigen. Sobald sich zwei friedliche Hunde be-

Tipp

Ein Hund, der sich von Herrchen verstanden fühlt, ist nicht nur glücklich und zufrieden, sondern entwickelt sich auch selbstsicher.

Die Körpersprache

gegnen, zeigen sie Beschwichtigungssignale; dadurch wird Aggression vermieden. Wenn man Hunde an ihrer Kommunikation hindert, kann das zu Missverständnissen führen. Erst durch das falsche Verhalten vieler Hundehalter kommt es gelegentlich zu Konflikten.

Die Stimmung eines Hundes kann man an der Haltung des Körpers, Kopfes und der Beine erkennen, ganz besonders aber an Ohren und Rute. Dagegen ist es relativ schwierig, die Mimik eines Hundes richtig zu deuten. Sie läuft manchmal so schnell ab, dass wir sie – mit unserer vergleichsweise langsamen Reaktion – kaum wahrnehmen können. Erschwerend kommt hinzu, dass wir bei einer Hundebegegnung unseren Hund meistens von hinten und insofern bestenfalls die Mimik des uns entgegenkommenden Hundes sehen. Ein Hundeführer sollte diese flüchtigen Signale jedoch zumindest kennen und bei jeder Hundebegegnung darauf achten. Es dauert einige Zeit, bis man genügend Routine bekommt.

Beschwichtigungssignale

Viele Signale, die Hunde Artgenossen zeigen, sind Beschwichtigungssignale, die aggressionshemmend wirken. Es sind sozusagen die Anstandsregeln der Hunde, die ein friedliches Miteinander ermöglichen. Begegnen sich zwei unterschiedlich starke Hunde, zeigt der schwächere Beschwichtigungssignale, damit der Stärkere besänftigt wird. Er gibt mit »passiver Unterwerfung« zu verstehen, dass er nicht an einem Konflikt interessiert ist. Auch bei Hunden, die sich schon kennen, kann dieses Ritual bei fast jeder Begegnung kurz wiederholt werden.

Obwohl bereits Welpen Beschwichtigungssignale zeigen, muss jeder Hund Erfahrungen sammeln, denn nicht alle Artgenossen reagieren gleich. Manche Rassen sind in ihrem Ausdrucksverhalten teilweise eingeschränkt, weil sie Schlappohren oder eine kupierte Rute haben. Und die Mimik kann durch eine lange Kopfbehaarung verdeckt sein. Langhaarige

Treffen sich gut sozialisierte Hunde bei einem Spaziergang, gibt es kaum Probleme. Hunde, die artgerecht gehalten und erzogen werden, haben keine Veranlassung, aggressiv zu werden.

Tipp

Beim Umgang mit Hunden können wir viele Signale der Körpersprache nachahmen. Mit Beschwichtigungssignalen kann man ängstliche Hunde aufbauen und ihr Vertrauen gewinnen.

Treffen 2 ungleich starke Hunde zusammen, zeigt der Schwächere Beschwichtigungssignale, damit der Stärkere besänftigt wird.

Hunde können das Nackenhaar nicht sträuben, und lange Lefzen lassen sich nicht richtig hochziehen. Diese »behinderten« Hunde müssen aus Erfahrung lernen, welches Verhalten auf Artgenossen beschwichtigend wirkt. Zu den Beschwichtigungssignalen gehören: Gähnen, Strecken, Züngeln, Kratzen, Markieren, Buddeln, Schütteln, Schnuppern, Kopf oder Blick abwenden.

Mit einem schnellen Lecken über die Lippen oder Blickabwenden zeigt ein Hund einem Stärkeren, dass er ihn als überlegen anerkennt. Dann hat es der Überlegene nicht nötig, seine Stärke unter Beweis zu stellen. Je mehr Angst ein Hund vor einem Artgenossen hat, umso deutlicher werden die Beschwichtigungssignale.

Zeigen diese Beschwichtigungssignale keine Wirkung, duckt sich der Unterlegene, zieht die Rute zwischen die Hinterläufe, legt die Ohren an, dreht den Kopf weg und vermeidet Blickkontakt. Er macht sich klein und verhält sich wie ein Welpe. Dadurch wird bei dem stärkeren Artgenossen der Konkurrenzdruck vermindert und Aggression abgebaut. Ist der Stärkere immer noch nicht besänftigt, hebt der Schwächere beschwichtigend eine Pfote oder lässt sich fallen; dabei verliert er manchmal einige Harntröpfchen. Dieses Verhalten löst bei jedem gut sozialisierten Hund eine Beißhemmung aus, sodass es nicht zu Verletzungen kommt. Eine andere Form der Beschwichtigung ist das Erstarren. Hat ein Hund Respekt vor überlegenen Artgenossen, erstarrt er und lässt sich beschnuppern.

Hunde zeigen auch Beschwichtigungssignale, wenn Herrchen böse wird. Leider baut sich bei manchen Besitzern dadurch keine Aggression ab, sondern sie glauben, dass ihr Hund eine Strafe verdient hat. **Oft wird Unterwürfigkeit fälschlich als schlechtes Gewissen gedeutet.** Obwohl sich der Hund unterwirft, schlagen manche Halter trotzdem auf ihn ein. Das ist eine völlig sinnlose Bestrafung, die der Mensch-Hund-Beziehung nur schadet.

Aus der Sicht des Hundes ist diese unangebrachte Aggression kein artgerechtes Verhalten, weil er Herrchen nicht provoziert hat. Wenn ein Beschwichtigungsversuch scheitert, verliert der Hund das Vertrauen. Denn ein Rudelführer, der sich nicht »artgerecht« verhält, ist nicht vertrauenswürdig! Durch derartige Erlebnisse kann ein Hund seine angeborene Körpersprache zum Teil »verlernen«, weil er aus Erfahrung weiß, dass seine Signale keine Wirkung zeigen. Er wird deshalb künftig keine Zeit mehr mit Beschwichtigungssignalen verschwenden, sondern fliehen. Aber genau dadurch verliert ein Hundeführer die Kontrolle über seinen Hund. Das ist also der falsche Weg, einen Hund zu erziehen.

Das Zeigen der Zunge hat eine beschwichtigende Wirkung; nur selten sieht man es so deutlich wie hier. Dieses Signal wird von den meisten Hundehaltern übersehen, weil es sehr schnell abläuft.

Drohsignale

Hunde, die isoliert gehalten werden, zeigen oft Drohsignale. Ketten- und Zwingerhunde sowie Hunde, die hinter Zäunen gehalten werden, können keinen artgerechten Sozialkontakt zu anderen Hunden herstellen. Hinter einem Zaun fühlen sie sich sicher und brauchen keine Beschwichtigungssignale zu zeigen. Auch wenn sich ein fremder Hund oder Mensch dem Zaun nähert, besteht die Kommunikation nur aus Drohsignalen. Entsprechend aggressiv reagieren diese Tiere dann, wenn sie nach längerer Isolation einem Artgenossen begegnen.

Ähnliches Verhalten kann man bei erwachsenen Hunden beobachten, die ständig an der Leine laufen müssen. Sie zeigen anderen Hunden mehr Drohsignale als Beschwichtigungssignale. Jede Isolation, auch eine mobile, macht einen Hund unsicher und schadet dem Sozialverhalten.

Hunde, die Angst vor einem Artgenossen oder Menschen haben und sich in die Enge getrieben fühlen, zeigen defensive Drohsignale. Sie versuchen, mit Zähnefletschen und Knurren den Feind von sich fernzuhalten. Es gibt leider auch Hunde, die aufgrund schlechter Sozialisation oder Haltung jedem Artgenossen mit offensiver Aggression begegnen. Die Beschwichtigungssignale eines friedfertigen Hundes werden unter Umständen ignoriert. Als Hundeführer sollte man Drohsignale, die vor einem offensiven Angriff gezeigt werden, möglichst früh erkennen, damit eine Konfrontation vermieden werden kann.

Im Gegensatz zu vielen Menschen halten Hunde die sozialen Regeln bei einer Auseinandersetzung ein. Es sei denn, ein Hund wird durch einen unwissenden oder bösartigen Besitzer zum »unfairen« Raufer erzogen. **Tiere leben glücklicherweise nicht in dem Wahn, immer zeigen zu müssen, wer der Stärkere ist.**

Ein aufdringlicher Labrador-Rüde wird von einer Samojede-Hündin mit Drohsignalen verjagt. Das Defensivdrohen sieht gefährlicher aus, als es ist; dabei wird nicht gebissen.

Bei einer Hundebegegnung zeigen Rivalen zunächst Imponiergehabe. Die Rute wird hoch aufgerichtet, die Ohren werden hochgestellt und die Haare sind gesträubt. Auch die Beine werden gestreckt – alles um größer zu erscheinen. Der Übergang vom Imponieren zum Drohen ist fließend. Es beginnt damit, dass ein selbstbewusster Hund den Artgenossen anstarrt. Es handelt sich dabei um Drohfixieren. Mit wachsender Angriffsbereitschaft wird geknurrt, und die Lefzen werden hochgezogen, um die Zähne zu zeigen. Wer das rechtzeitig erkennt, kann das Schlimmste verhindern (siehe auch S. 135, Begegnungen mit anderen Hunden).

Unterwerfung

Bei jungen Hunden kann man häufig »aktive Unterwerfung« beobachten. Sie stürmen auf einen erwachsenen Artgenossen zu und versuchen, ihn mit Schnauzelecken und Pföteln zu besänftigen. Sie können dabei recht aufdringlich sein. Gelegentlich stecken sie sogar den Kopf ins Maul des Ranghöheren.

Wird das einem erwachsenen Hund zu lästig, dreht er zunächst den Kopf weg, dann knurrt er leise. Ignoriert der Welpe diese Signale, kann es zum Warnschnappen kommen, ohne dass er verletzt wird. Wenn ein Welpe diese Reaktion das erste Mal erlebt, bekommt er einen gehörigen Schreck und läuft schreiend zu Herrchen, der meistens auch einen Schreck bekommt. Oft wird ein Hund dann schützend auf den Arm genommen und getröstet; aber genau das ist falsch. Auch wenn wir emotional den Welpen beschützen möchten, tun wir ihm damit keinen Gefallen. Diese wichtige Erfahrung muss jeder junge Hund gemacht haben, damit er lernt, dass er nicht von jedem fremden Hund freundlich empfangen wird. Ebenso falsch wäre es, den erwachsenen Hund für seine natürliche Reaktion zu bestrafen. Das könnte zur Folge haben, dass er beim nächsten Mal diese Warnung aus Angst vor einer Strafe unterlässt. Ist dann der Welpe zu aufdringlich und es wird dem erwachsenen Hund zu viel, kann es zu einem Verletzungsbiss kommen.

Begegnet ein Welpe einem fremden Hund, zeigt er meist passive Unterwerfung: Er macht sich klein, leckt sich die Oberlippe und verharrt reglos; manchmal legt er sich auch auf den Rücken. Damit will er den Ranghohen besänftigen.
Merkt er, dass der erwachsene Hund friedlich ist, ändert sich sein Verhalten und er zeigt aktive Unterwerfung: Er leckt ihm den Mundbereich oder pfötelt. Dabei können Welpen recht aufdringlich sein.

Hält ein kleiner Hund aus Respekt vor einem Großen Abstand, macht der Große ihm ein Spielangebot. Die Vorderkörpertiefstellung, auch Spielverbeugung genannt, heißt so viel wie: Komm ruhig her, ich tue dir nichts.

Spielaufforderung

Wenn sich frei laufende Hunde begegnen, die sich noch nicht kennen, kommt es oft zu ruckartigen Bewegungen, gefolgt von reglosem Erstarren. Erstarren zwischen schnellen Bewegungen ist die Zusicherung, dass ein Hund friedliche Absichten hat. Oft kommt es dann zu einer Spielaufforderung. Nimmt der andere Hund die Spielaufforderung an, wird nichts übel genommen: Anspringen, Anbellen, Nachlaufen, spielerisches Beißen und Knurren usw. – alles ist erlaubt.

Begegnen sich die beiden Hunde wieder, wird das Spiel wiederholt oder auch nicht. Wenn eines der Tiere mit etwa 1 Jahr geschlechtsreif wird oder seine soziale Reife zwischen 2 und 3 Jahren erreicht, kann sich das Verhalten wieder ändern.

Anschleichen

Erspäht ein Hund eine potenzielle Beute, nimmt er eine »Schleichhaltung« ein. Damit versucht er, sich der Beute unter Nutzung einer Deckungsmöglichkeit zu nähern. Um nicht entdeckt zu werden, kann es auch zum Erstarren kommen. Diese Ausdrucksform sollte jeder Hundeführer kennen und einen bevorstehenden Jagdversuch rechtzeitig unterbinden. Auch wenn Jagdverhalten bei Welpen eher belustigend wirkt, sollte man es von Anfang an verhindern. Denn wenn ein Hund an diesen ersten Versuchen Gefallen findet, belohnt er sich praktisch selbst und wird sie wiederholen. Das kann später, wenn der Hund erwachsen ist, für einen Hundebesitzer mit vielen Problemen und Kosten ver-

Tipp

Die deutlichste Form der Spielaufforderung ist die Vorderkörper-Tiefstellung, auch Spielverbeugung genannt. Dabei legt ein Hund Brust und Vorderläufe flach auf den Boden, und das Hinterteil steht hoch. Dieses »halbe Liegen« nimmt anderen Hunden die Angst, sich zu nähern, denn Liegen hat eine stark beschwichtigende Wirkung.

Die Körpersprache **113**

Nimmt ein Hund eine Schleichhaltung ein, hat er eine potenzielle Beute entdeckt. Um größeres Unheil abzuwenden, muss man als Hundeführer schnell reagieren. Denn wenn der Hund bereits jagt, ist er kaum noch zu stoppen.

bunden sein. Richtige Prophylaxe erspart einem Halter viel Ärger (siehe auch S. 233, Mein Hund jagt Tiere).

Die Übersprungshandlung

Wenn Hunde Dinge tun, die scheinbar gar nicht zur Situation passen, handelt es sich meistens um eine Übersprungshandlung, auch umorientiertes Verhalten genannt. Ein Hund, der sich in einem inneren Konflikt befindet, also stark erregt ist und nicht weiß, wie er sich verhalten soll, fängt z. B. an zu gähnen.

Nähert sich bei einer Hundebegegnung ein großer Hund einem kleineren, ist der Kleine oft unsicher. Anschauen darf er den Großen nicht, das wäre eine Herausforderung. Auf ihn zuzulaufen wäre ein Risiko, weil er den Großen nicht kennt. Es kann sein, dass er anfängt, am Boden zu schnüffeln. Auch kurzes Hinsetzen oder Sich-Kratzen sendet die gleiche Botschaft.

Bei Hunden ist Gähnen oft eine Übersprungshandlung; eine Art Verlegenheitsgeste. Übersprungshandlungen werden gezeigt, wenn ein Hund nicht weiß, wie er sich verhalten soll.

Typische Verhaltensweisen

Jede Säugetierart hat unterschiedliche »Manieren« und zeigt andere artspezifische Signale. Das beste Beispiel sind Hund und Katze: Ob Ohren-nach-hinten-Legen, In-die-Augen-Sehen oder Schwanzwedeln – alle Signale haben unterschiedliche Bedeutungen. Deshalb gibt es zwischen Hund und Katze viele Missverständnisse.

Manches, was wir als unhöflich empfinden, gehört in der Hundesprache zum »guten Ton«. Zeigt in unserem Kulturkreis jemand einem anderen die Zunge, bedeutet das nichts Freundliches. Zeigt ein Hund einem Artgenossen die Zunge, will er ihn besänftigen. Wenn sich Hunde begegnen, vermeiden sie Blickkontakt und verdeutlichen Artgenossen dadurch, dass sie nicht an einem Konflikt interessiert sind.

Wenn ein Hund den Kopf abwendet

Den meisten Hundehaltern fällt kaum auf, wenn ein Hund den Kopf oder die Augen zur Seite dreht. Manchmal werden diese Signale nur in ritualisierter Form ganz kurz angedeutet, sodass es kaum zu bemerken ist; aber jeder Hund kennt die Bedeutung.

Solche und ähnliche Beschwichtigungssignale werden in sehr unterschiedlichen Varianten gezeigt. Das Abwenden des Körpers mit gesenktem Kopf wirkt beschwichtigend und wird in bedrohlichen Situationen eingesetzt. Aber auch überlegene Hunde wenden in bestimmten Situationen den erhobenen Kopf ab, z. B. wenn sie von einem jungen Hund belästigt werden. Das bedeutet: Jetzt reicht's!

Das Zur-Seite-Drehen der Augen kann auch ein Zeichen von Angst oder Unbehagen sein und ermöglicht einem Hund, sich so wenig wie möglich zu bewegen. Langsames Bewegen oder Erstarren sind ebenfalls Beschwichtigungssignale, sofern dabei kein Drohfixieren gezeigt wird. Wenn Hunde blinzeln oder die Augen nur halb öffnen, ist das ebenso ein Zeichen von Unsicherheit. Das kann man deutlich beobachten, wenn einem Hund der Kopf getätschelt wird; jeder gute Beobachter kann sehen, dass das keinem Hund angenehm ist.

Wenn ein Hund das Fell sträubt

Das Aufstellen der Haare dient nicht nur der Regulierung der Körpertemperatur, es kann auch eine Erregung des Hundes anzeigen. Am besten kann man es im Nackenbereich erkennen. Manche Hunde stellen auch die Rückenhaare im Beckenbereich auf. Das ist ein Zeichen von Unsicherheit. Junge Hunde können schon mit etwa 4 Monaten die Haare sträuben.

Wenn ein Hund versucht, Überlegenheit zu zeigen, sträubt er das Fell. Er will dadurch größer erscheinen, um einen Artgenossen zu beeindrucken. Dieses Imponieren zeigt die Verteidigungsbereitschaft eines Hundes an und soll verhindern, dass der Gegner einen Angriff wagt. Sobald einer von zwei rivalisierenden Hunden

Tipp

Die meisten Menschen deuten das Aufstellen der Rückenhaare fälschlich als Aggression. Dabei handelt es sich zunächst nur um den Versuch, Überlegenheit zu demonstrieren. Ähnliches Imponiergehabe kann man nicht nur bei vielen Säugetieren beobachten, auch Fische stellen beim sogenannten Breitseitdrohen alle Flossen auf und Vögel die Federn, um größer zu erscheinen.

Typische Verhaltensweisen

Bei Begegnungen mit Artgenossen werden oft die Haare gesträubt, um größer zu erscheinen. Am deutlichsten kann man es im Nacken- und Beckenbereich erkennen. Es handelt sich dabei um Imponiergehabe, nicht um Aggression, wie häufig angenommen wird.

den anderen als stärker akzeptiert und dies durch seine Körpersprache zeigt, wird Aggression vermieden. Der Unterlegene senkt Kopf und Rute, vermeidet Blickkontakt und legt die Ohren an (siehe auch S. 135, Begegnungen mit anderen Hunden). Halten sich beide für stark und keiner gibt nach, kann sich daraus Aggression entwickeln.

Wenn ein Hund mit dem Schwanz wedelt

Von Laien wird »Schwanzwedeln« fast immer nur als freundliche Geste gedeutet. Doch vor wenigen Jahren stellte der englische Zoologe, Verhaltensforscher und Buchautor Desmond Morris eine neue Theorie auf, die besagt, dass beim Schwanzwedeln ein emotionaler Konflikt besteht. Der Hund befindet sich in einer gespannten Abwartehaltung, weil er sich nicht entscheiden kann, ob er z. B. angreifen oder fliehen soll. Ein Hund, der sich im Garten eines Grundstückes aufhält, bellt einen neuen Besucher an, wedelt aber gleichzeitig mit der Rute. Er befindet sich in einem Erregungszustand. Einerseits freut er sich über die Abwechslung, andererseits ist er unsicher. Er warnt sein Herrchen durch Bellen vor einer potenziellen Gefahr.

Das Wedeln drückt viele Gemütsbewegungen eines Hundes aus, je nach Haltung der Rute, wie weit sie ausschlägt und wie schnell die Wedelbewegungen sind. Man denke nur an einen selbstbewussten großen Hund, der gemütlich dahinschreitet und seine Rute langsam mit weitem Schlag hin und her schwingt; er strahlt Selbstsicherheit aus. Nun stelle man sich einen ängstlichen Hund vor, der sich mit nach hinten gelegten Ohren duckt und mit dem Ende der nach unten gebogenen Rute schnelle, kurze Wedelbewegungen ausführt. Diese beiden Körpersignale können nicht die gleiche Bedeutung haben.

Auch ein anderes Beispiel zeigt, dass das Wedeln Freude, Zufrieden-

Wenn Hunde Kontakt mit Artgenossen aufnehmen wollen, dürfen sie sich nicht in die Augen sehen; das schreiben die »Anstandsregeln« vor. Deshalb umkreisen sie sich, damit sie sich gegenseitig beschnuppern können. Dadurch wird Aggression vermieden.

Tipp

Es ist nicht immer einfach, das »Schwanzwedeln« richtig zu deuten. Man muss es immer im Zusammenhang mit anderen Signalen sehen.

heit oder Unternehmungslust ausdrücken kann: Ein Hund schläft in Seitenlage entspannt auf dem Boden. Er öffnet die Augen und sieht sein Herrchen. Sogleich beginnt er zu wedeln. Doch seine Lage ermöglicht nur einen Ausschlag nach einer Seite, sodass die Rute bei jeder Gegenbewegung auf den Boden klopft. Fast jeder Hundebesitzer, der seinen Hund artgerecht behandelt, hat das schon erlebt. Das ist keine angespannte Abwartehaltung, sonst würde der Hund nicht liegen bleiben. Er zeigt damit vielmehr seine Aktionsbereitschaft an. Wenn Herrchen ihn anspricht, sei es zum Gassigehen, Spielen oder Streicheln, springt er sofort auf und ist zu jeder »Schandtat« bereit.

Wenn sich zwei Hunde begegnen und sie machen mit hoch aufgerichteter Rute steife Wedelbewegungen, wollen sie dem anderen imponieren und Stärke demonstrieren. Ein Hund mit hoch erhobener Rute ist also selbstsicher, und je mehr er sein Selbstvertrauen verliert, umso tiefer sinkt sie. Klemmt ein Hund seine Rute zwischen die Hinterläufe, hat er Angst. Nur bei Windhunden ist die eingezogen Rute ein Rassemerkmal. Das Gegenteil sind z. B. Beagle und Basset, die ihre Rute fast immer steil nach oben tragen. Außerdem besitzen sie Schlappohren, sodass Halter dieser Rassen lernen müssen, auf andere Körpersignale zu achten. Auch einige Terrier-Arten tragen die Rute hoch erhoben.

Neben der optischen Signalwirkung hat das »Schwanzwedeln« auch eine organische Funktion. Beim Wedeln – und auch beim Kotabsatz – werden die Analdrüsen aktiviert. Das Sekret enthält wichtige Geruchsinformationen für andere Hunde. Bei einer Hundebegegnung umkreisen sich deshalb die Tiere meist so, dass jeder dem anderen die Flanke zeigt und sich mit der Nase nahe dem Hinterteil des anderen befindet. Aus dem gleichen Grund beschnuppern Hunde auch jedes Hundehäufchen.

Wenn ein Hund mit der Rute wedelt und einen Menschen anknurrt, ist er äußerst misstrauisch; dann ist größte Vorsicht geboten. Man vermeidet Blickkontakt, bleibt am besten stehen und wartet, bis er sich beruhigt hat oder sein Herrchen ihn aus seinem emotionalen Konflikt befreit. Nähert sich dagegen ein Hund mit weit ausladenden Wedelbewegungen einer Person, erkennt er sie als ranghöher an. Manchmal ist der Rutenausschlag so weit, dass die Hüfte intensiv mitschwingt.

Wenn ein Hund das Bein hebt

Zwischen geschlechtsreifen Rüden scheint ein Abkommen zu bestehen, dass nur vertikale oder erhöhte Stellen mit »Duftmarken« versehen werden. Damit eine Markierung möglichst hoch angebracht wird, heben sie das Bein. Sie teilen damit anderen Rüden wichtige Informationen mit. Übrigens interessieren sich nicht nur Rüden für diese Düfte, sondern auch Hündinnen, besonders während der Läufigkeit. Gelegentlich sieht man auch Hündinnen, die das Bein heben. Das ist ein Zeichen von Selbstsicherheit.

Sinn und Zweck der hohen Markierung wird klar, wenn wir uns eine große ebene Fläche vorstellen, auf der ein einziger Baum steht. Würde ein Rüde genau wie eine Hündin Urin absetzen, müssten andere Rüden mühsam die ganze Fläche nach Duftmarken absuchen. So aber findet jeder Rüde die Visitenkarten aller Rüden der Gegend mit Sicherheit an diesem Baum. Es sei denn, ein unwissender Hundehalter führt seinen Hund nur an der Leine und hindert ihn daran, diesem Bedürfnis nachzukommen.

Beim Kotabsatz suchen sich manche Rüden ebenfalls erhöhte Stellen. Außerdem werden anschließend oft Kratzspuren als sichtbare Markierung hinzugefügt. Dies soll nicht das Häufchen abdecken, wie es bei Katzen üblich ist. Wenn man genau aufpasst, kann man sehen, dass der Hund nur neben der Duftmarke scharrt.

Wenn ein Hund die Pfote hebt

Mit dem Heben der Pfote will ein Hund uns entweder beschwichtigen, auf sich aufmerksam machen oder uns zu etwas auffordern. Hat ein Hund etwas angestellt und man ist böse, hebt er die Pfote, als wenn er

Rüden heben beim Urinieren das Bein, damit die Geruchsmarkierung hoch angebracht wird. Und je kleiner der Hund ist, umso höher wird das Bein gehoben.

Alle jungen Hunde pföteln, das ist eine angeborene Verhaltensweise. Wenn aber erwachsene Hunde noch pföteln, liegt das daran, dass die Hundehalter falsch darauf reagieren.

uns um Verzeihung bitten möchte. Er versucht damit, uns zu beschwichtigen. Dieses Verhalten sollte uns daran erinnern, dass man bei der Erziehung eines Hundes nicht nachtragend sein darf. Hunde sind nie nachtragend, also sollte es ein »Rudelführer« auch nicht sein. Der Ursprung dieser Bewegung stammt vom Futterbetteln der Wolfswelpen, wenn die Erwachsenen von der Jagd heimkehren. Durch Heben der Pfote und Lecken der Mundwinkel wird bei erwachsenen Rudelmitgliedern das Vorwürgen von Futter ausgelöst.

Wenn sich ein Hund von hinten nähert

Läuft ein Hund an einem Menschen vorbei und nähert sich dann im Bogen von hinten, wird das von Unkundigen oft als Hinterlist gedeutet. Es hängt aber damit zusammen, dass Hunde andere »Anstandsregeln« haben als wir. Damit soll Aggression vermieden werden. Eine frontale Annäherung wäre sehr unhöflich und bedeutet eine Drohung. Bei diesem Verhalten handelt es sich also um gute Hundemanieren.

Nur bei kleinen, keifenden Arten, die volkstümlich als Angstbeißer bezeichnet werden, muss man vorsichtig sein. Sie wollen einen Menschen, der bedrohlich auf sie wirkt, aus ihrem Umfeld vertreiben. Da sie zu ängstlich sind, frontal zu drohen, kommen sie von hinten. Ursache für diese Aggression sind oft eine ungenügende Sozialisation, falsche Erziehung und daraus resultierende Negativerfahrungen. Selbstbewusste Hunde verhalten sich bei Aggression anders:

Tipp

Geben Sie einem Hund nie eine Belohnung, wenn er die Pfote hebt, sonst gewöhnen Sie ihm das Betteln an. Betteln sollte man nicht mit positiver Bestärkung fördern. Lassen Sie sich auch nicht zu anderen Aktivitäten auffordern. Aber wenn ein Hund die Pfote hebt, um uns zu beschwichtigen, darf man ihn nie bestrafen.

Typische Verhaltensweisen

Wenn man z. B. ihr Territorium betritt, nähern sie sich immer frontal.

Bei einer Hundebegegnung umkreisen sich die Tiere meistens so, dass jeder dem anderen die Flanke zeigt. Beide befinden sich dann mit der Nase nahe dem Hinterteil des anderen. Sie bekommen über den Geruch des Analdrüsensekrets viele Informationen über den Artgenossen. Aus dem gleichen Grund beschnuppern Hunde auch jedes Hundehäufchen, weil bei jedem Kotabsatz die Analdrüsen aktiviert werden und ein Sekret absondern. Begegnen sich zwei Hunde zum ersten Mal und haben vorher oft die Duftmarken des anderen gerochen, wissen sie ziemlich genau, wie sie sich einschätzen müssen.

Will man sich einem unbekannten oder ängstlichen Hund nähern, kann man dieses Beschwichtigungssignal nachahmen. Laufen Sie nicht geradlinig auf den Hund zu, sondern machen Sie einen Bogen und sehen Sie ihm nicht in die Augen. Wenn Sie auch die anderen Beschwichtigungssignale beachten, sich also langsam bewegen und den Kopf abwenden, wird er schnell Vertrauen gewinnen.

Aus dem gleichen Grund sollte man mit einem Hund, der an der Leine läuft, nicht direkt auf einen fremden Hund zugehen. Er wird sonst daran gehindert, gute Manieren in Form von Beschwichtigungssignalen zu zeigen. Lassen Sie ihn auch nicht bei Fuß gehen, dann kann er Geschwindigkeit und Richtung selbst bestimmen. Bleibt er stehen, hat er Respekt vor dem anderen Hund. Bleiben Sie in diesem Fall in seiner Nähe, damit Ihr Hund nicht noch mehr verunsichert wird. Nur wenn Sie einen aggressiven Hund haben, sollten Sie ihn nicht frei laufen lassen, bis er richtig erzogen ist (siehe auch S. 181, Aufmerksamkeit bei der Hundeführung).

Wenn ein Hund uns anspringt

Dieser Ausdruck von Freude stammt ebenfalls vom Futterbetteln der wilden Ahnen unserer Haushunde: Mit gleichzeitigem Lecken der Mundwin-

Hunde versuchen zuerst den Geruch eines anderen Hundes aufzunehmen. Dieses Verhalten löst nur Aggression aus, wenn es zu aufdringlich geschieht.

Kommunikation

Beim Anspringen dreht man sich am besten schnell um und ignoriert den Hund.

Wenn ein Hund die Pfote auflegt

Beim Spielen heben Hunde oft die Pfote. Das soll Artgenossen friedlich stimmen. Es kann aber auch der Versuch sein, den anderen zu dominieren; der Übergang ist fließend. Das Auflegen der Pfote auf Kopf, Nacken oder Rücken heißt so viel wie: Ich bin stärker als du. Es ist praktisch die Vorstufe des Aufreitens. Beim Spielen ist das kein Problem. Begegnen sich aber fremde Hunde, und einer versucht den anderen zu dominieren, kann das unter Umständen zu Reibereien führen. Nur ein unterwürfiger Hund lässt sich das gefallen. Jeder selbstbewusste Hund wird sich diesem Dominanzversuch entziehen und möglicherweise dem anderen drohen. Wird der Dominanzversuch oft wiederholt, kann es zu defensiver Aggression kommen. Der dominante Hund darf daraufhin nicht mit offensiver Aggression reagieren, sonst ist er verhaltensabnorm. Um das zu vermeiden, sollte man derartiges dominantes Verhalten immer unterbinden (siehe S. 162, Der dominante Hund).

Wenn ein Hund aufreitet

Das Aufreiten kommt bei vielen Säugetierarten vor und hat nicht immer etwas mit der Fortpflanzung zu tun. Es ist meistens der Versuch, den anderen zu dominieren. Deshalb kann man es auch bei gleichgeschlechtlichen Tieren beobachten. Sogar Hündinnen versuchen gelegentlich, einen Rüden zu besteigen. Erfolgt dies von der falschen Seite, also von der Kopfseite oder seitwärts, ist es der halbherzige Versuch zu dominieren, aber der Mut dazu fehlt.

Viele Hunde versuchen sich auch an Herrchens Bein. Das muss man zwar unterbinden, aber möglichst nur mit einer sanften Methode. Reagiert der Hund nicht auf den Befehl

kel veranlassen Welpen die von der Jagd heimkehrenden Rudelmitglieder zum Auswürgen der Nahrung. Deshalb versuchen auch Hunde, uns das Gesicht zu lecken. Wenn die Jungtiere größer werden, lassen sich die Alttiere nicht mehr zur Futterabgabe bewegen und reagieren auf Bettelgesten mit Aggression. Damit endet dieses infantile Verhalten.

Da die meisten Hundehalter auf das Anspringen positiv reagieren oder sich sogar geschmeichelt fühlen, bleibt dieses Verhalten bei Hunden bis ins hohe Alter erhalten. Man kann es ihnen aber durchaus abgewöhnen, ohne dass sie darunter leiden.

Typische Verhaltensweisen

Das Auflegen von Kopf oder Pfote ist eine Dominanzgeste. Hier missglückt der Dominanzversuch eines unerfahrenen Rüden, der mit defensiver Aggression in seine Schranken gewiesen wird.

Das Aufreiten ist die nächste Stufe des Dominierens. Geschieht es aber von vorn oder von der Seite, ist das ein Zeichen von Unsicherheit.

»Nein«, steht man auf und versucht, den Hund mit einem Spiel auf andere Gedanken zu bringen. Nur wenn ein Hund die Aufreitversuche zu hartnäckig wiederholt, greift man ihm über die Schnauze und dreht seinen Kopf weg, bis er die Umklammerung löst.

Wenn ein Hund »Über die Schnauze fasst«

Wenn ein Hund einem anderen mit dem Fang über die Schnauze fasst, ist das eine massive Drohung. Auch bei Wölfen kann man dieses Drohverhalten beobachten. So weist ein ranghöheres Tier einen Unterlegenen zurecht. Im Normalfall kommt es dabei nicht zu Verletzungen. Bei aktiver Unterwerfung steckt manchmal ein rangniederes Tier einem Ranghöheren sogar den Kopf ins Maul, um ihn zu »entwaffnen«.

Wenn ein Hund nicht zu bändigen ist, können wir diese Drohung nachahmen, z. B. wenn er versucht aufzu-

Kommunikation

Eine Hündin fasst ihrem Jungen über die Schnauze und weist es damit zurecht. Diese artgerechte Bestrafung kann man bei der Hundeerziehung nachahmen.

reiten oder nicht aufhört zu bellen. Dieser Griff sollte aber nie angewendet werden, wenn ein Hund bereits aggressiv ist. Gelingt es uns nicht, die Schnauze zu ergreifen, weil er ausweicht, halten wir ihn beim Nackenfell fest und greifen mit der anderen Hand über die Schnauze. Wenn er sich wehrt und versucht, sich aus diesem Griff zu befreien, müssen wir etwas fester drücken. Gibt er dabei einen Schmerzenslaut von sich, lockern wir den Griff, aber halten ihn noch fest. Erst wenn er sich in sein Schicksal fügt, können wir sicher sein, dass wir für ihn ranghoch sind. Diese Maßnahme muss stets schnell und entschlossen durchgeführt werden. Halbherzige Versuche können ins Auge gehen.

Wenn ein Hund unser Gesicht leckt

In der Sprache der Kaniden ist das Lecken der Mundwinkel eine Bettelgeste. Es ist aber gleichzeitig eine aktive Unterwerfung gegenüber Ranghöheren. Auch wenn es sich bei dem Versuch, uns das Gesicht zu lecken, um Unterwürfigkeit handelt, ist das nicht angenehm und kann unterbunden werden. Man sagt bei jedem Versuch »Nein«. Vermeiden Sie in diesem Moment jede Berührung, drehen Sie den erhobenen Kopf zur Seite und ignorieren Sie den Hund. Sobald er aufhört zu lecken, loben Sie ihn. Nach einiger Zeit wird der Hund in der Nähe des Gesichts eine symbolische Leckbewegung ausführen. Das Lecken der Hand ist ebenfalls eine Ersatzhandlung für das Lecken der Mundwinkel.

Tipp

Das Mundwinkellecken empfindet ein ranghoher Hund zwar als lästig, duldet es aber gewöhnlich von Jungtieren. Dauert die »Belästigung« zu lange, dreht er den Kopf weg und sagt damit: Jetzt reicht's! Nur bei sehr aufdringlichem Verhalten wird geknurrt; manchmal werden auch die Zähne gefletscht. Reagiert der Rangniedere nicht auf diese Drohsignale, kann es zum Warnschnappen kommen.

Typische Verhaltensweisen

Wenn man diese Zuneigungsbezeugungen immer artgerecht unterbindet, ist das für den Hund keineswegs schädlich.

Wenn ein Hund »erstarrt«

Bei einer Hundebegegnung kommt es vor, dass ein Hund eine starre Körperhaltung einnimmt, den Kopf abwendet und sich völlig passiv verhält. Er versucht mit diesem Beschwichtigungssignal einen Konflikt zu vermeiden. Wir können daran erkennen, dass ihm die Annäherung des anderen nicht ganz geheuer ist. Sollte aber der andere angreifen, wird er sich vehement verteidigen.

Das Erstarren kann man gut beobachten, wenn mehrere Hunde auf einen Einzelnen zu laufen. Der Einzelne kann sich nicht erlauben, mehrere Gegner mit Aggression zu vertreiben, weil er wahrscheinlich den Kürzeren ziehen würde. Deshalb verharrt er in einer statischen Haltung und »hofft«, dass die anderen friedlich bleiben. Er lässt sich beschnuppern, bis sich die Lage entspannt.

Wenn Hunde sich bei einer Begegnung langsam bewegen, vermeiden sie ebenfalls Aggression und schätzen sich gegenseitig ab. Nach einer Weile

Legt sich ein Hund bei einer Begegnung mit Artgenossen hin, heißt das so viel wie: Von mir hast du nichts zu befürchten. Das ist keine Feigheit, sondern ein Zeichen von gutem Sozialverhalten.

des Beschnupperns entfernen sie sich langsam, besonders wenn keiner dem anderen traut. Sind sie sich sympathisch, kann es zu einem Spielangebot kommen.

Wenn ein Hund sich flach hinlegt

Legt sich ein Hund flach auf den Boden und starrt angespannt in eine Richtung, kommt ihm in aller Regel

Trifft ein Hunde mit mehreren anderen zusammen, erstarrt er und lässt sich beschnuppern. Das heißt so viel wie: Ich bin nicht an einer Konfrontation interessiert. Danach folgen oft ruckartige Bewegungen, die die anderen zum Spiel auffordern.

Treffen 2 unterschiedlich starke Hunde zusammen, legt sich der Schwächere oft auf den Rücken. Diese passive Unterwerfung stimmt den Stärkeren friedlich.

ein anderer Hund entgegen. Oft wird der Kopf zwischen die Vorderläufe gelegt. Das Hinlegen hat bei einer Begegnung mit Artgenossen eine beschwichtigende Wirkung. An der Körpersprache kann man erkennen, dass er sich einerseits nicht ganz sicher fühlt, andererseits ist er an einem friedlichen Sozialkontakt interessiert.

Dieses Beschwichtigungssignal wird hauptsächlich von jungen oder unsicheren Hunden gezeigt. Sie legen sich hin, wenn sich ein fremder Hund nähert, aber auch, wenn ein befreundeter Artgenosse noch zu weit weg ist und nicht eindeutig erkannt wird. Mit diesem Beschwichtigungssignal macht der Vierbeiner dem anderen Mut, sich zu nähern. Es heißt so viel wie: Komm ruhig her, ich will dir nichts Böses. Nähert sich ein überlegener Artgenosse, dreht sich der unsichere Hund auf die Seite oder auf den Rücken, um den anderen friedlich zu stimmen. Hat er keine Angst vor dem sich nähernden Hund, folgt entweder ein spielerischer Scheinangriff oder ein Spielangebot, bei dem die Vorderkörper-Tiefstellung gezeigt wird.

Warum legen sich Hunde auf den Rücken?

Legt sich ein Hund auf den Rücken, kann das Unterwürfigkeit bedeuten. Es kann natürlich auch sein, dass er sich räkelt, weil er sich wohlfühlt. Manchmal wälzen sich Hunde in stinkenden Sachen (siehe S. 237, Wälzen in stinkenden Sachen). Legt sich ein Hund vor Herrchens Füßen auf den Rücken und räkelt sich, hat er Vertrauen, oder es ist eine Aufforderung: Kraule mir die Brust!

Begegnen sich zwei Hunde und einer legt sich auf den Rücken, bedeutet das: Du bist stärker, ich bin nicht an einer Auseinandersetzung interessiert. Je mehr Angst er hat, umso mehr Beschwichtigungssignale werden gezeigt: Ohren anlegen, Rute einklemmen usw.

Legt sich ein ranghoher oder starker Hund auf den Rücken, wenn ein junger oder rangniederer Artgenosse in seiner Nähe ist, zeugt das von gutem Sozialverhalten. Er zeigt ihm damit, dass er keine Angst vor ihm zu haben braucht, und macht ihm Mut, sich zu nähern.

Die Mimik

Hunde verständigen sich untereinander oft durch Mimik, besonders wenn Lautäußerungen nicht angebracht sind. Denken wir nur an die wilden Verwandten der Haushunde: Wenn sich ein Wolfsrudel bei der Jagd durch Laute verständigen würde, wäre das Beutetier gewarnt und hätte eine größere Chance zu fliehen. Wölfe kommunizieren deshalb durch Blickkontakte.

Hunde können auch unsere Mimik gut deuten. Manches ist für sie allerdings unverständlich, z. B. Lachen oder Weinen; das können sie mit nichts in Verbindung bringen. Beim Lachen zeigen wir die Zähne; das bedeutet für viele Tiere eine massive Drohung.

Blickkontakt

Ein rangniederer Hund vermeidet Blickkontakt gegenüber einem ranghöheren, damit dieser nicht provo-

Tipp

Wenn wir nach Hause kommen und sehen, dass unser Hund etwas angestellt hat, geht er sogleich in Deckung. Aber nicht weil er ein schlechtes Gewissen hat – das kennen Hunde nicht –, sondern weil er an Herrchens Mimik seinen Ärger erkennt. Er weiß aus Erfahrung, dass jetzt ein Donnerwetter folgt; jedenfalls wenn Herrchen nicht viel von Hunden versteht.

ziert wird. Bei einer Begegnung erfordert es der Hundeanstand, sich nicht in die Augen zu sehen. Ein selbstbewusster Hund kann mit Blickkontakt erreichen, dass ihm ein anderer aus dem Weg geht. Das kann sich aber nur ein starker Hund erlauben. Wenn sich zwei etwa gleich starke Hunde mit weit geöffneten Augen fixieren und eine gespannte Haltung einnehmen, ist das kein gutes Zeichen. Sie geben beim Drohfixieren keinen Laut von sich. Will man einen Kampf

In dieser Gruppe fühlen sich 2 Tiere ranghoch und zeigen das durch eine steil aufgerichtete Rute an. Doch einer der beiden starrt den andern an. Dieses Drohfixieren kann sich nur ein starker Hund leisten. Damit ist die Rangordnung geklärt.

Kommunikation

unterbinden, muss man schnell reagieren und die Hunde abrufen.

Aus dem gleichen Grund sollte man einen aggressiven Hund nicht anstarren, wenn man sein Territorium betritt. Er könnte meinen, wir nähern uns in böser Absicht. Eine Möglichkeit, ihn zu besänftigen, besteht darin, den Kopf oder Körper abzuwenden oder freundlich mit ihm zu sprechen.

Diese Theorie scheint bei vielen Hunden nicht zuzutreffen, weil sie trotz Blickkontakt auf Menschen zulaufen. Zwischen Blickkontakt und In-die-Augen-Starren besteht jedoch ein Unterschied. Blickkontakte, die der Kommunikation dienen, lösen bei Artgenossen keine Aggression aus. Hunde kommunizieren mit befreundeten Artgenossen oder einem vertrauten Menschen mit den Augen.

Jeder Hundehalter kennt z. B. den »Augenaufschlag« seines Hundes, wenn dieser die Hilfe seines »Rudelführers« braucht.

Besteht zwischen Mensch und Hund eine innige Beziehung, himmelt ein Hund sein Herrchen oft lange an. Das ist weder eine Drohung, noch versucht er, Herrchen zu dominieren. Er hat volles Vertrauen, und wenn er reden könnte, würde er wahrscheinlich sagen: Bei dir fühle ich mich wohl.

Zähneblecken

Beim Zähneblecken runzelt ein Hund den Nasenrücken, wodurch die Lefzen hochgezogen werden. Er zeigt damit einem Kontrahenten die gefährlichen Reißzähne. Diese Drohgebärde wird sowohl defensiv von ängst-

Beim offensiven Drohen wird die Nase hochgehoben und die Mundwinkel werden nach vorn gezogen, sodass die Mundöffnung sehr klein ist. Wer diese Drohung nicht ernst nimmt und sich dem Tier nähert, wird gebissen.

lichen Hunden als auch offensiv von selbstsicheren Hunden gezeigt. Den Unterschied kann man an der Stellung der Ohren und an den Mundwinkeln erkennen. Handelt es sich um offensives Drohen eines überlegenen Hundes, sind die Ohren aufgestellt (sofern es dieser Rasse möglich ist) und die Mundwinkel sind nach vorn gezogen, sodass die Mundöffnung klein erscheint. Dabei wird die Nase angehoben, sodass die Zähne noch deutlicher zu sehen sind.

Ein ängstlicher Hund dagegen bleckt die Zähne mit nach hinten gezogen Mundwinkeln, die Augen sind abgewendet und die Ohren nach hinten gelegt. Das unsichere Defensivdrohen wird häufig von Hunden gezeigt, die sich in die Enge getrieben fühlen und damit ein Tier oder einen Menschen aus ihrer Nähe vertreiben möchten. Auch in diesem Fall ist größte Vorsicht geboten. Die Fluchtdistanz des Tieres darf nicht unterschritten werden. Man lässt den Hund am besten in Ruhe, bis er sich beruhigt hat. Gewalt wäre das Schlimmste, was man in diesem Falle tun kann. Unkundige sollten sich von einem Hund, der die Zähne zeigt, immer fernhalten.

Lippen lecken

Es gibt unauffällige Signale, denen die meisten Hundebesitzer keine Bedeutung beimessen – zum Teil auch deshalb, weil sie sehr häufig gezeigt werden. Doch bei einer Hundebegegnung bekommt das sogenannte Züngeln plötzlich eine andere Bedeutung.

Leckt sich ein Hund kurz über die Nase oder die Lippen, ist das für einen anderen Hund eine wichtige Botschaft, die besagt: Ich bin nicht an einer Konfrontation interessiert. Damit wird die Lage entschärft, weil die meisten Hunde darauf friedlich reagieren.

Akustische Signale

Hunde geben viele unterschiedliche Laute von sich: Bellen, Wuffen, Knurren, Winseln, Fiepen, Schreien, Maunzen, Heulen, Keifen und Murren. Manche Laute sind unmissverständlich, andere können unterschiedliche Bedeutungen haben und sind oft schwer zu beurteilen. Manchmal könnte man meinen, Hunde wollen uns etwas »erzählen« oder unsere Stimme nachahmen, indem sie eine Serie von ungewöhnlichen Lauten hervorbringen. »Erzählt« uns ein Hund etwas, könnte das heißen: Wann gehen wir endlich Gassi? Oder: Spiele doch ein bisschen mit mir. Je mehr wir uns durch Lautäußerungen beeinflussen lassen, umso einfallsreicher wird unser Hund sich melden. Er findet schnell heraus, wenn er auf Laute mehr Aufmerksamkeit und Zuwendung erhält als auf Körpersignale.

Oft werden wir so daran erinnert, dass wir uns schon lange nicht um ihn gekümmert haben. Auch wenn es wirklich Zeit ist, etwas mit dem Hund zu unternehmen, dürfen Sie dennoch nicht sofort auf seine »Reklamation« reagieren, sonst wird er immer öfter seine Forderungen stellen. Warten Sie besser eine Minute, bevor Sie einer notwendigen Verpflichtung nachkommen.

Bellen

Warum bellen Hunde – und ihre Ahnen kaum? Es ist nicht schwer, sich vorzustellen, wie es dazu kam: Als sich die Ahnen unserer Haushunde den Menschen anschlossen, begannen sie zu bellen, weil die Menschen ihre Körpersprache nicht verstanden oder falsch darauf reagierten. Auch heute noch bellen Hunde von Haltern, die nicht gut kommunizieren, viel häufiger als Hunde von sachkundigen Hundeführern.

Kommunikation

Wölfe verständigen sich mit Rudelmitgliedern hauptsächlich über Mimik und Körpersprache. Und wenn sie bellen, dann nur streng situationsgebunden, z. B. wenn sie Jungtiere vor Gefahren warnen wollen. Junge Wölfe bellen nicht, während man bei Hundewelpen schon in der 2. Woche das sogenannte Infantilbellen hören kann.

Auch Hunde verständigen sich untereinander bei einer Begegnung selten durch Bellen. Nur wenn sie keinen artgerechten Sozialkontakt herstellen können, z. B. hinter einem Zaun, in einem Zwinger, auf einem Balkon, im Auto oder an der Leine, wird oft gebellt. Sieht ein Hund einen Artgenossen in größerer Entfernung, macht er manchmal durch Bellen auf sich aufmerksam.

Das Bellen der Hunde hat verschiedene Tonlagen und Bedeutungen, die von einem Anfänger oft schwer zu unterscheiden sind. Große Hunde bellen aufgrund ihres größeren Resonanzbodens natürlich mit einer tieferen Frequenz als kleine. Damit man die Laute unterscheiden lernt, sollte man auf die unterschiedlichen Situationen achten, wann und wie gebellt wird. Hunde setzen das Bellen hauptsächlich gegenüber Menschen ein, wenn sie unsicher sind, drohen, sich verteidigen, erschrecken, beim Begrüßen, zur Spielaufforderung oder Kontaktaufnahme. Es dauert einige Zeit, bis man lernt, die feinen Unterschiede richtig zu deuten. Je höher der Ton ist, umso unsicherer ist ein Hund. Und je schneller die Bellfolge ist, umso erregter ist er. Dagegen ist Bellen in einer tiefen Frequenz als Drohung zu verstehen.

An dem Sprichwort: Hunde, die bellen, beißen nicht, ist etwas dran. Denn ein selbstbewusster Hund, der angreifen will, nähert sich immer völlig lautlos. Ein Hund kündigt in seinem Territorium mit Bellen an, dass etwas Ungewöhnliches vorgeht. Er alarmiert damit Familienmitglieder, weil er nicht weiß, wie er die Situation einschätzen soll.

Wenn ein Hund abwechselnd bellt und knurrt, ist größte Vorsicht geboten! Wird ein Hund längere Zeit hinter einem Zaun oder in einem Zwinger gehalten, entwickelt sich das

Man sollte einem Hund jedes unnötige Bellen abgewöhnen. Notfalls fassen Sie ihm über den Fang. Hunde, die oft bellen, sind meistens unsicher.

Bellen zum aggressiven Drohen. Jede isolierte Haltung schadet der Entwicklung eines Hundes, weil er keine Beschwichtigungssignale mehr zeigt, sondern nur noch Drohsignale.

Wollen Sie Ihrem Hund das Bellen abgewöhnen, sagen Sie beim ersten Bellen »Nein«. Vergessen Sie nicht, ihn zu loben, wenn er aufhört. Sollte Ihr Hund nicht innerhalb weniger Tage das Bellen auf Befehl unterlassen, greifen Sie ihm über die Schnauze und halten das Maul eine Weile zu. Beim Loslassen loben sie ihn.

Knurren

Je nachdem in welcher Situation ein Hund knurrt und in welcher Tonlage, hat es unterschiedliche Bedeutungen. Tiefes Knurren ist ein Warn- oder Drohsignal. Unsichere Hunde knurren etwas höher, sind aber dennoch gefährlich. Ein Hund signalisiert damit erhöhte Verteidigungsbereitschaft und versucht, eine größere Distanz zu dem Lebewesen zu schaffen, das ihm bedrohlich erscheint.

Knurren sich zwei Hunde bei einer Begegnung an, können Sie an der Tiefe der Frequenz erkennen, welcher der beiden der Überlegene ist. Wer am tiefsten knurren kann, hat den größten »Resonanzboden« und ist wahrscheinlich der Stärkere. In diesem Fall handelt es sich auch um Imponierverhalten, damit der andere eingeschüchtert wird. Wir würden sagen: Wage es nicht, mich anzugreifen! Wenn einer der beiden merkt, dass er unterlegen ist, und Beschwichtigungssignale zeigt, kann er trotzdem noch abwehrend knurren. Bei diesem Abwehrdrohen in geduckter Körperhaltung können die Zähne gebleckt und gleichzeitig Unterwürfigkeitssignale wie Rute einklemmen oder Ohren anlegen gezeigt werden.

Knurrt ein Hund einen Menschen an, der sich ihm nähert, heißt das so viel wie: Komm mir nicht zu nahe!

Tipp

Man kann jedem Hund unnötiges Bellen abgewöhnen, indem man konsequent jedes Mal »Nein« sagt oder ein Sichtzeichen gibt. Lebt man in einem Mehrfamilienhaus und muss auf andere Menschen Rücksicht nehmen, kann man statt eines Befehls den Finger auf den Mund legen und leise »Pst« machen. Entscheidet man sich für dieses Signal, muss man es immer anwenden, damit der Hund auch nachts zuverlässig darauf reagiert.

Nähert sich ein Hund knurrend einem Menschen, will er ihn aus seinem Revier vertreiben. Betritt man ein Grundstück, auf dem sich ein Hund befindet, der knurrt, so ist das viel gefährlicher, als wenn der Hund bellen würde. In diesem Fall darf man sich nicht bewegen, denn der Hund kann wirklich gefährlich werden. Man muss dann warten, bis der Besitzer den Hund abruft.

Wechselt das Knurren mit Bellen ab, ist ein Hund immer noch gefährlich. Obwohl an dem Bellen eine gewisse Unsicherheit zu erkennen ist, kann die Aggressivität bei einer falschen Bewegung jederzeit die Oberhand gewinnen. Deshalb spricht man am besten beruhigend mit dem Hund. Mit dem Bellen will der Hund sein Herrchen rufen, der ihn von seinen Zweifeln befreien kann. An dem Verhalten seines Herrn merkt er dann, ob der Fremde willkommen ist oder nicht.

Besonders schwierig ist Knurren zu deuten, wenn sich ein Hund in einem Raum mit mehreren Menschen befindet. Dadurch werden viele Personen verunsichert. Vielleicht hat der Hund aufgrund seiner besseren Sinne etwas bemerkt und will Herrchen warnen. Vielleicht ist ihm auch eine Person nicht geheuer, oder er fühlt sich eingeengt. In diesem Fall sollte man mit dem Hund den Raum verlassen. Auf keinen Fall darf er deshalb bestraft werden. Denn er hat sicherlich etwas bemerkt, was wir nicht wahrnehmen können.

Spielerisches Knurren wird von vielen Hundehaltern falsch gedeutet. Wenn Hunde, die sich gut kennen, beim Herumtoben knurren, hat das nichts mit Aggression zu tun. Es wäre deshalb unangebracht einzugreifen. Bei unerfahrenen Hundebesitzern dauert es eine Weile, bis sie spielerisches Knurren von gefährlichem Drohen unterscheiden können. Ein Hund, der abwehrend droht, bewegt sich meistens sehr langsam. Wenn sich aber zwei oder auch mehrere Hunde aktiv bewegen und einer knurrt, handelt es sich gewöhnlich um Spiel.

Winseln, Fiepen und Jaulen

Ein Hund, der winselt oder fiept, fühlt sich nicht wohl. Die Gründe dafür können Ängste oder auch Schmerzen sein, vielleicht muss er aber nur raus, um seine Notdurft zu verrichten. Es ist praktisch ein Hilferuf, der Herrchen alarmieren soll; z. B. wenn ein Hund sich in einer Zwangslage befindet, aus der er sich nicht selbst befreien kann. Muss Ihr Hund allein zu Hause bleiben und winselt oder jault, heißt das: Komm wieder zurück. Wenn Herrchen nicht in der Nähe ist, kann das Winseln auch in Intervallen durch Bellen ergänzt werden und dann wieder in Winseln übergehen. Durch das Bellen kann sein »Hilferuf« in größerer Entfernung gehört werden.

Heulen

Das Heulen unserer Haushunde stammt von ihren wilden Vorfahren, den Wölfen. Diese Laute dienen dazu, andere Rudelmitglieder zu ru-

Ein Hund heult meist dann, wenn er allein gelassen wird. Er will damit sein »Rudel« zurückrufen. Manche Hunde stimmen auch beim Heulen einer Sirene ein.

Akustische Signale

Muss man mit einem Hund in öffentlichen Verkehrsmitteln fahren, sollte man nie so einsteigen. Wenn sich die automatischen Türen schließen, kann man noch nicht mal den Hund von der Leine lösen.

fen oder über den eigenen Standort zu informieren. Domestizierte Hunde heulen fast nur, wenn sie allein gelassen werden und Trennungsangst haben. Mit anderen Worten: Sie fühlen sich alleine unsicher und möchten damit erreichen, dass ihr »Rudel« heimkehrt. Das Heulen kann für die Nachbarschaft sehr unangenehm sein. Man kann es nur verhindern, wenn man einen Hund ganz langsam ans Alleinsein gewöhnt (siehe S. 32, Allein zu Hause). Manche Hunde stimmen in das Heulen von Artgenossen ein. Auch das Heulen einer Sirene wird von Hunden oft missverstanden und zum Anlass für eigenes Lautgeben genommen.

Hecheln

Ein Hund hechelt, wenn er überschüssige Körperwärme abgibt. Das geschieht häufig bei Hitze oder nach einer körperlichen Anstrengung. Hunde hecheln auch, wenn sie erregt oder erschöpft sind, Schmerzen oder Angst haben, ganz besonders aber, wenn Sie sich in einer Stresssituation befinden. Hunde haben nur wenige funktionsfähige Schweißdrüsen, die sich an den Sohlenballen befinden. Sie dienen bei Wildformen hauptsächlich dem Hinterlassen einer Duftspur für Artgenossen oder dem Heimfinden auf der eigenen Spur.

 Tipp

Ein Hund kann überschüssige Körperwärme fast nur beim Hecheln abgeben. Muss er z. B. in öffentlichen Verkehrsmitteln einen Maulkorb tragen, darf dieser nicht zu klein gewählt werden. Nur so kann der Hund bei hoher Temperatur, Anstrengung oder Erregung genügend Wärme abhecheln. Überhitzung kann bei Hunden sehr schnell zu einem Kollaps führen.

Rangordnung – Die Hierarchie in der Familie

Wie wird man »Rudelführer«?

Gefühlsbetonte Hundehalter neigen dazu, ihrem Hund eine gewisse Gleichberechtigung einzuräumen. Diese Vermenschlichung wirkt sich auf die Mensch-Hund-Beziehung allerdings nicht sehr günstig aus. Man tut einem Hund keinen Gefallen, wenn man nachgiebig ist, sondern macht sich und dem Hund nur das Leben schwer. Deshalb sollte ein Welpe gleich von Anfang an lernen, dass nicht alles nach seinem Kopf geht. Steht ein Hund immer im Mittelpunkt und wird verwöhnt, bekommt er zwangsläufig das Gefühl, einen hohen Rang in der Familie zu haben. Er glaubt dann, seine Familie immer beschützen zu müssen.

Verhält sich Herrchen nicht wie ein Rudelführer, ist der Hund sozusagen gezwungen, sein Schicksal in die eigenen »Hände« zu nehmen. Ein Hund lehnt sich nur dann gegen sein Herrchen auf, wenn dieser als Rudelführer versagt. **Hunde brauchen immer eine klare Rangordnung und fühlen sich bei einem starken Rudelführer sicherer als bei einem**

Damit man von seinem Hund als Rudelführer akzeptiert wird, sollte man ihn täglich artgerecht auslasten. Ein gemächlicher Spaziergang ist nicht das, wovon ein Hund träumt.

sanften oder launischen Menschen. Ebenso falsch ist es, einem Hund mit Gewalt zeigen zu wollen, wer der Herr im Hause ist. Nur Menschen, die keine natürliche Autorität besitzen, versuchen, dieses Manko mit Gewalt auszugleichen. Hundehalter, die ihren Hund mit Gewalt erziehen, beweisen damit nur ihre Unfähigkeit. Wenn ein Hund erwachsen wird und seinen Kopf durchsetzen will, oder Sie haben einen unsensiblen Hund, der nicht folgt, müssen Sie lernen, »Alpha« zu werden. Es geht nicht darum, einen Hund ständig zu dominieren, aber man muss in bestimmten Situationen dominant sein können.

Wenn Sie die folgenden Ratschläge konsequent befolgen und nie Ausnahmen machen, gehören Ihre Probleme bald der Vergangenheit an. Besonders bei Hunden, denen aggressives Verhalten abgewöhnt werden soll, muss man alle Punkte ohne Ausnahme konsequent einhalten. Der Erfolg stellt sich nicht ein, wenn man nur einen Teil der Empfehlungen beherzigt und andere aus Bequemlichkeit unterlässt.

- Verhalten Sie sich Ihrem Hund gegenüber immer souverän und selbstsicher. Ein unsicherer oder launischer Hundeführer verunsichert seinen Hund. Er kann dann ängstlich oder auch aggressiv werden.
- Lasten Sie den Bewegungsbedarf Ihres Hundes mindestens 2-mal täglich eine halbe Stunde aus, bis er müde ist. Am besten geht das mit Joggen oder Radfahren. Gemächliche Spaziergänge fordern einen gesunden erwachsenen Hund zu wenig.
- Fahren Sie mit dem Fahrrad eine kurze Strecke möglichst schnell, sodass Ihr Hund Ihnen nur mit Mühe folgen kann. Ist der Hund aber immer noch zu schnell, machen Sie sich ein Gefälle zunutze. Damit der Hund nicht überhitzt, muss man alle paar hundert Meter eine Pause einlegen – möglichst an einer Wasserstelle, zumindest aber im Schatten.
- Lassen Sie einen Hund nicht ins Bett oder auf das Sofa!
- Unterbinden Sie jeden Aufreitversuch an Familienangehörigen.
- Geben Sie dem Hund das Gefühl, dass Sie groß und stark sind, und heben Sie ihn ab und zu hoch oder gehen Sie zu einem großen Tier (Pferd oder Kuh) und fassen es an – aber bitte nicht halbherzig, der Hund merkt das.
- Beim Spazierengehen dürfen Sie einem Hund nicht die Führung überlassen. Schlagen Sie deshalb immer eine andere Richtung ein als der Hund, damit er sich nach Ihnen richten muss. Laufen Sie ihm niemals nach!
- Wenn ein Hund bei Fuß laufen soll, darf er weder an jeder Geruchsmarkierung schnuppern noch selbst markieren.
- Beschäftigen Sie Ihren Hund, damit er sich nicht langweilt! Geben Sie ihm geeignete Spielsachen, Kauknochen oder werfen Sie einen Ball. Mit einem Schleuderball kann man sehr weit werfen, ohne sich anzustrengen.
- Wenn Ihr Hund am Boden liegt und ruht, sagen Sie »Bleib« und steigen über ihn drüber. So sehen Sie, ob er Vertrauen zu Ihnen hat. Je mehr Fehler ein Hundehalter macht, umso weniger Vertrauen hat sein Hund.
- Machen Sie täglich mindestens 20 Unterordnungsübungen wie »Sitz«, »Platz«, »Fuß« und »Bleib« und sagen Sie vor dem Befehl seinen Namen. Konzentrieren Sie sich dabei auf den Hund und lassen Sie sich nicht durch eine Unterhaltung oder das Handy ablenken.
- Jede gestellt Aufgabe, die Ihr Hund ausführt, muss sofort gelobt wer-

Hunde müssen beschäftigt werden, damit sie sich nicht langweilen. Dazu braucht man geeignetes Spielzeug.

den. Dann begreift er schneller, was wir von ihm erwarten. Mit Leckerchen kann man einen Hund motivieren.
- Geben Sie oft den Befehl »Sitz« und »Bleib«. Dadurch wird bei Ihrem Hund das Bedürfnis stärker, zu Ihnen kommen zu dürfen. Vergessen Sie nie, den Befehl aufzuheben; vorher darf er seine Position nicht verlassen! Läuft er Ihnen nach, gehen Sie zurück und lassen ihn an derselben Stelle erneut absitzen.
- Das Gleiche macht man bei dem Befehl »Platz«. Die Zeit, die der Hund liegen bleiben soll, wird kontinuierlich ein bisschen verlängert oder die Entfernung größer gewählt. Auch dieser Befehl muss immer gesondert wieder aufgehoben werden!
- Verbieten Sie Ihrem Hund unnötiges Bellen. Er darf anschlagen, aber nicht bei jeder unpassenden Gelegenheit bellen. Wann gebellt werden darf, bestimmt der Rudelführer und nicht der Hund. Notfalls halten Sie ihm das Maul zu; bei jeder notwendigen Korrektur ein bisschen länger.
- Bei der Erziehung des Hundes müssen sich alle Personen eines Haushalts einig sein; auch bei der Anschaffung. Und niemand darf um die Gunst des Hundes buhlen.
- Geben Sie nur dann einen Befehl, wenn er erfolgversprechend ist. Wiederholen Sie ein Kommando nur 1-mal in schärferem Ton und schauen Sie Ihrem Hund dabei möglichst in die Augen – Ausnahme ist der Befehl »Hier«.
- Geben Sie Ihrem Hund nie eine Belohnung ohne Aufgabenstellung, sondern nur, wenn er einen Befehl richtig ausgeführt hat.
- Trainieren Sie Ihren Hund so, dass Sie ihm sein Futter, einen Kauknochen oder sein Lieblingsspielzeug jederzeit wegnehmen können. Wenn er nicht knurrt, loben Sie ihn.
- Laufen Sie oft »bei Fuß« mit kurzer Leine und machen Sie Kurven und Wenden. Der Hundeführer bestimmt Richtung und Tempo, nicht der Hund. Achten Sie nur anfäng-

Begegnungen mit anderen Hunden

lich auf seine Füße, denn er muss lernen, auf Ihre zu achten; benutzen Sie dazu aber weiche Schuhe.
- Lassen Sie sich nicht durch Pfoteheben zu etwas auffordern, sondern rufen Sie Ihren Hund, wenn Sie ihn streicheln, füttern oder mit ihm spielen wollen. Ignorieren Sie diese Bettelgeste. Erst wenn er die Pfote runtergenommen hat, loben Sie ihn.
- Vermeiden Sie jede Bestrafung, sondern loben Sie ihn oft bei erwünschtem Verhalten! Seien Sie niemals nachtragend!
- Herzen und küssen Sie Ihren Hund nicht – das können Sie sich erst wieder leisten, wenn Sie wirklich Rudelführer sind. Unterlassen Sie es vorläufig, sich beim Streicheln klein zu machen, also nicht bücken oder auf den Boden kauern, sondern rufen Sie ihn zu sich, wenn Sie sitzen.
- Lassen Sie Ihren Hund nicht zuerst durch eine Tür gehen, sondern geben Sie den Befehl »Sitz«. Sind Sie durch die Tür gegangen, sagen Sie »Komm«. Dann bleiben Ihnen unliebsame Überraschungen vor der Tür erspart. Bei jeder Unsicherheit merkt ein Hund, dass Sie der Situation nicht gewachsen sind.

Wenn Sie diese Korrekturen als zu hart empfinden, verwechseln Sie möglicherweise Ihren Hund mit einem Kleinkind. Übertriebene Gutmütigkeit hat mit artgerechter Haltung jedoch nichts zu tun und schadet dem Tier letztendlich. Mit einer falschen Grundeinstellung kann man einen Hund nicht richtig erziehen. **Ein zu sanfter »Rudelführer« gibt seinem Hund das Gefühl, dass er ihm in gefährlichen Situationen nicht beistehen kann, und verunsichert ihn.** Ein unsicherer Hund wiederum reagiert oft aggressiv, weil er versucht, sich oder sein Herrchen zu schützen.

Begegnungen mit anderen Hunden

Geht man mit einem Hund in einer gefahrlosen Gegend spazieren, trifft man gelegentlich Hundebesitzer, die ihren Hund trotzdem an der Leine führen. Manche versuchen ihren frei laufenden Hund sofort einzufangen, um ihn anzuleinen. Oft schreien sie schon von weitem: »Nehmen Sie Ihren Hund an die Leine!« Manche reagieren dabei regelrecht hysterisch. Daran kann man erkennen, dass diese Halter sehr unsicher sind, weil sie sich mit Hundepsychologie nicht auskennen.

Hebt ein Hundebesitzer seinen kleinen Hund bei einer Hundebegegnung auf den Arm, braucht er sich nicht wundern, wenn der fremde Hund an ihm hochspringt. Und je höher er ihn hebt, umso höher springt auch der Hund.

Tipp

Jeder Hund hat das natürliche Bedürfnis, sozialen Kontakt mit Artgenossen aufzunehmen. Wird er schon von klein auf daran gehindert, kann sich sein Sozialverhalten nicht richtig entwickeln. Er wird unselbstständig, ängstlich oder aggressiv – und nicht selten zum Angstbeißer.

Wann anleinen?

Nähert sich ein frei laufender Hund einem angeleinten, wird dieser vom Besitzer oft weggezogen oder gar auf den Arm genommen. Mit solchen Hundehaltern gibt es oft Probleme, weil sie offensichtlich nicht merken, was sie alles falsch machen. Ihre Tiere sind zu bedauern, weil sie daran gehindert werden, ihr Sozialverhalten und »Schnupperbedürfnis« auszuleben, sowie ihrem Bewegungsdrang freien Lauf zu lassen. Nur selten gibt es einen triftigen Grund, einen Hund in ungefährlichem Gelände an der Leine zu führen.

Hunde verteilen an vielen Stellen Geruchsmarken, die wichtige Informationen für andere Hunde enthalten. Einem an der Leine geführten Hund, der vielleicht noch von seinem Besitzer aus »hygienischen Gründen« von den interessantesten Stellen wie Bäumen, Hausecken oder Hundekot weggezogen wird, fehlen wichtige Informationen über andere Hunde, die in diesem Revier zu Hause sind.

Erkundigt man sich nach der Ursache des Anleinens, bekommt man meist die gleiche Antwort: Mein Hund ist schon mal gebissen worden. Bei Hunden, die vermenschlicht aufgezogen werden, wird Warnschnappen oft als Biss beurteilt. Selbst eine Rauferei ist kein Grund, einen Hund dauernd an der Leine zu führen, dadurch wird er nur noch aggressiver. Denn meistens handelt es sich dabei um einen sogenannten Kommentkampf, bei dem es zu keinen Verletzungen kommt. Man bekommt zwar einen Schreck, weil die Auseinandersetzung mit viel Krach abläuft, aber es passiert nur selten etwas. Dabei versuchen die Kontrahenten, den Gegner einzuschüchtern, damit die Rangordnung ohne Verletzung ermittelt werden kann. Nur wenn beide gleichwertige Gegner sind, kann sich daraus ein Ernstkampf entwickeln.

Selbst wenn ein Hund eine Verletzung davonträgt, ist das noch lange kein Grund, ihm durch dauerndes Anleinen alle Freuden zu nehmen. Wenn ein Kind mit dem Fahrrad stürzt und sich verletzt, verbietet man ihm auch nicht das Radfahren für den Rest seines Lebens. Ein negatives Erlebnis kann nur kompensiert werden, wenn man richtig darauf reagiert. Der Hund muss so bald wie möglich mit friedlichen Hunden positive Erfahrungen sammeln können, dann ist der Vorfall schnell wieder vergessen. Damit Aggression vermieden wird, muss ein Hund schon als Welpe lernen, sich Stärkeren unterzuordnen; an einer Leine lernt er das nicht.

Wird ein Hund wirklich gebissen und verletzt, liegt es oft daran, dass sein Besitzer ihm nicht die Möglichkeit gegeben hat, artgerechtes Sozialverhalten zu lernen. Man fügt einem Hund unbewusst Schaden zu, wenn man ihn ständig von anderen Hunden fernhält. Dadurch entsteht ein soziales Defizit, was zu Rangordnungsproblemen führen kann.

Damit sollen keine Halter in Schutz genommen werden, die ihre Hunde absichtlich aggressiv erziehen oder aggressives Verhalten dulden; das ist bei frei laufenden Hunden unverzeihlich. Ein aggressiver Hund muss bei Hundebegegnungen so lange an der Leine geführt werden, bis sein Herrchen gelernt hat, wie er seinen Hund richtig führen muss. Ein aggressiver Hund sollte nicht bestraft werden, sondern man muss ihn bei erwünschtem Verhalten jedes Mal loben. Dann begreift er bald, was sein Herrchen von ihm erwartet.

Richtiges Sozialverhalten schützt einen Hund vor der Gefahr, angegriffen zu werden. Jeder Hund muss deshalb die Möglichkeit bekommen, seine angeborenen Beschwichtigungssignale bei Hundebegegnungen einzusetzen (siehe S. 106, Kommunikation). Wenn ein kleiner Hund von einem größeren regelwidrig gebissen wird, kann das dazu führen, dass das geschädigte Tier ein Leben lang eine feindliche Einstellung gegen diese Rasse hat. Reagiert der Hund aber auf alle Rassen aggressiv, hat der Besitzer viel falsch gemacht.

Kommt es zu einer Rauferei, halten Besitzer von angeleinten Hunden in aller Regel den anderen für schuldig. Der wahre Grund für das Anleinen ist meist in der Unkenntnis der Besitzer zu suchen – oder weil sie zu bequem sind, ihren Hund zu erziehen. Viele schaffen sich einen Hund aus egoistischen Motiven an. Mit »Verwöhnen« tut man dem angeblich geliebten Hund jedoch keinen Gefallen, denn ein Hund ist nur glücklich, wenn er auch ein Hund sein darf! **Die Tatsache, dass sich fast jeder Hund über fast alles freut, lässt noch lange nicht den Schluss zu, dass er auch glücklich ist.**

Ein angeleinter Hund muss immer das Lauftempo seines Herrn einhalten, was ganz und gar nicht seinen Bedürfnissen entspricht. Durch das lange Zusammensein mit seinem Besitzer gewöhnt sich zwar das Tier an diese Gangart, sodass der falsche Eindruck entsteht, es wolle ja gar nicht schneller laufen. Das kann nach vielen Jahren sogar so weit führen, dass der Hund im gleichen Trott weiterläuft, wenn er von der Leine gelöst wird.

Tipp

Es ist eine bekannte Tatsache, dass Hunde, die ständig angeleint werden, aggressiver reagieren als frei laufende. Das liegt unter anderem daran, dass sie die Geschwindigkeit bei der Annäherung nicht selbst bestimmen können. Sie haben weder die Möglichkeit, zu dem anderen Hund zu laufen, noch zu fliehen; das verunsichert sie.

Kommunikation zwischen frei laufenden Hunden

In der Regel nähern sich fremde Hunde einander nicht frontal, sondern in einem Bogen. Bleibt ein Hund stehen oder legt sich hin, zeigt er Beschwichtigungssignale; er signalisiert dem anderen friedliche Absichten. Angeleinte Hunde werden an diesem Sozialverhalten gehindert, sodass sie sich nur ansehen können. Je näher sie einander kommen, umso

Frei laufende Hunde zeigen über Körpersprache und Mimik, dass sie nicht an einer Konfrontation interessiert sind. Dann genügt manchmal eine freundliche Geste und sie fangen an zu spielen.

Tipp

Gehorcht ein Hund bei einer Begegnung mit Artgenossen nicht, liegt es oft daran, dass es ihm wichtiger erscheint, dem Artgenossen Beschwichtigungssignale zu zeigen, als Befehle zu befolgen. Denn manche Hunde wissen aus Erfahrung, dass Herrchen falsch reagiert.

angespannter wird die Situation, sodass es oft zu massiven Drohungen kommt. Damit versuchen sie, sich gegenseitig einzuschüchtern.

Haben Hunde jedoch genügend Bewegungsfreiheit, können sie sich über Körpersprache und Mimik artgerecht verständigen und zeigen, dass sie nicht an einer Konfrontation interessiert sind. Dann genügt manchmal eine freundliche Geste und sie fangen an zu spielen.

Wenn frei laufende Hunde sich nicht mögen, können sie sich aus dem Weg gehen und notfalls auch fliehen. Hunde fliehen meistens nur eine kurze Strecke, um genügend Sicherheitsabstand zu haben. Sie bleiben in einer gewissen Entfernung stehen oder kommen vorsichtig zurück. Durch Beschwichtigungssignale wird die Aggression des Stärkeren besänftigt. Diese Möglichkeiten werden angeleinten Hunden genommen. Jeder Hundeführer mit guten Kenntnissen über die Körpersprache der Hunde kann erkennen, ob ein unbekannter Hund sich in friedlicher Absicht nähert. Mit diesem Wissen kann man sich viel Stress ersparen.

Aggression durch Unsicherheit

Jedem Hundebesitzer dürfte bekannt sein, dass Zwingerhunde aggressiv werden. Ähnlich verhält es sich auch mit kleinen Hunden, die ihren Garten bewachen. Wagt ein anderer Hund sich in die Nähe des Zaunes, gebärdet sich der »Haushund«, als wolle er den anderen in Stücke reißen. Das heißt so viel wie: Hau ab! Er fühlt sich sicher, weil ihm hinter dem Zaun nichts passieren kann. Öffnet man das Gartentor, ist die Aggression oft schlagartig weg, und der eben noch aggressive Hund zieht plötzlich den Schwanz ein. Nicht viel anders verhält es sich mit Hunden, die die meiste Zeit angeleint laufen müssen.

Löst der Besitzer die Leine, hört ein kleiner Hund fast immer auf, anderen Hunden Drohsignale zu zeigen. Manche wirken dann regelrecht hilflos, weil sie durch das ständige Anleinen nicht gelernt haben, wie sie sich verhalten müssen. Hunde, die in ihrer Bewegungsfreiheit eingeschränkt werden, fühlen sich unsicher – nicht nur in einem Zwinger, sondern auch an der Leine oder auf dem Arm des Besitzers.

Menschliche Fehlinterpretationen

Hundeführer, die sich begegnen, sollten sich miteinander verständigen, damit man Probleme vermeiden kann, und nicht schon von weitem schreien. Damit signalisieren sie frei laufenden Hunden Aggressionsbereitschaft und heizen die Stimmung erst an. Die Stimmung eines Hundeführers überträgt sich oft auf seinen Hund. Deshalb haben aggressive Hundehalter meist einen aggressiven Hund und ängstliche Menschen einen ängstlichen Hund. Diese negativen Einflüsse machen es oft schwierig, die Tiere friedlich aneinander zu gewöhnen.

Ein angeleinter Hund hat zunächst keine Probleme mit einem sich friedlich nähernden Hund. Er erkennt an Mimik, Körpersprache und Verhalten, dass dieser nicht angriffslustig ist. Der Hundeführer hingegen glaubt, dass ein Hund, der sich temperamentvoll nähert, angreifen will, und macht den nächsten Fehler: Er verkürzt die Leine und engt seinen Hund noch mehr ein, sodass er an seiner Kommunikation gehindert wird. Dieses unfreiwillige »Zurückweichen« kann von dem frei laufenden Hund falsch verstanden werden, weil ein Hund an der straffen Leine kaum Beschwichtigungssignale zeigen kann. Aus Unsicherheit zeigt er dann Drohsignale, um den anderen Hund zu vertreiben.

Ein selbstsicherer Hund lässt sich davon aber nicht immer beeindrucken.

So entwickelt sich unter Umständen aus dem künstlich provozierten Missverständnis eine heikle Situation. Der angeleinte Hund, der sich dem anderen hätte stellen müssen, um Aggression zu vermeiden, wird von seinem Halter daran gehindert. Er hat also nicht nur den fremden Hund als Gegner, sondern auch sein eigenes Herrchen, der ihm mit seiner Unkenntnis schadet. In diesem Fall wäre das einzig Richtige, auch den angeleinten Hund von der Leine zu lösen. Fängt der Halter aber an zu schreien, erkennt der frei laufende Hund an dem Tonfall, dass diese Aggression gegen sein »Rudel« gerichtet ist. Entwickelt sich daraus ein Streit, sieht die Sache aus der Sicht der Hunde so aus: Beide »Rudelführer« feinden sich an, also können auch sie kräftig mitmischen.

Kleine Hunde können sich genauso gut mit anderen Hunden verständigen wie große. Man muss ihnen nur von Anfang an die Möglichkeit dazu geben. Nimmt ein Hundebesitzer aber seinen Hund auf den Arm, braucht er sich nicht wundern, wenn frei laufende Hunde an ihm hochspringen. Sie möchten dem Kleinen nichts tun, sondern nur an ihm schnuppern. Und je höher er seinen Hund hält, umso höher springt der Hund, um die gewünschten Geruchsinformationen zu bekommen.

Hunde, die sich oft sehen und ständig voneinander ferngehalten werden, bauen immer mehr Aggression gegeneinander auf. Man kann die Feindseligkeiten aber nur abbauen, wenn beide Hunde bei jeder Begegnung positive Erfahrungen sammeln können. Aggressive Hunde sollte man nicht anschreien oder bestrafen, sondern besser jedes unaggressive Verhalten loben. Sobald sie sich sehen und fixieren, gibt man den Befehl »Sitz« und belohnt sie für richtiges Verhalten. Gelingt es, die Aggressionen bei beiden Hunden langsam abzubauen, sollten sich die Besitzer in angemessenem Abstand ruhig unterhalten. Wenn sich die Rudelführer vertragen, müssen sich rangniederen Rudelmitglieder danach richten; die Hundeführer sollten bestimmen, was gemacht wird, nicht ihre Hunde.

Trifft ein Welpe mit erwachsenen Hunden zusammen und merkt, dass sie friedlich sind, schließt er sich ihnen gerne an. Leider wird das zum Schaden des Welpen von vielen Hundehaltern verhindert.

Tipp

Hat ein Hund bei jeder Begegnung mit Artgenossen unangenehme Erlebnisse, weil er geschimpft oder gar bestraft wird, verstärkt sich die Aggression gegen andere Hunde. Auch Reißen an der Leine und Wegzerren hindern einen Hund daran, richtiges Sozialverhalten zu lernen. Ein Hund verknüpft diese Fehler nicht etwa mit seinem Herrchen, sondern mit dem anderen Hund. Denn wenn kein Hund in der Nähe ist, macht sein Herrchen diese Fehler nicht. Verbieten Sie Ihrem Hund deshalb alle Drohsignale und loben und belohnen Sie ihn für richtiges Verhalten; nur dann lernt er, wie er sich verhalten soll.

Hunde friedlich stimmen

Je mehr positive Erlebnisse ein Hund bei Begegnungen mit anderen Hunden macht, umso friedlicher wird er. Man darf natürlich nicht erwarten, dass aus Rivalen in kurzer Zeit dicke Freunde werden. Aber man kann erreichen, dass beide in angemessenem Abstand aneinander vorbeigehen, ohne dass es jedes Mal ein Spektakel gibt. Die Belohnung muss nicht immer Futter sein. Man kann bei einem apportierfreudigen Hund auch einen Ball werfen, sobald der Kontrahent in Sichtweite kommt. Das geht natürlich nur, wenn der andere Hund am Apportieren kein Interesse hat. Sonst würde man eine Rauferei provozieren.

Dazu ein Beispiel: Durch einen unglücklichen Umstand wurde meine Labrador-Hündin Bella von der Doggen-Hündin Gina angegriffen. Von diesem Tage an hassten sich beide. Gina war gerade von einem in der Nähe wohnenden Herrn aufgenommen worden, sodass wir uns in der Folgezeit oft begegneten. Wie ich später feststellte, war Gina gegen alle Junghunde und Geschlechtsgenossinnen aggressiv. Dagegen war Bella allen Hunden gegenüber friedlich. Aber wenn sie angegriffen wurde, konnte sie richtig böse werden. Sie war der Dogge körperlich unterlegen, glich das aber durch enorme Schnelligkeit aus. Bei jeder Begegnung griff entweder die eine oder die andere an. Sobald sie sich nur von weitem sahen, fixierten sie sich gegenseitig und zeigten Drohsignale. Dadurch eskalierte die Situation fast jedes Mal. Beide waren glücklicherweise gehorsam, so dass sie sofort getrennt werden konnten.

Nun apportierte meine Hündin für ihr Leben gern, während Gina sich nicht für Bälle interessierte. Sobald die Widersacherin in unserem Blickfeld auftauchte, warf ich Bella den Ball. Sie war dadurch so beschäftigt, dass sie Gina nicht beachtete. Da sie keine Drohsignale zeigte, reagierte Gina mit der Zeit ebenfalls friedlicher.

Wenn die Hündinnen keine Drohungen und Aggression signalisierten, gab ich beiden gleichzeitig eine Belohnung. Nach ein paar Begegnungen sah Gina schon erwartungsvoll zu mir. Auch wenn sie nicht begeistert war, Bella zu sehen, so freute sie sich auf die zu erwartende Belohnung. So reduzierte sich die Aggression in kurzer Zeit, dass sie im Abstand von 1 m aneinander vorbeigingen, ohne dass es zu Konflikten kam. Wäre Gina aber bei jeder Begegnung geschimpft oder bestraft worden, hätte sich die Aggression verstärkt.

Nach einer Auseinandersetzung feinden sich viele Hundehalter an. Man sollte sich aber besser miteinander verständigen und die Hunde gut kontrollieren. Vor allem darf man einen Hund, dem man oft begegnet, nicht anfeinden, sondern sollte eine gute Beziehung zu ihm aufbauen. Dann hat man einen größeren Einfluss. Solche Aktionen setzen natürlich voraus, dass beide Halter motiviert sind, das Problem in den Griff zu bekommen.

Zurückhaltung kann nützen

Wenn sich Hunde das erste Mal begegnen, versuchen sie, mit bestimmten Signalen Stärke zu zeigen. Mit diesem Imponiergehabe wollen sie den anderen einschüchtern. Das wird von vielen Hundehaltern fälschlich als Aggression gedeutet. Hunde schätzen sich in der Regel gegenseitig nur ab, um festzustellen, wer der Stärkere ist. Wenn einer der beiden merkt, dass er unterlegen ist, zeigt er Beschwichtigungssignale. Damit erkennt er die Überlegenheit des anderen an und kann eine Auseinandersetzung vermeiden. Wird die Rangordnung kampflos ermittelt, hat der Stärkere keine Veranlassung, aggressiv zu werden.

Sollte es doch einmal zu einem Konflikt kommen und einer der beiden Hunde ist unterlegen, lässt er sich auf den Rücken fallen. Der andere steht dann über ihm. In diesem Moment sollte man nicht eingreifen. Mit diesem Verhalten wird die Rangordnung festgelegt und die Wahrscheinlichkeit eines Angriffs bei einer erneuten Begegnung verringert – aber nur, wenn sich beide Hundehalter richtig verhalten. Der überlegene Hund darf weder geschimpft noch bestraft und der Schwächere sollte nicht getröstet werden, sonst wird die gerade hergestellte Rangordnung in Frage gestellt. Man greift nur dann ein, wenn sich einer der Hunde regelwidrig benimmt.

Anders verhält es sich, wenn man einen Hund in einer verkehrsreichen Gegend an der Leine laufen lassen muss. Dann ist es besser, ihn daran zu gewöhnen, andere Hunde zu

Beim sogenannten Kopfauflegen wird der Kopf, abhängig von der Größe, nicht immer aufgelegt, sondern manchmal über den Rücken gehalten. Beides bedeutet: Ich bin stärker als du. Lässt sich der andere das nicht gefallen, kann es zu einer Auseinandersetzung kommen.

ignorieren. Wenn er an der Leine zieht, lässt man ihn absitzen. Befolgt er den Befehl, belohnt man ihn. Dann wartet man, bis der andere Hund vorbeigegangen ist.

Viele ängstliche Besitzer von kleineren Hunden reagieren bei Annäherung eines größeren Hundes panisch, weil sie nicht beurteilen können, in welcher Absicht sich der andere nähert. Besonders temperamentvolle Hunde werden oft verdächtigt, aggressiv zu sein. Aber Temperament und Aggressivität sind zwei unterschiedliche Eigenschaften. Man kann natürlich nicht ausschließen, dass ein

Voraussetzungen für friedliche Hundebegegnungen

- Ein Welpe sollte von klein auf in ungefährlichem Gelände frei laufen dürfen, damit er artgerechte Kontakte zu Artgenossen hat. Durch diese Erfahrungen lernt er richtiges Sozialverhalten. Lassen Sie ihm bei Begegnungen immer genug Zeit, damit er sich selbstsicher entwickelt.
- Bleiben Sie bei einer Hundebegegnung immer ruhig und gelassen und schreien Sie nicht, denn daraus schließt Ihr Hund, dass Sie der Situation nicht gewachsen sind.
- Kontrollieren Sie sich immer selbst, damit Ihr Hund keine Unsicherheit spürt. Wenn ein Hundeführer ängstlich oder aggressiv ist, überträgt sich diese Stimmung auf seinen Hund.
- Eignen Sie sich möglichst viel Wissen über die Körpersprache der Hunde an. Dann können Sie besser beurteilen, ob ein fremder Hund friedlich ist.
- Verbieten Sie Ihrem Hund bei jeder Begegnung, zu bellen oder andere Drohsignale zu zeigen. Und loben Sie ihn oft, wenn er sich ruhig verhält.
- Wenn Hunde in bestimmten Situationen nicht frei laufen dürfen, bringt man ihnen bei, andere Hunde zu ignorieren. Ziehen Sie Ihren Hund nicht von jedem anderen Hund weg, sondern lenken Sie seine Aufmerksamkeit auf sich.
- Lassen Sie Ihren Hund bei einer Begegnung nicht bei Fuß gehen; eine frontale Annäherung bedeutet in der Hundesprache eine Drohung.
- Nähert sich ein frei laufender Hund einem angeleinten, darf man die Leine nicht straff halten. Vor allem sollte man einen Hund nicht auf den Arm nehmen.
- Lassen Sie Ihren Hund bei Annäherung eines anderen Hundes nicht losstürmen. Dann können Sie die Situation besser kontrollieren. Stürmt Ihr Hund doch auf einen anderen Hund zu, rufen Sie ihn. Befolgt er den Befehl, muss er gelobt und belohnt werden. Kommt er nicht, laufen Sie ihm nicht nach, sondern entfernen sich in entgegengesetzter Richtung. Dadurch wird er verunsichert und die Gefahr eines Konflikts minimiert.
- Ein aggressiver Hund muss so lange an der Leine geführt werden, bis er richtig erzogen ist. Bestrafen Sie Ihren Hund nicht, wenn er Aggression zeigt, sondern loben Sie ihn bei unaggressivem Verhalten möglichst oft.

Begegnungen mit anderen Hunden

temperamentvoller Hund auch aggressiv sein kann.

Hunde sind sehr gute Beobachter und registrieren selbst minimale Veränderungen im Verhalten ihres Rudelführers. Damit Ihr Hund nicht so schnell merkt, dass Sie bei einer Hundebegegnung unsicher sind, sollten Sie sich in vermeintlich gefährlichen Situationen selbst kontrollieren, ob Sie sich richtig verhalten:

Die meisten ängstlichen Hundehalter sehen entweder besorgt zu ihrem Hund oder bleiben unsicher stehen und zeigen unbewusst eine veränderte Körpersprache. Wenn der Hund an der Leine läuft, wird er gleich herangezogen. Ängstliches oder nervöses Verhalten wird von einem Hund sofort bemerkt und versetzt ihn in Alarmbereitschaft. Entweder er bekommt Angst oder er wird aggressiv. Dadurch wird die Voraussetzung für einen Konflikt erst geschaffen. Mit besorgtem Verhalten kann man einem ängstlichen Hund nicht helfen. Reagiert ein Rudelführer dagegen immer ruhig und gelassen, bleibt auch sein Hund entspannt.

Fast alle Hunde laufen zunächst auf einen Artgenossen zu. Unsichere Hunde legen sich manchmal flach auf den Boden, andere bleiben vorher schwanzwedelnd stehen. Gut sozialisierte Hunde schlagen einen Bogen und beschnuppern sich. Dabei vermeiden sie Blickkontakt. Zunächst versuchen sie, die Rangordnung mit ihrer Körpersprache zu ermitteln. In dieser Situation wäre jedes Einmischen oder gar Schreien unangebracht.

Halten sich beide Hunde für ranghoch und zeigen Drohsignale, muss man freilich sofort reagieren. Beginnt einer der beiden durch Knurren zu

Wenn Hunde rumtoben, brauchen Sie eine Möglichkeit, sich abzukühlen. Richten Sie Hundetreffen oder auch Radtouren möglichst in Gewässernähe ein.

drohen, sagt sein Besitzer »Nein«. Wenn die Kontrahenten langsam auseinandergehen, lobt man sie. Bedrohen sich aber beide, sollten sich die Hundeführer sofort entfernen, dadurch werden die Hunde verunsichert. Je größer der Abstand eines Hundes zu seinem »Rudel« ist, um so geringer ist die Angriffslust.

Das größte Problem besteht darin, dass man nur selten weiß, ob der Hundeführer des anderen Hundes über ausreichende Kenntnisse verfügt. Aber Personen, die geringe Kenntnisse haben, kann man an dem bereits genannten Verhalten erkennen: den Hund einfangen, anleinen, schreien usw. Kennen sich beide Hundeführer gut aus und bleiben ruhig, gibt es kaum Probleme.

Droh- und Angriffssignale erkennen

Beim Drohen werden entweder offensive oder defensive Drohsignale gezeigt. Diesen Unterschied sollte jeder Hundebesitzer kennen, damit er bei einer Gefahr rechtzeitig reagieren kann.

Ist ein Hund nicht an einer Konfrontation interessiert und fühlt sich bedroht, zeigt er Beschwichtigungssignale und/oder **defensive Drohsignale:** Er wendet den Blick ab, legt die Ohren an und kann auch knurren. Die Mundwinkel sind nach hinten gezogen und gelegentlich werden die Zähne durch Runzeln des Nasenrückens gezeigt, je nachdem, wie viel Angst der Hund hat. Ein defensiv drohender Hund greift nur an, wenn er sich verteidigen muss oder in die Enge getrieben wird.

Zeigt ein Hund defensive Drohsignale, heißt das nicht zwangsläufig, dass er der Schwächere ist. Es bedeutet lediglich: Komme mir nicht zu nahe, ich lasse mir nichts gefallen. Wird er von dem anderen Hund angegriffen, kann sich das Blatt schnell wenden. Denn es kommt nicht nur auf Größe oder Gewicht an. Ein kleiner Hund kann aufgrund seiner Wendigkeit oder Schnelligkeit einem größeren unter Umständen gehörig zusetzen.

Beim **offensiven Drohen** fixiert ein Hund den Kontrahenten mit starrem Blick, die Ohren sind aufgestellt, und die Rute ist hoch aufgerichtet. Die Mundwinkel werden nach vorn gezogen, sodass die Mundöffnung sehr klein ist (siehe auch S. 109, Drohsignale). Sobald er damit beginnt, sollte man den offensiv drohenden Hund zurückrufen und, wenn er folgt, loben und belohnen.

Bei einem **frontalen Angriff** wird das Maul weit geöffnet, bereit zum Zubeißen. Ein Angriff kann sich grundsätzlich aus jeder Situation entwickeln. Dem gehen aber fast immer bestimmte Anzeichen voraus, die ein Hundebesitzer kennen sollte. Nur dann kann man eine sich anbahnende Auseinandersetzung rechtzeitig unterbinden. Sobald man merkt, dass sich ein fremder Hund in böser Absicht nähert, läuft man ihm mit ausgebreiteten Armen entgegen. Damit kann man fast jeden Hund auf Abstand halten. In der Regel braucht man nicht zu befürchten, dass die Aggression, die gegen den Hund gerichtet ist, sich auch gegen sein Herrchen richtet.

Eine absolute Sicherheit beim Zusammentreffen von Hunden wird es nie geben. Wir müssen deshalb immer versuchen, aus jeder Situation das Beste zu machen. Wenn man einen Hund richtig sozialisiert hat und jede aufkommende Aggression unterbindet, weiß der Hund, dass aggressives Verhalten und Auseinandersetzungen unerwünscht sind. Besonders wichtig ist, erwünschtes Verhalten sofort zu loben und möglichst zu belohnen. Dann hat man alles Menschenmögliche getan, was zur Prävention notwendig ist.

Begegnungen mit anderen Hunden

Natürlich darf man einen Hund, der lange Zeit aggressiv war und keine Möglichkeit hatte, richtiges Sozialverhalten zu lernen, nicht plötzlich überall frei laufen lassen. Je länger er ein abnormes Verhalten gezeigt hat, umso länger dauert es auch, bis man sein aggressives Verhalten abtrainiert hat.

Leider wissen viele Hundebesitzer zu wenig über artgerechte Tierhaltung, Sozialisation, Körpersprache und Erziehung. Diese Unkenntnis, oft gepaart mit Bequemlichkeit und Ungeduld, kann einem Hund erheblich schaden. Oft merken die Halter von alledem nichts und beharren auf ihrer Meinung, ohne sich fundiertes Wissen anzueignen. Tierliebe beschränkt sich bei vielen nur auf das eigene Tier, und jeder andere Hund einschließlich seines Besitzers wird als potenzieller Feind betrachtet. Nur wenn man sich mit anderen Hundehaltern verständigt, kann man einen Hund friedlich erziehen. Damit tut man nicht nur seinem Hund den größten Gefallen, sondern auch sich selbst, weil man damit viele Probleme vermeiden kann.

Die schwarze Hündin droht einem aufdringlichen Rüden offensiv. Dabei wird die Nase hochgezogen, damit die gefährlichen Reißzähne zu sehen sind.

Angst und Aggression – das Regelsystem im Sozialverhalten der Hunde

An der Körpersprache eines Hundes kann man deutlich erkennen, wenn er Angst hat: Die Körperhaltung ist geduckt, der Kopf gesenkt, die Ohren nach hinten gelegt und die Rute eingeklemmt.

Mancher Leser wird sich fragen, warum zwei vermeintlich so unterschiedliche Themen in einem Kapitel gemeinsam behandelt werden. Zwischen Angst und Aggression besteht jedoch ein enger Zusammenhang, denn die meisten Hunde reagieren aggressiv, weil sie unsicher sind oder Angst haben. Wenn ein ängstlicher Hund aus Erfahrung gelernt hat, dass er Menschen oder Tiere mit Aggression von sich fernhalten kann, wird er dieses Verhalten häufig wiederholen.

Zeigt ein Hund oft defensive Aggression, weil er Angst hat, braucht man nur etwas gegen seine Unsicherheit zu tun. Man muss vor allem das Vertrauen des Hundes gewinnen, damit er selbstsicherer wird. Dazu sollte ein Hundehalter eine gute Beziehung und eine starke Bindung zu seinem Hund aufbauen. Reagiert ein Hundeführer aber auf die Aggression mit Gewalt, wird der Hund noch ängstlicher bzw. aggressiver. Sowohl Angst als auch Aggression kann man nur positiv beeinflussen, wenn der Hund sich sicher und geborgen fühlt und bei Begegnungen mit Menschen oder Hunden viele positive Erfahrungen sammeln kann.

Der ängstliche Hund

Scheue und ängstliche Hunde sind für viele Halter ein Problem. Aber nur selten sind die Tiere von Natur aus – also genetisch bedingt – ängstlich. Die meisten werden erst durch ungenügende Sozialisation oder falsche Haltung unsicher. Wurde ein Welpe in der Sozialisationsphase nicht richtig auf unsere reizüberflutete Welt vorbereitet, reagiert er später in ungewohnten Situationen unsicher. Wenn ängstliche Hunde kein Vertrauen zu ihrem Besitzer haben, suchen sie ihr Heil oft in der Flucht und sind dann nicht zu kontrollieren.

Die Angst eines Tieres hat auch den Nachteil, dass die Lernfähigkeit zum großen Teil blockiert wird. Deshalb gelingen Erziehungsversuche meistens nicht so, wie man es erhofft. Versucht dann ein Hundebesitzer, seinen Hund mit strengeren Maßnahmen zu erziehen, verschlimmert sich das Problem, weil der Hund dadurch noch ängstlicher wird und schlechter lernt. Je mehr Ängste ein Hund hat, umso schneller kommt es zu einer sogenannten Generalisierung, d.h. vorhandene Ängste werden auf andere Bereiche übertragen.

Da man schon bei der Anschaffung eines Hundes viel falsch machen kann, sollte man sich vorher gut informieren, worauf man achten muss. Hat ein Hundebesitzer das versäumt, darf er nicht die Schuld bei seinem Hund suchen. Kaufen Sie einen Hund immer nur direkt bei einem seriösen Züchter, der Ihnen die Mutter der Welpen zeigt und bereitwillig alle Fragen beantwortet. Achten Sie besonders darauf, ob die Welpen ab der 3. Woche beim Züchter richtig sozialisiert werden, das ist die wichtigste Phase im Leben eines Hundes (siehe S. 17, Wir sozialisieren unsere Welpen). Kaufen Sie dagegen den Hund bei einem Händler, kann er Ihre Fragen nicht beantworten und erzählt Ihnen genau das, was Sie gern hören möchten. Besonders Hunde aus Osteuropa sollte man nicht kaufen, weil sie nicht sozialisiert werden und zu zeitig von der Mutter wegkommen.

Haben Sie bereits einen sensiblen Hund oder bekommen einen erwachsenen Hund, der ängstlich ist, brauchen Sie nicht gleich die Flinte ins Korn zu werfen. Mit Geduld und Konsequenz kann man viel retten. Am einfachsten lassen sich negative Anlagen bis zum 4. Lebensmonat beeinflussen. Bei älteren Tieren braucht man mehr Geduld. Damit ein Hundehalter das Selbstbewusstsein seines Hundes aufbauen kann, sollte er weder ein grobschlächtig Kerl sein noch eine ängstliche Person. Durch Ungeduld und grobe Behandlung kann sich unerwünschtes Verhalten verschlimmern – vor allem dann, wenn ein Hund kein Vertrauen zum Besitzer hat.

Wie wir unsere Körpersprache einsetzen können

Hundebesitzer, die einen ängstlichen Hund haben, sollten die Körpersprache gut kennen, damit sie ihren Hund nicht unbewusst mit Drohsignalen einschüchtern. Zeigt man dagegen oft Beschwichtigungssignale, verliert der Hund die Angst relativ schnell. Legt man sich z. B. auf den Boden, hat er kaum Angst, weil ruhende Lebewesen nicht gefährlich sind. Viele Hunde reagieren auf Spielangebote freudig erregt, weil das ein Versprechen ist, dass ihm keine Gefahr droht. Eine »Spielverbeugung« ist die Zusicherung dafür, dass ihm nichts geschieht. Deshalb darf man ein Spielangebot nie dazu missbrauchen, einen Hund einzufangen oder gar zu bestrafen; sonst verliert er das Vertrauen völlig. Ahmt man die Vorderkörper-Tiefstellung der Hunde nach, gehen die meisten Hunde spontan auf das Spielangebot ein.

Angst und Aggression

Die Zweisamkeit wird durch die Unsicherheit beider Hunde getrübt: Das erkennt man daran, das der eine sein Spielangebot nicht von vorn macht und der andere den Kopf leicht senkt.

Dieses Signal bedeutet in der Hundesprache: Ab jetzt ist alles erlaubt, keiner nimmt dem anderen etwas übel.

Bei Hunden, die lange Zeit ängstlich waren und durch ein Spielangebot plötzlich Vertrauen zu einem Menschen bekommen, kann es passieren, dass sie vor lauter Freude extrem reagieren. Sie können beim Spielen übermütig werden und unabsichtlich zu derb beißen. Das liegt meistens daran, dass sie in der Sozialisationsphase nicht gelernt haben, ihre Beißkraft richtig zu dosieren. Diesen Lernprozess kann man nachholen, indem man einen Zischlaut ausstößt, sobald ein spielerischer Biss zu derb ausfällt. Wird er sanfter, loben wir ihn. Hilft das nicht, bricht man das Spiel kommentarlos ab, ohne böse zu werden. Ein ängstlicher Hund darf nie bestraft werden, sonst kann er keine Selbstsicherheit entwickeln. Viele Probleme kann man nur mit einfühlsamer Behandlung lösen, denn Hunde können uns nicht erzählen, warum sie ängstlich geworden sind.

Negative Einflüsse

Ein ängstlicher Hund braucht ein Herrchen, das ihn selbstbewusst führt, damit er Vertrauen bekommt und sich sicher fühlt. Dagegen verunsichern unausgeglichene oder launische Menschen einen Hund. Oft genügt es schon, wenn nur ein Familienmitglied den Hund ablehnt oder nicht artgerecht behandelt. Sobald ein sensibler Hund merkt, dass er von einem ranghöheren »Rudelmitglied« nicht akzeptiert wird, kann er kein Selbstbewusstsein entwickeln. Machen Sie nie abfällige Bemerkungen wie »Feigling« oder Ähnliches. Auch wenn Hunde die Bedeutung der Worte nicht verstehen, fühlen sie die Verachtung. Damit kann man keinen unsicheren Hund aufbauen. **Ein selbstbewusster, unaggressiver und folgsamer Hund ist das Ergebnis einer gekonnten Erziehung.**

Ängstliche Hunde sind immer gefährlicher als selbstbewusste. Je selbstsicherer ein Hund ist, umso geringer ist die Gefahr eines Bisses. Die meisten Beißunfälle werden verursacht, wenn sich ängstliche Hunde in die Enge getrieben fühlen. Sie versuchen zunächst mit Aggression, ein Lebewesen auf Abstand zu halten. Wird die Fluchtdistanz unterschritten, kann es zu einem Verzweiflungsangriff kommen. Wenn ein Hund die Zähne fletscht, sollte sich noch nicht mal das eigene Herrchen nähern. Hat ein Hund sich aus Angst in eine Ecke verkrochen und zeigt die Zähne, riskiert man einen Biss, wenn man versucht, ihn da herauszuholen. Zeigen Sie besser Beschwichtigungssignale (siehe S. 106, Kommunikation) oder lassen Sie ihn in Ruhe, bis er sich von selbst beruhigt hat. Völlig verkehrt wäre es, zu schreien oder ihn gar mit Gewalt aus seinem Versteck zu treiben.

Als Erstes gilt es, die Ursache für die Angst herauszufinden. Dann kann man aggressionsauslösende Situationen vermeiden. Weiß man viel über die Körpersprache der Hunde, kann man die Vorzeichen aufkommender Angst oder Aggression erkennen und rechtzeitig darauf reagieren. Besonders gefährdet sind Kinder, die weder die Drohsignale noch die Gefahr richtig einschätzen können. Deshalb darf man Hunde niemals mit Kindern unbeaufsichtigt lassen. Jeder Hundebesitzer sollte Kindern erklären, wie man mit einem Hund richtig umgeht (siehe S. 36, Fremde Kinder).

Richtiges Verhalten gegenüber ängstlichen Hunden

Damit ein Hund seine Ängste möglichst schnell abbauen kann, sollte man jedes mutige Verhalten positiv bestärken. Oft kann man jedoch beobachten, dass Hundehalter genau das Gegenteil tun. Sobald ein Hund Angst zeigt, bekommt er Zuwendung in Form von Trost und Körperkontakt. Noch schlimmer ist es, ihn mit Le-

Tipp

Ärgert sich ein Hundehalter über das angstaggressive Verhalten seines Hundes und wird wütend, ist das immer ein Zeichen von Hilflosigkeit. Ein Hund merkt an dem unkontrollierten Verhalten seines Rudelführers, dass er der Situation nicht gewachsen ist, und wird noch unsicherer und aggressiver. Diesen Teufelskreis zu durchbrechen ist nicht Aufgabe des Hundes. Jeder Hundeführer sollte sich der Verantwortung bewusst sein, diese Schwierigkeiten so bald wie möglich aus der Welt zu schaffen. Dazu muss man sich entsprechende Kenntnisse aneignen oder professionelle Hilfe in Anspruch nehmen.

ckerchen ablenken zu wollen oder auf den Arm zu nehmen. Dadurch wird er in seinem ängstlichen Verhalten bestärkt und noch ängstlicher. Wenn ein Hund Angst zeigt oder wehleidig reagiert, ohne dass eine echte Gefahr droht, beachten Sie ihn nicht. Erst wenn er sich wieder normal verhält, loben Sie ihn.

Wird ein Hund bei Unsicherheit oder gar Angst bedauert oder getröstet, wird er immer ängstlicher. Man sollte ihn besser für mutiges Verhalten bestärken.

Mit den folgenden Tipps können Sie einem ängstlichen Hund den Rücken stärken und seine Selbstsicherheit aufbauen:

- Hunde brauchen eine klare Rangordnung; nur dann fühlen sie sich sicher. Ein »Rudelführer«, der es versteht, einem Hund das Gefühl zu geben, dass er ihn in gefährlichen Situationen beschützen kann, hat die besten Voraussetzungen, ein sensibles Tier aufzubauen. Je berechenbarer Herrchen ist, umso mehr Vertrauen und Selbstsicherheit bekommt ein Hund.
- Zeigt ein Hund Angst, dürfen Sie ihn nicht streicheln, trösten oder ihm eine Belohnung geben, um ihn zu beruhigen. Er darf auch nicht geschimpft oder gar bestraft werden. Bleiben Sie fröhlich und gelassen, als wenn alles ganz normal wäre.
- Wenn Sie einen Befehl geben, nehmen Sie keine drohende Körperhaltung ein, sondern geben Sie Ihrem Hund nur eine freundliche Information. Jeder Lernfortschritt sollte überschwänglich gelobt werden.
- Ein ängstlicher Hund braucht viel Lob, auch wenn er eine gestellte Aufgabe am Anfang nicht perfekt ausführt. Wird ein Hund nicht gelobt, weiß er nie, ob er es seinem Herrchen recht macht.
- Ermuntern Sie Ihren Hund beim Spazierengehen in freiem Gelände zum Loslaufen, machen Sie Geländespiele oder Agility-Training. Verbreiten Sie eine positive Stimmung, damit er lernt, sich etwas zuzutrauen.
- Bleiben Sie in allen ungewöhnlichen Situationen und bei Begegnungen mit anderen Hunden immer ruhig und gelassen. Nervöse, ängstliche oder cholerische Hundeführer geben mit ihrem Geschrei und ihrer Nervosität ihrem Hund das Gefühl, dass er sich in einer gefährlichen Situation befindet.
- Ein sensibler Hund braucht viele Streicheleinheiten, dadurch bekommt er Vertrauen und fühlt sich geborgen; aber tätscheln Sie einem Hund nie den Kopf. Widmen Sie sich Ihrem Hund jeden Tag mindestens 5 Minuten voll und ganz. Massieren Sie ihn, kraulen Sie ihn hinter den Ohren und an der Brust, nehmen Sie ihn dabei aber nicht mit auf das Sofa oder auf den Schoß.
- Haben Sie private oder geschäftliche Probleme, merkt ein Hund das sofort. Deshalb sollten Sie ab und zu sanft mit ihm sprechen und ihn streicheln, damit er Ihren Ärger nicht auf sich bezieht. Frustration darf man nie an einem Hund auslassen, dadurch nimmt man ihm sein Selbstvertrauen.
- Am schnellsten verliert ein Hund seine Angst, wenn man sich klein macht. Legt man sich auf den Boden und spielt mit ihm, macht man ihn besonders glücklich.
- Fordern Sie Ihren Hund häufig zum Spielen auf, damit er sich daran gewöhnt, dass er ausgelassen herumtoben darf. Kämpfen Sie spielerisch mit ihm, das festigt die soziale Bindung.
- Wenn Ihr Hund etwas tut, was Ihnen missfällt, schimpfen oder schreien Sie nicht und bestrafen Sie ihn auf keinen Fall. Besonders nachträgliche Strafen sind völlig sinnlos und verunsichern jedes Tier. Ein leises »Nein« genügt bei einem sensiblen Hund, und bald merkt er, was Sie von ihm erwarten. Loben Sie ihn bei richtigem Verhalten sofort, dann begreift er viel schneller, wie er sich verhalten soll.
- Vergessen Sie nie, die Hörzeichen »Sitz«, »Platz«, »Bleib« oder »Fuß« aufzuheben. Sobald Ihr Hund einen Befehl vorzeitig beendet, muss das Kommando so oft wiederholt werden, bis er es verstanden hat. Belohnen Sie ihn nur bei richtigem Verhalten.

Der ängstliche Hund

- Achten Sie immer auf die Körpersprache des Hundes, ganz besonders auf die Haltung der Ohren und der Rute. Sobald Ihr Hund Angst zeigt, haben Sie ihn überfordert.
- Wenn Sie ein Hörzeichen geben und Ihr Hund zeigt Angst, gibt es dafür immer eine Ursache. Gewöhnlich liegt es daran, dass er mit diesem Befehl negative Erlebnisse verknüpft. Dann sprechen Sie das Hörzeichen nicht aus, sondern geben ihm besser ein Sichtzeichen. Führt er den Befehl aus, wird er überschwänglich gelobt. Bestehen Sie bei einem ängstlichen Hund nicht auf der Ausführung eines Befehls, wenn er dabei die Ohren anlegt oder den Schwanz einzieht. Versuchen Sie, ihn mit einem Leckerchen in der Hand zu überzeugen, die Aufgabe doch noch auszuführen. Nur durch häufige Wiederholungen positiver Erlebnisse kann er Selbstvertrauen gewinnen.
- Alles, was für Ihren Hund verboten ist, muss immer verboten bleiben. Wenn Sie inkonsequent sind und einmal etwas erlauben und dann wieder verbieten, hat der Hund keine gute Orientierung; das verunsichert ihn.
- Ziehen Sie einen Hund nie irgendwohin, wenn er sich »mit Händen und Füßen« wehrt. Ein Hund kann uns nicht sagen, wovor und warum er Angst hat. Versuchen Sie stattdessen mit viel Fingerspitzengefühl herauszufinden, was die Ursache für sein Verhalten ist. Bedenken Sie immer, dass der Hund sich in einer ähnlichen Situation verletzt haben könnte.
- Erschrecken Sie einen Hund nie und vermeiden Sie jede Schrecksituation durch vorausschauendes Denken. Wenn Sie ihn versehentlich treten, berühren Sie ihn mit einer versöhnlichen Geste. Aber bedauern Sie ihn nicht.
- Wird Ihr Hund von einer fremden Person oder durch eine ungewöhnliche Situation erschreckt, bleiben Sie ruhig und gelassen. Verhalten Sie sich so, als wäre diese Situation ganz normal. Wenn Sie sich darüber aufregen und den Verursacher beschimpfen, suggerieren Sie Ihrem Hund, dass das eine gefährliche Situation war; dadurch können sich seine Ängste verschlimmern.
- Lassen Sie einen ängstlichen Hund möglichst nie allein. In einem Auto fühlt sich ein Hund meistens wohler als allein zu Hause. Wenn es sich gar nicht umgehen lässt, müssen Sie ihn langsam daran gewöhnen (siehe S. 32, Allein zu Hause). Geben Sie ihm etwas, womit er sich gern beschäftigt, z. B. einen Kauknochen.
- Zeigen Sie Ihrem Hund, dass Sie keine Angst haben und ihn beschützen können: Gehen Sie zu einem Pferd oder einer Kuh und fassen Sie das Tier an; aber bitte nicht halbherzig, ein Hund merkt das. Ziehen Sie ihn nicht gegen seinen Willen zu dem Tier hin, sondern nähern Sie sich langsam mit lockerer Leine.
- Wenn sich Ihrem Hund etwas nähert, was ihm Angst einflößt, warten Sie nicht, bis er sich hinter Ihnen versteckt, sondern stellen Sie sich vor ihn. Dann merkt er, dass Sie ihn beschützen können.
- Bei einer Hundebegegnung sollte Ihr Hund möglichst nicht an der Leine laufen, wenn es die Verkehrssituation erlaubt. Dann kann er sich ungehindert über die Körpersprache mit anderen Hunden verständigen. Selbst wenn Sie Angst um Ihren Hund haben oder unsicher sind, dürfen Sie sich das nie anmerken lassen.
- Lassen Sie einen Hund zu Silvester und bei Gewitter nie allein. Wenn ein Hund Angst vor Knallgeräuschen hat, geben Sie ihm rechtzei-

Angst und Aggression

tig ein Beruhigungsmittel. Das Medikament braucht etwa 1 Stunde, bis die Wirkung einsetzt; verabreichen Sie es also rechtzeitig. Die Dosierung sagt Ihnen Ihr Tierarzt.

- Sie können einen ängstlichen Hund auch mit Bachblüten therapieren. Und wenn er Angst vor einem Tierarztbesuch hat, kann man ihm ein Beruhigungsmittel geben. Man muss das aber vorher mit dem Tierarzt absprechen, da Beruhigungsmittel den Befund beeinflussen können.

Ängste

Angst vor anderen Hunden

Durch mangelnde Sozialisation kann ein Hund vor jedem fremden Hund Angst bekommen. Das ist besonders bei ängstlichen Hundehaltern ein Problem, weil sich ihre Angst auf den Hund überträgt. Durch ängstliches Verhalten signalisiert man einem Hund: Jetzt wird es gefährlich! Normalerweise gehen die meisten Hunde unbefangen auf Artgenossen zu. Jeder Hund muss die Möglichkeit haben, oft mit friedlichen Hunden Kontakt aufzunehmen. Richtiges Sozialverhalten kann ein Hund nur von Artgenossen lernen! Wenn Ihr Hund viele positive Erfahrungen mit anderen Hunden macht, bekommt er mit der Zeit Selbstvertrauen. Wenn er Artgenossen anbellt, muss man ihm zuerst das Bellen abgewöhnen.

Begegnen Sie fremden Hunden, bleiben Sie in der Nähe Ihres Hundes, damit er sich von seinem »Rudel« nicht im Stich gelassen fühlt. Je größer der Abstand zu Herrchen ist, umso unsicherer wird er. Dadurch kommt ein ängstlicher Hund in eine Zwickmühle: Eigentlich müsste er dem Artgenossen Beschwichtigungssignale zeigen, aber weil er Angst hat, möchte er in Herrchens Nähe bleiben. Läuft er Herrchen nach, be-

Wenn ängstliche Hunde ihre Angst verlieren, fällt spielerisches Beißen beim Herumtoben manchmal zu heftig aus. Damit sie nicht wieder ängstlich werden, müssen wir sie ermahnen, sobald sie zu übermütig werden.

Ein Hund, der getragen wird, ist unsicher, weil er in seiner Bewegungsfreiheit eingeschränkt wird. Entweder reagiert er ängstlich oder er versucht mit Aggression Artgenossen zu vertreiben.

findet er sich jedoch mit dem entgegenkommenden Hund auf Konfrontationskurs.

Gelingt es Ihnen, einen ängstlichen Hund aufzubauen, und er hat sich in der Nachbarschaft mit Artgenossen angefreundet, wird er irgendwann übermütig. Das ist eine Reaktion, die man auch bei ängstlichen Kindern beobachten kann. Ängstliche Hunde fallen manchmal von einem Extrem ins andere. Das ist aber noch kein richtiges Selbstbewusstsein, sondern eine Übergangsphase.

Beim Herumtoben kann es passieren, dass er andere Hunde spielerisch beißt. Zuerst sanft und dann immer fester. Er probiert einfach aus, wie weit er gehen kann. Ängstlichen Hunden fehlen oft die Erfahrungen im Umgang mit Artgenossen, die normalerweise im Welpenalter gemacht werden. Fällt das spielerische Beißen zu heftig aus, kann der Gebissene aggressiv reagieren. Damit ein Hund nicht wieder ängstlich wird, müssen wir ihn deshalb gut beobachten und ermahnen, sobald er zu übermütig wird. So können ihm negative Erfahrungen mit anderen Hunden erspart bleiben. Gewöhnlich fällt bei Hunden untereinander eine Bestrafung artgerecht aus, sodass der Bestrafte nur selten Angst bekommt. Das liegt nicht nur an der schnellen Reaktion der Hunde, sondern auch daran, dass sie nicht nachtragend sind. Davon können die meisten Hundehalter viel lernen.

Wenn ein Hund merkt, dass sein Herrchen ihn vor einem angriffslustigen Hund beschützen kann, fühlt er sich sicher. Doch manche Halter haben vor fremden Hunden ebenso viel Angst wie ihr Hund. Dafür gibt es kaum einen Anlass. Denn wenn man einem Hund unerschrocken entgegentritt, kann man ihn einschüchtern (außer man betritt sein Territorium). Die Aggression richtet sich in der Regel nur gegen den Hund. Es kommt fast nie vor, dass ein fremder Hund den Halter und seinen Hund gleichzeitig bedroht.

Angst und Aggression

Beschützen Sie Ihren Hund aber nicht, indem Sie ihn auf den Arm nehmen. Durch die erhöhte Position bekommt er das trügerische Gefühl, ranghoch zu sein. Er wird dann mit der Zeit aggressiv und glaubt, dass er anderen Hunden überlegen sei. Er greift dann unter Umständen auch wesentlich größere Hunde an.

Angst vor Menschen

Wenn ein Hund Angst vor Menschen hat, wurde er nicht richtig sozialisiert oder er hat schlechte Erfahrungen gemacht. In beiden Fällen braucht er ein Herrchen, das ihm Sicherheit und Geborgenheit bieten kann. Einfühlsame Menschen sind leider oft nicht in der Lage, einem Hund das Gefühl zu geben, dass sie ihn beschützen können. Und starken Menschen fehlt nicht selten das Feingefühl, einem scheuen Hund die Angst zu nehmen.

Ein großes Problem bei ängstlichen Hunden ist, dass sie sehr schnell aggressiv werden, sobald sie sich bedroht fühlen. Dafür haben nur wenige Menschen Verständnis, weil sie nicht wissen, wie man mit einem aggressiven Hund umgeht. Ein Hundehalter muss also relativ viele Voraussetzungen mitbringen, damit er einem ängstlichen Hund wirklich helfen kann. Lassen Sie vorläufig keinen Menschen in die Nähe Ihres Hundes, der kein Verständnis für ein traumatisiertes Tier hat.

Will man einen ängstlichen Hund therapieren, muss man zunächst eine gute Bindung aufbauen, damit er Vertrauen bekommt. Dann gewöhnt man ihn langsam an Menschen, die gut mit Tieren umgehen können.

Damit einem traumatisierten Hund weitere Negativerlebnisse erspart bleiben, darf niemand die Geduld verlieren. Nur dann gewinnt er mit der Zeit wieder Vertrauen zu Menschen. Findet man Leute, die bereit sind zu helfen, müssen sie informiert werden, wie man sich richtig verhält:

- Wenn ein ängstlicher Hund Besucher in der Wohnung anbellt, muss man ihm zuerst das Bellen abgewöhnen. Kommt ein Helfer zu Besuch, darf er dem Hund nicht in die Augen sehen oder gar versuchen, ihn anzufassen. Am besten beachtet er den Hund nicht und dreht ihm den Rücken zu. Der Helfer darf keine Angst vor Hunden haben, denn ängstliche Menschen starren einen Hund unbewusst an. Das In-die-Augen-Sehen bedeutet jedoch in der Hundesprache eine Drohung.

- Sobald sich der Besucher gesetzt hat, entspannt sich die Situation, weil ein ruhendes Lebewesen keine Bedrohung für Tiere darstellt. Wenn der Hund sich beruhigt, kann der Besucher ihm ein paar Leckerchen zuwerfen. Irgendwann wird der Hund versuchen, die Witterung des Besuchers aufzunehmen. Sobald er sich nähert, darf man nichts tun, was ihn erschrecken könnte. Dieses passive Verhalten nimmt einem Hund die schlimmste Angst. Richtiges Vertrauen bekommt er aber erst, wenn er mit vielen Personen positive Erfahrungen macht. Das erreicht man mit gemeinsamen Erlebnissen, die einem Hund Freude bereiten. Also gehen Sie mit ihm und Ihren Besuchern in einem relativ ruhigen Gebiet spazieren. Versuchen Sie, ihn zu einem Spiel zu ermuntern.

Bleiben Sie bei der Führung eines ängstlichen Hundes immer entspannt und selbstbewusst. Achten Sie darauf, dass Sie nicht verkrampft reagieren, wenn Ihnen Menschen oder Hunde entgegenkommen. Ein Hundeführer, der bei jeder Begegnung unsicher wird, verhält sich unbewusst falsch. Er nimmt die Leine kurz oder beobachtet seinen Hund besorgt, wie er wohl reagieren wird. Jeder Hund registriert minimale Veränderungen im

Tipp

Für einen ängstlichen Hund kann jede Situation bedrohlich wirken. Sobald er sich in die Enge getrieben fühlt, kann es zu einem Verzweiflungsangriff kommen.

Verhalten seines Rudelführers. Ein guter Hundeführer zeigt einem ängstlichen Hund, dass er ihn beschützen kann, aber nicht, dass er Angst hat.

Die Gewöhnung an Kinder ist bei einem ängstlichen Hund ziemlich schwierig, weil Kinder die Zusammenhänge noch nicht verstehen. Damit man die ersten Anzeichen von Unsicherheit erkennt, sollte man die Körpersprache des Hundes gut beobachten. Dann muss man jede Annäherung verhindern – auch wenn es sich um sehr kleine Kinder handelt. In Situationen, die einen Hund verunsichern, muss man ihm den Rücken stärken; aber ohne ihn zu behüten.

Angst vor Befehlen

Gelegentlich kommt es vor, dass Hunde vor bestimmten Hörzeichen Angst haben. Meistens entsteht sie dadurch, dass der Befehl mit negativen Erlebnissen verknüpft wurde. Dazu ein Beispiel: Eine 3-jährige Hündin, die sehr folgsam war, hatte eine Schwäche. Sobald sie das Hörzeichen »Platz« hörte, verkrampfte sie, selbst wenn der Befehl leise ausgesprochen wurde. Sie zog den Schwanz ein, begann zu zittern und hob beschwichtigend eine Pfote. Es war offensichtlich, dass sie im Zusammenhang mit diesem Hörzeichen etwas Negatives erlebt hatte. Auch mit der sanftesten Methode war es nicht möglich, einen dauerhaften Erfolg zu erzielen. Alle Bemühungen einer Gegenkonditionierung schienen erfolglos. Als ich schon drauf und dran war, mich damit abzufinden, kam mir ein Zufall zu Hilfe:

Die größte Leidenschaft dieser Hündin war das Apportieren. Während eines langen Spazierganges warf ich ihr einen Schleuderball. Als sie nach einiger Zeit müde wurde, legte sie sich hin und legte den Ball vor sich ab. Ich nahm den Ball, sagte leise »Platz« und warf ihr den Ball. Von dem Tage an warf ich den Ball nur noch, wenn sie sich hinlegte. Es dauerte nur wenige Tage, bis sie das Ablegen mit dem Werfen des Balls verknüpft hatte. Die Gegenkonditionierung war schließlich doch noch erfolgreich. Die negative Konditionierung wurde von ihrer liebsten Beschäftigung, dem Apportieren, überlagert, und aus Angst wurde freudige Erwartung.

Später erfuhr ich, wie es dazu gekommen war: Wenn die Besitzer

> **Tipp**
>
> Man darf einen Hund nie streicheln, bedauern, trösten oder gar auf den Arm nehmen, wenn er Angst zeigt. Es ist auch völlig sinnlos, einem Hund sagen zu wollen: Du brauchst doch keine Angst zu haben! Versetzen Sie sich besser in seine Lage und bieten Sie ihm die nötige Sicherheit.

Eine gefährliche Situation: Das Kind versteht die Signale des kleinen Hundes noch nicht. Er zeigt mit nach hinten gelegten Ohren, geduckter Haltung und eingezogenem Schwanz an, dass er Angst hat. Spätestens jetzt muss der Streichelversuch abgebrochen werden, damit es nicht zu einem Verteidigungsbiss kommt.

Stress hatten und die Hündin im Weg war, gaben sie den Befehl »Platz«. Sie lobten sie nie für das Befolgen dieses Befehls und gaben ihr nichts, womit sie sich beschäftigen konnte. Der Befehl bedeutete für sie daher nicht nur Langeweile, sondern auch, dass sie nicht mehr beachtet wurde. Eine schlimme Strafe für einen Hund.

Man kann versuchen, das Problem auch einfacher zu lösen, indem man ein anderes Hörzeichen wählt (z. B. »down«, der englische Befehl für Platz). Dann entfällt die negative Erinnerung an das Wort »Platz«, und das Problem ist schneller aus der Welt geschafft. Diese Methode ist aber nur erfolgreich, wenn man den Hund für das Befolgen des neuen Befehls immer lobt.

Angst vor Gegenständen
Angst vor Unbekanntem löst bei allen Lebewesen Meideverhalten oder Flucht aus. Das ist ein natürlicher Schutzreflex, der die Überlebenschancen eines Individuums verbessert. Angstverhalten kann bei Tieren durch schädliche Einflüsse jedoch schlimme Ausmaße annehmen. Sie reagieren dann auf bestimmte Reize mit extremer Angst und unkontrollierbarem Verhalten. Zu dieser Fehlentwicklung kommt es, wenn Hunde in einer reizarmen Umgebung aufwachsen. Hat ein Hund vor einem bestimmten Gegenstand Angst, z. B. einem Stock, kann man davon ausgehen, dass er damit schlechte Erfahrungen gemacht hat. Diese Angst kann man relativ leicht therapieren:

Zunächst muss der Hund genügend Zeit bekommen, sich langsam an den Gegenstand zu gewöhnen. Legen Sie ihn auf den Boden und warten Sie, bis er ihn ausgiebig begutachtet und beschnuppert hat. Hält er sich von dem Gegenstand fern, legen Sie ein paar Leckerchen in die Nähe. Loben und ermuntern Sie ihn immer dann, wenn er sich dem Gegenstand nähert und keine Angstreaktion zeigt. Mit positiver Stimmung stellt sich der Erfolg schneller ein.

Damit Ihr Hund seine Angst vor dem Gegenstand auch verliert, wenn ihn jemand benutzt, nehmen Sie ihn nach einer angemessenen Zeit in die Hand. Das sollte allerdings nur eine Person übernehmen, zu der er volles Vertrauen hat. Sobald er Angst zeigt, legen Sie den Gegenstand weg und rufen ihn zu sich. Wenn er kommt, geben Sie ihm ein Leckerchen. Dann halten Sie den Gegenstand wieder ruhig in Ihrer Hand. Sobald er Angst zeigt, legen Sie ihn wieder weg. Das wiederholen Sie so oft, bis Sie den Gegenstand ruhig in der Hand halten können, ohne dass er Angst zeigt. Je mehr positive Erlebnisse der Hund mit dem Gegenstand hat, umso schneller verliert er seine Angst. Belohnen Sie ihn aber nie bei ängstlichem Verhalten, um ihn zu beruhigen. Dadurch würden Sie sein ängstliches Verhalten bestärken.

Dann bewegen Sie den Gegenstand zunächst sehr langsam. Sobald er Angst zeigt, halten Sie ihn wieder ruhig. Erst wenn er sich beruhigt hat, bekommt er einen Leckerbissen. Dann führt man die Bewegung schrittweise immer schneller aus. Aber übertreiben Sie es nicht. Jede Steigerung darf nur in so kleinen Schritten erfolgen, dass der Hund nie Angst bekommt. Es handelt sich bei diesen Übungen um eine sogenannte Gegenkonditionierung: Die angstauslösende Verknüpfung wird durch viel positive Erlebnisse von einer neuen Verknüpfung »überlagert«.

Bei diesen Übungen sollte man sich gut konzentrieren, denn wenn der Gegenstand versehentlich runterfällt, kann die ganze Mühe umsonst gewesen sein. Dann muss man wieder von vorn beginnen. Wer keine Zeit und Geduld hat und nicht motiviert ist, einem Tier zu helfen, sollte es besser erst gar nicht versuchen. Es gibt auch Menschen, die sich einen Spaß daraus machen, Tiere zu erschrecken. Mit dieser Emotionslosigkeit fügt man Tieren einen großen Schaden zu.

Angst vor Geräuschen

Hunde können durch laute Geräusche einen psychischen Schaden erleiden, wenn sie z. B. Silvester alleine gelassen werden. Auch bei Gewitter oder Bauarbeiten in der Nachbarschaft kann ein Hund Todesangst bekommen, wenn er alleine ist. Bekanntlich erzeugen Baumaschinen nicht nur Lärm, sondern auch Erschütterungen. Wie man seit langem weiß, können Tiere bei bevorstehenden Erdbeben feinste Schwingungen schon viele Stunden oder sogar Tage vorher wahrnehmen – lange bevor Menschen etwas bemerken. Wildtiere verlassen ein Erdbebengebiet, sobald sie die ersten minimalen Anzeichen des Bebens wahrnehmen und bringen sich in Sicherheit. Es ist deshalb nicht schwer nachzuvollziehen, was ein Hund bei Erschütterungen im Haus oder in der Nachbarschaft empfindet, wenn er nicht fliehen kann. Solchen Belastungen sollte ein Hund nie ausgesetzt werden. Solange Herrchen anwesend ist, orientiert er sich nach dem »Rudelführer«, und seine Angst hält sich in Grenzen. Vorausschauendes Denken ist die beste Prophylaxe, ein Tier vor psychischen Schäden zu bewahren.

Es gibt viele Hunde, die vor bestimmten Geräuschen Angst haben. Besonders Knallgeräusche können auch den ruhigsten Hund in Panik versetzen. Diese Angst entsteht nicht nur durch negative Erfahrungen, sondern auch, wenn Hunde während der Sozialisationsphase zu sehr behütet werden. Wird ein Welpe in den ersten Lebenswochen nicht mit vielen unterschiedlichen Reizen vertraut gemacht, kann er Ängste entwickeln, die nicht nur dem Hund, sondern auch seinem Halter Schwierigkeiten bereiten. Ist ein Hund bereits dem Welpenalter entwachsen und wird oft durch unnatürliche Geräusche erschreckt, kann sich die Angst auch auf andere Bereiche auswirken. Er reagiert dann unter Umständen in vielen Situationen ängstlich. Wenn ein Hund im Zusammenhang mit bestimmten Geräuschen schlechte Erfahrungen gemacht hat, kommt es zu einer unerwünschten Konditionierung. Eine Gegenkonditionierung kann zwar die Ängste abbauen, doch ist diese Therapie mit viel Mühe verbunden. Deshalb ist es immer am einfachsten, einen Hund von Anfang so zu sozialisieren, dass derartige Probleme erst gar nicht auftreten.

Sobald ein unerwartetes Geräusch einen Hund erschreckt, kann ein Hundeführer durch sein Verhalten

Bekommt ein Hund einen Schreck, verharrt er in einer Schreckstarre. Damit signalisiert er Artgenossen, dass er friedliche Absichten hat.

viel dazu beitragen, dass sein Hund keine Angst bekommt. Dazu ein Beispiel: Ein Hund, der während der Sozialisationsphase nicht an Knallgeräusche gewöhnt wurde, geht mit Herrchen spazieren. Plötzlich verursacht eine fremde Person einen Knall. Der Hund bekommt einen Schreck und versucht zu fliehen. Die Leine verhindert das. Nun kommt es auf Ihre Reaktion an, wie sich Ihr Hund künftig in ähnlichen Situationen verhält. Bleiben Sie gelassen und tun Sie, als wenn nichts geschehen wäre. So lernt der Hund aus Ihrem Verhalten, dass dieser Knall keine Gefahr bedeutet. Regen Sie sich aber darüber auf und beschimpfen den Verursacher, weil Sie sich über sein Verhalten ärgern, schließt der Hund daraus, dass ein Knall gefährlich sein muss. Auf diese Weise überträgt sich Ihre Stimmung auf den Hund. Sie dürfen Ihren Hund ja nicht trösten oder durch Streicheln beruhigen, sonst bestärken Sie ihn ungewollt für sein ängstliches Verhalten.

Desensibilisierung und Gegenkonditionierung
Damit ein Hund künftig nicht mehr überängstlich auf Knallgeräusche reagiert, kann man ihn desensibilisieren. In ganz kleinen Lernschritten macht man ihn mit Knallgeräuschen vertraut. Der Knall muss dabei so stark gedämpft werden, dass der Hund keine Angst zeigt. Unter Umständen muss das Geräusch so leise sein, dass der Hund es kaum noch wahrnehmen kann. Dazu braucht man natürlich sehr, sehr viel Geduld. Bei regelmäßigem Üben merkt er, dass keine Gefahr davon ausgeht. Man holt praktisch die Sozialisation in sehr kleinen Lernschritten nach.

Dazu sollte man am Anfang ein Gelände ohne Verkehr aufsuchen. Man gewöhnt den Hund zunächst an einen leisen Knall mit einer Zündhütchenpistole. Zeigt er bereits bei diesem Knall Angst, kann man die Pistole entweder in Tüten stecken, damit der Knall noch leiser wird, oder man beginnt mit dem Knallen in einer gewissen Entfernung. Dazu braucht man einen Helfer, der den Hund an einer langen Leine hält, damit er nicht unkontrolliert davonläuft. Sobald man schießt, ruft man den Hund. Will er zu Herrchen, lässt der Helfer die Leine lang, damit er sich sein wohlverdientes Leckerchen holen kann. Will er aber fliehen, war der Knall zu laut. Das Geräusch darf immer nur so laut sein, dass Ihr Hund nie Angst bekommt. Dies wiederholt man so oft über mehrere Tage oder Wochen, bis er daran gewöhnt ist und sich auf das Leckerchen freut. So wird der Knall zu einer Belohnungsversprechung und das Geräusch mit dem Leckerchen verknüpft. Erst dann kann die Lautstärke in ganz kleinen Schritten gesteigert bzw. die Entfernung verkürzt werden. Läuft der Hund auf Herrchen zu, darf natürlich nicht geschossen werden. Jede zu schnelle Steigerung führt zu Misserfolgen und macht alle Bemühungen zunichte. Am besten zieht man einen Hundepsychologen oder Tiertherapeuten zurate. Wer alles richtig macht, wird bald erleben, dass sein Hund bei einem Knall erwartungsvoll kommt und auf sein Leckerchen wartet.

Das ist bei einem erwachsenen Hund natürlich wesentlich aufwendiger als bei einem Welpen. Der Erfolg dieser Therapie hängt sehr von der Motivation und Geduld des Besitzers ab.

Eine Desensibilisierung oder Gegenkonditionierung sollte immer dasjenige Familienmitglied übernehmen, zu dem der Hund das meiste Vertrauen hat (nicht zu verwechseln mit Personen, die ihn am meisten verwöhnen oder vor denen er den meisten Respekt hat!). Durch Ungeduld oder grobe Behandlung kann

Wenn ein Hund durch ungewöhnliche Geräusche (Gewitter, Krach) Angst bekommt und Herrchens Nähe sucht, darf er nicht bedauert oder gestreichelt werden. Sonst bestärken Sie sein ängstliches Verhalten.

sich die Angst verschlimmern. Eine Desensibilisierung erfordert viel Einfühlungsvermögen, denn die Therapie kann unter Umständen viele Wochen dauern. Vor allem muss die Person, die den Hund therapieren will, mit der Körpersprache der Hunde gut vertraut sein. Nur so jemand kann die geringsten Anzeichen von Angst rechtzeitig erkennen.

Als vorbeugende Maßnahme kann man im Musikhandel CDs mit den unterschiedlichsten Geräuschen erwerben. Bei den meisten Hunden ist es angebracht, 3–4 Wochen vor Silvester mit dem Abspielen von Feuerwerksgeräuschen zu beginnen, damit die Silvesternacht nicht zur Qual wird. Man spielt die Geräusche dem Hund zunächst sehr leise vor. Achten Sie auf die Körpersprache und regeln Sie die Lautstärke sofort zurück, wenn der Hund Anspannung zeigt. Hat man einen Pegel eingestellt, den der Hund gut verträgt, lässt man die CD 1 Stunde laufen. Setzt man die Therapie am folgenden Tag fort, muss man leiser beginnen, als der Hund am Vortag gut vertragen hat. Denn wenn man zu laut beginnt und er bekommt Angst, kann man wieder ganz von vorn anfangen. Ist er entspannt, kann man die Lautstärke in den nächsten Tagen in ganz kleinen Schritten etwas lauter stellen. Aber immer nur so viel, dass der Hund nie Angst bekommt. Jede zu heftige Steigerung kann Angst auslösen und sollte vermieden werden. Man lässt die CD so oft laufen, bis er merkt, dass von den Knallgeräuschen keine Gefahr ausgeht. Die Übungen kann man auch mit einem tragbaren Gerät beim Spazierengehen abspielen. Je vielfältiger die Übungen gestaltet werden, umso besser ist die Wirkung.

Während der Therapie darf der Hund zwar unsere Nähe suchen und selbst Körperkontakt herstellen, aber auf keinen Fall gestreichelt werden. Sonst würde man sein ängstliches Verhalten bestärken. Wenn er sich zu einem Spiel ermuntern lässt und beispielsweise einen Ball apportiert, kann man ihn überschwänglich loben und ihm auch ein Leckerchen geben. Aber immer nur bei angstfreiem Verhalten.

Diese Therapie kann noch durch eine Gegenkonditionierung unterstützt werden: Vor jedem positiven Ereignis wie Füttern, Gassigehen oder Spielen spielt man die Geräusche vor. Wiederholt man das regelmäßig über längere Zeit, verknüpft der Hund das Geräusch mit den positiven Erlebnissen. Die unerwünschte Konditionierung wird dann von einer positiven Konditionierung überlagert.

Um den Unterschied der beiden genannten Therapiemöglichkeiten noch einmal deutlich zu machen:

Beim **Desensibilisieren** wird ein Hund in ganz kleinen Schritten systematisch an den Angst auslösenden Reiz gewöhnt, bis er merkt, dass nichts passiert.

Bei der **Gegenkonditionierung** wird eine negative Verknüpfung durch viele angenehme Erlebnisse »gelöscht« und von einer positiven Verknüpfung »überlagert«.

Man kann die Desensibilisierung mit einer Bachblütentherapie unterstützen. Ein anderes bewährtes Mittel sind Pheromone, die eine beruhigende Wirkung haben. Diese natürlichen Duftstoffe werden bei der Geburt der Welpen von der Mutter abgegeben. Pheromone kann man bei ängstlichen Hunden, auch wenn sie bereits erwachsen sind, anwenden. Sie wirken aber nicht bei jedem Hund.

Es würde den Rahmen dieses Buches sprengen, für alle unterschiedlichen Ängste Empfehlungen zu geben. Bei schwierigen Problemen sollte man professionelle Hilfe in Anspruch nehmen oder sich etwas ausdenken, was diesem Prinzip nahekommt. Um Misserfolge und Rückschläge zu vermeiden, muss man die Steigerung der didaktischen Lernschritte immer so klein wie möglich halten.

Angst vor Gewitter
Bei Gewitter haben nicht nur sensible Hunde Angst. Das ist auch natürlich, denn ein Tier, das sich bei Gewitter in einer Höhle versteckt, vergrößert damit seine Überlebenschance. Da ein Hund nicht weiß, dass sich auf unserem Dach eine Blitzschutzanlage befindet, müssen wir ihm durch unser Verhalten zeigen, dass Blitz und Donner nicht gefährlich sind. Wenn sich Ihr Hund irgendwo zu Hause verkriecht, holen Sie ihn auf keinen Fall aus seinem Versteck, dort fühlt er sich relativ sicher. Bleiben Sie also gelassen und verbreiten Sie eine positive Stimmung, damit der Hund merkt, dass ihm keine Gefahr droht. Durch laute Musik kann man die Donnergeräusche etwas übertönen. Vielleicht lässt sich Ihr Hund auch durch Ballwerfen oder ein anderes Spiel etwas aufmuntern. Das ist besonders während der Sozialisationsphase wichtig, damit der Welpe lernt, dass es bei Gewitter in einem Haus nicht gefährlich ist. Es hat keinen Sinn einem ängstlichen Hund bei einem aufkommenden Gewitter ein Beruhigungsmittel zu geben, weil das Medikament nicht schnell genug wirkt. Außerdem hört ein Hund das Donnern viel eher als wir.

Tipp

Bei Gewitter oder in anderen Angst einflößenden Situationen darf ein Hund zwar Herrchens Nähe suchen und auch Körperkontakt herstellen, aber man darf ihn nicht streicheln oder bedauern, solange er Angst hat. Nehmen Sie ihn auf keinen Fall auf den Schoß, sonst suggerieren Sie ihm, dass ein Gewitter gefährlich ist. Dadurch wird die Angst immer schlimmer. Viele Hundehalter fügen ihrem Hund durch Unkenntnis und unangebrachte Fürsorge großen Schaden zu.

Der unsensible Hund

Wer sich einen Hund anschaffen möchte und noch keine praktischen Erfahrungen hat, sollte darauf achten, dass er keinen unsensiblen Hund bekommt. Denn zur Erziehung und Führung eines unsensiblen Hundes braucht man Erfahrung; jeder Anfänger ist damit überfordert. Vor allem sanften Menschen, die sich einen wehrhaften Hund zum eigenen Schutz anschaffen, fällt es oft schwer, sich Respekt zu verschaffen. Ein Hundeführer, der sich nicht durchsetzen kann, wird von einem Hund aber nicht als ranghoch eingestuft. Es kann dann sein, dass er Befehle ignoriert und das tut, was er für richtig hält. Der Hund braucht dann dringend eine solide Grundausbildung. Und Herrchen professionelle Hilfe, damit er lernt, wie man mit einem unsensiblen Hund umgeht.

Bei der Wahl eines Welpen sollte man sich viel Zeit nehmen und den Wurf beim Züchter schon vorher oft beobachten. Kaufen Sie möglichst kein »Einzelkind«, sonst haben Sie keine Vergleichsmöglichkeit. Am Verhalten der Jungtiere kann man die Mentalität erkennen und Schlüsse auf das spätere Verhalten ziehen.

Wie stellt man fest, ob ein Hund unsensibel ist? Unfolgsamkeit allein besagt bei einem erwachsenen Hund nichts; das kann an ungenügender Erziehung liegen. Wirklich unsensible Hunde gibt es auch nur sehr selten, sie haben vor fast nichts Angst und scheinen kein Schmerzempfinden zu besitzen (bei bestimmten Rassen wurde das Schmerzempfinden weggezüchtet). Das kann man überprüfen, indem man ihn am Schwanz festhält. Vorher berührt man ihn an verschiedenen Stellen, damit er weiß, wer ihn festhält. Jeder normale Hund reagiert auf Schwanzberührungen schnell und versucht, die haltende Hand loszuwerden – im Extremfall mit Schnappen. Ein wirklich unsensibler Hund dagegen reagiert darauf kaum, er sieht sich nicht einmal um.

Besitzen Sie einen halbwüchsigen Hund, der kein bisschen Sensibilität zeigt, müssen Sie ihm demonstrieren, dass Sie ein starker Rudelführer sind. Wer einen unsensiblen Hund zu sanft erzieht, braucht nicht lange auf die ersten Probleme zu warten. Man muss dem Hund seinen Platz in der Hierarchie der Familie zuweisen, dann erkennt er Herrchen auch als Rudelführer an. Das ist besonders wichtig, wenn ein Hund mit 2–3 Jahren seine soziale Reife erreicht. Rudeltiere sind immer bestrebt, in der Rangordnung eines Rudels aufzusteigen und wenn möglich die Leitposition zu erreichen. Auch wenn wir unseren Hund als Partner akzeptieren, darf die Rangordnung nie in Frage gestellt werden. Deshalb muss man einem dreisten Hund deutlich machen, dass er in der Rangordnung der Familie an letzter Stelle steht.

In einem wild lebenden Rudel werden Differenzen in der Rangordnung immer von Ranghöheren durch Drohen und notfalls mit Aggression geregelt. Wer das bei einem unsensiblen Hund nicht genauso handhabt, riskiert, dass der Vierbeiner immer wieder versuchen wird, in der Rangordnung aufzusteigen. Ein unsensibler Hund liebt sein Herrchen, auch wenn er nicht immer sanft behandelt wird; natürlich nicht gewalttätig.

Muss man einen unsensiblen Hund bestrafen, darf das nur artgerecht geschehen. Wenn er nicht folgt, greifen Sie ihm über den Fang. Der Griff steht symbolisch für den Warnbiss eines ranghöheren Artgenossen. Fügt man einem Hund aber Schmerzen zu, wenn er bei einer Begegnung mit anderen Hunden aggressiv reagiert, verknüpft er den Schmerz nicht mit Herrchen, sondern mit dem fremden Hund. Er wird deshalb bei fremden Hunden immer aggressiver.

Angst und Aggression

Üben Sie mit einem unsensiblen Hund täglich mehrmals Gehorsamsübungen. Zu sanfte Korrekturen bleiben bei unsensiblen Hunden oft wirkungslos. Das soll aber keine Aufforderung an gewalttätige Menschen sein, Hunde zu verprügeln; damit beweist man nur seine Unfähigkeit. Jeder Schmerzreiz muss vermieden werden, weil man mit artgerechten Korrekturen einen ungleich schnelleren Erfolg erzielt. Die Voraussetzungen für eine artgemäße Bestrafung müssen immer berücksichtigt werden (siehe S. 89, Unangemessene Strafen).

Der dominante Hund

Manche Hunde versuchen, jeden Artgenossen zu dominieren, indem sie ihn in seinen Bewegungen einschränken, aufdringlich beschnuppern, ihm aufreiten, den Kopf oder die Pfote auf Nacken oder Rücken legen. Unterwirft sich der andere, stellt sich der dominante Hunde manchmal über ihn oder hält ihn mit den Zähnen fest; oft sogar am Hals. Macht ein unterlegener Hund Anstalten zu fliehen, wird er von einem dominanten Hund verfolgt. Er versucht unter Umständen, ihn am Genick zu halten. Dieses auffällige Verhalten muss vom Halter sofort korrigiert werden. Ein Hund, der ständig seine körperliche Überlegenheit beweisen muss, ist kein selbstsicherer Hund. Hier kann man eine deutliche Parallele zu menschlichem Verhalten erkennen. Sobald solche Hunde – oder auch Menschen – an einen Stärkeren geraten, merkt man schnell, dass sie nur Opportunisten sind. In einem Wolfsrudel kann sich der Rudelführer gar nicht leisten, seine Energie mit ständigen Rangkämpfen zu verschwenden.

Präventive Maßnahmen

Hunde, die von klein auf richtig sozialisiert werden und die Möglichkeit haben, mit vielen verschiedenen Hunden zu spielen, sind selten dominant. Sie sind mehr an friedlichen Sozialkontakten interessiert als an einem Konflikt. Es gibt Hunde, die sich dominieren lassen, ohne zu »protestieren«. Das ist ein Zeichen von gu-

Wenn sich 2 Hunde, die sich noch nicht kennen, im Schnauzenbereich beschnuppern, ist das ein Zeichen dafür, dass sie sich vertrauen.

Hunde, die mit vielen Hunden sozialisiert wurden, sind selten dominant; selbst wenn sie anderen körperlich überlegen sind. Sie sind mehr an friedlichen Sozialkontakten interessiert.

tem Sozialverhalten. Bei häufigen Begegnungen mit einem überlegenen Artgenossen kann daraus eine stabile Rangordnung entstehen. Das hat für beide Vorteile: Der Schwächere nimmt mit seinem sozialen Verhalten dem Stärkeren die Aggression, und der Stärkere muss seine Überlegenheit nicht dauernd unter Beweis stellen. Außerdem haben beide einen Spielkameraden. Man muss ihnen nur genug Zeit lassen, damit sie sich anfreunden können.

Dominante Hunde provozieren mit ihrem »rüpelhaften« Benehmen nicht selten eine Rauferei und stören das unbeschwerte Spiel anderer Hunde. Diese versuchen dann, den dominanten Artgenossen mit defensiver Aggression (Drohsignalen) auf Abstand zu halten. Die Gefahr ist, dass sich aus dominantem Verhalten Dominanzaggression entwickeln kann, wenn man nicht richtig reagiert.

Viele Hundehalter bemerken nicht, dass passiver Widerstand bereits dominantes Verhalten ist – nur »diplomatisch verpackt«. Ein Hund zeigt z. B. Übersprungshandlungen, Beschwichtigungssignale oder hebt sein Bein am nächsten Baum, wenn Herrchen einen Befehl gibt. Er versucht damit, von der Aufgabenstellung abzulenken. Wer auf solche Tricks reinfällt, sägt an dem Ast, auf dem er sitzt.

Wenn man sich Ärger ersparen will, sollte man einem dominanten Hund bessere Manieren beibringen. Das ist auch im Interesse des Hundes, denn wer sich schlecht benimmt, hat wenig Freunde zum Spielen. Viele Hundehalter ignorieren das »Macho-Gehabe« ihres Hundes, weil bisher noch nichts passiert ist. Sie glauben offensichtlich, dass das so bleibt. Es ist aber nur eine Frage der Zeit, bis die »Richtigen« zusammentreffen und es zu einer Auseinandersetzung kommt. Wenn das dominante Verhalten langsam in Aggression übergeht, ist es für einen Laien sehr schwierig, den Hund zu kontrollieren. Letztlich ist der Hund immer der Leidtragende, wenn Herrchen ihn nicht richtig erzieht. Denn er macht mit anderen Hunden keine positiven Erfahrungen mehr, weil er angeleint werden muss. Er wird dann zwangsläufig immer aggressiver. Man sollte einem dominan-

 Tipp

Die Ursache für dominantes Verhalten kann zwar genetisch bedingt sein, meist liegt es aber an ungenügender Sozialisation oder falscher Erziehung.

Wird eine Hündin von einem Rüden bedrängt, reagiert sie darauf mit defensiver Aggression. An der Haltung der Ruten kann man erkennen, wer ranghoch ist.

Tipp

Viele Hundebesitzer nehmen die ersten Dominanzversuche bei jungen Hunden nicht ernst. Je eher man jedoch beginnt, dominantes Verhalten zu korrigieren, umso leichter lässt sich die Gefahr von Dominanzaggression verhindern.

ten Hund übrigens nie den Rücken streicheln; er könnte es missverstehen.

Nur bei zwei oder mehr Hunden in einem Haushalt sollte man bei Dominanzverhalten nicht immer eingreifen. Sonst würde man die Klärung der Rangordnung hinauszögern. Je eher eine stabile Rangordnung innerhalb der Gruppe besteht, umso weniger Probleme gibt es. Man muss aber aktiv werden, wenn ein Stärkerer einen Schwächeren tyrannisiert.

Damit ein Hund lernt, wie er sich verhalten soll, ist eine gute Grundausbildung die wichtigste Voraussetzung. Unterbinden Sie jeden Dominanzversuch. Und sobald er sein dominantes Verhalten abbricht, muss er sofort gelobt und belohnt werden. Der Erfolg stellt sich natürlich nur dann ein, wenn Herrchen »Alpha« ist und schnell auf jedes Fehlverhalten reagiert (siehe auch S. 132, Wie wird man Rudelführer?).

Den größten Einfluss auf die Entwicklung eines Hundes hat man, wenn er noch relativ jung ist und gerade mit den ersten Dominanzversuchen beginnt. Sobald er einem fremden Hund die Pfote auflegt oder versucht aufzureiten, sollte man sein dominantes Verhalten sofort unterbinden.

Rollentausch

Wenn friedliche Hunde spielen, kommt es oft zu einem Rollentausch. Das kann man beim spielerischen Raufen und bei Verfolgungsspielen gut beobachten. Mal spielt der eine Hund den Unterlegenen, mal ist es der andere – unabhängig von der Größe oder Stärke. Ist aber immer nur einer der Überlegene, ist es kein Spiel mehr, sondern der Versuch, den anderen zu dominieren. Sobald einer den anderen in seiner Bewegungsfreiheit einschränken will, grob wird oder der Unterlegene gar Schmerzenslaute von sich gibt, muss man ihn stoppen. Da die Grenzen von Spiel und Dominanz fließend sind, sollte jeder Halter lernen, im richtigen Moment einzugreifen.

Wenn zwei Hunde einem Ball nachjagen, wird oft gebellt oder geknurrt. Mit diesem Drohverhalten versuchen die Kontrahenten, sich gegenseitig einzuschüchtern, um den Ball für sich zu beanspruchen. So-

Der dominante Hund

bald einer den Ball hat, sollte die Aggression beendet sein; so verhalten sich jedenfalls friedfertige Hunde, die gut sozialisiert wurden. Wenn aber einer den andern attackiert, muss er angemessen zurechtgewiesen werden.

Die weit verbreitete Meinung, das machen die Hunde schon unter sich aus, ist in vielen Fällen falsch. Nur bei mehreren Hunden in einem Haushalt ist das zutreffend, bis die Rangordnung geklärt ist.

Wird das Spiel mit fremden Hunden zu wild, ruft man den dominanten Hund. Wenn er kommt, wird er gelobt und belohnt. Befolgt er den Befehl nicht, unterbricht man die Aktivitäten für ein paar Minuten. Machen Sie aber nicht den Fehler, sich zu entfernen, sondern unterbrechen Sie das zu heftige Spiel nur für kurze Zeit. In dieser sogenannten Auszeit sollen die Hunde zur Ruhe kommen. Nach 2–3 Minuten lässt man den

Beim spielerischen Raufen oder Verfolgen kommt es oft zu einem Rollentausch. Einmal spielt der eine den Unterlegenen, mal ist es der andere. Ist aber immer nur einer der Überlegene, ist es kein Spiel, sondern der Versuch, den anderen zu dominieren. Das muss man unterbinden.

Angst und Aggression

Wenn Hunde ausgelassen herumtoben, animieren sie sich immer wieder gegenseitig. Deshalb ist es angebracht, ab und zu eine sogenannte Auszeit einzulegen, damit sie zur Ruhe kommen.

weniger dominanten Hund wieder frei. Das Spiel wird also nur fortgesetzt, wenn der »Unterlegene« den dominanten Hund zum Spiel auffordert. Daraus lernen beide Hunde richtiges Sozialverhalten.

Bekommt man einen erwachsenen Hund, der schon längere Zeit dominant ist, verfährt man nach dem gleichen Prinzip. Man muss natürlich zunächst sein Vertrauen gewinnen und eine gute Bindung aufbauen. Erst dann kann man von ihm erwarten, dass er folgt. Im Gegensatz zu der landläufigen Meinung, ein Hund sei möglicherweise noch zu jung oder schon zu alt, etwas Neues zu lernen, sind Hunde ihr ganzes Leben lang lernfähig. Man braucht nur richtig zu kommunizieren und muss den Vierbeiner loben und belohnen, sobald er sich wunschgemäß verhält. Anständiges Benehmen sollte sich immer auszahlen.

Wenn wir auf jeden Dominanzversuch mit einem deutlichen »Nein« reagieren und der Hund befolgt den Befehl nicht, greift man ihm über den Fang. Und wenn er versucht, sich aus diesem Griff zu befreien, muss man etwas fester zudrücken. Dadurch halten wir eine gewisse »Balance« zwischen Dominanz und Unterordnung, sonst wird der Hund zu übermütig. Diesen Griff sollten aber nur Hundehalter anwenden, die wirklich Rudelführer sind. Denn wenn ein Hund kein Vertrauen zu seinem Besitzer hat, kann es zu einem Verzweiflungsangriff kommen. Ist Ihr Hund nicht greifbar, weil er zu weit entfernt ist, drohen wir mit der Klapperdose. Aber bitte nur drohen – denn das Werfen wäre ein Risiko, weil die Gefahr besteht, dass der Falsche getroffen wird.

Wenn Herrchen kein Rudelführer ist

Besonders schwierig wird es für einen sanften Hundehalter, wenn ein dominanter Hund glaubt, ranghoch zu sein und versucht, Befehle zu verweigern. Das ist immer ein Zeichen dafür, dass es mit der Rangordnung in der Familie nicht zum Besten steht (siehe S. 132, Wie wird man »Rudelführer«?). Für dominantes Verhalten gibt es untrügliche Anzeichen, die man rechtzeitig erkennen sollte: Der Hund legt sich zum Beispiel auf Herrchens Stammplatz oder gar ins Bett, und wenn Herrchen ihn vertreiben will, knurrt er ihn drohend an. Wer sich dadurch einschüchtern lässt, hat schon verloren. Also müssen wir uns etwas einfallen lassen, was den Hund erfolgreich vertreibt. Eine sanfte Methode ist, dass man das Kommando »Geh« gibt und ein Leckerchen auf den Boden wirft. Machen Sie dabei ein deutliches Sichtzeichen. Sobald der Hund den Platz verlässt, um an die Belohnung zu kommen, loben Sie ihn und setzen sich auf Ihren Platz. Bei häufiger Wiederholung kommt es zu einer Verknüpfung, und er reagiert auf den Befehl auch ohne Leckerchen.

Wann immer Ihr Hund sich dem Platz nähert in der Absicht hochzuspringen, sagen Sie »Nein« – bis er es begriffen hat. Springt er doch hoch, geben Sie das Hörzeichen »Geh«. Machen Sie dabei ein deutliches Sichtzeichen und gehen Sie selbstbewusst auf den Hund zu. Befolgt er das Kommando, wird er sofort gelobt. Verlässt der Hund Ihren Platz nicht, besprühen Sie ihn mit einer Blumenspritze. Hilft das auch nicht, binden Sie 3 leere Blechbüchsen (ohne scharfe Kanten) zusammen und lassen Sie die Büchsen von der Lehne auf den belegten Platz gleiten. Reichen 3 Büchsen nicht, können es auch mehr sein; Hauptsache es scheppert richtig: Da bleibt kein Hund liegen. Hundehalter mit wenig Durchsetzungsvermögen können beim Verlassen ihres Platzes Alufolie oder einen sperrigen Gegenstand (Hocker, Fußbank, Blechbüchsen o. Ä.) auf die Sitzfläche legen, damit der Hund sich nicht mehr hinlegen kann. Das funktioniert aber nur, wenn man es konsequent immer macht, bis er sich daran gewöhnt hat.

>
> **Tipp**
>
> **Aufreitversuche an Herrchens Bein sind ein Alarmzeichen. Jeder Dominanzversuch muss sofort unterbunden werden, auch bei Junghunden. Stehen Sie auf und lenken Sie Ihren Hund mit einem Spiel ab. Dominanzprobleme entstehen nur dann, wenn man auf die ersten Versuche nicht richtig reagiert.**

Trifft ein unsicherer Hund mit mehreren anderen Hunden zusammen, unterwirft er sich, um die anderen friedlich zu stimmen.

Angst und Aggression

Diese scheinbar gefährliche Situation ist in Wirklichkeit harmlos. Das erkennt man an den weit geöffneten Mäulern. Es handelt sich um defensive Aggression. Damit soll der andere auf Abstand gehalten werden.

Begegnen sich zwei dominante Hunde und jeder möchte den anderen dominieren, kann das zu einer Auseinandersetzung führen. Aber meistens zeigt der Schwächere dem Stärkeren Beschwichtigungssignale. Unterwerfung hat den Vorteil, dass der Schwächere ohne Blessuren davonkommt. Das ist keine Feigheit, sondern ein Zeichen von gutem Sozialverhalten. Es gibt auch friedliche Hunde, die sich weder dominieren lassen noch unterwürfig sind. Sie weichen Dominanzversuchen mit einem Sprung zur Seite aus. Wird der dominante Hund zu aufdringlich, kann er defensive Drohsignale wie Knurren, Zähnefletschen oder Warnschnappen zeigen, um ihn auf Abstand zu halten. Greift der dominante Hund daraufhin an, ist er nicht nur dominant, sondern aggressiv oder gar verhaltensgestört.

Der aggressive Hund

Was ist eigentlich Aggression?

Bei allen Rudeltieren sichert Aggression das Überleben; es handelt sich also um ein natürliches Verhalten. Mit aggressivem Verhalten werden potenzielle Feinde auf Abstand gehalten oder in die Flucht gejagt. Durch das Zeigen von Drohsignalen können ernsthafte Konflikte vermieden werden. Auch innerhalb eines Rudels wird die Rangordnung durch Aggression festgelegt. Damit wird der Zugang zu den Ressourcen gesichert – also alles, was zum Leben notwendig ist. Das stärkste Tier eines Rudels darf zuerst fressen, den besten Ruheplatz und einen geeigneten Fortpflanzungspartner beanspruchen. Rangordnungskämpfe sind bei Wölfen oder

Wildhunden allerdings nur von kurzer Dauer, bis der Stärkere ermittelt ist. Sobald die Rangordnung feststeht, ist die Aggression beendet. Auf diese Weise wird keine unnötige Energie verschwendet und nach Möglichkeit kein Tier verletzt. Denn ein verletztes Tier schwächt die ganze Gruppe.

Es gibt verschiedene Ursachen für aggressives Verhalten:
- Bei Aggression zwischen Geschlechtsrivalen können sich die Gene des Stärksten durchsetzen.
- Mütterliche Aggression richtet sich gegen alle, die ihren Welpen gefährlich werden können. Selbst wesentlich stärkere Angreifer werden durch extreme Aggression in die Flucht geschlagen.
- Aggression zur Selbstverteidigung, ausgelöst durch Angst oder Schmerz, dient der Selbstrettung, damit sich ein Tier aus einer ausweglosen Situation befreien kann – auch wenn es einem Gegner unterlegen ist.
- Mit territorialer Aggression soll verhindert werden, dass dem Tier der Lebensraum, der die besten Überlebenschancen bietet, nicht streitig gemacht wird. Das Territorium eines Hundes besteht aus vielen Bereichen, die unterschiedlich aggressiv verteidigt werden: Da ist zunächst der Ruheplatz, das Zentrum des Territoriums. Als Nächstes der Raum, in dem sich der Ruheplatz befindet. Dann die Wohnung, das Haus, das Grundstück usw. Je weiter sich ein Tier vom Zentrum seines Territoriums entfernt, umso mehr nimmt die territoriale Aggressionsbereitschaft ab.

Wenn ein Hundebesitzer nicht feststellen kann, was die Ursache für das aggressive Verhalten ist, sollte er das Kapitel »Der ängstliche Hund« (ab S. 147) lesen. Vielleicht wird dann ein Zusammenhang erkennbar. Denn häufig wird nicht bemerkt, dass Aggression nichts anderes als Angst ist.

Hunde, die aus Angst Aggression zeigen, sind oft sehr sensibel. Versucht man, ein solches Tier wie einen unsensiblen Hund zu erziehen, kann das eine Katastrophe für den Hund bedeuten. Viele Hundehalter reagieren auf die Aggression ihres Hundes falsch und verstärken dadurch das Problem.

Da Aggression kein unnatürliches Verhalten ist, sondern eine wichtige Aufgabe erfüllt, müssen wir sie bei Hunden in die richtigen Bahnen lenken. Ein Welpe hat noch keine Angst, auf einen größeren Artgenossen zuzulaufen. Sobald er in seine Nähe kommt, zeigt er Unterwürfigkeit, sodass der stärkere Hund besänftigt wird. Aus Sorge um den Welpen verhindern viele ängstliche Hundebesitzer diesen Kontakt und nehmen dem Welpen so die Möglichkeit, richtiges Sozialverhalten zu lernen. Durch übertriebene Fürsorge bekommt ein Hund nach einer gewissen Zeit Angst

Vorbeugende Maßnahmen gegen Aggression

- Tun Sie nichts, was Ihren Hund verunsichert oder frustriert, sondern gehen Sie liebevoll mit ihm um.
- Wenden Sie keine Gewalt an, sondern zeigen Sie Ihrem Hund durch zärtliche Schnauzenberührung Ihre Zuneigung.
- Reißen Sie nicht an der Leine und verwenden Sie kein Stachel- oder Würgehalsband, sondern trainieren Sie Ihren Hund, »bei Fuß« zu gehen.
- Schreien Sie Ihren Hund nicht an, sondern kommunizieren Sie mit Sichtzeichen und sprechen Sie leise.
- Starren Sie ihm nicht in die Augen, sondern trainieren Sie den Blickkontakt mit dem Clicker.
- Halten Sie Ihren Hund so wenig wie möglich isoliert, sondern lassen Sie ihn immer in Ihrer Nähe.
- Geraten Sie nie in Wut, sondern bleiben Sie immer souverän und ausgeglichen, damit Ihr Hund sich sicher fühlt und Vertrauen gewinnt.

vor allen Artgenossen, weil er nie gelernt hat, wie er sich verhalten muss. Er versucht dann später, andere Hunde mit aggressivem Drohen auf Abstand zu halten. Bei einer plötzlichen Begegnung beißt ein solcher Hund manchmal mit dem Mut der Verzweiflung. Gerät er dabei an einen Stärkeren, kann es zu einem Gegenangriff kommen, sodass er noch ängstlicher wird.

Wenn man auf defensive Aggression nicht richtig reagiert, kann sich daraus offensive Aggression entwickeln. Hat ein Hund mit seiner Aggression Erfolg und kann den anderen in die Flucht schlagen, wird er dieses Verhalten wiederholen. Er greift dann unter Umständen jeden anderen Hund an, der ihm unterlegen ist. Ein Hund entwickelt sich jedoch nur aggressiv, wenn man sein Drohverhalten nicht korrigiert. Zwangsläufig bekommt man früher oder später Probleme mit anderen Hundehaltern. Also unterbinden Sie jegliche Drohsignale und ermöglichen Sie Ihrem Hund von klein auf soziale Kontakte mit anderen Hunden, dann wird er weder aggressiv noch ängstlich. **Alle Hunde haben gute Anlagen, die nur gefördert werden müssen.**

Für die meisten Hundehalter ist es oft nicht erkennbar, ob ihr Hund offensive Aggression oder defensive Aggression zeigt. Man kann das zwar an seiner Mimik erkennen, aber nicht, wenn die Tiere noch relativ weit voneinander entfernt sind. Mit einem einfachen Test kann man das überprüfen: Suchen Sie sich nahe einer Mauer oder Hausecke eine Stelle, wo Ihr Hund sicher angeleint werden kann. Sobald er einen anderen Hund bedroht, gehen Sie um die Ecke, damit er Sie nicht mehr sehen kann. Hört er auf zu bellen und versucht, Ihnen zu folgen, ist er unsicher. Dann ist die Korrektur relativ einfach: Sobald er droht, lassen Sie ihn jedes Mal allein, und sobald er aufhört, kommen Sie zurück und loben ihn. Da ein unsicherer Hund nicht gern alleine ist, wird er bald keine Drohsignale mehr zeigen.

Ist er aber so aggressiv, dass er Ihre Abwesenheit gar nicht bemerkt, hat er keine Angst. Wenn ein Hundeführer auf aggressives Verhalten falsch reagiert, wird der Hund immer aggressiver. Die Aggression gegen andere Hunde lässt sich nur dann korrigieren, wenn ein Hund möglichst viele positive Erfahrungen mit anderen Hunden macht. Aber nicht, wenn er bei jeder Begegnung negative Erlebnisse hat oder gar bestraft wird.

Vorbeugende Maßnahmen

Wenn wir einen Hund bekommen, ob jung oder alt, und ihn in unser »Rudel« aufnehmen, müssen wir ihm mit unserem Verhalten zeigen, dass wir in der Rangordnung über ihm stehen. Das sollte man bereits bei der Anschaffung eines Hundes berücksichtigen.

Ein sanfter Mensch sollte sich keinen Hund einer starken Rasse kaufen, weil die Gefahr besteht, dass der Hund die Rudelführung übernehmen möchte. Ein Schäferhund ist ein sehr guter Hund, wenn er in den richtigen Händen ist. Doch in der Praxis sieht es so aus, dass viele Schäferhunde von Anfängern gehalten werden. Durch falsche Sozialisation und Erziehung werden sie aggressiv und zur Gefahr für Mensch und Tier. Auch die meisten Terrier-Arten sind nicht für jeden Halter geeignet. Sie sind selbstbewusst, bewegungsaktiv und kämpferisch. Es sind Solitärjäger, die nicht auf ein Rudel angewiesen sind, und gehen mit Artgenossen manchmal sehr grob um. Mit solchen Tieren sind sanfte Menschen und besonders Anfänger völlig überfordert. Man darf aber nicht glauben, dass man einen Retriever nicht erziehen müsste, nur weil er erfahrungsgemäß friedlich ist.

Er kann durch falsche Haltung ebenso zum Problemhund werden.

Durch ständige Leinenführung können Hunde keinen artgerechten Sozialkontakt herstellen, sodass viele aggressiv werden. Man darf auch einen Hund, der territoriale Aggression zeigt, nicht unbeaufsichtigt im Garten lassen oder am Haus anleinen. Dadurch würde sich das aggressive Verhalten nur steigern. Ein Hund, der sich von klein auf in seinem Rudel sicher fühlt, entwickelt sich selbstbewusst und hat es gar nicht nötig, bei jeder Kleinigkeit aggressiv zu reagieren.

Es gibt natürlich auch angeborene Veranlagungen, die oft schon in frühester Jugend erkennbar sind. Solche Welpen sind beim Spielen mit ihren Geschwistern so grob, dass ihre Spielgefährten gelegentlich Schmerzenslaute von sich geben. Aber **die häufigste Ursache für aggressives Verhalten gegenüber Artgenossen ist ungenügende Sozialisation.** Dabei lernt ein Welpe in spielerischem Kampf, dass er auch mal verlieren kann. Mangelnder Umgang mit Artgenossen führt oft zum Verlust der natürlichen Beißhemmung. Das wiederum kann eine Aggression des Angegriffenen auslösen und schließlich in einer Rauferei enden.

Wenn ein Hund beim Spielen mit Herrchen zu fest beißt, muss er sofort ermahnt werden. Mit gekonnter Führung und Erziehung eines Junghundes kann man selbst erblich bedingte Anlagen günstig beeinflussen; besonders in den ersten 4 Monaten. Das betrifft übrigens nicht nur Aggression, sondern auch Ängstlichkeit.

Bekommt man einen erwachsenen Hund, kann er aggressiver als beim Vorbesitzer sein. Das liegt daran, dass er noch nicht genügend Vertrauen zum neuen Herrchen hat. Außerdem steht die Rangordnung noch nicht fest, denn es dauert eine Weile, bis ein Hund den neuen Besitzer als Rudelführer annimmt. Das neue

Tipp

Eigentlich wäre es die Aufgabe des Gesetzgebers, dafür zu sorgen, dass Hunde nicht durch die Unkenntnis ihrer Halter zur Gefahr werden. Statt einen Hundeführerschein einzuführen, diskutiert man vielerorts über eine generelle Leinenpflicht. Damit würde man jedoch gegen das Tierschutzgesetz verstoßen, weil das keine artgerechte Tierhaltung ist.

Herrchen muss zunächst sein Vertrauen gewinnen und bei der Führung des Hundes souverän sein, damit dieser sich möglichst bald in jeder Situation sicher fühlen kann.

Stress bei Hunden

Stress kommt nicht nur bei Menschen vor, auch Hunde sind oft davon betroffen. Ein gestresster Hund hat eine niedere Reizschwelle und kann unter Umständen gefährlich werden.

Viele unserer Reaktionen werden von biochemischen Vorgängen gesteuert – auch bei Hunden. Wird ein Hund überfordert und kommt in Stress, werden Hormone wie Adrenalin, Testosteron, Cortisol und ADH (antidiuretisches Hormon) ausgeschüttet.

- Adrenalin beschleunigt die Pulsfrequenz und steigert die Leistungsfähigkeit.
- Durch Testosteron wird die Angst reduziert und die Angriffsbereitschaft erhöht.
- Das körpereigene Cortisol hat die gleiche schmerzlindernde Wirkung wie das Medikament Cortison.
- Durch das ADH wird vermehrt Wasser ausgeschieden. Bei uns wirkt sich das so aus, dass wir schwitzen. Da Hunde kaum Schweißdrüsen haben, urinieren sie häufiger.

Die nach einer Stresssituation im Kreislauf befindlichen Hormone werden unterschiedlich schnell abgebaut. Adrenalin wird in wenigen Stunden ausgeschieden, während der Cortisolspiegel mehrere Tage braucht, bis er sich wieder im Normalbereich befindet. Kommt es in dieser Zeit zu neuen Stresssituationen, steigt der Cortisolspiegel weiter an. Durch einen zu hohen Cortisolspiegel kann die Hirnanhangsdrüse (Hypophyse) überlastet werden, sodass der ganze Hormonhaushalt durcheinandergerät. Das kann zu unvorhersehbaren Reaktionen führen, auf die manche Halter ihrerseits aggressiv reagieren. Das bedeutet erneuten Stress für einen Hund. Außerdem können Stresshormone süchtig machen, sodass ein Hund regelrecht darauf wartet, sich mit anderen Hunden anzulegen.

In Stresssituationen wird auch vermehrt Magensäure produziert. Dann geschieht das Gleiche wie bei uns: Der Hund bekommt Beschwerden, die von Durchfall, über Schleimhautentzündung bis hin zu Magengeschwüren reichen können.

Stress vermeiden

Durch gute Planung können wir in unserem Alltag Stress vermeiden. Wenn man sich in einem bestimmten Zeitraum weniger vornimmt, hat man mehr Zeit, Entspannungspausen einzulegen. Wir können auch Stress gezielt durch autogenes Training (konzentrative Selbstentspannung) abbauen. Das alles können Hunde nicht. Für die Vierbeiner gilt vielmehr:

- Ein Hund muss zwar gefordert, darf aber nicht überfordert werden.
- Loben Sie Ihren Hund nach jedem richtig ausgeführten Befehl, sonst ist er ständig angespannt.
- Schreit man einen Hund schon bei kleinen Fehlern an, wird er unsicher. Jedes aggressive Verhalten eines Ranghöheren bedeutet für einen Hund, dass er in dem Rudel nicht willkommen ist – und damit Stress.
- Trainieren wir einen Hund und bedrohen ihn unbewusst mit unserer Körpersprache, befolgt er die Befehle nur zögerlich oder gar nicht.
- Streiten sich Familienangehörige häufig, weiß ein Hund nicht, wie er sich verhalten soll. Manche verkriechen sich in ihrer Verzweiflung, andere fangen an zu bellen.
- Hunde mit einem ausgeprägten Bewachungsverhalten, die sich für die Sicherheit der Familie, das Haus und den Garten verantwortlich fühlen, sind oft völlig überfordert. Man sollte sie von bestimmten Aufgaben entbinden, indem man ihnen einen Ruheplatz an einer ruhigen Stelle zuweist.

Stress bei einer Hundebegegnung

Meistens geraten nur erwachsene, gleichgeschlechtliche Tiere aneinander. Die Ursache für offensive Aggression ist häufig Rivalität. Diese Konflikte verlaufen bei Rüden oft harmlos. Hündinnen giften einander gelegentlich kurz an und gehen sich dann aus dem Weg. Sie kämpfen selten, aber

Wenn ein Hund mit gespreizten Vorderläufen aufsteht, hat er entweder ein gesundheitliches Problem oder er ist erschöpft. Dann sollte eine Erholungspause eingelegt werden.

Der aggressive Hund

So können wir einem gestressten Hund helfen:

- Ist ein Hund gestresst und kommt nicht zur Ruhe, schicken wir ihn auf seinen Platz, damit er schlafen kann. Notfalls leint man ihn an.
- Hat er eine längere Zeit geschlafen und ist ausgeruht, kann man ihn sinnvoll beschäftigen.
- Es gibt eine ganze Reihe von Hundespielzeugen, die die Intelligenz der Hunde fördern. Besitzt man so etwas nicht, kann man zu Hause Gegenstände verstecken. Findet der Hund sie, bekommt er eine Belohnung. Falten Sie z. B. ein altes Bettlaken zusammen und legen es auf den Boden. Stecken Sie zwischen und unter das Laken vereinzelte Leckerchen oder Trockenfutterstückchen, die der Hund suchen darf.
- Geben Sie Gegenständen einen Namen und bringen Sie Ihrem Hund bei, ein bestimmtes Teil zu suchen und zu bringen. Jede richtige Lösung einer Aufgabe wird gelobt.
- Binden Sie einen Hundekuchen an eine Schnur und schieben Sie das Leckerchen unter einen Schrank. Der Hund muss nun durch Versuch und Irrtum lernen, an dem Faden zu ziehen, bis er den begehrten Happen fressen kann.
- Der Fantasie sind keine Grenzen gesetzt. Wer kreativ ist, kann selbst Spielzeuge basteln, mit denen ein Hund sich möglichst lange beschäftigen kann.
- Im Freien kann man an einem Agility-Training teilnehmen, wenn sich ein Parcours in der Nähe befindet.
- Auch Dogdancing oder Tricks sind ein schönes Beschäftigungsprogramm: Man stellt sich z. B. mit gespreizten Beinen hin und lässt den Hund in Form einer Acht durch die Beine laufen. Man kann ihn auch über Hindernisse bzw. den Arm springen oder »Slalom« laufen lassen.

dafür umso heftiger. Bei ihnen verläuft manchmal ein Kampf regelwidrig, weil die Demutsbezeugungen der Schwächeren nicht immer akzeptiert werden. Man nimmt an, dass es sich dabei um fehlgeleitete Mutterinstinkte handelt. Beim Beschützen des Nachwuchses sind Hündinnen extrem aggressiv, und es ist alles erlaubt, damit auch stärkere Tiere in die Flucht geschlagen werden können. Wenn zwei kastrierte Hündinnen in einem Haushalt leben, sind Konflikte auch häufiger als bei Rüden.

Links: Ein Agility-Parcours ist nicht nur gut gegen Langeweile, ein Hund lernt dort auch Geschicklichkeit und bekommt mehr Selbstsicherheit.

Rechts: Auch Dogdancing ist eine schöne Beschäftigung. Man kann es fast überall trainieren, zu Hause oder unterwegs.

Rivalität unter gleichgeschlechtlichen Tieren kann zwar ein Auslöser für Auseinandersetzungen sein, aber mit guter Sozialisation lässt sich diese Aggression weitgehend verhindern. Man muss ihnen nur beibringen, friedlich mit allen Artgenossen umzugehen.

Greift ein Hund das erste Mal unerwartet an, ist der Halter meist so überrascht und hilflos, dass er nicht weiß, was er tun soll. Viele Menschen reagieren dann emotional erregt und schlagen auf ihren Hund ein. Andere sind fassungslos und unternehmen gar nichts. Durch diese gleichermaßen falschen Reaktionen wird das Problem noch schlimmer.

Fast alle Hundehalter glauben, dass ihr Hund niemals angreifen würde. Aber jeder Hund kann in bestimmten Situationen beißen, auch der kleinste oder sanfteste. Wer nicht vorausschauend denkt, ist auf solche Situationen nicht vorbereitet. Also rechnen Sie immer mit dem Schlimmsten und bereiten Sie sich geistig auf solche Situationen vor. Stellen Sie sich die Frage: Wie verhalte ich mich, falls mein Hund einen anderen Hund angreift?

Wenn ein Hund Tiere oder gar Menschen beißt, muss der Halter alles tun, damit sich dieser Vorfall nicht wiederholt. Entweder eignet er sich entsprechende Kenntnisse an und erzieht seinen Hund richtig, oder er nimmt dazu professionelle Hilfe in Anspruch.

Wenn sich Rüden bei einer Begegnung stark fühlen und Dominanz zeigen, aber einen Angriff vermeiden wollen, dreht einer nach einiger Zeit des Imponierens und Schnupperns langsam ab. Schließlich hebt er das Bein und hinterlässt seine »Visitenkarte«. Danach pinkelt der andere auf die gleiche Stelle. Damit entspannt sich die Situation.

Ein Hund weiß genau, ob es sich bei einem aggressiven Hund um offensive oder defensive Aggression handelt. Viele Hundehalter erkennen das aber nicht und werden unsicher, sobald ihnen ein unbekannter Hund entgegenkommt. Da ein Hund die Unsicherheit spürt, wird er ebenfalls verunsichert und deshalb aggressiver. Also lassen Sie sich keine Unsicherheit anmerken. **Ein guter Hundeführer bleibt immer ruhig und lebt sei-**

Wer allzu neugierig ist, bekommt manchmal eine nasse Nase.

nem Hund unaggressives Verhalten vor.

Wird eine Hündin von einem Rüden zu sehr bedrängt, kann sie aggressiv werden. Das verstößt keineswegs gegen die »Anstandsregeln«; ein Rüde muss das akzeptieren und »Kavalier« sein. Hunde, die regelwidrig angreifen – z. B. wenn ein Rüde eine Hündin, einen Welpen oder einen anderen Rüden beißt, der sich bereits ergeben hat –, sind verhaltensgestört. Einem Laien ist es kaum möglich, dieses Fehlverhalten zu korrigieren. Dazu braucht man professionelle Hilfe.

Greift ein Hund wiederholt Geschlechtsgenossen an und ist friedlich gegenüber dem anderen Geschlecht und Junghunden, handelt es sich um Rivalität. Dann kann eine **Kastration** sinnvoll sein, weil die Rivalität danach entfällt. Je eher man das nach der Geschlechtsreife machen lässt, umso größer ist die Aussicht auf Erfolg. Nach der Operation dauert es aber ein paar Monate, bis die in den Fettzellen eingelagerten Hormone abgebaut sind. Da viele Hundebesitzer vor diesem Schritt zurückschrecken, weil es keine Garantie gibt, dass aus dem Raufer ein »Lamm« wird, kann ein Tierarzt die Kastration mit Hormongaben simulieren; dann sieht man, ob sich das Verhalten ändert. Wenn ein Hund aber aggressiv ist, weil er Angst hat, kann sich die Angst durch eine Kastration verstärken.

Manche Hunde greifen scheinbar grundlos ohne Vorwarnung an. Bei solchen Tieren muss man herausfinden, ob sie aufgrund schlechter Erfahrungen keine Drohsignale zeigen oder ob man diese nur übersehen hat. Die Ursache für dieses Verhalten ist oft darin zu suchen, dass ein Hund bestraft wurde, sobald er Drohsignale zeigte. Dadurch wird die Aggression gegen Artgenossen noch stärker, und er lernt daraus, dass er keine Drohsignale zeigen darf.

Hat ein Hund schon oft Kämpfe angezettelt und war dabei erfolgreich, kann diese unangenehme Gewohnheit auch nach der Kastration erhalten bleiben. Jeder erfolgreiche Kampf wirkt wie eine Belohnung und bestärkt den Hund, keiner Rauferei aus dem Weg zu gehen.

Obwohl sich nach einer Kastration die Hormone nur langsam abbauen, verändert sich der Geruch des Tieres sehr schnell. Deshalb kann ein Hund, der sich vor der Kastration immer gut mit einem anderen Hund verstanden hat, bei der ersten Begegnung nach der Operation bedroht werden. Denn der andere erkennt durch die Geruchsveränderung den alten Kumpel nicht sofort. Aber meistens ist diese Aggression nur kurz in abgeschwächter Form. Auch das Gegenteil kann eintreten: Zwei Rüden, die sich nicht leiden konnten, werden dadurch verträglich. Eine Kastration ist also nur bei Geschlechtsrivalität sinnvoll und hat auf territoriale Aggression kaum einen Einfluss. Ob es sich um territoriale Aggression handelt, kann man feststellen, wenn die Aggression mit zunehmender Entfernung vom Heimterritorium abnimmt. Auch Erziehungs- und Haltungsfehler lassen sich mit einer Kastration nicht beeinflussen.

Maßnahmen bei einer Rauferei

Ein gut erzogener Hund lässt sich von einem dominanten Hundeführer auch bei einer Rauferei abrufen. Deshalb ist es ratsam, einen Hund bei jeder sich anbahnenden Aggression sofort zu korrigieren und ihn absitzen lassen. Befolgt er den Befehl, muss er sofort gelobt und belohnt werden, damit er eine Bestätigung für das erwünschte Verhalten bekommt. Aber genau das wird von den meisten Hundehaltern versäumt.

Viele Halter sind in dieser Situation überfordert und ärgern sich über ihren Hund. Oft sind sie so wütend, dass sie ihn nachträglich noch schimpfen oder gar schlagen. Der Hund wird also bestraft, obwohl er die Auseinandersetzung beendet hat! Solchen Hundehaltern sei geraten, sich mehr Routine bei der Hundeführung anzueignen. Denn wer wütend ist, reagiert weder weise, noch kann er kreativ sein. Beides aber brauchen wir bei der Erziehung und Führung eines Hundes. Die Weisheit lässt uns besonnen reagieren, und die Kreativität hilft uns, eine schnelle Lösung zu finden. Wer also durchdacht handelt und nicht emotional, bekommt eine drohende Gefahr viel schneller in den Griff.

Hat sich ein Hunde bei einer Rauferei in einen Rivalen verbissen, muss man schnell reagieren. Die sanfteste Methode wäre, einen Kübel Wasser über dem regelwidrig beißenden Hund zu entleeren; aber wer hat schon beim Spazierengehen Wasser dabei? Deshalb verdeckt man dem Angreifer mit einem Kleidungsstück die Augen. Lässt er trotzdem nicht los, kann man ihm einen dünnen Zweig, Strohhalm oder Pflanzenstängel in den Rachen schieben. Sobald der Brechreiz ausgelöst wird, öffnet er sein Maul. Man muss ihn natürlich gut festhalten, damit er sich nicht sofort wieder auf den Kontrahenten stürzt. Hat man nichts dergleichen greifbar, kann man notfalls auch dem Beißer die Flamme eines Feuerzeuges kurz an die Nase halten. Davor weicht jeder Hund zurück.

Bei dem Versuch, Hunde bei einer Rauferei zu trennen, ist schon mancher Hundeführer versehentlich gebissen worden. Hunde, die Schmerzen haben, beißen wild um sich. Oft liegt es auch daran, dass er seinen Hund nicht angesprochen hat und dieser glaubte, angegriffen zu werden.

Spielerische Aggression wird oft falsch interpretiert. Obwohl dabei oft heftig geknurrt wird, ist die Situation harmlos. Die meisten Hundehalter greifen dann aus Unkenntnis ein.

Kleinere Hunde kann man an den Hinterbeinen packen und zurückziehen, sofern sie sich nicht verbissen haben. Denn wenn man einen Hund, der sich verbissen hat, wegreißt, vergrößert sich die Wunde des gebissenen Hundes. Man darf einem Hund, der von sich aus angreift und beißt oder andere Hunde gar verfolgt, nie mehr richtig trauen. Offensive Verletzungsbisse (keine Verteidigungsbisse) sind selbstbelohnend. Jedes selbstbelohnende Verhalten muss verhindert werden. Hat ein Hund schon mehrmals gebissen und vermeintliche Feinde erfolgreich vertrieben, ist dies nicht mehr korrigierbar, sondern nur noch kontrollierbar. Deshalb muss man sofort nach dem ersten Beißunfall etwas unternehmen.

Für jeden Hundehalter sind Raufereien unangenehm, vor allem, wenn sie blutig enden; manchmal verletzen sich sogar beide Rivalen. Ist der eigene Hund überlegen, flattert nicht selten eine fällige Tierarztrechnung ins Haus. Zieht der eigene Hund den Kürzeren, muss man zum Tierarzt, und der Hund hat außer Verletzungen oft psychische Schäden. Diese wirken sich so aus, dass er entweder noch aggressiver wird oder ängstlicher.

Damit man die ersten Anzeichen einer sich anbahnenden Aggression rechtzeitig erkennt, sollte man die Körpersprache der Hunde gut kennen und schnell reagieren. Führt man den Hund richtig, verschwindet die gesteigerte Aggression nach und nach. Vor allem dann, wenn der Hund bei jeder Hundebegegnung positive Erfahrungen sammeln kann. Deshalb soll er oft gelobt werden, sobald er sich so verhält, wie wir es wünschen. Wird ein Hund aber bei jeder Begegnung an die Leine genommen, geschimpft oder gar geschlagen, kommt es zu einer unerwünschten Verknüpfung. Durch die negativen Erlebnisse wird die Aggression gegen andere Hunde dann immer stärker.

Eifersucht unter Hunden

Ein weiterer Auslöser für Aggression gegenüber Artgenossen kann Eifersucht sein. Selbst Hunde, die sich gut verstehen und miteinander spielen, können plötzlich aufeinander losgehen, wenn einer der Herrchen einen Fehler macht. Begegnet man regelmäßig einem Halter mit einem Hund, der aggressiv gegen Artgenossen ist, zahlt es sich meistens aus, freundlichen Kontakt zu dem Hund aufzunehmen. Man gibt beiden Hunden jedes Mal ein Leckerchen, wenn sie keine Drohsignale zeigen. Dadurch kann man erreichen, dass sich die Beziehung der beiden Kontrahenten bessert. Bei der nächsten Begegnung freut sich der Hund schon auf das zu erwartende Leckerchen, sodass die Aggression immer weniger wird.

Bei Wildtieren gibt es keine Eifersucht. Die Rangordnung entscheidet, ob ein Rudelmitglied eine begehrte Ressource beanspruchen darf. Nur wenn zwei Tiere gleich stark sind, kann es zu Auseinandersetzungen kommen. Was wir Eifersucht nennen, ist in Wirklichkeit ein Kräftemessen, das die Rangordnung klären soll. Wenn es bei Begegnungen mit fremden Hunden zu Aggression kommt, liegt das daran, dass sie noch keine Rangordnung festlegen konnten. Erst durch das falsche Verhalten mancher Halter lernen Hunde, mit »Eifersuchtsreaktionen« ihren Willen durchzusetzen. Das ist nur möglich, wenn die Aggression nicht korrigiert wird und ein Hund den Konkurrenten erfolgreich vertreiben kann. Eifersucht bei Hunden ist also nicht angeboren, sondern anerzogen.

Damit es keine unnötigen Reibereien gibt, sollten Hundehalter Eifersucht unterbinden: Sobald Ihr Hund Eifersucht zeigt, sagen Sie »Nein«. Geben Sie ihm niemals eine Belohnung, um ihn zu beruhigen. Denn wenn er mit seiner Eifersucht erfolgreich ist, wird er dieses Verhalten oft wiederholen. Will man einen fremden Hund streicheln, sollte man den eigenen Hund zur gleichen Zeit streicheln. Möchten Sie unaggressives Verhalten belohnen, sollten Sie beiden Hunden immer gleichzeitig ein Leckerchen geben. Geschieht dies bei jeder Begegnung, machen beide Hunde positive Erfahrungen und haben keinen Grund, aggressiv zu werden. Dadurch kommt es mit der Zeit zu freudiger Erwartung, und die Gefahr eines Konfliktes wird minimiert.

Nachbarhunde

Besonders problematisch kann es werden, wenn zwei Hunde in benachbarten Grundstücken gehalten werden. Geschützt durch den Zaun, bedrohen sich die Tiere bei jeder Gelegenheit und nerven mit ihrem Gebell nicht nur ihre Besitzer, sondern alle Anwohner. Je länger sie sich bedrohen, umso aggressiver werden sie.

Wenn es schon so weit gekommen ist, wird die Korrektur dieses Verhaltens immer schwieriger. Reagiert man gleich am Anfang richtig, lässt sich dieses Problem vermeiden.

Wenn man umzieht oder ein neuer Nachbar mit Hund einzieht, darf man nicht warten, bis es zu aggressivem Verhalten kommt, sondern sollte die Hunde sofort miteinander vertraut machen. Und zwar noch bevor der Neue »sein Revier« besetzt.

Je länger man wartet, umso schwieriger kann es werden, die Hunde aneinander zu gewöhnen. Wenn sich Hunde weit weg von ihrem Heimterritorium kennenlernen und gut sozialisiert sind, entfällt die territoriale Aggression. Mit zunehmender Entfernung vom Heimterritorium nimmt die Aggression bekanntlich ab. Selbst wenn der neue Nachbar durch den Umzug sehr beschäftigt ist, sollte er sich eine Stunde Zeit nehmen. Damit kann man sich viel Ärger ersparen. Denn wenn man zu lange wartet, kann die Aggression eskalieren, so-

Hunde sollten nicht unbeaufsichtigt ein Grundstück bewachen, sonst zeigen sie vorbeilaufenden Hunden und oft auch Passanten ständig Drohsignale.

dass ein friedliches Zusammenführen der Hunde immer schwieriger wird.

Man geht möglichst in einer Gegend spazieren, die der alteingesessene Hund nicht als sein Territorium betrachtet. Verstehen sich die Hunde, wenn sie frei laufen dürfen, geht man gemeinsam nach Hause. Dabei muss die Körpersprache der Hunde ständig beobachtet werden, damit man schnell eingreifen kann, falls einer beginnt, Drohsignale zu zeigen. Dann nimmt man beide Hunde in den Garten, der noch nicht »besetzt« ist. Vertragen sich die beiden, wäre eine Öffnung im Zaun das Beste, damit die Hunde sich gegenseitig besuchen können. Es kann zwar sein, dass der Neue nicht in das Revier des angestammten Hundes darf. Das macht aber nichts. Hauptsache, das Zeigen von Drohsignalen wird durch die Öffnung im Zaun unterbunden. Dann kann sich keine Aggression entwickeln – außer wenn sich im Laufe der Zeit die Rangordnung verändert.

Nicht viel anders verhalten sich Hunde, die durch Zäune ständig von Menschen getrennt leben. Sie betrachten jeden Fremden, der sich ihrem Territorium nähert, als potenziellen Feind und versuchen, ihn mit Aggression zu vertreiben. Haben sie damit Erfolg, wiederholen sie dieses Verhalten und steigern sich in ihrem Aggressionspotenzial. Deshalb sollte man einen territorialen Hund nicht unbeaufsichtigt in einem Garten lassen.

Da niemand mit einem aggressiven Hund zu tun haben möchte, wird die Anspannung zwischen Mensch und Hund immer größer. Leider gibt es auch Leute, die einen aggressiven Hund, der eingesperrt ist, noch reizen und dadurch die Situation verschärfen. Für solche Hunde ist das ein Teufelskreis, aus dem sie ohne die Hilfe von erfahrenen Hundekennern nicht mehr herauskommen. Zunächst muss man möglichst viele Personen finden, die gewillt sind, freundlichen Kontakt mit dem Hund aufzunehmen, bevor man ihn gezielt trainiert.

Aggressives Verhalten verhindern

Wie Forschungsergebnisse zeigen, ziehen Hunde gewöhnlich Fluchtverhalten dem Angriffsverhalten vor. Die Wahrscheinlichkeit, bei einer Flucht unbeschadet davonzukommen, ist größer als bei einem Angriff.

Solange ein Hund isoliert gehalten wird, kann er auch keine positiven Erfahrungen mit Artgenossen machen und wird immer aggressiver. Er zeigt jedem Hund Drohsignale, sodass der bedrohte Hund daraufhin ebenso aggressiv reagieren kann. Diesen Pingpong-Effekt kann man nur unterbinden, indem man seinem Hund das Zeigen von Drohsignalen untersagt. Hier kommt es besonders auf die schnelle Reaktion des Hundeführers an. Der Hund muss lernen, dass andere Lebewesen keine Feinde sind.

Sobald ein Hund 2–3 Sekunden in eine Richtung starrt, ist das für einen aufmerksamen Hundeführer bereits ein Alarmsignal. Dagegen muss richtiges Verhalten in der ersten Zeit des Trainings überschwänglich gelobt und mit Streicheln oder Leckerchen belohnt werden. Durch die Belohnungen macht ein Hund bei jeder Begegnung mit Menschen, Hunden oder anderen Lebewesen positive Erfahrungen, die im Laufe der Zeit verknüpft werden. Schon wenn der Hund einen anderen Hund sieht und nicht sofort bellt, wird er gelobt. Je konsequenter man richtiges Verhalten lobt und belohnt, umso schneller baut der Hund seine Aggression ab. Erst wenn er oft genug ermahnt wurde und auf den Befehl »Nein« nicht wunschgemäß reagiert, kann man sein aggressives Verhalten mit einem Schreck unterbinden; dabei dürfen ihm nie Schmerzen zugefügt werden.

Hunde, die bei einer Begegnung mit Artgenossen aggressiv an der Leine ziehen, sollten ein Brustgeschirr tragen. Denn sie verknüpfen die Schmerzen, die ein Halsband oder gar ein Stachelhalsband verursacht, mit dem Hund. Dadurch werden sie immer aggressiver.

Tipp

Jeder Hundeführer eines aggressiven Hundes muss wissen, ob es sich bei seinem Tier um Angstaggression oder Dominanzaggression handelt. Sonst kann er sein Verhalten nicht richtig beurteilen und korrigieren.

Wie führt man einen aggressiven Hund?

Um einen aggressiven Hund sicher führen zu können, muss zwischen Hund und Halter eine innige Beziehung bestehen. Hat ein Hund Vertrauen und akzeptiert Herrchen als Rudelführer, lässt er sich leichter beeinflussen.

Ein Hundehalter, der seinen Hund nur zögerlich korrigiert oder gar Angst vor ihm hat, ist nicht geeignet, einen aggressiven Hund zu führen oder zu erziehen. Wenn Herrchen kein starker Rudelführer ist, wird er von seinem Hund beschützt; auch wenn er es gar nicht will. Der Vierbeiner reagiert dann auf andere Hunde – oder auch auf Menschen – aggressiv, um sie zu vertreiben. Er handelt eigenmächtig und nicht so, wie es Herrchen will, sondern wie er glaubt, es tun zu müssen. Hat ein Hund mit seiner defensiven Aggression Erfolg, kann sich daraus offensive Aggression entwickeln. Zeigen Sie deshalb Ihrem Hund immer deutlich, dass Sie seine Aggressionen nicht billigen. Sie sind der Rudelführer und bestimmen, was gemacht wird, nicht Ihr Hund!

Je nachdem, wo man anderen Hunden begegnet, sind unterschiedliche Reaktionen angesagt. In einem stark frequentierten oder verkehrsreichen Gebiet muss der Hund lernen, andere Hunde zu ignorieren, indem man die Aufmerksamkeit des Hundes auf sich lenkt (siehe S. 55, Das Aufmerksamkeitstraining). In einer ruhigen Gegend hingegen hat man die Möglichkeit, einem Hund aggressives Verhalten abzugewöhnen.

Auch hier ist das Clickertraining sehr erfolgreich. Kann man gemeinsam mit anderen Hunden trainieren, trifft man sich an einem übersichtlichen Platz. Am Anfang muss der Abstand zu den anderen Hunden so groß gewählt werden, dass Sie die Situation gut im Griff haben. Sobald

Der aggressive Hund

Ihr Hund bei Annäherung anderer Hunde Drohverhalten zeigt, sagen Sie »Nein«. Drehen Sie den Kopf des Hundes in Ihre Richtung, damit das Drohfixieren, Bellen oder Knurren unterbunden wird. Hört er auf zu drohen, wird er sofort gelobt und belohnt.

Bei kräftigen Hunden kann man ein Kopfhalfter (Halti) als Erziehungshilfe einsetzen. Damit sind auch starke Hunde gut zu kontrollieren. Halten Sie die Leine möglichst locker. Sonst weiß man nie, ob der Hund Ihr Hörzeichen befolgt oder nur dableibt, weil er spürt, dass er gehalten wird. Nur beim Korrigieren ziehen Sie den Kopf sanft ohne Ruck in die gewünschte Richtung. Zeigt Ihr Hund einem anderen Hund Drohsignale, ziehen Sie den Kopf mit dem Halti zu sich, damit Sie ihm in die Augen sehen können. Ein Halti sollte aber unter Anleitung eines erfahrenen Tiertherapeuten angewendet werden. Bei falscher Handhabung, z. B. an einer langen Leine, kann man einen Hund schwer verletzen! Jeder Ruck ist für die Halswirbelsäule gefährlich!

Auch mit einem Schreck kann man Drohverhalten unterbinden. Wenn ein Hund bei dem Befehl »Nein« das unerwünschte Verhalten nicht unterbricht, schüttelt man entweder eine Klapperdose oder man bespritzt ihn mit einer Wasserpistole. Hier kommt es besonders auf das Timing an: Der Schreck muss genau in dem Moment erfolgen, in dem der Hund mit dem Drohverhalten beginnt. Unterlässt er das unerwünschte Verhalten, muss er sofort gelobt werden. Hat Ihr Hund begriffen, was Sie von ihm erwarten, können Sie sich schrittweise den anderen Hunden nähern. Nach einiger Zeit können sie gemeinsam spazieren gehen. Durch die gemeinsamen Aktionen und positiven Erfahrungen werden Unsicherheit und Aggression schrittweise abgebaut.

Aufmerksamkeit bei der Hundeführung

Wenn Sie mit Ihrem Hund das Haus verlassen, müssen Sie die Augen immer offen halten. Schalten Sie Ihr Handy aus, damit Sie nicht abgelenkt

Tipp

Nutzen Sie jede Gelegenheit, einen aggressiven Hund zu loben, sobald er sich unaggressiv verhält. Das ist die wirksamste Methode bei Aggressionsproblemen und bringt einen schnelleren Erfolg, als unerwünschtes Verhalten zu korrigieren.

Ein Hundehalfter ist eine nützliche Führungshilfe für kräftige Hunde, die an der Leine ziehen. Bei falscher Handhabung ist es allerdings für die Wirbelsäule des Hundes gefährlich. Man darf nur einen sanften Zug ausüben.

werden. Dann können Sie eine sich anbahnende Aggression schon im Vorfeld verhindern. Wir können zwar besser sehen als Hunde, aber Hunde sind gewöhnlich aufmerksamer als wir. Steht der Wind ungünstig, kann ein Hund einen Artgenossen riechen, lange bevor wir ihn sehen. Die meisten Zwischenfälle passieren, weil die Hundeführer mit den Gedanken nicht bei der Sache sind.

Es wäre falsch, jedem fremden Hund aus dem Weg zu gehen, denn dadurch kann sich die Aggression noch steigern. Außerdem wird Ihr Hund so nie lernen, wie er sich Artgenossen gegenüber verhalten muss. Gehen Sie besser dorthin, wo Ihnen viele Hunde begegnen, aber laufen Sie nie zielstrebig auf andere Hunde zu. Sehen Sie einen Hund, den Ihr Hund noch nicht wahrgenommen hat, schauen Sie nicht zu lange in diese Richtung, sonst machen Sie ihn erst auf den anderen aufmerksam. Beobachten Sie besser Ihren Hund.

Sobald er den Artgenossen sieht und ihn mit den Augen fixiert, sagen Sie sofort »Nein« – aber ohne zu schreien. Das Drohfixieren wird von vielen Hundeführern übersehen oder als harmlos eingestuft; es sollte aber immer rechtzeitig unterbunden werden. Lassen Sie Ihren Hund absitzen und lenken Sie seine Aufmerksamkeit auf sich. Durch das Absitzen hat auch der entgegenkommende Hund keine Veranlassung, aggressiv zu werden. Halten Sie die Leine gut fest, damit er nicht losstürmen kann, aber nicht straff. Wenn er sitzen bleibt, loben Sie ihn und geben ihm eine Belohnung. Beruhigende Worte sind nur angebracht, solange der Hund kein Drohverhalten zeigt. Sobald er aggressiv reagiert, dürfen Sie nie versuchen, ihn zu beruhigen, zu streicheln oder einen kleinen Hund auf den Arm zu nehmen; damit würden Sie sein aggressives Verhalten bestärken.

Manche Hundebesitzer sagen bei beginnender Aggression »Sei brav«, in der Absicht, ihren Hund zu beruhigen. Das ist ein ungeeigneter Befehl. Denn das Wort »Brav« versteht er, aber das Wort »sei« nicht. Er fühlt sich also mit den Worten »Sei brav« für sein aggressives Verhalten gelobt. Auch Schreien wäre falsch, das könnte er als Aufforderung zum Angriff missverstehen.

Es ist bekannt, dass Bestrafungen bei Hundebegegnungen, insbesondere Schreien oder Schlagen, den Erfolg auf lange Sicht negativ beeinflussen. Durch Strafe wird die Aggression nur unterdrückt, aber die Ursache nicht beseitigt. Dadurch kann es zu einem unverhofften Angriff ohne Vorwarnung kommen. Die negativen Auswirkungen gewaltsamer Erziehung werden manchmal erst nach langer Zeit offenkundig. Ein Hund muss wissen, dass Sie Aggression nicht akzeptieren, deshalb sollten Sie ihn bei richtigem Verhalten oft loben und belohnen. Wie wir schon wissen, entsteht Aggression oft aus Angst und Unsicherheit. Deshalb braucht ein aggressiver Hund ein Herrchen, bei dem er sich sicher fühlt, aber keinen gewalttätigen Hundeführer, der selbst unsicher ist. Dann hat er auch keine Veranlassung, aggressiv zu reagieren.

Ein aggressiver Hund muss so lange an der Leine geführt werden, bis er erfolgreich erzogen wurde, und falls nötig, einen Maulkorb tragen (siehe S. 248, Weitere Probleme).

Tipp

Beim ersten Anzeichen von Aggression wie Bellen, Drohfixieren oder Knurren muss man innerhalb 1 Sekunde das Kommando »Nein« geben, damit es zu einer Verknüpfung kommen kann. Vergessen Sie auch nie, Ihren Hund bei richtigem Verhalten zu loben. Nur so lernt er bald, was Sie von ihm erwarten.

Der aggressive Hund

Beim Training darf man kein Würge- oder Stachelhalsband verwenden. Auch das Reißen an der Leine sollte man unterlassen. Bei jedem Schmerzreiz kommt es zu ungewollten Verknüpfungen, die die Aggression verstärken.

Sobald Ihr Hund einen Artgenossen fixiert, sagen Sie »Sitz« mit deutlichem Sichtzeichen. Stellen Sie sich möglichst so, dass ihm die Sicht auf den anderen versperrt wird. Jedes Befolgen eines Hörzeichens wird sofort gelobt und belohnt, damit er dieses Verhalten möglichst oft wiederholt. Bessert sich nach einiger Zeit sein Betragen und die Übungen funktionieren an der kurzen Leine gut, nehmen Sie ihn an eine längere Leine. Dann hat er das Gefühl, frei zu sein, bleibt aber unter Ihrer Kontrolle. Das heißt, Sie können ihn stoppen und zurückrufen oder notfalls zu sich heranziehen.

Wiederholt er sein aggressives Verhalten bei jeder Hundebegegnung und ignoriert Ihre Befehle, können Sie ihn auch mit beiden Händen am Kopf halten, sodass er nicht zu dem Hund sehen kann. Wenn Sie seinen Kopf in Ihre Richtung drehen, sollte jedes Drohverhalten aufhören. Dazu muss man aber wirklich Rudelführer sein. Der Hund lernt dadurch, sich seinem Rudelführer auch in Extremsituationen unterzuordnen.

Der Hund muss merken, dass sich braves Verhalten lohnt. Falls ein Hund durch seine Erregung auch die leckersten Häppchen nicht nimmt, kann man ihn mit Streicheln oder einem Spiel belohnen. Streicheln Sie ihn aber nie beim Zeigen von Drohsignalen, um ihn zu beruhigen. Sobald Ihr Hund einen anderen Hund

> **Tipp**
>
> Fügt man einem Hund einen Schmerzreiz zu, verstärkt das seine Aggression gegen andere Hunde. Durch unangenehme Erfahrungen bei jeder Begegnung mit Artgenossen wie Anschreien oder gar Schlagen kann sich aggressives Verhalten nicht bessern. Belohnen Sie ihn besser mit leckeren Häppchen, sobald er keine Aggression zeigt.

Wenn ein Hund andere Hunde bedroht, kann man ihn mit dem »Wangengriff« so halten, dass er nicht zu dem Hund sehen kann. Dazu sollte man allerdings wirklich Rudelführer sein.

Angst und Aggression

über lange Zeit akzeptiert und nicht aggressiv reagiert, lassen Sie ihn von der Leine; dadurch macht er positive Erfahrungen. Vorsichtshalber sollte er anfänglich einen Maulkorb tragen.

Eine andere Möglichkeit besteht darin, einen Hund mit vielen anderen Hunden gleichzeitig zu konfrontiert. Dann wirken so viele Reize auf ihn ein, dass er irritiert wird (bei einem sensiblen Hund ist diese Therapie allerdings ungeeignet). Wenn ein Hund nur einem einzelnen Artgenossen begegnet, konzentriert er sich ganz auf den einen »Gegner«. Sind aber viele Hunde gleichzeitig über einen längeren Zeitraum anwesend, verlieren Hundebegegnungen an Reiz. Dazu ein Beispiel: Ein Hund, der gern Hühner jagt, wird vor einem Hühnergehege angeleint. Zuerst wird er sehr aufgeregt sein, aber wenn er lange genug dableibt, fängt er an zu gähnen; dabei handelt es sich um eine Übersprungshandlung (siehe S. 106, Kommunikation). Genau in diesem Moment wird er gelobt und belohnt. Nicht viel anders verhält es sich auf einem Hundetrainingsgelände: Je mehr Hunde anwesend sind, umso ruhiger werden die meisten Hunde; man braucht nur genügend Geduld und entsprechende Kenntnisse. Natürlich sollte Ihr Vierbeiner vor jeder Übungsstunde die Möglichkeit haben, seine überschüssige Energie durch reichlich Bewegung abzubauen.

Hunde zeigen eine sogenannte Übersprungshandlung, wenn sie nicht wissen, wie sie sich verhalten sollen. Sehr häufig wird dabei gegähnt.

Bei Aggression richtig reagieren

Kommt es doch einmal zu einer Rauferei und die Hunde lassen sich trennen, müssen sie sofort gelobt und belohnt werden – nicht für das Raufen, sondern für das Zurückkommen zu Herrchen! Das war die letzte Aktion des Hundes, denn eine Rauferei besteht aus mehreren Einzelaktionen:

1. Zunächst wird ein anderer Hund wahrgenommen und fixiert,
2. dann laufen sie aufeinander zu,
3. sie zeigen Dominanz: Haare- und Ruteaufstellen usw.
4. keiner der beiden zeigt Beschwichtigungssignale,
5. meistens wird mit Knurren gedroht,
6. gibt keiner nach, kann es zu einem Kommentkampf kommen,
7. Herrchen gibt den Befehl, den Kampf abzubrechen,
8. der Kampf wird abgebrochen,
9. der Hund kommt zurück.

Das Abbrechen des Kampfes und das Zurückkommen zu Herrchen sind erwünschte Handlungen, die überschwänglich gelobt und belohnt werden müssen. Doch die meisten Halter sind in diesem Moment emotional erregt und schimpfen oder bestrafen ihren Hund. **Ein Lob oder eine Bestrafung bezieht sich immer nur auf die letzte Handlung!** Deshalb sollte ein Hundeführer lernen, sich Routine anzueignen, damit er nicht unbeherrscht reagiert. Überlegen Sie schon vorher, wie Sie sich in bestimmten Situationen am besten verhalten. Ist man nämlich unvorbereitet und wird durch eine Rauferei erschreckt, reagiert fast jeder hilflos oder panisch.

Entfernen Sie sich nach einer Auseinandersetzung nicht sofort und vermeiden Sie jeden Streit mit anderen Hundebesitzern. Vertragen sich die beiden »Rudelführer«, haben sich auch die anderen Rudelmitglieder danach zu richten. Wenn Sie sich aber sofort entfernen, hat Ihr Hund erreicht, was er wollte, und wird in seinem Verhalten bestärkt. Dadurch ist der nächste Angriff bei einer erneuten Begegnung vorprogrammiert. Das größte Problem ist, dass die meisten Halter sich dieser Tatsache nicht bewusst sind.

Viele Hundebesitzer, die einen aggressiven Hund haben, wissen zwar, wie man sich richtig verhalten sollte, bringen aber ihre eigenen Ideen ein, die dann nicht funktionieren.

Hundeführer, die sich nicht bemühen, einen Angriff zu vereiteln, ihn stillschweigend dulden oder gar ihren Hund noch ermuntern, muss man regelrecht als asozial bezeichnen. Bei einer Untersuchung des Fernsehsenders VOX mit 335 Hunden und ihren Herrchen stellte man fest, dass Hunde, die durch Aggressivität verhaltensauffällig waren, einen Halter hatten, der schon einmal mit dem Gesetz in Konflikt gekommen war. Ein Drittel davon sogar 5-mal.

Lassen Sie sich von solchen Menschen nichts gefallen. Wer gegen das aggressive Verhalten nichts unternimmt, gefährdet nicht nur Menschen und Tiere, sondern bringt auch andere Hunde und deren Besitzer in Verruf. Die Hunde sind trotz ihrer Aggressivität selbst meistens nur Opfer ihrer unwissenden oder bösartigen Herrchen. Nicht umsonst sagt der Volksmund: Böse Hunde haben ein böses Herrchen. Versuchen Sie deshalb, es bei Ihrem Hund richtig zu machen. Bleibt nur zu hoffen, dass uns Begegnungen mit solchen Hunden erspart bleiben.

Aggression gegen Menschen

Besonders problematisch sind Hunde, die aggressiv gegen Menschen sind. Sie wurden entweder bewusst aggressiv erzogen oder unbewusst in ihrem aggressiven Verhalten bestärkt. Auch durch ungenügende Sozialisation, gewalttätige Erziehung oder schlechte Erfahrungen kann ein Hund aggressiv gegen Menschen werden. Wird ein Hund in der Sozialisationsphase nicht an größere Menschenansammlungen gewöhnt und Herrchen möchte ihn unvorbereitet durch eine große Menschenmenge führen, wirkt das auf den Hund sehr bedrohlich. Reagiert er aggressiv, um einen größeren Abstand zu den Menschen zu gewinnen, wird er zwangsläufig von allen nahe stehenden Personen angestarrt. Das ist für ihn eine zusätzliche Bedrohung, die seine Angst verstärkt, sodass die Aggression eskalieren und es zu einem Verzweiflungsangriff kommen kann.

Statistiken zeigen, dass besonders Hunde, die in Zwingern gehalten werden, häufig schwere Unfälle verursachen. Das liegt hauptsächlich daran, dass sie durch die isolierte Haltung keine enge Bindung zu Herrchen oder der Familie haben. Ein Hundehalter, der einen Hund besitzen möchte, ihn aber aus seinem nahen Umfeld verbannt, hält ihn aus egoistischen Motiven. Er fügt dem Hund nicht nur einen Schaden durch die soziale Isolation zu, sondern trägt zu seiner Fehlentwicklung bei. Dadurch können Menschen und Tiere gefährdet werden. Schon erwachsene Hunde fühlen sich alleine in einem Zwinger äußerst unwohl. Wird aber bereits ein junger Hund in einem Zwinger gehalten, ist eine Fehlentwicklung mit daraus resultierenden Verhaltensstörungen vorprogrammiert. Hunde, die oft alleine sind, werden immer unsicherer. Durch die ständige Angst wird die Psyche des Tieres schwer geschädigt. Schon nach kurzer Zeit wirkt sich das ängstliche und aggressive Verhalten auch auf andere Bereiche aus.

Aggressive Hunde verhalten sich nicht bei allen Menschen gleich. Das hängt sehr von den Erfahrungen ab, die sie gemacht haben. Manche reagieren nur auf Männer aggressiv, andere auf Frauen oder auch auf Kinder. Besonders gefährdet sind Personen, die Angst vor Hunden haben. Durch ihr emotionales Verhalten bedrohen sie unbewusst jeden Hund, der sich ihnen nähert – selbst wenn er in friedlicher Absicht kommt. Meistens starren sie ihn an. Das bedeutet in der Körpersprache der Hunde eine massive Drohung. Daraufhin werden manche Hunde erst aggressiv. Das ist aus der Sicht des Hundes gut nachvollziehbar, denn wer lässt sich schon gern bedrohen. Auch Schreien könnte ein Hund als Aggression missverstehen. Durch falsches Verhalten eines ängstlichen Menschen kann eine Hundebegegnung eskalieren. Ein Mensch, der Angst vor einem Hund bekommt, sollte deshalb den Hund nicht anstarren, sondern zum Hundeführer sehen und ihn in ruhigem Ton bitten, den Hund zurückzurufen oder anzuleinen.

Vor allem sollte man vor einem Hund nie weglaufen, denn Hunde sind immer schneller als wir. Damit macht man ängstlichen Hunden erst Mut. Manche Menschen versuchen, sich vor einem Hund zu verstecken. Da Hunde viel bessere Sinne haben als wir, erreicht man das Gegenteil von dem, was man erreichen will. Der Hund wird durch das ungewöhnliche Verhalten des Menschen erst richtig neugierig und nähert sich. Er möchte sozusagen prüfen, warum sich der Mensch anders verhält als andere Menschen.

Wenn ein ängstlicher Mensch merkt, dass sich durch richtiges Verhalten die Lage schnell entspannt, wird er bald seine Angst vor Hunden verlieren. Dazu muss man aber motiviert sein, sich Kenntnisse über Hunde anzueignen. Besonders Eltern sollten ihren Kindern vermitteln, wie man mit Tieren richtig umgeht, damit derartige Ängste gar nicht erst entstehen (vgl. S. 38, Eigene Kinder).

Die Sicherheit im »Rudel«

Ein Hund braucht zu seinem Wohlbefinden eine Familie, in der er sich sicher und geborgen fühlt, sonst wird er durch die scheinbar feindliche Umwelt aggressiv. Denn wenn er aus Erfahrungen gelernt hat, dass er jede Bedrohung mit Aggression erfolgreich abwehren kann, wird er in ähnlichen Situationen immer wieder aggressiv reagieren.

Auch genetisch bedingte Ängstlichkeit ist manchmal die Ursache für aggressives Verhalten. Durch Unkenntnis und falsches Verhalten des Besitzers kann sich diese Angst verstärken. Hundehalter, die ihren Hund behüten und verhätscheln, erziehen ihn unbewusst zum »Angstbeißer«. Man kann oft beobachten, dass unsichere Menschen ihren Hund auf den Arm nehmen und ihn streicheln, sobald er ängstlich reagiert. Der Hund wird also für sein ängstliches Verhalten unbewusst belohnt. Richtiger wäre, angstfreies Verhalten zu belohnen. Ein Hundeführer, der bei jeder Begegnung mit fremden Menschen oder Hunden befürchtet, es könne etwas passieren, überträgt die Angst auf seinen Hund.

Nur wenn man das Selbstbewusstsein eines Hundes aufbaut, kann man ihn günstig beeinflussen. Dazu muss man ihm das Gefühl geben, dass man ihn in jeder Situation beschützen kann. Ein Hund braucht viele positive Erfahrungen mit Menschen, damit er seine Ängste und damit die Aggression abbauen kann. Bringen Sie ihn möglichst oft mit Menschen zusammen, die von Hunden etwas verstehen und bereit sind, Ihrem Hund positive Erlebnisse zu vermitteln: Spielen, Spazierengehen, Herumtollen usw.

Die Ursachen für abnorm aggressives Verhalten gegen Menschen sind meistens in ungenügender Sozialisation und falscher Rangordnung zu suchen – oder natürlich, wenn ein Hund negative Erfahrungen mit Menschen gemacht hat. Versäumnisse

Wenn ein Hund sich in seiner Familie sicher und geborgen fühlt, entwickelt er sich weder ängstlich noch aggressiv.

während der Sozialisationsphase später zu korrigieren ist besonders aufwändig. Denn es gibt nur wenige Menschen, die bereit sind, sich mit einem aggressiven Hund zu beschäftigen.

Wird ein Hund aber von Menschen und Artgenossen ferngehalten, kann er noch aggressiver werden. In diesem Fall sollten sich Hundehalter mit ähnlichen Problemen zu einer Interessengemeinschaft zusammenschließen und sich unter der Leitung eines erfahrenen Tierpsychologen gegenseitig unterstützen. Natürlich muss vorher immer sichergestellt werden, dass die Aggression keine krankheitsbedingte Ursache hat.

Aggression gegen Familienmitglieder

Richtet sich die Aggression eines Hundes gegen die eigenen Familienangehörigen, muss von einem Tierarzt abgeklärt werden, ob es sich eventuell um eine ernste Erkrankung handelt (z. B. einen Gehirntumor). Ist Ihr Hund körperlich gesund, muss man herausfinden, warum er abnorm reagiert.

Jeder Hund ist von klein auf Menschen gegenüber freundlich. Nur wenn er falsch behandelt wird, verliert er das Vertrauen und kann aggressiv werden. Die Ursache für Probleme sollte man deshalb nicht beim Hund suchen.

Es ist zwar verständlich, dass eine betroffene Person ärgerlich ist, wenn sie ständig von dem Familienhund bedroht wird. Das ist aber kein Grund, ihn schlecht zu behandeln oder gar zu bestrafen. Dadurch kann sich die Beziehung nicht bessern. Eigentlich sollte ein Mensch intelligenter sein als ein Hund und sich verpflichtet fühlen, das verloren gegangene Vertrauen wiederherzustellen. Hunde sind nicht in der Lage, mit logischem Denken an einem bestehenden Problem etwas zu verändern, aber wir können es.

Zunächst muss man herausfinden, welches Familienmitglied den Hund verunsichert. Das kann nur jemand beurteilen, der sich mit der Körpersprache der Hunde gut auskennt. Diese Person hält sich mit dem Hund in einem nicht zu großen Raum auf. Dann betritt jedes Familienmitglied einzeln das Zimmer. An der Körpersprache des Hundes kann man deutlich erkennen, zu wem er kein Vertrauen hat. Unter Umständen können es mehrere Personen sein. Wenn die Verursacher des Problems keine Selbstkritik besitzen und nicht einsichtig sind, braucht man mit halbherzigen Versuchen gar nicht anzufangen. Dann ist es besser, man sucht für den Hund einen geeigneten neuen Platz. Selbst wenn nur ein einziges Familienmitglied Vorurteile gegen den Hund hat, kann er keine Selbstsicherheit entwickeln. Nur wenn alle bereit sind, alles zu unterlassen, was den Hund verunsichert, hat man eine Chance, ihm zu helfen.

Verhält sich ein Hund nicht so, wie wir es erwarten, sollten sich alle Angehörigen genügend Kenntnisse über die Körpersprache der Hunde aneignen, damit jeder die ersten Anzeichen von Unsicherheit erkennt. Dann kann man auch vermeiden, dem Hund unbewusst zu drohen. Am schnellsten bekommt ein Hund Vertrauen, wenn man ihm oft Beschwichtigungssignale zeigt, die ihm versichern: Vor mir hast du nichts zu befürchten.

Schon mit einem einfachen Spiel kann man schnell des Herz eines Hundes erobern: Man wirft ihm Leckerchen in verschiedene Richtungen, damit er beschäftigt wird. Aber immer nur dann, wenn er sich weder ängstlich noch aggressiv verhält. Durch das »Belohnungsspiel« macht der Hund positive Erfahrungen und baut seine Aggression langsam ab.

Tipp

Damit es bei der Hundehaltung keine ernsthaften Probleme gibt, sollte man nur dann einen Hund anschaffen, wenn alle Familienmitglieder damit einverstanden sind. Ein Hund kann sich nur gut entwickelt, wenn er sich in seinem »Rudel« geborgen fühlt.

Mit zärtlichen Berührungen im Schnauzenbereich schafft man ein inniges Vertrauensverhältnis zu einem Hund.

Nimmt ein aggressiver Hund Leckerchen an, bedeutet das aber nicht, dass er die Person auch voll akzeptiert.

Bei Aggression gegen bestimmte Familienmitglieder kann es sich auch um Eifersucht handeln. Die Ursache ist meist darin zu suchen, dass sich ein Hund durch ein oder auch mehrere »Rudelmitglieder« benachteiligt fühlt. Daran ist aber nicht der Hund schuld, sondern das Verhalten des Besitzers – auch wenn es diesem nicht bewusst ist. Hunde reagieren gelegentlich auf ein neues Familienmitglied mit Aggression, um es wieder loszuwerden. Insbesondere verhätschelte oder vermenschlichte Hunde reagieren auf Zuwendungsverlust sehr empfindlich. Deshalb muss man einen Hund an ein neues Familienmitglied langsam gewöhnen, damit er merkt, dass er dadurch keine Nachteile hat. Wenn ein Hundebesitzer seine ganze Zuneigung immer dem Hund geschenkt hat und plötzlich erhält ein Partner oder Baby diese Liebe und für den Hund bleibt nicht viel übrig, sind Probleme abzusehen (vgl. S. 39, Frauchen bekommt ein Baby).

Erwünschte Aggressivität

Von Schutzhunden wird erwartet, dass sie aggressiv sind. Die Schwierigkeit der Erziehung eines Schutzhundes besteht darin, dass er nicht generell aggressiv sein darf, sondern nur zum richtigen Zeitpunkt in seinem Einsatzbereich. Bewacht er z. B. ein eingezäuntes Grundstück, in das

Tipp

Wenn sich ein Wachhund durch Artgenossen ablenken lässt, kann er seiner eigentlichen Aufgabe – sein Herrchen zu schützen – nicht voll gerecht werden. Ein guter Schutzhund verhält sich beim Spazierengehen ruhig und folgt aufs Wort.

ein Fremder eindringt, muss er aggressiv reagieren. Er darf aber keine vorbeilaufenden Passanten anbellen, solange niemand versucht, das Grundstück zu betreten. Bewegt er sich außerhalb des Grundstückes, darf er weder Menschen noch andere Tiere bedrohen oder gar angreifen.

Auch einem willkommenen Gast gegenüber darf er keine Aggression zeigen. Sobald er merkt, dass Herrchen den Gast akzeptiert, darf er ihn nicht mehr »bewachen«. Leider gibt es nur sehr wenige Hundetrainer, die dazu in der Lage sind. Aus Mangel an psychologischen Kenntnissen werden solche Tiere oft ganz allgemein aggressiv und dadurch zur Gefahr.

Wer einen Hund als Schutzhund anschafft, braucht deshalb ausreichende Kenntnisse und muss vor allem »Alpha« sein. Es ist leicht, einen Hund aggressiv zu erziehen. Ihn dann aber sicher zu führen erfordert viel Sachverstand. Die Ursache für unerwünschte Aggressivität ist, dass diese Hunde in ihrem speziellen Aufgabenbereich zu intensiv trainiert werden und das Sozialverhalten dabei vernachlässigt wird. Durch zu wenig friedliche Kontakte mit Artgenossen oder Menschen reagieren die Tiere oft im falschen Moment aggressiv.

Bevor man einen Hund zum Wach- und Schutzhund ausbilden lässt, sollte man eine Wesensprüfung von einem Tierpsychologen durchführen lassen. Viele Hunde eignen sich nicht als Schutzhunde, da sie zu unsicher sind. Ein Angstbeißer ist nur schwer zu kontrollieren. Überlassen Sie diese Prüfung nie einem Hundetrainer, der Schutzhunde ausbildet, denn er hat keine Veranlassung, ein Tier abzulehnen. Das bedeutet für ihn lediglich einen Verdienstausfall. Informieren Sie sich auch über die Ausbildungsmethoden einer Hundeschule. Nicht selten werden Hunde nur scharf und aggressiv gemacht und sind es auch dann, wenn sie es nicht sein sollen.

In den Händen eines Laien ist ein aggressiver Hund eine große Gefahr, nicht nur für seine Umwelt, sondern auch für sich selbst. Nicht selten werden solche Tiere eingeschläfert, wenn ein Mensch verletzt wurde. Der Hund wird also für die Fehler seines Herrchens »zum Tode verurteilt«. Man sollte besser die Schuldigen dazu verurteilen, die Kosten für die aufwändige Gegenkonditionierung zu tragen. Würde gegen solche Menschen ein gerichtlich verfügtes Tierhalteverbot ausgesprochen; gäbe es weniger Unfälle mit Hunden.

Die letzte Rettung

Auch wenn die meisten Schwierigkeiten, die bei Hunden auftreten, auf mangelhafte Sozialisation und Erziehung zurückzuführen sind, darf man nicht außer Acht lassen, dass es auch genetische Anlagen gibt. Ebenso können Verhaltensstörungen durch unbekannte Ereignisse entstanden sein. Wenn aber ein gut sozialisierter Hund ohne erkennbaren Anlass innerhalb kurzer Zeit aggressiver reagiert, liegt der Verdacht nahe, dass es sich um ein gesundheitliches Problem handelt. Durch starke Schmerzen kann jeder Hund spontan beißen, wenn er den Schmerzreiz mit einem Lebewesen in Verbindung bringt. Deshalb muss zuerst ein Tierarzt abklären, ob der Hund gesund ist. Bekommt man das Problem nicht selbst in den Griff, sollte man möglichst bald professionelle Hilfe in Anspruch nehmen.

Reagieren Sie auf jedes ungewöhnliche Verhalten rechtzeitig. Je später man damit beginnt, umso schwieriger wird es, das Fehlverhalten zu korrigieren. Wartet man zu lang, kann sich ein Hund in seiner Aggressionsbereitschaft so steigern, dass er nur noch von einem guten Tierpsychologen zu therapieren ist. Der Leidtragende ist dann der Hund, weil er nur noch mit Maulkorb an der Leine laufen darf oder gar aus der Familie verstoßen wird.

Soll ein Tierpsychologe hinzugezogen werden, ist es empfehlenswert, sich vorher möglichst genaue Notizen über alle Verhaltensweisen und Ereignisse zu machen und die Vorgeschichte des Tieres aufzuzeichnen. Je mehr Informationen ein Therapeut bekommt, umso leichter ist es für ihn, dem Hund zu helfen.

Tipp

Viel Hundehalter ignorieren oder verharmlosen das aggressive Verhalten ihres Hundes und versuchen, mit allen möglichen Ausreden von den wahren Gründen abzulenken. Deshalb wenden sich viele erst dann an einen Fachmann, wenn etwas passiert ist. So weit sollte es nach Möglichkeit nicht kommen.

Wütend versuchen Hunde ein Wildschwein hinter dem Zaun eines Wildparkes zu vertreiben. Nach kurzer fachgerechter Korrektur benehmen Sie sich gesittet und bedrohen den Keiler nicht mehr.

Unerwünschtes Verhalten – wie man Fehlverhalten korrigiert

Erziehungsprobleme

Nicht alles, was wir bei Hunden als unangenehm empfinden, ist ein Fehler; viele Verhaltensweisen haben einen natürlichen Ursprung. Trotzdem können wir einem Hund fast alles, was uns stört, relativ schnell abgewöhnen. Dabei sind Geduld, Einfühlungsvermögen, Konsequenz und gerechte Behandlung wichtige Voraussetzungen. Eine ungerechte oder nachträgliche Strafe – nur weil Herrchen glaubt, sein Hund habe etwas angestellt – ist das Schlimmste, was man einem Hund antun kann. **Die meisten Schwierigkeiten entstehen durch Dominanz- und Kommunikationsprobleme.** Auch fehlende Bindung und Versäumnisse in der Hundeerziehung, etwa unregelmäßiges Üben, sind häufig die Ursache von Misserfolgen.

Oft gewöhnt sich ein Hund Unarten an, weil wir ihm unbewusst die Möglichkeit dazu geben. Lassen Sie deshalb Unsitten erst gar nicht aufkommen. Seien Sie immer konsequent. Wenn ein Hund mit einer Unart beginnt, sagen Sie sofort »Nein« – und nicht erst bei der 10. Wiederholung. Eine gute Prophylaxe ist immer besser, als ein Fehlverhalten zu korrigieren.

Alles, was nach Nahrung riecht, muss man gut sichern; auch den Mülleimer. Verpackungsmüll wirkt unwiderstehlich auf Hunde.

In den ersten Lebenswochen hat man die beste Möglichkeit, einen Welpen so zu erziehen, dass man später wenig Probleme hat. Ein Hund wird nicht mit Fehlern geboren, sondern er konnte sich so entwickeln, weil ihm nicht verständlich beigebracht wurde, wie er sich verhalten soll.

Hunde sind intelligente Tiere, die neugierig sind und alles Mögliche untersuchen. Bei diesem Erkundungsverhalten tun sie auch unerwünschte Dinge, wie im Mülleimer wühlen. Derart auffälliges Verhalten wird von jedem Hundehalter sofort erkannt und korrigiert. Aber weniger auffällige Verhaltensweisen nehmen viele Halter bei einem Welpen nicht ernst. Sie vergessen dabei, wie unangenehm das Gleiche bei einem erwachsenen Hund sein kann. Reagieren Sie deshalb von Anfang an richtig, damit Ihr Hund sich keine Unarten angewöhnen kann.

Wichtige Voraussetzungen für eine erfolgreiche Korrektur sind eine solide Grundausbildung und eine klare Rangordnung in der Familie. Wenn Ihr Hund nicht gleich alles richtig macht, halten Sie bitte Ihre emotionalen Gefühlsausbrüche im Zaum und versuchen Sie, sich Routine bei der Erziehung anzueignen. Damit Sie bei einer notwendig gewordenen Korrektur möglichst schnell einen Erfolg erzielen, sollten Sie die Kapitel »Hundeerziehung« (S. 46) und »Wie werde ich Rudelführer« (S. 132) bereits gelesen haben.

Wenn man unerwünschtes Verhalten korrigiert, ist es möglich, dass sich das Fehlverhalten zunächst verstärkt. Denn der Hund ist ja gewohnt, dass er mit seinem Verhalten Erfolg hat, und intensiviert es, um sein Ziel doch noch zu erreichen (Löschungstrotz). Nur wenn Sie das erfolgreich verhindern, unterlässt er es bald.

Wenn Sie in diesem Kapitel nichts über Ihr spezifisches Problem finden, ist es doch empfehlenswert, alle Beispiele und deren Abhilfe zu lesen. Vielleicht können Sie sich eine Problemlösung nach einer ähnlichen Methode ausdenken.

Grundprinzipien der Verhaltenskorrektur

- Behandeln Sie einen Hund stets so, dass er nicht verunsichert wird und Vertrauen bekommt!
- Lasten Sie einen Hund entsprechend seiner Rasse, Größe und seinem Alter vor jeder Übungsstunde körperlich aus.
- Machen Sie Ihrem Hund mit viel Geduld immer genau begreiflich, was Sie von ihm erwarten.
- Geben Sie klare, unmissverständliche Anweisungen, damit Ihr Hund eine gute Orientierung hat.
- Unterstützen Sie Befehle mit deutlichen Sichtzeichen.
- Sobald Ihr Hund einen Befehl befolgt, loben und belohnen Sie ihn sofort. Belohnen Sie ihn aber nie unüberlegt für unerwünschtes Verhalten!
- Suchen Sie bei Misserfolgen immer den Fehler bei sich selbst. Hunde verhalten sich so, wie wir es ihnen beibringen.
- Konzentrieren Sie sich bei den Übungen ganz auf den Hund und versuchen Sie, durch vorausschauendes Denken Fehler zu vermeiden.
- Reagieren Sie möglichst schnell auf jedes unerwünschte Verhalten und seien Sie nie nachtragend.
- Behandeln Sie Ihren Hund immer gleich; jede Ausnahme verzögert den Lernprozess.
- Wenn Sie ungeduldig werden, brechen Sie die Übungen ab. Beenden Sie aber jede Trainingseinheit mit einem Erfolgserlebnis. Dazu genügt es, wenn man eine leichte Übung wiederholt, die der Hund gut beherrscht.
- Lassen Sie sich nicht durch anwesende Personen von Ihren Erziehungsmaßnahmen abhalten. Sonst reagiert Ihr Hund später nur, wenn Sie mit ihm alleine sind.
- Empfangen Sie Ihren Hund immer freundlich, sobald er auf Befehl kommt – auch wenn er vorher etwas Schlimmes angestellt hat. Ärgern Sie sich nicht über den vorangegangenen Fehler, sondern freuen Sie sich, wenn er Ihren letzten Befehl befolgt.
- Bestrafen Sie Ihren Hund nie ungerecht oder im Zorn; wenn es aber sein muss mit Routine und Know-how.
- Eine Strafe darf nur artgerecht erfolgen. Also schlagen Sie Ihren Hund niemals und fügen Sie ihm keine Schmerzen zu.

Unerwünschtes Verhalten

Mein Hund will seinen Willen durchsetzen

Die meisten jungen Hunde sind temperamentvoll und reagieren bei vielen Gelegenheiten ungeduldig und fordernd. Reagiert man darauf falsch, versucht der Welpe, seine Forderungen immer hartnäckiger durchzusetzen. Er stupst uns an, um gestreichelt zu werden, oder bellt uns an, damit wir ihn füttern oder seinen Ball werfen, er hebt die Pfote, um ein Leckerchen zu bekommen und vieles andere mehr. Es ist erstaunlich, wie viele Hundehalter auf diese Forderungen hereinfallen, ohne zu merken, dass ihnen der Hund »auf der Nase rumtanzt«. Wenn man darauf nicht richtig reagiert, merkt er nämlich bald, dass er mit diesem Verhalten alles erreichen kann. Bringen Sie ihm zuerst bei, sich in Geduld zu üben:

Springt ein Hund z. B. an uns hoch, sobald wir den Futternapf in die Hand nehmen, halten wir inne und warten, bis er sich ruhig verhält und sich setzt. Sobald er sich gesetzt hat, sagt man »Brav« und stellt ihm sofort das Futter hin. Wir belohnen ihn also nur, wenn er sich wunschgemäß verhält.

Bereitet man sich auf einen Spaziergang vor und der Hund gebärdet sich vor Freude ganz wild, bleibt man bei den Vorbereitungen unvermittelt stehen und wartet, bis er ruhig ist. Erst wenn er sich so verhält, wie Sie es wünschen, machen Sie weiter. Geben Sie immer den Befehl »Sitz«, bevor Sie die Wohnungstür öffnen. Die Tür wird konsequent erst dann geöffnet, wenn Ihr Hund ruhig sitzt. Springt er beim Öffnen der Tür auf, wird die Tür sofort wieder geschlossen. Erst geht der Hundeführer durch die Tür, dann sagt man »Komm«.

Stürmt Ihr Hund trotz des Befehls »Fuß« die Treppe hinunter, dürfen Sie ihm nicht nachlaufen. Man bleibt stattdessen stehen, bis er zurückkommt. Sie müssen natürlich dafür sorgen, dass er nicht aus dem Haus kann; das käme einer Belohnung gleich. Erst wenn er wieder neben Ihnen steht, gehen Sie weiter. Immer, wenn er schneller läuft als Sie, bleiben Sie stehen. Mit einem kurzen »na« kann man ihn an den bestehenden Befehl erinnern. Wird seine Eile nicht belohnt und er merkt, dass alles viel langsamer geht, wird er künftig brav bei Fuß laufen.

Kommt Ihnen bei einem Spaziergang ein Hund entgegen und Ihr Hund zieht wild an der Leine, lassen Sie ihn absitzen. Dann wartet man, bis sich der andere Hund auf wenige Meter genähert hat. Wenn man sich in ungefährlichem Gelände befindet,

Wenn ein Hund ungeduldig auf das Futter wartet und sich wie wild gebärdet, verharrt man unbeweglich, bis er sich gesetzt hat. Erst dann stellt man ihm das Futter hin. Nur Geduld sollte belohnt werden.

Erziehungsprobleme

Wenn Besuch oder der Postbote kommt, darf sich ein Hund nicht durch die Tür zwängen. Sobald es klingelt, wird der Hund auf seinen Platz geschickt.

kann man ihn von der Leine lösen. Übt man das regelmäßig, gelingt es bald auch ohne Leine. Befindet man sich in einem verkehrsreichen Gebiet, muss der Hund lernen, andere Hunde zu ignorieren. Lenken Sie seine Aufmerksamkeit auf sich und gehen Sie an dem anderen Hund vorbei. Einen kräftigen Hund kann man mit einem Hundehalfter gut kontrollieren (siehe S. 180, Wie führt man einen aggressiven Hund?).

Sobald ein Hund etwas von uns fordert, darf man nicht darauf eingehen. Der Erfolg stellt sich nur ein, wenn man Geduld hat, immer konsequent ist und alle Familienmitglieder das Gleiche tun.

Machen Sie Ihrem Hund klar, dass er von Ihnen abhängig ist. Verwalten Sie die Ressourcen und teilen Sie ihm das Futter zu. Das erreicht man am schnellsten, wenn man ihn ein paar Tage mit der Hand füttert. Zuerst wird der Futternapf wie immer gefüllt, aber nicht auf den Boden gestellt. Er muss so hoch gehalten werden, dass er nicht drankommt. Dann greifen Sie in den Napf und reichen ihm das Futter. Benimmt er sich fordernd, unterbrechen Sie die Fütterung. Erst wenn er sich wunschgemäß verhält, füttern Sie weiter. Nehmen Sie ihm auch alle Spielsachen weg und geben Sie sie ihm erst dann, wenn er spielen darf. Ein Hund, der seine Ressourcen selbst verwalten kann, also jederzeit spielen und fressen kann, hat keine Veranlassung, die Befehle seines Herrchens zu befolgen.

Wenn ein Hund nicht folgt, dann liegt es nicht am Hund. Haben Sie mit dem Trainieren Ihres Hundes keinen Erfolg, machen Sie etwas falsch. Entweder können Sie dem Hund nicht verständlich vermitteln, was Sie von ihm erwarten, oder Sie können einen Befehl nicht durchsetzen. Beides lässt sich lernen. Bekommt man einen Hund, sollte man sich immer wie ein ranghöheres Rudelmitglied verhalten. Haben Sie das am Anfang versäumt, müssen Sie sich die Alpha-Position in Ihrem »Rudel« zurückerobern (siehe S. 132, Wie wird man »Rudelführer«?).

Eine Übungsstunde sollte immer mit Routine ablaufen und nicht emotional. Beobachten Sie Ihren Hund und überlegen Sie, was er als Nächstes anstellen könnte. Dann können Sie auf sein Verhalten schnell reagieren. Wer zu bequem ist, vorausschauend zu denken, und einen Hund emotional bestraft, weil er sich über ihn ärgert, wird nie eine gute Bindung zu seinem Hund aufbauen können.

Hundeführer, die viele Fehler machen, reagieren oft aggressiv. Das bedeutet in der Hundesprache: Hau ab! Doch wir wollen erreichen, dass der Hund in unserer Nähe bleibt, damit wir ihn gut kontrollieren können. Manche Halter werden wütend, weil sie glauben, der Hund habe sie blamiert. In Wirklichkeit blamieren sie sich selbst, und zwar gleich doppelt: erstens, weil sie ihren Hund ungerecht behandeln, und zweitens, weil sie ihn nicht richtig erzogen haben.

Schlechte Hundehalter schlagen gelegentlich ihren Hund, wenn sie in Rage sind. Das ist immer ein Zeichen von Hilflosigkeit. In ihrer Wut schlagen sie mehrmals zu, obwohl der Hund bereits beim Ausholen Beschwichtigungssignale gezeigt hat. Aus der Sicht des Hundes ist das kein artgerechtes Verhalten, weil in seinen Genen verankert ist, dass Unterwürfigkeit Stärkere besänftigt. Launische Menschen lassen sich davon oft nicht beeindrucken. Auf diese Weise verliert ein Hund das Vertrauen, weil ein unberechenbarer »Rudelführer« das Überleben eines Rudels nicht sicherstellen kann. Er befolgt dann Befehle nur zögerlich, weil er Angst hat und sich nicht sicher sein kann, wie Herrchen reagiert.

Ein Hund, der Angst hat, ist kaum in der Lage, etwas zu lernen, sondern reagiert instinktiv mit Unterwerfung oder Flucht. Diese Unsicherheit kann man häufig bei Hunden beobachten, die unausgeglichene oder cholerische Herrchen haben – und auch, wenn der Besitzer Alkohol mehr liebt als seinen Hund. Die Erziehung eines Hundes ist nur dann erfolgreich, wenn ein Hund zu seinem Herrchen volles Vertrauen hat (siehe S. 56, Ohne Vertrauen läuft nichts).

Eigentlich müsste man 3 Bücher schreiben: eines für sensible Hunde, eines für unsensible und eines für »Durchschnittshunde«. Finden Sie heraus, zu welcher Gruppe ihr Hund gehört, und passen Sie Ihre Erziehung dem Wesen Ihres Hundes an.

Wenn ein Hund versucht, seinen Kopf durchzusetzen, ist das eine Herausforderung. Will man nicht längere Zeit mit diesem Problem konfrontiert werden, muss man sofort angemessen darauf reagieren. Gelingt es einem Hundehalter nicht, die Rangordnung wiederherzustellen, versucht der Hund es immer wieder. Im Prinzip reagiert man darauf wie immer, nur in einer schärferen Form. Vor allem braucht es dazu Geduld, denn mit hektischen Aktionen erreicht man gar nichts. Schauen Sie Ihrem Hund bei der Wiederholung eines Hörzeichens in die Augen; das ist in der Hundesprache eine Drohung und verleiht dem Befehl mehr Nachdruck. Nur bei dem Befehl »Hier« darf man keine Drohsignale zeigen, sonst kommt der Hund nicht.

Bei einem dominanten Hund muss man allerdings vorsichtig sein, damit er sich nicht herausgefordert fühlt (siehe S. 162, Der dominante Hund). Auch unsere Mimik ist von großer Bedeutung: Wenn Sie ein Kommando geben und dabei nicht ernst sind, merkt ein Hund das sofort. Man kann auch eine bedrohliche Haltung einnehmen, indem man sich groß macht und über ihn beugt.

Wenn Ihr Hund relativ weit weg ist und einen Befehl verweigert, müssen Sie ihn mit einem Schreck ablenken. Der Schreck muss stark genug sein, damit das unerwünschte Verhalten

Tipp

Hat man bei der Erziehung keinen Erfolg, kann es daran liegen, dass man mit einem sensiblen Hund zu energisch oder mit einem unsensiblen Hund zu sanft umgeht.

sofort abgebrochen wird, z. B. durch Schütteln der Klapperdose. Sobald Ihr Hund folgt, muss er sofort gelobt und belohnt werden.

Wenn ein Hund in die Pubertät kommt, wird er genau wie menschliche »Halbstarke« aufsässig und ignoriert plötzlich Hörzeichen, die er vorher gut befolgt hat. Selbst ein sonst folgsamer Hund kann plötzlich so tun, als würde er Herrchens Befehle nicht wahrnehmen. Daran kann man sehen, dass er erwachsen wird; er versucht einfach, ob er nicht auch der Rudelführer sein könnte. Bei unsensiblen Tieren muss der Ablenkungsreiz entsprechend stark sein.

Entscheidend ist, dass der Korrekturreiz genau in dem Moment erfolgt, in dem er das unerwünschte Verhalten beginnt oder wenn er noch dabei ist – niemals danach. Wenn Sie Ihren Hund oft korrigieren müssen, kommunizieren Sie nicht richtig mit ihm.

Wenden Sie Erziehungshilfen nie an, wenn der Hund in Ihrer Nähe ist, sondern schaffen Sie um sich herum eine straffreie Zone. Nur so erreichen Sie, dass er bei einer Strafandrohung zu Ihnen flüchtet, weil er weiß, dass er in Ihrer Nähe sicher ist. Sobald Ihr Hund bei einer Strafandrohung das unerwünschte Verhalten unterlässt, müssen Sie ihn sofort loben und belohnen. Das wird von vielen Hundehaltern unterlassen, weil sie emotional erregt sind. **Man darf bei der Hundeerziehung nie nachtragend sein und den Hund schimpfen oder gar bestrafen, wenn er zu Herrchen kommt!**

Mein Hund kommt nicht auf Befehl

Wenn ein Hund bei dem Hörzeichen »Hier« oder auf Pfiff zu Herrchen kommen soll, muss man es ihm erst beibringen (siehe S. 76, »Hier«). Ein Hund, der immer an der Leine geführt wird, kann nicht lernen, auf Be-

Tipp

Sehen Sie Ihrem Hund nicht in die Augen, wenn er auf Befehl kommen soll; das bedeutet in der Hundesprache eine Drohung. Damit bringt man einen Hund in einen Gewissenskonflikt: Einerseits soll er kommen, andererseits darf er sich nicht nähern, denn wenn er von einem Ranghöheren mit den Augen fixiert wird, bedeutet das: Komm mir nicht zu nahe!

fehl zu kommen. Wird ein Hund für das Befolgen dieses Befehls bestraft, weil Herrchen sich über ihn geärgert hat, ist er künftig nicht motiviert zu kommen. Auch wenn er nach dem Rufen immer angeleint wird, empfindet er das als Strafe. Darf ein Hund nur selten frei laufen, kommt er ungern, weil er weiß, dass er wieder an die Leine gelegt wird.

Befolgt Ihr Hund den Befehl »Hier« nicht, dürfen Sie auf keinen Fall versuchen, ihn einzufangen. Entfernen Sie sich besser in entgegengesetzter Richtung. Wenn Sie ihm nachlaufen, bestärken Sie ihn nur in seinem Verhalten. So bekommt er den falschen Eindruck, er führe das Rudel an.

Sobald Ihr Hund beginnt, sich zu nähern, loben Sie ihn bereits und halten ihm ein Leckerchen entgegen. Nach dem Belohnen fordern Sie ihn wieder zum Laufen auf. Wenn ein Hund merkt, dass nach dem Befehl »Hier« immer etwas Positives folgt, kommt er auch gern zu Herrchen. Ein Hund kommt nur widerwillig, wenn er kein Vertrauen zu Herrchen hat (siehe S. 56, Ohne Vertrauen läuft nichts). Menschen, die launisch sind und zum »Ausrasten« neigen, haben mit dem Befehl »Hier« selten Erfolg, weil der Hund verunsichert ist. Man muss zunächst eine gute Bindung aufbauen, damit er Vertrauen zu Herrchen hat (siehe S. 21, Die Bindung). Einen Hund darf man nie

Unerwünschtes Verhalten

Wenn ein Hund nie gelernt hat, bei dem Befehl »Hier« zu kommen, übt man zunächst mit einer langen Trainingsleine, bis er gelernt hat, was der Befehl bedeutet.

schimpfen oder gar bestrafen, wenn er auf Befehl gekommen ist – selbst wenn er etwas Schlimmes angestellt hat. Ärgern Sie sich nie über einen Fehler, den er vorher gemacht hat, sondern freuen Sie sich, wenn er bei dem Kommando »Hier« gehorcht. Mit dieser Einstellung werden Sie bei der Erziehung Ihres Hundes viel erfolgreicher sein.

Reagiert ein Hund nicht auf »Hier«, weil er den Befehl schon oft erfolgreich ignoriert hat, sollte man ein neues Signal verwenden. Versuchen Sie es mit einer Hundepfeife oder Klapperdose und unterbinden Sie jede Eigeninitiative ihres Hundes.

Lenken Sie seine Aufmerksamkeit auf sich und geben Sie deutliche Sichtzeichen (siehe S. 55, Das Aufmerksamkeitstraining). Geben Sie ihm eine Zeit lang zu Hause kein Futter, sondern er soll sich seinen »Lohn« unterwegs verdienen. Üben Sie mit viel Enthusiasmus und Spannung, das motiviert jeden Hund. Langweiliges Üben bringt nur wenig Erfolg. Wenn Ihr Hund nach häufigen Wiederholungen gelernt hat, auf Pfiff zuverlässig zu kommen, können Sie ihm nach dem Signal das Kommando »Hier« geben. Dann wird er auch diesen Befehl bald wieder befolgen.

Einen gar zu selbstbewussten Hund muss man manchmal etwas verunsichern. Am besten verstecken Sie sich oder fahren mit einem Fahrrad so schnell Sie können davon – natürlich nur in einem Gebiet ohne Verkehr. Dadurch bekommt er Angst, den Anschluss an sein »Rudel« zu verlieren. Wiederholt man diese Aktion mehrmals, wird er aufmerksamer und entfernt sich nicht mehr so weit.

Haben Sie einen Hund, der auf Ihre Befehle nicht reagiert, müssen Sie vorläufig mit einer Trainingsleine (20 m) üben. Ein Hund darf nicht seinen eigenen Interessen nachgehen, sondern muss lernen, auf Herrchen zu achten. Sobald er nach rechts geht und schnuppert, gehen Sie nach links. Bleibt er stehen, gehen Sie unaufhaltsam weiter, ohne ihn zu beachten. Läuft er voraus und zieht, drehen Sie sich um und gehen zurück. Er soll merken, dass er nicht das tun darf, was er will, sondern sich nach seinem Rudelführer richten muss. Klappt das gut, können Sie beginnen, ihn mit dem Kommando »Hier« oder mit einem Pfiff zu rufen. Reagiert er nicht, ziehen Sie ihn mit der Leine zu sich heran. Sobald er die ersten Schritte in Herrchens Richtung freiwillig macht, muss er mit aufmunternden Worten motiviert werden. Dann bekommt er ein Leckerchen. Haben Sie das Kommen an der Leine oft genug geübt und Ihr Hund darf wieder frei laufen, sollten Sie die Spaziergänge so spannend wie möglich gestalten.

Damit Ihr Hund auf Befehl schneller kommt, müssen Sie die Bindung zum »Rudel« durch artgerechte Haltung festigen: Sorgen Sie für genügend Auslauf, bis er richtig müde wird. Wenn Sie nicht Rad fahren und auch nicht 2 Stunden laufen wollen, können Sie den Bewegungsdrang Ihres Hundes mit einem Trick befriedigen; das geht am besten mit zwei Personen: Laufen Sie in ein freies Gelände und trennen Sie sich, aber nicht zu weit. Der Hund wird zunächst versuchen, durch Hin- und Herlaufen das »Rudel« zusammenzuhalten und schließlich einer Person folgen. Nun pfeift der andere, und das »Hase-und-Igel-Spiel« beginnt. Sobald der Hund kommt, zeigen Sie ihm deutlich, wie sehr Sie sich über sein Kommen freuen. Dann bekommt er eine Belohnung. Nun pfeift der andere usw. So kann er nach Herzenslust hin- und herlaufen, ohne dass seine Besitzer überfordert werden.

Am Anfang darf man nicht zu weit auseinander gehen, damit der Hund sich erst an das neue Spiel gewöhnt. Hat man niemand, der sich an diesem Spiel beteiligt, finden Sie vielleicht einen gleichgesinnten Hundebesitzer mit denselben Interessen. Es funktioniert natürlich nur, wenn sich beide Hunde gut vertragen und jeder Halter zu dem fremden Hund eine gute Beziehung aufbaut.

Wenn Ihr Hund gern apportiert, ist ein Schleuderball oder eine Frisbee-Scheibe sehr praktisch. Die Appor-

Mit einer Frisbee-Scheibe kann man das Bewegungsbedürfnis eines temperamentvollen Hundes auslasten. Es handelt sich aber um ein Jagdspiel, das nicht unkontrolliert ablaufen sollte.

Tipp

Obwohl ein Hund am liebsten zusammen mit seinem »Rudelführer« etwas unternimmt, kann sich bei ungenügendem Auslauf sein Bewegungsbedürfnis bis zur Unerträglichkeit steigern. Hat er die Möglichkeit, sein Heim zu verlassen, und macht dabei positive Erfahrungen, wiederholt er das Streunen.

tierfreudigkeit eines Hundes fördert man mit Leckerchen. Einen Schleuderball kann jeder ohne Anstrengung weit werfen, und eine Frisbee-Scheibe fliegt »unberechenbar«, sodass der Hund ein ähnliches Verhalten mit der Ersatzbeute ausleben kann wie beim Jagen. **Keine Art von Jagd darf jedoch unkontrolliert ablaufen.** Ein Hund sollte weder bei einer potenziellen Beute noch bei einer Ersatzbeute autonom handeln. Er muss sich stoppen lassen, wenn er einem Ball nachläuft (Triebabbruch). Man kann ihn auch darauf trainieren, sitzen zu bleiben, wenn man den Ball wirft.

Bringt Ihr Hund den Ball, will ihn aber nicht hergeben, liegt das daran, dass fast alle Hunde Ziehspiele lieben. Das ist bei einem kräftigen Hund allerdings nicht nur anstrengend, sondern tut auch der Gesundheit unseres Rückens nicht gut. Also gehen Sie nicht darauf ein und ignorieren Sie die Aufforderung zum Spiel. Bieten Sie ihm am Anfang ein Tauschgeschäft an: Ball gegen Leckerchen. Später geben Sie ihm nur dann eine Belohnung, wenn er den Ball bringt und ihn Ihnen in die Hand gibt oder vor Ihren Füßen ablegt. Wenn er die Ersatzbeute vorher fallen lässt, bekommt er keine Belohnung.

Mein Hund streunt

Ein Hund hat eigentlich gar kein Interesse, etwas alleine zu unternehmen; er ist am liebsten mit seinem »Rudel« unterwegs. Wenn ein Hund regelmäßig von zu Hause wegläuft, gibt es dafür zwei wesentliche Gründe: Entweder ist irgendwo eine läufige Hündin, oder er wird nicht artgerecht gehalten. Die meisten Hundebesitzer schieben eine läufige Hündin vor, sonst müssten sie sich Fehler bei der Haltung des Hundes eingestehen. Die Haupttriebfedern für eine Heimflucht bei falscher Haltung sind Durst (sehr selten), Hunger (gelegentlich) und ungenügender Auslauf (sehr häufig).

Beim Streunen spielt das Selbstbewusstsein eines Hundes eine große Rolle. Ein selbstsicherer Hund entfernt sich natürlich weiter von zu Hause als ein ängstlicher. Mit jedem Streunen wird das Bedürfnis größer, auf eigene Faust loszuziehen. Er wird immer selbstsicherer und entfernt sich immer weiter. Da es sehr schwierig ist, einem eingefleischten Streuner diese Unart wieder abzugewöhnen, sollte man nach dem ersten Streunen sofort Gegenmaßnahmen treffen. Unternimmt man nichts, läuft der Hund Gefahr, überfahren oder von einem Jäger erschossen zu werden. Wenn er heimkommt, darf man ihn trotzdem niemals bestrafen, sonst bleibt er immer länger weg.

Als Erstes müssen Sie ihm verständlich machen, wo die Grenzen seines Territoriums sind. Bei jedem Versuch, das Grundstück zu verlassen, rufen Sie seinen Namen und »Nein«. Sobald er sein Territorium wieder betritt, lobt man ihn, bis er weiß, dass er diese Grenze nur zusammen mit Herrchen überschreiten darf. Damit Ihr Hund nicht mehr wegläuft, muss zunächst der Aufenthalt zu Hause verbessert und die Bindung zu Herrchen durch artgerechte Haltung gefestigt werden (siehe S. 21, Die Bindung). Ein Hund muss sich zu Hause wohlfühlen und braucht genügend Auslauf. Ein gemächlicher Spaziergang an der Leine ist nicht das, wovon ein Hund träumt. Für einen bewegungsaktiven Hund sind Ausflüge mit einem Fahrrad viel besser. Wenn es außerdem noch Bademöglichkeiten gibt und Ihr Hund apportieren darf, machen Sie ihn glücklich. Solange ein Hund nicht zuverlässig folgt, sollte man von Jagdspielen absehen. Jede Art von Jagen muss man von Anfang an verhindern. Denn wenn er erst einmal auf den Geschmack gekommen ist, wird der Anreiz zum Jagen und Streunen noch größer.

Dagegen müssen die Bedingungen beim Streunen so gestaltet werden, dass dem Hund der Spaß gründlich verdorben wird. Je ungemütlicher es unterwegs ist, umso weniger Lust verspürt ein Hund, sein Heimterritorium zu verlassen. Erwischt man ihn auf frischer Tat, also wenn er sich gerade aus dem Staub machen will, ruft man ihn zurück. Kommt er, darf man ihn auf keinen Fall schimpfen oder gar bestrafen. Wir müssen ihn loben, weil er auf Befehl gekommen ist. Auch Einsperren oder An-die-Kette-Legen bewirkt das Gegenteil von dem, was wir erreichen wollen. Denn dadurch wird sein Bedürfnis wegzulaufen immer größer. Wenn man gleich am Anfang gut aufpasst, bevor er positive Erfahrungen bei seinen Streifzügen machen kann, hat man die besten Voraussetzungen, ihm das Streunen abzugewöhnen.

Mein Hund ist wehleidig

Hunde sind nicht so wehleidig wie Menschen, deshalb sollte man einen Hund – auch wenn er klein ist – nicht wie ein Baby behandeln. Ist ein Hund krank oder verletzt, muss man sich zwar um ihn kümmern, aber übertriebene Fürsorge schadet einem Hund.

Kein Hund wird wehleidig geboren, er wird es erst, wenn er nicht artgerecht behandelt wird. Lernt ein Hund, dass ihm wehleidiges Verhalten Vorteile verschafft, wird er immer wehleidiger. Besonders bei Begegnungen mit anderen Hunden darf man keine Angst zeigen, sonst lernt er aus unserem Verhalten, dass andere Hunde eine Gefahr sind. Im Laufe der Zeit kann daraus immer größere Angst vor Artgenossen entstehen. Er versucht dann, sie mit Aggression zu vertreiben. Da sich nicht alle Hunde einschüchtern lassen, kann es durch das falsche Verhalten des Halters zu Konflikten kommen. Das Problem geht also meist weniger von anderen Hunden aus, als vielmehr von einem übervorsichtigen Hundehalter.

Wenn ein Hund lange Zeit ein Streuner war, ist es nicht leicht, ihm dass wieder abzugewöhnen.

Bekommt ein Hund durch laute Geräusche Angst, darf man ihn nicht trösten oder bedauern, sonst bestärkt man sein ängstliches Verhalten. Er wird dadurch immer ängstlicher.

Auf ängstliches Verhalten sollte man weder positiv noch negativ reagieren. Also trösten oder streicheln Sie Ihren Hund nicht, aber schimpfen Sie auch nicht. Bleiben Sie immer ruhig und gelassen. Er muss selbst lernen, dass er mit Artgenossen friedlich auskommt. Statt einen Hund zu behüten oder gar auf den Arm zu nehmen, sollte man sich besser möglichst viele Kenntnisse über die Körpersprache der Hunde aneignen. Dann kann man auch beurteilen, ob sich ein fremder Hund freundlich, neugierig oder aggressiv nähert. Mit diesem Wissen können Sie die Lage besser einschätzen und brauchen nicht bei jeder Hundebegegnung Angst um Ihren Hund zu haben.

Wenn ein Halter bei jeder Hundebegegnung unsicher wird, schließt der Hund daraus, dass sein Herrchen ihn nicht beschützen kann. Er verliert das Vertrauen und wird noch ängstlicher (siehe auch S. 135, Begegnungen mit anderen Hunden).

Haben Sie einen wehleidigen Hund, der bei jeder Hundebegegnung panisch reagiert oder gar Angstschreie ausstößt, sollten Sie ihm viele positive Erlebnisse mit anderen Hunden vermitteln. Angstschreie sollte man nicht überbewerten, sie bedeuten nicht, dass Ihr Hund gebissen wurde. Ängstliche Hunde versuchen manchmal, stärkere mit prophylaktischem Schreien von einem Angriff abzuhalten. Hunde reagieren auf Angst- oder Schmerzensschreie wesentlich sozialer als manche Menschen.

Versuchen Sie Hundebesitzer zu finden, die gut erzogene, friedliche Hunde haben, und lassen Sie Ihren Hund so oft wie möglich mit diesen Tieren spielen. Je länger die Hunde zusammen sind, umso besser. Dann merkt Ihr Hund, dass ihm keiner etwas tut. Nur so kann er selbstsicherer werden. Ein Hund kann richtiges Sozialverhalten nicht lernen, wenn man ihn ständig von Artgenossen fernhält. Heben Sie Ihren Hund nicht mehr

Probleme daheim

hoch und trösten Sie ihn nicht, wenn er Angst zeigt. Nur wenn Sie ihm immer das Gefühl geben, dass eine Begegnung mit anderen Hunden keine Gefahr bedeutet, kann er seine Angst verlieren. Loben und belohnen Sie ihn oft für angstfreies Verhalten.

Hunde machen manchmal schlechte Erfahrungen mit Artgenossen, weil ihr Halter allzu besorgt reagiert. Wird ein Hund von einem aggressiven Hund angegriffen oder gebissen, ist richtiges Verhalten des Hundeführers besonders wichtig. Verhält man sich danach richtig, verliert er die Angst relativ schnell wieder. Wenn man ihn aber von anderen Hunden fernhält, bleibt die Angst erhalten. Man darf ihn nach einem negativen Erlebnis auch nie bedauern oder trösten, sonst belohnt man ihn für sein ängstliches Verhalten. Lenken Sie ihn mit einem Spiel ab oder, sofern er nicht verletzt ist, bringen Sie ihn sofort mit friedlichen Hunden zusammen, dann vergisst er den Vorfall bald.

Wenn Sie zu den Menschen gehören, die allzu besorgt sind, denken Sie bitte daran: Auch gut gemeinte Erziehungsfehler sind in erster Linie Fehler, die Ihrem Hund schaden.

Tipp

Wenn ein Hund sehr oft bellt, ist es schwierig, den jeweiligen Grund des Bellens zu erkennen. Hat er dann einen guten Grund zu bellen, achtet man nicht darauf, weil man dem Bellen keine Bedeutung mehr beimisst. Oft sind es ängstliche Hunde, die versuchen, sich mit Bellen Mut zu machen – so wie Kinder, die bei Unsicherheit laut singen oder pfeifen.

Mein Hund bellt zu oft

Hunde, die bei jeder Gelegenheit bellen, nerven nicht nur den Besitzer, sondern noch mehr die Nachbarn. Bei einem Hund, der selten bellt, weiß man sofort, dass er uns damit etwas sagen will – auch wenn wir die Ursache mit unseren vergleichsweise schlechten Sinnen oft nicht wahrnehmen.

Wohnt man in einem Mehrfamilienhaus, sollte man seinem Hund das Bellen mit dem »Pst-Zeichen« abgewöhnen. Man sollte es dann auch am Tag benutzen, damit es nachts zuverlässig funktioniert.

Es gibt Hunderassen, die mehr zum Bellen neigen als andere, was aber nicht heißen soll, dass man es ihnen nicht abgewöhnen könnte. **Mit Konsequenz und Geduld ist es möglich, jedem Hund unnötiges Bellen abzugewöhnen.** Es hat aber wenig Sinn, ihn nur dann zu korrigieren, wenn man das Bellen als störend empfindet. Wer einen schnellen Erfolg erzielen will, muss auf jedes Bellen sofort reagieren. Geben Sie Ihrem Hund nie eine Belohnung, wenn er bellt, um ihn zu beruhigen! Sonst tut er es immer wieder, um eine Belohnung zu bekommen.

Beherrscht Ihr Hund bereits die Befehle »Platz« und »Bleib«, geben Sie bei jedem Bellen diese Befehle. Hunde bellen im Liegen kaum, und wenn, dann erheben sie sich meistens. Ist er eine Weile ruhig und bleibt liegen, loben Sie ihn. Sobald Ihr Hund den Zusammenhang begriffen hat, wird das Bellen immer seltener.

Kennt er diese Befehle noch nicht, geben Sie das Hörzeichen »Nein« oder legen Sie den Finger auf den Mund und machen »Pst«. Letzteres ist nicht so laut, wenn man z. B. nachts im Treppenhaus eines Mehrfamilienhauses das Bellen verbieten muss. Entscheiden Sie sich für dieses Sichtzeichen, müssen Sie es auch am Tag anwenden, sonst funktioniert es nachts nicht zuverlässig.

Man kann einem Hund über die Schnauze greifen und das Maul zuhalten, wenn er den Befehl »Nein« ignoriert. Gelingt Ihnen das nicht, weil Ihr Hund sich abwendet, ergreifen Sie ihn erst am Nacken und fassen dann über den Fang. Bei jedem erneuten Bellen verlängert man die Zeit des Zuhaltens. Beim Loslassen lobt man ihn und gibt ihm eine Belohnung für das »Schweigen«, auch wenn es unfreiwillig war. Wenn man als Belohnung einen Kauknochen gibt, kann er statt zu bellen jetzt kauen. Sobald man aber bemerkt, dass der Hund bellt, um eine Belohnung zu bekommen, sollte man ihn nur loben.

Läutet es an der Tür, darf ein Hund kurz anschlagen. Wenn er aber bei dem Befehl »Nein« nicht aufhört, sollte man folgende Übung machen. Wir betätigen dazu die Türglocke selbst. Entweder schließt man dazu einen provisorischen Klingelknopf an, den man in der Wohnung betätigen kann, oder man benutzt eine kabellose Türglocke. Dann hat man die Möglichkeit, mit einem Hund in Ruhe zu üben, ohne dass jemand vor der Tür warten muss.

Durch häufige Wiederholungen verliert das Klingeln an Bedeutung, weil die Wohnungstür zu bleibt. Sobald es klingelt und Ihr Hund schlägt an, schicken Sie ihn auf seinen Platz. Wenn er nicht folgt, drohen Sie ihm mit der Klapperdose. Sobald er sich auf seinen Platz gelegt hat, wird er gelobt und bekommt eine Belohnung. Dann gibt man den Befehl »Bleib«. Der Hund darf erst wieder aufstehen, wenn Sie ihn rufen. Vor allem müssen Sie darauf achten, dass er liegen bleibt, wenn Sie die Tür öffnen. Sobald er aufsteht, schließen Sie die Tür und schicken ihn erneut auf seinen Platz. Wenn ein Hund begriffen hat, dass er immer auf seinen Platz geschickt wird, wenn er nach dem Klingeln bellt, hört die Unart bald auf.

Tipp

Ein Hund mit ausgeprägtem Bewachungsverhalten bellt häufig. Deshalb sollte man ihm klarmachen, dass wir zu Hause auf uns selbst aufpassen können. Hat man einem Hund das Bellen abgewöhnt, braucht man keine Angst zu haben, dass er jeden Einbrecher in die Wohnung lässt. Sobald ein Fremder versucht, in sein Revier einzudringen, wird er trotzdem Alarm schlagen.

Verbellt ein Hund jeden Passanten, wenn er im Garten oder auf dem Balkon ist, und reagiert nicht auf das Hörzeichen »Nein« oder »Pst«, rufen Sie ihn zu sich. Das wiederholt man konsequent bei jedem Bellen, bis er es lässt. Hilft das nicht, holen Sie ihn für eine Weile ins Haus. Damit ein Hund die Strafe mit dem Bellen verknüpfen kann, muss man ihn rufen, sobald er beginnt. Folgt er nicht, kann man die Klapperdose schütteln.

Ein besonderes Problem ist ein hyperaktiver Hund. Hat sein Verhalten keine krankheitsbedingte Ursache, muss er lernen, längere Zeit auf seinem Platz zu verweilen. **Ein Hund darf nicht den ganzen Tag aktiv sein; er braucht Auszeiten, damit er zur Ruhe kommen kann.**

Der Ruheplatz eines nervösen Hundes mit ausgeprägtem Bewachungsverhalten darf sich nicht an einem zentralen Punkt der Wohnung befinden. Wenn Ihr Hund sich nicht in einer »verkehrsberuhigten Zone« auf seinen Platz legen will, müssen Sie ihn notfalls anleinen.

Mein Hund jault, winselt, maunzt oder fiept

Wenn ein Hund Laute von sich gibt, will er uns damit etwas sagen. Fühlt er sich nicht wohl, möchte er, dass sich an der bestehenden Situation etwas ändert. Oft ist es freilich nicht ganz einfach, herauszufinden, was ein Hund eigentlich meint. Es kann sich um Angst, Schmerzen, ein dringendes Bedürfnis oder eine Zwangslage handeln, aus der wir ihn befreien sollen.

Nicht selten möchte ein Hund mit Fiepen oder Maunzen nur etwas durchsetzen, was ganz und gar nicht unseren Wünschen entspricht. Manche Hunde wollen mit diesen Lauten Herrchens Aufmerksamkeit erregen, ohne dass dafür ein triftiger Grund vorliegt. Er hat nämlich gelernt, dass Herrchen darauf reagiert. Geht man darauf ein, kann man einem Hund das unerwünschte Verhalten kaum mehr abgewöhnen. Wir müssen deshalb lernen, die Bedeutung dieser Laute richtig zu deuten, damit wir die

Der Ruheplatz eines Hundes mit ausgeprägtem Bewachungsverhalten sollte nicht zentral liegen. Nervöse Hunde muss man notfalls anleinen, damit sie zur Ruhe kommen.

Wenn Hunde nachts fiepen und zur Tür gehen, darf man nie ärgerlich reagieren; auch wenn eine Unterbrechung der Nachtruhe nicht angenehm ist. Loben Sie ihn immer, wenn er anzeigt, dass er rausmuss.

Dringlichkeit einstufen können. Denn würden wir auf jeden Laut reagieren und ihm Aufmerksamkeit schenken, wiederholt er künftig diese Laute, um Zuwendung zu bekommen. Also müssen wir seine Lautäußerungen vorläufig ignorieren.

Sobald er mit dem unerwünschtem Geräusch beginnt, wenden Sie sich von ihm ab. Er darf nicht angesehen, berührt oder angesprochen werden. Sobald er aufhört, wird er gelobt. Geht der Hund aber an die Tür und kündigt so an, dass er dringend rausmuss, sollten Sie ihn loben. Sonst meldet er sich künftig nicht und macht gezwungenermaßen in die Wohnung. Wenn man nur auf erwünschtes Verhalten reagiert, wird er unnötige Laute bald unterlassen.

Mein Hund will nicht allein bleiben

Hunde sind Rudeltiere, die nicht gern allein sind. Einen gut erzogenen Hund braucht man nicht einzusperren, weil man ihn fast überall mit hinnehmen kann. Aber wenn es wirklich nicht anders geht, muss man ihn erst langsam ans Alleinsein gewöhnen (siehe auch S. 32, Allein zu Hause).

Sobald man das Haus verlässt, kann es sein, dass ein Hund das ganze Haus zusammenjault. Das bedeutet in der Sprache der Caniden: »Ich bin hier, wo bist du?« oder in unserem Fall: »Bitte, komm wieder zurück!« Zunächst muss man feststellen, ob der Hund nur einfach gern mitgehen möchte oder ob es sich um Trennungsangst handelt. Trennungsangst bekommt ein Hund, wenn er nicht ans Alleinsein gewöhnt wurde – und natürlich auch, wenn er während des Alleinseins negative Erfahrungen gemacht hat, z. B. bei Gewitter, Knallgeräuschen oder in anderen für Hunde beängstigenden Situationen.

Mein Hund wird nicht stubenrein

Bekommt man einen erwachsenen Hund, der nie in einer Wohnung gelebt hat, macht er ungeniert auf den Teppich oder hebt das Bein am Sofa. Es ist nicht seine Schuld, dass ihm

Tipp

Lassen Sie einen Hund zu Silvester oder bei einem zu erwartenden Gewitter nie allein. Das kann zur Folge haben, dass er sein Leben lang panische Angst vor Knallgeräuschen und Gewitter hat.

Muss ein Hund allein zu Hause bleiben, sollte man ihn erst langsam daran gewöhnen. Vor allem braucht er etwas, womit er sich längere Zeit beschäftigen kann, z. B. einen Beißknochen.

niemand die Stubenreinheit beigebracht hat; er darf natürlich nicht bestraft werden. Man muss ihm in einer verständlichen Form klarmachen, dass er das nicht darf (siehe auch S. 26, Wie wird mein Hund stubenrein?). Zunächst sollte man sehr oft Gassi gehen. Und wenn er seine Bedürfnisse wunschgemäß im Freien platziert, muss er jedes Mal gelobt werden.

Unerwünschtes Verhalten kann man nur korrigieren, wenn man den Hund auf frischer Tat ertappt. Nachträgliches Schimpfen oder gar Bestrafen begreift ein Hund nicht, es hat deshalb keinen erzieherischen Wert, schadet aber der Beziehung. Also hilft nur eins: Beobachten Sie Ihren Hund immer gut. Bemerken Sie, dass er sich anschickt, sein Geschäft in der Wohnung zu verrichten, rufen Sie »Nein« und/oder unterbrechen ihn mit kräftigem In-die-Hände-Klatschen. Dann gehen Sie mit ihm so schnell wie möglich ins Freie. Sobald er dort sein Bedürfnis verrichtet hat, loben Sie ihn überschwänglich. Nach wenigen Wiederholungen wird er verstehen, dass er nicht in die Wohnung machen darf. Hat er das einmal begriffen, wird er es nicht wieder tun, es sei denn, er wurde zu lange eingesperrt oder hat eine Erkrankung.

Kommt ein Rüde das erste Mal in eine Wohnung, kann es sein, dass er sofort beginnt, das neue Territorium zu markieren. Darauf muss man schnell reagieren und ihn erschrecken, sobald er das Bein hebt. Man klatscht dazu in die Hände oder schüttelt die Klapperdose, damit er das begonnene Bedürfnis sofort unterlässt.

Man kann erwachsene Hunde auch darauf trainieren, ihr Geschäft auf Kommando zu verrichten. Hier bietet

 Tipp

Verliert ein Hund ein paar Tropfen Harn, wenn man morgens aufsteht oder jemand nach Hause kommt, hat das nichts mit Unsauberkeit zu tun. Es ist vielmehr ein Zeichen von Unterwürfigkeit, die einen Ranghöheren besänftigen soll. Man darf deshalb nie böse werden und muss das Vorkommnis ignorieren, sonst verstärkt sich das Problem!

sich das häufig genutzte Wort »Gassi« an. Das ist bei vielen Hunden nicht nur mit dem Spazierengehen verknüpft, sondern auch mit dem Lösen.

Mein Hund bettelt

Ein Hund bekommt sein Futter in seine Schüssel, und wenn er einen Befehl befolgt hat, gibt man ihm eine Belohnung. Jede weitere Futtergabe beim Essen oder Kochen verleitet einen Hund nur zum Betteln. Fallen beim Kochen ungewürzte Speisereste für den Hund an, sammelt man sie in seiner Futterschüssel und gibt sie ihm entweder zu seinen Mahlzeiten oder nimmt sie beim Spazierengehen als Belohnung mit. Gewürzte und gesalzene Speisereste sind für Hunde nicht bekömmlich und sollten über Nacht in klares Wasser gelegt werden.

Man kann einem Hund angewöhnen, dass er von Anfang an die Küche nicht betritt. Wer einen Hund verhätschelt und vermenschlicht, tut ihm keinen Gefallen. **Sobald man Bettelversuche mit Futter belohnt, braucht man sich nicht wundern, wenn ein Hund immer hartnäckiger bettelt.**

Viele Hundehalter geben Hunden zu viele Leckereien, weil das bequemer ist, als den Hund zu beschäftigen oder 2 Stunden mit ihm zu laufen. Sieht ein Hund einen Menschen essen, bekommt er keinen Hunger, bestenfalls Appetit – aber nur, wenn er daran gewöhnt wurde. Bei den wilden Verwandten unserer Hunde – den Wölfen – dürfen Ranghöhere immer zuerst fressen, deshalb sollten Hunde ihr Futter nie unmittelbar vor oder während der Mahlzeiten ihrer Besitzer bekommen.

Hunde betteln nur dann, wenn sie damit Erfolg haben. Beachten Sie deshalb Ihren Hund während der Mahlzeiten nicht.

Wenn Sie einem Hund das Betteln abgewöhnen möchten, müssen alle Familienmitglieder hundertprozentig konsequent bleiben. Sobald das Essen auf den Tisch kommt, wird der Hund auf seinen Platz geschickt. Folgt er nicht, auch bei scharfer Wiederholung des Hörzeichens, muss er den Raum verlassen. Das wiederholt man so oft, bis er in seinem Körbchen bleibt. Während des Essens wird der Hund ignoriert, also weder angesprochen noch beachtet. Nach kurzer Zeit genügt ein drohender Blick, und er unterlässt diese Unsitte. Hunde können an unserer Mimik sehr gut erkennen, ob wir ihr Handeln tolerieren oder nicht. Geben Sie ihm auch nach dem Essen keine Reste oder eine Belohnung, sonst wartet er mit Ungeduld, bis Sie mit dem Essen fertig sind. Manche Hunde sabbern dann die ganze Zeit. Ein Hund kann sich viel besser entspannen, wenn er nichts erwartet. Personen, die nicht konsequent sein können, brauchen mit halbherzigen Versuchen gar nicht erst anzufangen; sonst lernt der Hund nur, dass er Befehle erfolgreich verweigern kann. Hat man ihm durch konsequente Erziehung das Betteln abgewöhnt, genügt eine einzige Ausnahme, und er fängt wieder an.

Bitten Sie auch jeden Besucher, den Hund auf keinen Fall zu füttern! Viele Menschen wollen sich mit Futtergaben bei Hunden einschmeicheln. Wer einen Hund wirklich liebt, sollte ihm seine Zuneigung besser mit artgerechter Beschäftigung zeigen, indem er mit ihm spazieren geht oder spielt.

Mein Hund klaut

Findet ein hungriges Tier etwas Essbares, gehört es ihm; das ist ein natürliches Verhalten. Die angeborenen »Anstandsregeln« der Hunde besagen nicht, dass er gefundene Nahrung nicht nehmen darf. Normalerweise ist bei Hunden das Futter eines Ranghöheren tabu. Lässt der Ranghöhere aber Futter liegen, dürfen sich Rangniedere bedienen. Man kann von einem Hund also nicht erwarten, dass er nichts nimmt, was uns gehört; solches »Besitzdenken« ist Tieren fremd. Weil ein Hund aber nicht alles fressen darf, was er im Haushalt findet, müssen wir ihm dies in einer verständlichen Form beibringen. Der größte Feind dieser Korrektur ist Schlamperei.

Man sollte einem Hund nie etwas vom Tisch geben. Dadurch zeigen wir ihm erst, wo Nahrung zu finden ist. Herrenlose Hunde müssen »stehlen«, um zu überleben. Wenn aber ein Hund gelernt hat, zu Hause zu stehlen, haben wir ihm durch Unachtsamkeit die Möglichkeit dazu gegeben. Hat Ihr Hund einmal etwas erfolgreich »erbeutet«, belohnt er sich damit selbst. Bemerkt niemand etwas von dem »Diebstahl«, versucht er es immer wieder. Wir müssen ihm also zuerst beibringen, dass er nur das nehmen darf, was wir ihm in seinen Napf geben.

Wenn es einem Hundehalter nicht gelungen ist, einem Hund verständlich zu vermitteln, dass er sich nichts nehmen darf, kann er sich über seine eigenen Fehler ärgern, aber nicht über den Hund. Leider sieht es in der Praxis so aus, dass Menschen, die

Tipp

Wenn wir Lebensmittel unbeaufsichtigt stehen lassen, glaubt ein Hund, er dürfe sie nehmen, und bedient sich. Gewiss ist es sehr ärgerlich, wenn ein Hund eine Geburtstagstorte oder den Sonntagsbraten vom Tisch holt. Es hat aber keinen Sinn, ihn deshalb zu schlagen. Oft haben die Menschen, die sich am meisten darüber ärgern, ihren Hund erst durch ihre Nachlässigkeit zum Stehlen verleitet.

Es ist völlig sinnlos, einen Hund zu bestrafen, wenn er stiehlt. Man kann nicht erwarten, dass er gefundene Nahrung nicht nimmt; das muss man ihm erst beibringen.

viele Fehler machen, immer die Schuld bei anderen suchen. Stecken Sie also Ihrem Hund klare Grenzen, und lassen Sie keine Lebensmittel bei Abwesenheit stehen, die für Ihren Hund erreichbar sind. Erwischt er trotzdem etwas, ist es Ihr Fehler. Je nachlässiger ein Hundehalter ist, umso schwieriger wird es, den Fehler zu korrigieren. Denn jedes Erfolgserlebnis verleitet einen Hund zur Wiederholung einer Tat.

Zunächst müssen wir einem Hund deutlich machen, welche Bereiche er nicht betreten darf. Entweder die ganze Küche oder alle erhöhten Plätze wie Tische, Bänke, Stühle, Polstermöbel und Betten. Sobald Sie Zeit haben, sich in einem Raum länger aufzuhalten, stellen Sie etwas Verlockendes auf den Tisch (bei einem kleineren Hund auf den Couchtisch). Setzen Sie sich still in eine Ecke und harren der Dinge, die da kommen. Sobald er das Leckerchen riecht und seine Nase über die Tischkante hebt, sagen Sie »Nein«. Wenn er dann trotzdem versucht, sich das Futter zu schnappen, muss man ihn erschrecken. Man bespritzt ihn mit Wasser, wirft die Klapperdose oder gibt einen negativen Ton mit dem Pet-Trainer. Aber bitte: Falls Sie sich durch das Telefon oder unverhofften Besuch ablenken lassen und Ihr Hund holt sich den ausgelegten Köder – machen Sie nicht den Hund dafür verantwortlich.

Haben Sie Ihren Hund über längere Zeit oft genug ermahnt, weiß er, dass er nichts vom Tisch nehmen darf. Dann baut man eine Falle auf. Er muss nämlich noch lernen, dass er auch dann nichts nehmen darf, wenn er allein in einem Raum ist. Bei Hunden, die mangelhaft ernährt wurden, erfordert dieses Training viel Verständnis, Geduld und Konsequenz. Bevor man eine Falle aufbaut, muss ein Hund wirklich begriffen haben, dass er nichts vom Tisch nehmen darf. Man bindet 3–4 leere Blechbüchsen im Abstand von 10–15 cm zusammen und ans Ende der Leine einen verlockenden Köder. Das Ganze baut man möglichst nahe der Tischkante auf – am besten dort, wo der Boden gefliest ist, damit die fallenden Büchsen möglichst viel Lärm erzeugen. Lassen Sie Ihren Hund nun allein und halten Sie sich vor der angelehnten Küchentür bereit. Sobald er den Köder vom Tisch holt, reißt er die Büchsen herunter. Er bekommt von den scheppernden Büchsen einen gehörigen Schreck. Wenn er aus der Küche fliehen will, stellen Sie sich in den Weg und nehmen ihn beim Nacken. Schimpfen Sie ihn, aber schütteln Sie ihn auf keinen Fall; fügen Sie ihm auch keine Schmerzen zu. Gewöhnlich genügt diese Maßnahme einmal, und der Hund stiehlt nie wieder. Wenden Sie diese Korrektur aber niemals an, ohne dem Hund vorher beigebracht zu haben, dass er nichts vom Tisch nehmen darf. Wenn man das Vorleben eines Hundes nicht kennt und nicht weiß, warum er stiehlt, braucht man viel Einfühlungsvermögen. Vielleicht wurde er nicht richtig versorgt oder musste stehlen, um zu überleben.

Auch mit einer Mausefalle aus Plastik kann man gute Erfolge erzielen: Man legt ein sehr kleines Stück Käse in die Falle und stellt sie auf den Couchtisch. Wittert Ihr Hund den Käse und nähert sich der Falle, sagt man »Nein«. Hat man das oft genug gesagt, verlässt man den Raum. Geht Ihr Hund daran, schlägt die Falle zu und er bekommt eins auf die Nase; der Käse bleibt in der Plastikfalle. So hat man gleichzeitig eine gute Kontrolle, ob ein Hund bei Abwesenheit auf dem Tisch nach Futter gesucht hat. Eine normale Mausefalle eignet sich dazu nicht, weil Ihr Hund nach dem Zuschlagen der Falle den Käse fressen kann. Dieses Erfolgserlebnis verleitet ihn zu neuen Versuchen.

Wenn ein kleiner Hund erst auf einen Stuhl springen muss, bevor er vom Tisch etwas klauen kann, legt man auf den Stuhl Alufolie oder Teppich-Klebeband. Beides ist Hunden äußerst unangenehm.

Mein Hund springt Leute an

Fast jeder Hund, der eine geliebte Person begrüßt, freut sich und springt an ihr hoch. Dieses Verhalten stammt vom Futterbetteln der Wolfswelpen. Es kann in bestimmten Situationen aber sehr unangenehm sein, z. B. wenn man bei Schmuddelwetter einem gut gekleideten Freund begegnet. Obwohl viele Tierhalter der Meinung sind, dass gegen diese Freude kein Kraut gewachsen sei, kann man einem Hund dieses unerwünschte Verhalten mit Konsequenz abgewöhnen. Verbietet man einem Hund das Anspringen, muss man es allerdings immer tun, denn wie soll ein Hund begreifen, dass er es bei schönem Wetter darf und bei schlechtem nicht.

Manche Menschen fühlen sich geschmeichelt, wenn sie von einem Hund überschwänglich begrüßt werden. Das merkt ein Hund natürlich und tut es immer wieder. Diese Personen dürfen sich aber nicht beschweren oder gar Schadenersatzansprüche stellen, wenn dabei ein wertvolles Kleidungsstück beschmutzt oder beschädigt wird. Man muss sich also vorher entscheiden, was man von einem Hund erwartet.

Geben Sie Ihrem Hund nie eine Belohnung, wenn Sie nach längerer Abwesenheit nach Hause kommen, sonst wartet er noch ungeduldiger auf Ihre Rückkehr. Als spontane Abwehr gegen das Anspringen kann man die flache Hand so über den Kopf des Hundes halten, dass er beim Hochspringen mit der Nase gegen die Hand stößt.

Die sanfteste Methode, einem Hund das Anspringen abzugewöhnen, besteht darin, ihn bei der Begrüßung immer zu ignorieren, bis er nicht mehr hochspringt. Und zwar vom ersten Tag an. Wenn man bei einem 8 Wochen alten Welpen gleich damit beginnt, gibt es später keine Probleme mehr.

Unerwünschtes Verhalten

Als Spontanabwehr gegen das Anspringen hält man die Hand so über den Hund, dass er beim Springen mit der Nase gegen die Hand stößt. Alles, was unangenehm ist, unterlässt ein Hund bald.

Bei einem Hund, der schon gut folgt, kann man den Befehl »Sitz« geben, sobald er Anstalten macht, hochzuspringen. Nur wenn er sich setzt, bekommt er viele Streicheleinheiten. Alle Methoden, bei denen dem Hund Schmerzen zugefügt werden, sind eine unangemessene Bestrafung. Denken Sie immer an die straffreie Zone, in der einem Hund kein Schmerzreiz zugefügt werden darf.

Wenn ein Hund auf den Schoß springt

Viele Hunde versuchen, sich Streicheleinheiten zu holen, indem sie auf Herrchens Schoß springen. Größere Rassen springen nur mit den Vorderpfoten hoch. Die meisten Menschen kommen dieser Aufforderung nach und streicheln ihren Hund. Sie belohnen ihn also für diese Unart.

Hundehalter, die das Hochspringen nicht möchten, machen oft den Fehler und schieben den Hund runter. Diese Berührung kommt ebenfalls einer Belohnung gleich. Man darf von einem Hund nicht erwarten, dass er den Unterschied zwischen verschiedenen Berührungen begreift. Schiebt man ihn runter oder streichelt ihn, ist das in beiden Fällen eine Belohnung.

Wollen Sie Ihrem Hund das Hochspringen abgewöhnen, ignorieren Sie ihn: also nicht ansehen, ansprechen oder anfassen. Sobald er aufgibt und wieder runterspringt, loben und streicheln Sie ihn sofort. Er wird also nur bei richtigem Verhalten belohnt. Sind Sie immer konsequent, wird er bald begreifen, dass er nicht hochspringen darf.

Natürlich müssen alle Familienmitglieder immer das Gleiche tun; sagen Sie das auch jedem Besucher. Also nicht ansehen, ansprechen oder anfassen! Wenn der Hund angerannt kommt, dreht man sich um, verschränkt die Arme und schaut nach oben. Wenn ein Hund nicht springt, sollte er besonders viel Lob und Zuwendung bekommen. Diese Methode gewährleistet zwar auf Anhieb keinen schnellen Erfolg, sie ist aber die zuverlässigste. Allerdings nur, wenn man konsequent ist, also nie Ausnahmen macht.

Mein Hund zwickt

Jeder Hund hat das Bedürfnis, auf etwas herumzubeißen, deshalb braucht er Spielsachen oder Kauknochen, auf denen er nach Herzenslust kauen

Probleme daheim 213

Vielen Hundehaltern fällt es schwer, die Zuneigung ihres Hundes zu korrigieren. Wenn man ihn dabei berührt, wird er für seine Unart noch belohnt.

kann. Bewegte Objekte sind natürlich viel interessanter, deshalb bringt ein Hund gern Spielsachen zu Herrchen in der Hoffnung, dass er mit ihm spielt. Ist kein geeignetes Spielzeug greifbar, begnügt er sich auch mit Herrchens Hand.

Weil Hunde keine Hände haben, beißen sie oft spielerisch in die Hand. Sie drücken damit auch Zuneigung aus. Ein Hund will sozusagen alles, was er liebt, festhalten. Da unsere Haut empfindlich ist und die Milchzähne der Welpen bekanntlich sehr spitz sind, kann das sehr unan-

Tennisbälle sind als Hundespielzeug ungeeignet. Das raue Oberflächenmaterial schleift die Zähne stark ab.

Welpen beißen beim Spielen gern in die Hand und tun uns mit ihren spitzen Milchzähnen unabsichtlich weh. Damit er das unterlässt, halten Sie den Unterkiefer fest und drücken einen Finger in den Zungenboden.

genehm sein. Das Dosieren der Beißkraft ist einem Hund nicht angeboren, er lernt es im spielerischen Umgang mit seinen Geschwistern. Wenn er dann zu uns kommt, müssen wir ihn ermahnen, sobald er zu derb zwickt. Das versucht man zunächst mit einem akustischen Signal. Man erzeugt z. B. einen Zischlaut, der beim Wiederholen in der Lautstärke gesteigert wird. Hört er auf, wird er sofort gelobt. Reagiert er darauf nicht, bricht man das Spiel ab. Er lernt daraus, dass zu derbes Beißen das Spiel beendet. Man sollte derbe Bisse nie tolerieren oder sich gar beim Spielen mit Handschuhen schützen, sonst lernt der Hund nie, seine Beißkraft richtig zu dosieren. Reagiert man jedes Mal konsequent, erkennt ein

Hund dagegen schnell, dass er mit unseren Händen zart umgehen muss. Lassen Sie einen jungen Hund viel mit anderen Welpen spielen, auf diese Weise lernt er richtiges Sozialverhalten am schnellsten.

Hat ein Hund, der dem Welpenalter entwachsen ist, noch nicht gelernt, seine Beißkraft richtig zu dosieren, muss man etwas tun, was ihm unangenehm ist. Nur so kann man ihm die Lust am Beißen nehmen. Man drückt dazu seine Lefzen seitlich zwischen die Zähne, damit er sich selbst daraufbeißt und den Schmerz spürt. Bei Hunden mit geringem Schmerzempfinden kann es sein, dass uns der Finger trotzdem noch mehr weh tut als dem Hund der Biss auf seine Lefzen. Dann muss

Probleme daheim

man zu einer anderen Methode greifen: Sobald Ihr Hund versucht, in Ihre Hand zu beißen, ergreifen Sie seinen Unterkiefer und stecken dabei den Zeigefinger in den Rachen, bis ein Würgereiz ausgelöst wird. Dann vergeht es ihm bald.

Manche Hunde schnappen schon mal versehentlich in die Hand, wenn man ihnen eine Belohnung gibt. Das kommt besonders bei gierigen Fressern vor. Man darf bei solchen Hunden die Hand auf keinen Fall schnell zurückziehen oder ihm die Belohnung zuwerfen, sonst lernt er es nie.

Beißt ein Hund fremde Menschen in seinem Territorium, will er sie vertreiben. Den meisten Hundehaltern ist das aus verständlichen Gründen unangenehm, und sie bestrafen den Hund. Dadurch verknüpft der Hund das negative Erlebnis aber mit dem Besucher, und die Aggression wird noch schlimmer. Will man dieses Problem in den Griff bekommen, braucht der Hund viel positive Erlebnisse mit Besuchern und darf mit seiner Aggression keinen Erfolg haben (siehe S. 220, Hund und Briefträger oder andere Besucher).

Wenn ein Hund sein Futter verteidigt und knurrt oder gar nach jedem Familienmitglied schnappt, das in die Nähe des Futternapfes kommt, stimmt die Rangordnung nicht. Hat er mit seinem aggressiven Verhalten Erfolg, und niemand traut sich in seine Nähe, tut er es immer wieder. Deshalb muss man ihm beibringen, dass Herrchen das Futter verwaltet. Bleiben Sie neben seinem leeren Napf und geben Sie ganz kleine Futtermengen hinein. Je kleiner die Portionen sind, umso weniger hat ein Hund zu »verteidigen«. Wenn er gierig frisst, lassen Sie sich zwischen den Gaben ein wenig Zeit. Knurrt er oder fordert Sie mit Bellen oder Pfoteheben zum Füttern auf, sagen Sie »Nein« und unterbrechen das Füttern für eine Weile. Dann weiß er, dass er von Herrchen abhängig ist. Wenn er merkt, dass sein forderndes Verhalten dazu führt, dass er länger warten muss, wird er es künftig unterlassen. Vergessen Sie nicht, ihn zu loben, wenn er sich »gesittet« benimmt.

Schnappt ein Hund nach Herrchen, weil er sich in die Enge getrieben fühlt, geschieht das meist in Selbstverteidigung. Das ist immer ein Zeichen dafür, dass er kein Vertrauen hat. Es handelt sich dabei nur um die Spitze des Eisberges, dem viele Fehler

Tipp

Wenn Ihr Hund eine Belohnung nicht zart abnimmt, halten Sie den Leckerbissen in der geschlossenen Hand. Lassen Sie den Hund daran schnuppern, damit er lernt, sich in Geduld zu üben. Die Faust bleibt so lange geschlossen, bis er aufgibt, an die Belohnung zu kommen. Genau in diesem Moment sagen Sie »Brav« und öffnen die Hand. Er wird nur belohnt, wenn er das Leckerchen nicht fordert. Nach einigen Wiederholungen merkt er, dass er viel länger warten muss, wenn er ungeduldig ist. Zwickt er Ihnen aus lauter Gier trotzdem in die Hand, dürfen Sie den Happen nicht fallen lassen. Denn wenn er damit Erfolg hat, wird er immer wieder schnappen, um an die Belohnung zu gelangen.

Bei Hunden, die gierig nach einer Belohnung schnappen und dabei schon mal in Herrchens Hand zwicken, nimmt man das Leckerchen in die geschlossene Hand. Erst wenn er nicht mehr drängelt, lobt man ihn und öffnet die Hand.

Unerwünschtes Verhalten

vorausgingen. Jeder Mensch darf sich verteidigen, wenn er sich bedroht fühlt. Wieso haben viele Menschen kein Verständnis, wenn Tiere das Gleiche tun? Der Auslöser für Aggression gegen Herrchen ist fast immer Angst oder Unsicherheit. Oft liegt das daran, dass dieser seinen Hund unbewusst mit seiner Körpersprache bedroht – z. B. wenn er eine bedrohliche Haltung annimmt, ihn anstarrt und gleichzeitig auffordert, zu kommen. Auch Hunde, die gewalttätig erzogen oder mit rüdem Befehlston kommandiert werden, lernen daraus, dass sie sich nur mit Aggression schützen können.

Dieses Verhalten zu korrigieren erfordert viel Geduld und Sachverstand. Vermeiden Sie jeden Fehler, damit Ihr Hund wieder Vertrauen bekommt, und bauen Sie sein Selbstbewusstsein auf (siehe S. 147, Der ängstliche Hund). Das gelingt natürlich nur, wenn man einen Hund unaggressiv behandelt. Gehen Sie liebevoll mit ihm um und fördern Sie zärtlichen Schnauzenkontakt. Trainieren Sie mit dem Hund alle Gehorsamsübungen. Und motivieren Sie ihn, dass er bei den Übungen mit Freude bei der Sache ist. Also bei richtigem Verhalten das Loben nicht vergessen und immer ein Leckerchen bereithalten.

Hat ein Halter erst einmal Angst vor dem eigenen Hund, kann er ohne professionelle Hilfe nichts mehr erreichen. Er hat in der Vergangenheit so viel falsch gemacht, dass er die Fehler selbst nicht erkennen und korrigieren kann. Dann muss ein Profi die Ursache für das abnorme Verhalten herausfinden. Fast alle Probleme mit Verletzungsgefahr für Mensch und Tier können von einem Laien kaum therapiert werden. Der Halter muss zunächst mithilfe eines Hundepsychologen lernen, Fehler zu erkennen und zu vermeiden. Und für den Hund muss eine Therapie »maßgeschneidert« werden.

Mein Hund lässt sich nicht hochheben

Es ist nicht schwer nachzuvollziehen, dass ein Hund beim Hochheben Angst bekommt, wenn er dabei Schmerzen erfahren hat. Lässt man einen Hund versehentlich fallen oder fasst ihn beim Hochheben falsch an, kann es lange dauern, bis er wieder Vertrauen bekommt. Wenn man einen Hund nur hochhebt, wenn es notwendig ist, z. B. beim Tierarzt, und das Hochheben ist immer mit unangenehmen Erlebnissen verbunden,

Vorsicht Verletzungsgefahr! Hunde darf man nie wie ein Baby unter den Achseln hochheben. Sie können ihre Schultergelenke nicht nach außen drehen wie wir.

Probleme daheim

Beim Hochheben eines Hundes muss man mit einer Hand unter den Brustkorb greifen und mit der anderen in die Kniekehlen. Dann fühlt er sich sicher.

wird er sich immer heftiger dagegen wehren.

Damit ein Hund sich jederzeit hochheben lässt, muss er schon im Welpenalter daran gewöhnt werden. Hat man das versäumt oder man bekommt einen erwachsenen Hund, kann man ihm die Angst durch positive Erfahrungen langsam abtrainieren. Dazu muss man freilich wissen, wie man einen Hund beim Hochheben richtig anfasst. Je sicherer der Griff ist, desto sicherer fühlt sich der Hund.

Einen kleinen Hund fasst man mit einer Hand von vorn so unter den Brustkorb, dass sich unser Handgelenk zwischen den Vorderläufen befindet. Mit der anderen Hand stützt man seine Hinterläufe. Bei einem größeren Hund greift man mit einem Arm quer unter den Brustkorb und mit dem anderen hinten in die Kniekehle. Bei einem ängstlichen Hund spielt auch die Höhe eine entscheidende Rolle. Hebt man ihn nur ein klein wenig hoch, hat er kaum Angst.

Um einen Hund ans Hochheben zu gewöhnen, lässt man ihn zunächst auf eine Kiste oder etwas Ähnliches springen und hebt ihn dann mit sicherem Griff nur wenige Zentimeter hoch. Ein anderes Familienmitglied verwöhnt den Hund nun mit Belohnungshäppchen und streichelt ihn. Fängt er an zu zappeln, darf man ihn auf keinen Fall absetzen – außer bei Schmerzen. Sonst lernt er daraus, dass er runter darf, wenn er nicht stillhält. Wir wollen aber das Gegenteil erreichen. Also setzen Sie ihn nur dann ab, wenn er sich eine Zeit lang wunschgemäß verhalten hat. Und vergessen Sie das Loben nicht! Voraussetzung dafür ist allerdings, dass Sie ihm beim Halten keine Schmerzen zufügen. Die Geduld eines Hundes darf am Anfang nicht gleich über-

 Tipp

Heben Sie einen Hund nie wie ein Kleinkind unter den Achseln hoch! Hunde können die Vorderläufe kaum spreizen; es kann also Schmerzen oder sogar Zerrungen verursachen.

beansprucht werden. Belohnen Sie jeden kleinen Fortschritt. Wenn man diese Übung regelmäßig wiederholt und Ihr Hund macht nur positive Erfahrungen in Verbindung mit dem Hochheben, baut sich seine Angst langsam ab.

Mein Hund zerlegt die Wohnung

Zerbeißt ein Welpe alles, was er erwischt, ist das Erkundungsverhalten. Man muss ihm erst verständlich beibringen, was er nicht zerbeißen darf. Ist ihm langweilig, weil er keine Möglichkeit hat, mit Artgenossen oder Herrchen zu spielen, lebt er seinen Spieltrieb eben auf andere Weise aus: Schuhe, Kissen, Zeitungen, Bücher oder die Hundeleine werden kurzerhand zum Spielzeug umfunktioniert. Deshalb muss man alles, was ein Welpe erreichen kann, wegräumen. Gleichzeitig sollte man ihm etwas anbieten, worauf er nach Herzenslust herumbeißen kann. Das darf aber kein alter Schuh sein, sonst lernt er daraus, dass er Schuhe zerbeißen darf.

Wenn Möbel oder Teppiche angeknabbert werden, ist das besonders unangenehm. Eine Hundeleine kann man mit Zitrone einreiben, dann vergeht ihm die Lust am Beißen. Das muss man allerdings jeden Tag erneuern. Da man nicht alle Gegenstände mit Zitrone behandeln kann, bestreut man z. B. einen Teppich an den bevorzugten Stellen mit fein gemahlenem Pfeffer. An senkrechten Stellen kann man den Pfeffer in Zuckerwasser (als Bindemittel) mit einem Pinsel auftragen.

Wenn man sich lange nicht um seinen Hund kümmert, sucht er sich etwas, womit er sich beschäftigen kann. Wenn er merkt, dass er mit die-

Hunde, die nicht langsam ans Alleinsein gewöhnt werden, zerstören oft aus Langeweile Zeitungen, Bücher, Kissen und vieles andere mehr. Den Fehler für diese Zerstörung sollte man aber nicht beim Hund suchen.

sem Verhalten Herrchens Aufmerksamkeit erregt, wiederholt er es. Er wird also immer wieder unerlaubte Gegenstände ins Maul nehmen. Wir dürfen deshalb nicht auf sein Aufmerksamkeit forderndes Verhalten reagieren. Zum Ausgleich muss man sich mehr um ihn kümmern, wenn er sich wunschgemäß verhält.

Wenn erwachsene Hunde allein gelassen werden und Unarten zeigen, kann das zwei Ursachen haben: Entweder hat der Hund Trennungsangst, oder der (selbstbewusste) Hund ist verärgert, dass er daheim bleiben muss. Trennungsangst entsteht, wenn ein Hund in Herrchens Abwesenheit schlechte Erfahrungen gemacht hat oder nicht in kleinen Schritten ans Alleinsein gewöhnt wurde. Erlebt ein Hund während des Alleinseins Knallgeräusche, Gewitter oder ungewohnte Situationen wie Feuerwerk, kann er in Angst und Schrecken versetzt werden. Und nur selten bemerkt der Besitzer etwas davon, weil der Hund sich bei der Begrüßung verständlicherweise freut. Man wundert sich nur, wenn er bei einem bestimmten Geräusch (das wir oft gar nicht bemerken) plötzlich panisch reagiert. Es kann auch sein, dass er verrückt spielt, sobald man das nächste Mal weggehen möchte. War er bereits ans Alleinsein gewöhnt, darf man außergewöhnliches Verhalten auf keinen Fall ignorieren; dafür gibt es immer einen Grund.

Damit man feststellen kann, ob ein Hund unter Trennungsangst leidet, muss man ihn beobachten, wenn er alleine ist. Das macht man mit einer Videokamera oder einer Digitalkamera mit Video-Aufzeichnung. An seinem Verhalten und seiner Körpersprache kann man erkennen, ob er Angst hat oder sich einfach flegelhaft benimmt: Ein selbstsicherer Hund stellt die Ohren auf, trägt die Rute relativ hoch und springt vielleicht aufs Sofa oder gar auf den Tisch. Er ärgert sich nur, dass er nicht mitgehen durfte. Macht er die Wohnung unsicher, legt man Alufolie an den Stellen aus, die für ihn nicht erlaubt sind. Alufolie ist Hunden sehr unangenehm. Falls er doch hochspringt, kann man das an der zerknitterten Folie kontrollieren.

Ein ängstlicher Hund verweilt oft an der Tür, durch die sein Herrchen entschwunden ist. Die Rute ist eingeklemmt, die Ohren sind nach hinten gedreht und der Rücken kann leicht gekrümmt sein. Im Extremfall macht er unter sich. Er versucht meistens, die Tür durch Kratzen zu öffnen. Eine einfache Kontrollmöglichkeit ist – wenn man keine Videokamera hat –, Zeitungspapier mit einem Klebeband an der Wohnungstür zu befestigen. Ist das Zeitungspapier zerrissen, wenn Sie zurückkommen, hatte Ihr Hund wahrscheinlich Angst. Ganz sicher kann man sich bei diesem Test allerdings nicht sein, da man die Körpersprache des Hundes nicht beobachten kann.

Hat ein Hund keine Angst und man kennt die Plätze, die er unerlaubt benutzt, stellt man Mausefallen auf. Natürlich darf man sie nicht mit Ködern bestücken, damit der Hund nicht durch den Geruch zu der verbotenen Handlung animiert wird. Ebenso kann man leere Blechdosen so aufstapeln, dass sie bei der geringsten Bewegung scheppernd zu Boden fallen. Der Fantasie sind keine Grenzen gesetzt. Jeder Schreck nimmt einem

Tipp

Ein Hund, der jault oder bellt, weil er sich fürchtet, darf auf keinen Fall bestraft werden. Dadurch würde sich seine Angst verschlimmern. Ein ängstlicher Hund sollte nie allein gelassen werden, sondern muss zuerst seine Angst verlieren. Dazu muss man sein Selbstbewusstsein aufbauen (siehe S. 147, Der ängstliche Hund).

Unerwünschtes Verhalten

Hunde zerbeißen gern Holz. Damit entfernen sie ihren Zahnbelag. Wenn sie die Holzsplitter schlucken, kann das in seltenen Fällen zu einer Rachen- oder Darmreizung führen.

Hund die Lust, verbotene Plätze aufzusuchen. Derartige Bestrafungen dürfen aber nur bei einem selbstsicheren Hund angewendet werden. Einen sensiblen Hund würde man damit noch mehr verunsichern.

Hunde suchen sich beim Spazierengehen oft ein Stück Holz und zerbeißen es. Das hat nichts mit Zerstörungswut zu tun. Damit werden die Zähne von Belag gereinigt. Auch Welpen und Halbstarke beißen zu Hause gern auf etwas herum, besonders wenn sie allein sind. Es handelt sich dabei um ein natürliches Verhalten. Da Hunde keine Hände haben, erkunden sie alles mit der Nase und den Zähnen. Damit ein Hund dieses Bedürfnis ausleben kann, ohne etwas kaputtzumachen, sollte er geeignetes Spielzeug oder einen Kauknochen bekommen. Geben Sie ihm aber keinen Tennisball. Durch das raue Oberflächenmaterial schleifen sich die Zähne stark ab.

Hund und Briefträger oder andere Besucher

Damit der sprichwörtliche Hass auf den Briefträger nicht zum Problem wird, muss man seinen Hund von Anfang an mit ihm vertraut machen. Eine Aversion baut sich nur auf, wenn der Hundebesitzer und der Briefträger Fehler machen. Da Briefträger sehr oft mit diesem Problem konfrontiert werden, sollten sie geschult sein und den Hund nicht anstarren. Trotzdem hat auch hier der Hundebesitzer die Aufgabe, für ein friedliches Miteinander zu sorgen.

Falsch wäre es, wenn sich ein Besucher seine Angst anmerken ließe und rückwärts ginge. Durch den Erfolg, den ein Hund dadurch hat, wird er in seinem Verhalten bestärkt. Wir müssen unserem Hund also beibringen, dass er sich Besuchern gegenüber anständig benimmt, sonst wird das Problem immer größer.

Einen Welpen an den Briefträger zu gewöhnen ist einfach; das macht man im Rahmen der Sozialisation. Bei erwachsenen Hunden kann das etwas schwieriger sein. Damit ein Hund nicht auf jeden Besucher aggressiv reagiert, muss er bei jedem Ansatz von Aggression mit einem »Nein« ermahnt werden. Wer die Wohnung betreten darf, sollte nicht der Hund entscheiden dürfen.

Damit Ihr Hund nicht aggressiv wird, weil er sich bedroht fühlt, muss jeder Besucher wissen, dass man einen Hund nicht anstarrt. Jeder Gast sollte den Hund zunächst ignorieren, bis dieser seine Witterung aufgenommen hat. Wenn er den Fremden beschnuppert hat, beruhigt er sich meistens schnell. Nun kann der Besucher ein paar freundliche Worte zu ihm sagen und ihm einen Leckerbissen anbieten, den Herrchen immer bereithalten sollte. Wenn beide Parteien sich richtig verhalten, wird sich der Hund bald auf erwünschte Besucher freuen. Und sollte doch mal ein Besucher in böser Absicht kommen, merkt ein Hund das viel eher als sein Herrchen.

Bei einem Hund, der bei jedem Besucher bereits aggressiv reagiert, ist die Korrektur etwas schwieriger. Er darf jedoch nicht etwa am Halsband zurückgehalten werden, dadurch wird er nur noch aggressiver. Ein Hund muss lernen, dass er beim Läuten nicht an die Tür darf. Lassen Sie ihn ein paar Meter von der Tür entfernt absitzen, und sagen Sie »Bleib«. Wenn er sich erheben will oder bellt, folgt das obligatorische »Nein«. Notfalls bespritzen Sie ihn mit der Blumenspritze. Sollte Ihr Hund gar versuchen, seinen Kopf beim Öffnen durch den Türspalt zu stecken, schließen Sie sofort die Tür. Anschließend geben Sie erneut das Hörzeichen »Sitz«. Bei richtigem Ver-

Will man das Haus verlassen, darf man den Hund nicht zuerst durch die Tür gehen lassen. Man lässt ihn vor dem Öffnen der Tür absitzen. Zuerst geht der Hundeführer, dann der Hund.

halten wird er gelobt und bekommt eine Belohnung.

Schon an der Begrüßung sollte ein Hund merken, ob es sich um einen willkommenen Besucher handelt. Also klopfen Sie dem Besucher mit seinem Einverständnis freundlich auf die Schulter und bitten Sie ihn herein. Dann merkt Ihr Hund, dass er Ihnen willkommen ist. Was sein »Rudelführer« erlaubt, hat auch der Hund zu akzeptieren. Wenn Ihr Hund sich ruhig verhält, darf er sich dem Besucher nähern. Benimmt er sich wunschgemäß, wird er gelobt und bekommt ein Leckerchen.

Bringt diese Methode nicht den gewünschten Erfolg, kann man den Hund im Wohnzimmer möglichst weit von dem Platz des Besuchers entfernt anbinden. Zeigt er weiterhin aggressiv Drohsignale, sagt Herrchen »Nein«. Ignoriert er den Befehl, bespritzt man ihn bei jedem Bellen oder Knurren mit Wasser. Sobald er aufhört, wird er gelobt. Wenn sich der Besucher setzt, erscheint er dem Hund meist nicht mehr so bedrohlich. Möchte der Besucher einen guten Kontakt zu dem Hund aufbauen, kann er ihm spielerisch ein paar Leckerchen zuwerfen. Dabei sollte er am Anfang Blickkontakt vermeiden.

Auch bei Personen, die nicht hereingebeten werden, muss man immer dafür sorgen, dass der Hund keinen Erfolg mit aggressivem Verhalten hat. Deshalb sollte z. B. der Briefträger erst dann wieder die Wohnungstür verlassen, wenn der Hund vom Hundebesitzer in die Schranken verwiesen wurde und ruhig ist.

Die meisten Erziehungsversuche scheitern daran, dass man – wenn es an der Tür läutet – nicht gern jemand vor der Tür warten lässt. Deshalb müssen wir unseren Hund mit einem Trick trainieren. Wer einigermaßen handwerklich geschickt ist, legt sich einen provisorischen Klingelknopf nach innen. So kann man jederzeit klingeln und in aller Ruhe mit dem Hund üben, ohne dass jemand vor der Tür warten muss. Zuerst gewöhnt man ihm ab, nach dem Klingeln zu bellen (siehe S. 203, Mein Hund bellt zu oft). Ist das geschafft, gibt man die Befehle »Sitz« und »Bleib« oder schickt ihn auf seinen Platz. Dann öffnet man die Tür. Bleibt er sitzen, folgt ein ganz großes Lob mit entsprechender Belohnung. Erhebt er sich, schließt man die Tür sofort und sagt »Nein«. Das wird so oft geübt, bis er beim Öffnen der Tür sitzen bleibt. Später wird das Gleiche mit einem Helfer trainiert, der beim Öffnen vor der Tür steht.

Halten Sie immer ein Leckerchen bereit, damit Sie Ihren Hund bei richtigem Verhalten sofort belohnen können. Aber versuchen Sie nie, einen Hund mit einem Leckerchen zu beruhigen, sonst belohnen Sie ihn für sein aggressives Verhalten.

Probleme mit den eigenen Kindern

Zwischen Hunden und Kindern kommt es gelegentlich zu Missverständnissen, weil Hunde das Verhalten von Kindern nicht richtig einschätzen können. Vor allem dann, wenn der Hund nicht mit Kindern sozialisiert wurde (siehe S. 36, Fremde Kinder). Einerseits sind Kinder gewöhnlich größer als ein Hund, ande-

Tipp

Die Ursache für aggressives Verhalten gegen Besucher ist oft Unsicherheit. Bellt ein Hund den Postboten an, bis dieser wieder geht, glaubt er, dass er ihn mit seinem Bellen vertrieben hat. Durch dieses Erfolgserlebnis wird er versuchen, jeden vermeintlichen Eindringling mit Bellen zu vertreiben.

rerseits benehmen sie sich wie rangniedere Rudelmitglieder. Dann wieder versuchen sie, den Hund zu kommandieren. Ganz klar, dass ein Hund da keine richtige Orientierung hat. Kinder müssen deshalb lernen, wie man sich Hunden gegenüber verhält.

Erklären Sie einem Kind die Drohsignale eines Hundes und wie es richtig darauf reagieren soll. Wenn ein Hund ein Kind anbellt oder an-

Wenn Hunde übermütig herumtollen, muss man auf Kinder gut aufpassen. In der Hitze des Gefechts kommt es vor, dass ein Kind ohne böse Absicht überrannt wird.

> **Tipp**
>
> Damit ein Hund schneller begreift, dass die Kinder der Familie zu seinem Rudel gehören, kann die soziale Bindung durch gemeinsame Spaziergänge und Spiele gefestigt werden. Völlig falsch wäre hingegen, Kind und Hund öfter zu trennen als notwendig. Nur viele gemeinsame Abenteuer stärken den Zusammenhalt der Gruppe. Aber lassen Sie kleine Kinder und Hunde nie unbeaufsichtigt zusammen.

knurrt, hat das immer eine Ursache, der man auf den Grund gehen muss. In jedem Fall sollte das Kind bei jedem ungewöhnlichen Verhalten des Hundes die Eltern sofort verständigen – auch wenn es keine Angst vor dem Hund hat. Man darf den Hund aber nicht bestrafen; das würde die Situation verschärfen.

Meistens sind Kinder in den Augen eines Hundes rangniedere Rudelmitglieder, deshalb werden sie von Hunden beschützt und vor Gefahren gewarnt. Ganz besonders schwierig ist es für einen Hund, eine unnatürliche Situation einzuschätzen. Wenn ein Kind mit technischen Geräten spielt, z. B. schaukelt, kann ein Hund nicht beurteilen, wie gefährlich die Schaukel ist. Ein Hund kann in derartigen Situationen nur das empfinden, was für einen Welpen gefährlich wäre.

Warnt der Hund das Kind vor dem Schaukeln und es reagiert nicht darauf, kann es in seltenen Fällen vorkommen, dass der Hund das Kind mit einem Warnbiss bestraft; es hat schließlich seine »Anordnung« nicht befolgt. Das ist der Grund, weshalb Kinder manchmal vom eigenen Hund gebissen werden. Weil ein Hund die Empfindlichkeit unserer Haut nicht beurteilen kann, hat das unter Umständen schlimme Folgen. Er beißt so, als würde er einen anderen Hund des Rudels bestrafen. Hunde, die Kinder gebissen haben, werden nicht selten getötet, weil man sie für gefährlich hält – obwohl sie in Wahrheit nur versucht haben, ein Kind vor einer vermeintlichen Gefahr zu schützen.

Wenn ein Hund uns nachts weckt

Dafür gibt es 3 Gründe: Entweder hat er etwas Ungewöhnliches bemerkt, ein dringendes Bedürfnis – oder ihm ist langweilig. Damit die eigene Nachtruhe nicht unnötig gestört wird, muss man herausfinden, was die Ursache ist. Will er nur spielen, dann wedelt er mit dem Schwanz. Darauf reagiert man mit einem »Nein« und beachtet ihn nicht. Natürlich darf man ihn auch nicht anfassen, sonst hat er erreicht, was er wollte.

Wenn er aber fiept oder unruhig ist, muss er wirklich raus. Dann sollte man das Aufstehen nicht auf die lange Bank schieben. Denn wer tief schläft, weiß nicht, wie lange der Hund schon das Bedürfnis angekündigt hat. Reagiert niemand auf sein Fiepen, weil Herrchen zu tief schläft, ändert er möglicherweise seine Strategie. Er fängt dann an zu bellen, kratzt an der Tür oder weckt Herrchen mit der Pfote.

Sobald Sie merken, dass Ihr Hund nachts rausmuss, sollten Sie ihn loben. Dann wird er künftig seine Notdurft zuverlässig ankündigen. Wird ein Hund aber geschimpft, wenn er uns weckt, unterdrückt er künftig diese Signale. Er macht dann ohne Vorwarnung in die Wohnung.

Bei einem geschlechtsreifen Rüden, der rauswill, können diese Signale auch eine andere Bedeutung haben – wenn es nämlich eine läufige Hündin in der Nachbarschaft gibt. Dann ist guter Rat teuer, denn man kann sich nie sicher sein, was das Fiepen bedeutet. Zwischen einer echten Notdurft und dem Wunsch, seine Angebetete zu besuchen, macht ein Rüde keinen Unterschied.

Probleme unterwegs

Mein Hund zieht an der Leine

Genau genommen ist das Führen eines Hundes an der Leine keine artgerechte Tierhaltung. Aber leider können wir nicht immer darauf verzichten. Einen gut erzogenen Hund kann man zwar oft ohne Leine laufen lassen, aber nicht in jeder Situation. Je größer der Bewegungsdrang eines Hundes, desto schwieriger ist es, ihn längere Zeit an der Leine zu führen. Lassen Sie Ihren Hund möglichst oft frei laufen oder führen Sie ihn mit dem Fahrrad aus, damit er sich austoben kann.

Will man einem Hund das Ziehen an der Leine abgewöhnen, bleibt man einfach stehen. Gehen Sie erst weiter, wenn die Leine locker ist. Wenn der Hund merkt, dass es bei ungeduldigem Ziehen nicht weitergeht, wird er es bald lassen. Das erfordert am Anfang Zeit und Geduld; vor allem muss man konsequent sein.

Denn wenn man das Ziehen einmal duldet, weil man es eilig hat, und dann wieder Erziehungsversuche macht, verschlimmert sich das Problem. Beginnt man mit dem Training, muss man auch konsequent dabei bleiben. Nur dann hört das Ziehen nach wenigen Tagen auf. Beginnen Sie am besten erst mit dem Training, wenn Sie mindestens 2 Tage Zeit zum Üben haben.

Bringt man einem Hund die Leinenführigkeit bei, sollte man die Übung mit Hörzeichen unterstützen: Sagen Sie »Komm«, wenn Sie loslaufen. Sobald er neben Ihnen läuft, sagen Sie »Fuß«. Zieht er, bleiben Sie stehen und sagen leise »Hier«. Gehen Sie erst weiter, sobald Ihr Hund in der richtigen Höhe neben Ihnen steht. Dann geben Sie das Hörzeichen »Fuß« und gehen weiter. Und wenn Sie stehen bleiben, sagen Sie »Stopp«. Geht Ihr Hund eine kurze Strecke brav neben Ihnen, loben und belohnen Sie ihn. Bei vielen Hunden wirkt es Wunder, wenn man ihnen ein Leckerchen zeigt. Dadurch wer-

Gewöhnen Sie einem Welpen von Beginn an das Ziehen an der Leine ab. Je später man damit beginnt, umso anstrengender wird es.

den sie auch aufmerksamer. Die Strecke, die der Hund bei Fuß gehen soll, wird dann kontinuierlich verlängert, bevor es die Belohnung gibt. Üben Sie »bei Fuß« auch oft ohne Leine, dann befolgt er den Befehl an der Leine viel besser! Vergessen Sie aber nicht, die entsprechenden Hörzeichen zu geben: »Komm«, »Fuß« und »Stopp«.

Viele Hundehalter machen es sich bequem und reißen an der Leine, wenn ein Hund zieht, ohne das Hörzeichen »Fuß« zu geben. Bei der Erziehung eines Hundes sollte jeder Schmerzreiz vermieden werden. Das ist besonders bei sehr kleinen Rassen oder jungen Hunden für die Halswirbelsäule nicht ungefährlich und kann auch zu chronischer Rachenreizung führen. Auf diese Weise lernt der Vierbeiner lediglich, die emotionalen Gefühlsausbrüche seines Herrchens mit stoischer Gelassenheit zu ertragen. Gute Hundeführer kommen ganz ohne zu rucken aus.

Wenn wir mit einem Hund »bei Fuß« oder an der Leine gehen, muss er auf unsere Füße achten. Läuft er uns vor die Füße, können wir ihn mit dem Knie ruhig ein bisschen anrempeln. Er empfindet das nicht als Strafe, das ist bei Hunden ganz normal. Das kann man bei herumtollenden Hunden gut beobachten. Hat man in verkehrsreichen Gebieten keine Möglichkeit, seinen Hund frei laufen zu lassen, muss man ihm beibringen, andere Hunde zu ignorieren.

Mein Hund läuft zu weit voraus

Wenn Hunde beim Spazierengehen weglaufen und auf Befehl nicht zurückkommen, liegt oft ein Missverständnis vor: Hunde haben einen großen Bewegungsdrang und fordern Herrchen zum Mitlaufen auf. Doch die meisten Hundebesitzer reagieren darauf falsch: Sie laufen dem Hund nach, um ihn einzufangen. Der Hund schließt aus dem Verhalten von Herrchen, dass dieser auf sein Angebot eingegangen ist, und läuft noch schneller. Das Fangspiel lieben alle Hunde, und je größer die Freude beim Hund, umso ärgerlicher wird sein unwissendes Herrchen, das ihm schimpfend und keuchend hinterherläuft. Der Hund wundert sich zwar über das Schimpfen, denn Herrchen hat ihm ja zu verstehen gegeben, dass er das Spiel mitmachen will. Doch kümmert er sich wenig darum, denn Herrchen benimmt sich (aus seiner Sicht) ja in vielen Situationen merkwürdig. Obwohl der Hund keinen Fehler gemacht hat und Herrchen viele, bekommt mancher Hund nun nach dem Einfangen auch noch Schläge – die eigentlich sein Herrchen verdient hätte. Nur wenn man in die entgegengesetzte Richtung läuft, kommt ein Hund sofort; außer er ist gewöhnt, dass Herrchen ihm folgt.

Erwachsene Hunde entfernen sich oft sehr weit, weil ihnen unsere Laufgeschwindigkeit zu langsam ist. Das hat den Nachteil, dass der Hund auf einem unübersichtlichen Weg einen entgegenkommenden Hund eher sieht als wir. Stürmt er auf diesen zu, kann das unter Umständen zu Problemen führen. Sobald die Entfernung zu dem fremden Hund kürzer ist als zu uns, hilft Rufen oder Pfeifen nur sehr selten; dazu ist der Reiz einer Hundebegegnung zu groß. Der Hund merkt dann sehr schnell, dass er sich außer Reichweite seines Herrchens befindet, und kann erfolgreich einen Befehl verweigern. Man sollte immer versuchen, dies zu vermeiden, sonst dehnt er die Befehlsverweigerung auch auf andere Bereiche aus. Deshalb muss man seinem Hund das Vorauslaufen abgewöhnen:

Sobald Ihr Hund zu weit vorausläuft, geben Sie den Befehl »Stopp«. Damit der Hund das Kommando schneller begreift, geben Sie ihm nur ein Leckerchen, wenn er stehen bleibt und auf Sie wartet. Belohnen Sie ihn aber nicht, wenn er zurückkommt. Denn wenn er zurückkommen soll, verwenden wir den Befehl »Hier«. Damit man einen schnellen Lernerfolg erzielt, fängt man in einer kurzen Entfernung an und verlängert sie schrittweise.

Eine andere Möglichkeit ist, immer stehen zu bleiben, wenn Ihr Hund zu weit entfernt ist. Warten Sie einfach, bis er zurückkommt. Rufen Sie ihn nicht und laufen Sie ihm auf keinen Fall nach; diese Disziplin verlieren Sie immer. Sobald er kommt, wird er gelobt und belohnt. Wenn Sie sich bisher falsch verhalten haben, wird es eine Weile dauern, bis Ihr Hund sein Verhalten ändert, denn er ist ja gewohnt, dass Sie ihm folgen. Irgendwann kommt er aber zurück. Nun dürfen Sie ihn auf keinen Fall für das weite Vorauslaufen schimpfen oder gar bestrafen, sondern Sie sagen »Brav« und setzen Ihren Weg fort. Nach einiger Zeit merkt er, dass es nur weitergeht, wenn er in Ihrer Nähe bleibt. Diese Methode ist sehr erfolgreich, erfordert aber in der ersten Zeit viel Geduld und Konsequenz. Deshalb haben Hundehalter, die immer im Stress sind, nur selten einen folgsamen Hund.

Man kann einem Hund auch angewöhnen, dass er an bestimmten Stellen seiner »Hausstrecke« stehen bleibt. Geben Sie Ihrem Hund an diesen Stellen immer eine Belohnung, dann wird er bald unaufgefordert dort auf Sie und seine Belohnung warten. Wählen Sie dazu Stellen, bevor der Weg unübersichtlich wird. Wenn er seine Belohnung erhalten hat, lassen Sie ihn ein Stück »bei Fuß« gehen, bis der Weg wieder übersichtlich wird, so haben Sie eine gute Kontrolle über Ihren Hund.

Bringt diese Methode nicht den erwünschten Erfolg, müssen Sie Ihren

Tipp

Verfolgt ein Hund Wildtiere und läuft uns davon, darf man ihm nicht folgen, sonst glaubt er, sein »Rudel« unterstütze ihn bei der Jagd. Das bestärkt ihn in seinem Verhalten. Laufen Sie besser in die andere Richtung und pfeifen Sie, dann merkt er, dass Sie sich entfernen. Dadurch wird er verunsichert und bekommt Angst, den Anschluss an sein »Rudel« zu verlieren. Es ist immer besser, er hat Angst, Sie zu verlieren, als umgekehrt.

Hund verunsichern. Sobald er sich zu weit entfernt, machen Sie kehrt und gehen den gleichen Weg zurück. Über kurz oder lang kommt er zurück und wird auch in dieser Richtung bald wieder zu weit voraus sein. Wir wechseln also immer wieder die

Läuft ein Hund immer zu weit voraus, sieht er entgegenkommende Menschen und Hunde eher als wir. Das kann zu Problemen führen.

Richtung, sodass er nur ein relativ kleines Gebiet erkunden kann. Irgendwann merkt er, dass ihm ein viel größeres Gelände zur Verfügung steht, wenn er nicht so weit voraus läuft.

Kommt man an eine Weggabelung, schlägt man immer eine andere Richtung ein als der Hund. Wir dürfen seine Initiative nicht belohnen, indem wir ihm folgen, sondern müssen genau das Gegenteil tun. Dann wird er sich bald nach uns richten und nicht mehr so weit weglaufen.

Läuft ein Hund an einer bestimmten Stelle immer zu weit voraus, hatte er dort wahrscheinlich ein interessantes Erlebnis oder es riecht in dieser Gegend vielversprechend. Dann ruft man ihn bei den nächsten Spaziergängen vor dieser Stelle zurück und lässt ihn bei Fuß gehen. Geben Sie ihm nach dieser Übung immer ein Leckerchen. So haben Sie ihn künftig besser unter Kontrolle. Bei Hunden, die sehr selbstsicher sind oder oft die Möglichkeit hatten zu streunen, kann das Training sehr lange dauern.

Mein Hund rennt auf fremde Menschen zu

Solange ein Hund mit Menschen noch keine schlechten Erfahrungen gemacht hat, läuft er freudig allen entgegen. Viele finden einen jungen Hund drollig, aber nicht jeder, weil manche Menschen nicht wissen, wie man mit Tieren umgeht. Dann bekommt man schnell Ärger, vor allem mit Personen, die Angst vor Hunden haben.

Erwachsene Hunde nähern sich gelegentlich auch Fremden, weil sie schnuppern wollen. Wir beurteilen Menschen über optische Wahrnehmung, Hunde können das viel besser mit der Nase. Bei Begegnungen mit anderen Hunden lässt sich beobachten, dass sie sich hauptsächlich am Anal- und Genitalbereich beschnuppern. Deshalb machen sie es auch bei Menschen. Da das immer ein bisschen peinlich ist, tut man gut daran, seinem Hund jede Annäherung an Fremde zu untersagen. Bringt man das schon einem jungen Hund bei, benimmt er sich auch später manierlich.

Hundehalter, die in einer belebten Gegend wohnen, begegnen vielen Menschen, sodass es zu einer sogenannten Reizüberflutung kommt. Nach kurzer Zeit hat der Hund durch das »Überangebot« bald kein Interesse mehr an fremden Menschen. Wer wenig Menschen trifft, sagt »Nein«, sobald der Hund zielstrebig auf eine Person zuläuft. Reagiert er darauf nicht, kann man ihn negativ bestärken. Lenken Sie ihn mit der Klapperdose ab oder geben Sie einen negativen Reiz mit dem Pet-Trainer (siehe S. 94, Erziehungshilfen). Dann rufen Sie ihn und geben ihm eine Belohnung. Das macht man bei jeder sich nähernden Person, bis er verstanden hat, was wir von ihm erwarten. Bei dieser Übung darf natürlich niemand den Hund freudig begrüßen, streicheln oder gar eine Belohnung geben. Sonst wird das unerwünschte Verhalten bestärkt. Also bitten Sie alle Personen, Ihren Hund zu ignorieren.

Bringt diese Methode nicht den gewünschten Erfolg, braucht man einen Helfer. Nun vereinbart man einen Treffpunkt und gibt dem Helfer eine Blumenspritze. Sobald Ihr Hund auf den Helfer zuläuft, sagt man »Nein«, dann besprüht der Helfer den Hund mit Wasser. Er kann auch fest mit den Schuhen aufstampfen oder heftig mit den Armen fuchteln. Sobald der Hund zu Herrchen flüchtet, wird er gelobt und belohnt.

Läuft ein Hund auf Menschen zu, die noch weit entfernt sind, liegt das an seinem schlechten Sehvermögen. Hunde können nur bis etwa 8 m weit scharf sehen. Alles, was weiter weg

Probleme unterwegs

Ein Hund, der noch keine schlechten Erfahrungen mit Menschen gemacht hat, läuft allen freundlich entgegen. Da viele Personen das nicht wollen, sollte man es ihm abgewöhnen.

ist, sehen sie verschwommen. Aber Bewegungen nehmen Hunde in großer Entfernung trotzdem wahr, während sie ruhig stehende Lebewesen nur selten erkennen.

Aus Erfahrung weiß ein Hund, dass andere Hunde gewöhnlich nicht alleine unterwegs sind. Kommt uns jemand entgegen, könnte ja ein Hund dabei sein. Das kommt besonders dann vor, wenn jemand einen Kinderwagen schiebt, einen Schlitten zieht oder kleine Kinder dabei sind. Die geringere Größe weckt in einem Hund offensichtlich die »Hoffnung«, dass es ein Hund sein könnte. Um sich davon zu überzeugen, nähert er sich den Menschen, bis er alles gut erkennen kann. Wenn er schon gelernt hat, bei Fuß zu gehen, lassen Sie Ihren Vierbeiner dann einfach neben sich laufen.

Mein Hund hetzt Radfahrer, Jogger oder Kinder

Lebewesen, die sich schnell entfernen, lösen bei vielen Hunden den Jagdtrieb aus. Bei der Verfolgung von Menschen und dem Versuch, die »Beute« zu stellen, kommt es gelegentlich zu Bissen. Dieser Fall tritt aber nur ein, wenn beide, also der Hundebesitzer und der Verfolgte, Fehler machen. Natürlich kann man den Geschädigten nicht verantwortlich machen, wenn ein Hund beißt. Damit ein Hund nicht glaubt, es handele sich um eine Beute, sollte der Verfolgte stehen bleiben und den Hund ansprechen.

Jeder Hundebesitzer muss umgehend dafür sorgen, dass sein Hund diese Unsitte unterlässt. Der sanfteste Weg, dieses Verhalten zu korrigieren,

Unerwünschtes Verhalten

Sobald ein Hund versucht, Kinder zu verfolgen, muss man das sofort unterbinden; auch wenn er noch sehr jung ist. Jagdspiele sind selbstbelohnend und werden deshalb wiederholt.

ist die Umorientierung: Man versucht, den Jagdtrieb auf ein anderes Objekt zu lenken. Werfen Sie einen Ball und animieren Sie Ihren Hund zum Apportieren; Sie bieten ihm sozusagen als Alternative eine erlaubte »Beute« an. Jeder Hundeführer sollte die Körpersprache der Hunde gut kennen, damit er rechtzeitig reagieren kann, bevor die »Jagd« beginnt.

Sobald ein Hund ein Lebewesen mit den Augen fixiert, muss man sofort eingreifen. Das erfordert die volle Aufmerksamkeit des Hundeführers und eine schnelle Reaktion. Sagen Sie »Nein« und lassen Sie ihn absitzen. Ist er bereits gestartet, ruft man »Hier«. Reagiert er auf das Kommando und kommt zurück, wird er gelobt und bekommt eine Belohnung. Wer nachtragend ist und sich darüber ärgert, dass der Hund versucht hat zu hetzen, sollte lernen, positiv zu denken. Freuen Sie sich darüber, dass Ihr Hund auf das Hörzeichen »Hier« zurückgekommen ist. Wer ihn beim Zurückkommen aber schimpft oder gar bestraft, erreicht damit nur, dass er das nächste Mal nicht kommt. Reagiert er auf den Befehl nicht, wirft man die Klapperdose.

Wenn ein Welpe richtig sozialisiert wurde und bis zum 4. Lebensmonat schon vielen Radfahrern und Joggern begegnet ist, gibt es kaum Probleme. Wurde das versäumt, muss man das so schnell wie möglich nachholen.

Verfolgt ein Hund Radfahrer, fährt Herrchen am besten selbst mit einem Rad: Binden Sie Ihren Hund an einem geeigneten Platz fest und fahren Sie vor ihm auf und ab, bis es Ihrem Hund langweilig wird. Dann bittet man einen Helfer, mit dem Rad zu fahren, und nimmt den Hund an die Leine. Sobald er dem nahe vorbeifahrenden Rad oder auch einem Jogger folgen will, sagt man »Nein«, denn er muss erst begreifen, dass er das nicht darf.

Sobald diese Übung keine Probleme mehr bereitet, nimmt man ihn an eine lange Trainingsleine. Dann lässt man den Hund absitzen und hält die Leine so locker, dass er glaubt, frei zu sein. Falls er zu einer Verfolgung ansetzt, kommt das obligatorische »Nein«. Stoppt er, wird er gelobt und bekommt eine Belohnung. Das wiederholt man so oft, bis der Hund begriffen hat, was wir von ihm erwarten. Erst dann kann man ohne Leine üben – sollte aber die Klapperdose bereithalten. Wenn Ihr Hund nicht auf »Nein« reagiert, schütteln Sie drohend die Dose. Verfolgt er den Radfahrer, fliegt sofort die Dose hinterher. Bricht er die Verfolgung ab, wird er wieder gelobt.

Man kann den Jagdtrieb auch durch Reizüberflutung abtrainieren: Dazu geht man in einen Park mit einem stark frequentierten Radweg und setzt sich auf eine Bank, die nahe am Radweg steht. Der Hund bleibt vorläufig an der Leine. Bei jedem Versuch, den vorbeifahrenden Radfahrern zu folgen, sagt man »Nein«. Wenn er sich an die neue Situation gewöhnt hat und das Interesse verliert, lobt man ihn und gibt ihm eine Belohnung. Immer wenn sich ein Radfahrer nähert, sagt man »Platz«. Steht Ihr Hund auf oder bellt, können Sie ihn auch mit einer Blumenspritze anspritzen, bis er es lässt.

Mein Hund knurrt Menschen an

Wenn ein Hund nicht will, dass ein Mensch sich ihm nähert, knurrt er. Geht man noch dichter ran, riskiert man, gebissen zu werden. Läuft aber ein Hund auf einen Menschen zu und knurrt, möchte er ihn aus seinem Revier vertreiben. Dann sollte man sich ruhig verhalten und Beschwichtigungssignale zeigen: Bewegen Sie sich langsam und schauen Sie dem Hund nicht in die Augen. Bleiben Sie möglichst stehen. Versuchen Sie nicht wegzulaufen. Betreten Sie besser nie ein Territorium, das von einem Hund bewacht wird. Wer diese Regeln beherzigt, hat wenig zu befürchten.

Knurrt ein Hund sein eigenes Herrchen an, fühlt er sich bedroht oder die Rangordnung stimmt nicht. Wir müssen also zuerst die Ursache herausfinden. Hat ein Hund Angst und man versucht, ihn mit strengen Maßnahmen zu erziehen, verstärkt sich das Problem. Will er damit aber etwas durchsetzen, weil er sich für ranghoch hält, werden die Probleme bald größer, wenn man nichts dagegen unternimmt. Manchmal ist es notwendig, dass man einem Hund z. B. etwas wegnehmen muss. Erwischt Ihr Hund etwa einen Geflügelknochen und es gelingt Ihnen nicht, ihm diesen abzunehmen, kann das für den Hund unter Umständen gesundheitliche Schäden und für Herrchen hohe Tierarztkosten bedeuten.

Futterneid

Wenn ein Hund knurrt oder gar schnappt, sobald man in die Nähe seiner Futterschüssel kommt, liegt es oft daran, dass er nicht ausreichend versorgt wurde. Er musste wahrscheinlich sein Futter gegen seine Geschwister verteidigen. Mit dem Knurren wollen schon Welpen erreichen, dass ihnen niemand das Futter streitig macht. Sagen Sie jedes Mal »Nein«, und wenn er aufhört, loben Sie ihn. Sie dürfen ihn aber auf keinen Fall aggressiv behandeln oder gar bestrafen.

Muss man einem Welpen etwas wegnehmen, was er nicht wieder bekommen darf, gibt man ihm als Entschädigung eine leckere Belohnung. So wird er bald keine Verlustangst mehr haben. Wiederholen Sie die Übung regelmäßig, dann können Sie ihm jederzeit alles wegnehmen.

Wurde diese Erziehungsmaßnahme in der Jugend versäumt, kann man es bei einem erwachsenen Hund nach dem gleichen Prinzip nachholen. Ist ein Hund extrem aggressiv, sodass Sie Angst haben, gebissen zu werden, müssen Sie zunächst sein Vertrauen gewinnen. Verschaffen Sie Ihrem Hund viele positive Erlebnisse, wenn Sie sich dem Napf nähern. Legen Sie ihm in den leeren Napf nur ein Futterstück hinein, dann zwei, dann drei usw. Dann braucht er nichts zu bewachen. Sobald er anfängt zu knurren, wird das Füttern sofort abgebrochen. Je geduldiger er ist, umso mehr Futter bekommt er. Das wiederholt man so oft, bis das Knurren aufhört. Welpen haben beim Säugen immer Körperkontakt zur Mutter. Also strei-

Tipp

Wenn ein Welpe die ersten Anzeichen von Jagdverhalten zeigt, muss man ihn sofort korrigieren. Sonst kann sich aus dem »Beutestellen« Aggression entwickeln. Das passiert auch, wenn dieses Verhalten stillschweigend geduldet wird.

cheln Sie Ihren Hund beim Füttern von Hand.

Bekommt er wieder sein Futter in den Napf, werfen Sie ihm während des Fressens ein paar besondere Leckerchen dazu. Gehen Sie bei jedem Stück mit der Hand ein bisschen näher ran, je nachdem, wie er reagiert. Sobald er knurrt, geben Sie ihm kein Leckerchen mehr. Beim nächsten Füttern zeigen Sie ihm die Leckerchen und sagen »Aus«. Wenn er aufhört zu fressen, legen Sie die Belohnung in den Napf und loben ihn. Er lernt daraus, dass Herrchens Hand nichts nimmt, sondern gibt. So wird die Annäherung an den Futternapf mit positiven Erlebnissen verknüpft.

Eifersucht

Wenn Herrchen abends aus dem Büro nach Hause kommt und der Hund beginnt zu knurren, will er ihn aus »seinem« Revier vertreiben. Das liegt dann meistens daran, dass sich Frauchen den ganzen Tag intensiv um den Hund gekümmert oder ihn gar verhätschelt hat. Sobald Herrchen daheim ist, hat Frauchen dann oft keine Zeit mehr für den Hund – ganz klar, dass er Herrchen als Störenfried und Eindringling betrachtet. Wenn Frauchen beschäftigt ist, geht ein kluges Herrchen mit dem Hund inzwischen Gassi oder spielt mit ihm, so freut sich der Hund künftig, wenn Herrchen nach Hause kommt. Es wäre auch gut, wenn Herrchen möglichst oft das Füttern übernimmt, dann verbessert sich die Beziehung zwischen den beiden. Ärgert man sich aber über die Eifersuchtsreaktion und lehnt den Hund ab, wird er noch eifersüchtiger und aggressiver.

Auch Frauchen kann viel dazu beitragen, damit die Eifersucht wieder abgebaut wird. Sie darf dem Hund bei Herrchens Abwesenheit nur so

Verteidigt ein Hund sein Futter und knurrt, sobald sich jemand nähert, gibt man nur ganz kleine Häppchen in den leeren Napf. Dann hat er nichts zu verteidigen und merkt, dass die Hand nichts nimmt, sondern gibt.

viel Zuneigung entgegenbringen, wie sie ihm geben kann, wenn Herrchen zu Hause ist. Anfänglich sollte sie sogar 2 Stunden, bevor Herrchen heimkommt, den Hund nicht mehr verwöhnen, und sich, wenn er da ist, um ihn kümmern. Diese Zeit sollte man sich nehmen, wenn man am Anfang Fehler gemacht hat. Ist Herrchen gewillt, einen guten Kontakt zu dem Hund herzustellen, darf Frauchen den Hund am Wochenende nicht versorgen, und Herrchen kümmert sich um alles. Er übernimmt das Füttern, streichelt ihn, geht spazieren und spielt mit ihm. Wenn der Hund auf Herrchen angewiesen ist, wird sich seine Einstellung ihm gegenüber schnell bessern.

Schmerzen
Hat ein Hund akute oder chronische Schmerzen, die sein Besitzer noch nicht bemerkt hat, kommt es vor, dass er alle Personen anknurrt, die ihn anfassen wollen. Er versucht damit, jeden von sich fernzuhalten, um weitere Schmerzen zu vermeiden. Wird diese Warnung nicht ernst genommen, kann es zu einem Verteidigungsbiss kommen.

Man darf bei plötzlich auftretenden ungewöhnlichen Verhaltensweisen einen Hund nie bestrafen, sondern muss der Sache immer auf den Grund gehen. Beobachten Sie den Vierbeiner, ob die Ursache erkennbar ist. Wiederholt er dieses Verhalten ohne erkennbaren Grund, sollte man ihn von einem Tierarzt untersuchen lassen – notfalls mit einem Maulkorb. Auf jeden Fall müssen Sie den Tierarzt vor der Untersuchung auf die Gefahr hinweisen.

Unbemerkte Ursachen
Manchmal knurrt ein Hund, weil er etwas wahrnimmt, was wir nicht registrieren. Bekanntlich haben Hunde ein viel besseres Gehör als wir. Es kann also sein, dass der Hund etwas Bedrohliches hört und knurrt, während er von Herrchen gestreichelt oder gebürstet wird. Manche Halter, die die Ursache des Knurrens nicht wahrgenommen haben und missverstehen, schlagen empört nach ihrem Hund. Er wird bestraft, obwohl er Herrchen vor einer vermeintlichen Gefahr warnen wollte.

In den meisten Fällen hat der Hund aufgrund seiner besseren Sinne recht. Vergewissern Sie sich deshalb immer, warum ein Hund knurrt. Auch wenn Sie die Ursache nicht ausmachen können, ist es immer falsch, einen Hund zu bestrafen. Und wenn er tatsächlich Herrchen gemeint hat, gibt es dafür sicher einen Grund, den es gilt herauszufinden.

Rangordnung
Relativ schwierig wird es, wenn ein Hund sein Herrchen nicht für ranghoch hält. Das ist ein Zeichen dafür, dass bei der Haltung und Erziehung gravierende Fehler gemacht wurden. Man muss also die Rangordnung wiederherstellen. Das ist für einen Menschen, der sich durchsetzen kann, kein Problem. Ganz anders sieht es bei sanften Personen aus. Diese müssen lernen, ihre unangebrachten Emotionen zu unterdrücken und so schnell wie möglich »Rudelführer« zu werden. Notfalls muss man professionelle Hilfe in Anspruch nehmen (siehe S. 132, Wie wird man »Rudelführer«?).

Mein Hund jagt Tiere

Hunde, die ausreichend versorgt werden, habe keine Veranlassung zu jagen. Tun sie es dennoch, geschieht dies aus reiner Lust am Hetzen. Besonders offensichtlich ist das bei Hunden, die dabei auch noch bellen. Jagende Wölfe hätten in der Natur kaum eine Chance, ein Tier zu erbeuten, wenn sie bei der Verfolgung bellen würden.

Unerwünschtes Verhalten

Tipp

Nimmt Ihr Hund eine geduckte Haltung ein und fixiert eine potenzielle Beute, rufen Sie ihn sofort. Befolgt er den Befehl nicht, lenken Sie ihn durch Schütteln einer Klapperdose ab. Sorgen Sie dafür, dass Ihr Hund immer in Ihrer Nähe bleibt.

Ein Hund, der Katzen oder andere Tiere jagt, lebt auch gefährlich. Sobald der Jagdtrieb bei einem Hund durchbricht, hört er weder die Stimme seines Herrchens noch herannahende Fahrzeuge. So endete schon manches Hundeleben frühzeitig. Außerdem sind Katzen äußerst wehrhaft und können Hunden schlimme Blessuren zufügen, z. B. wenn ihre scharfen Krallen ein Auge verletzen. Der Grund für die aggressive Reaktion einer Katze liegt an der ungestümen Art eines Hundes, wie er sich nähert – das ist eben nicht Katzenart. Deshalb sollte man schon bei einem jungen Hund jeden Ansatz von Jagdverhalten unterbinden (vgl. S. 43, Andere Tierarten).

Wenn er den Jagdversuch abbricht und auf Kommando kommt, loben und belohnen Sie ihn überschwänglich. Manche Hunde lassen sich auch mit einer erlaubten Beute, etwa einem Ball, ablenken. Das Apportieren darf aber nie außer Kontrolle geraten. Trainieren Sie Ihren Hund so, dass Sie ihn beim Verfolgen der Ersatzbeute abrufen können. Er sollte auch auf Befehl sitzen bleiben, wenn Sie den Ball werfen. Erst nach einem Befehl darf er den Ball holen. Dann hat man auch eine Chance, Jagdverhalten zu unterbinden.

Wurde versäumt, einen Welpen mit anderen Tieren zu sozialisieren, muss man das umgehend nachholen; dazu ist allerdings die volle Konzentration des Hundeführers erforderlich. Wenn man mit seinem Vierbeiner das Haus verlässt, sollte man immer die Augen offen halten, damit man z. B. eine Katze eher entdeckt als der Hund. Man nimmt ihn dann sofort an die Leine und geht sehr langsam auf die Katze zu. Dabei spricht man beruhigend mit ihm und verhindert, dass er bellt; notfalls hält man ihm das Maul zu. Bleiben Sie in angemessenem Abstand stehen und lassen Sie Ihren Hund absitzen. Warten Sie, bis er sich beruhigt hat, und loben Sie ihn. Schrittweise geht man ganz langsam näher. Katzen reagieren bei zu schneller Annäherung meistens mit Flucht oder aber mit Aggression.

Sobald der Hund versucht, zu der Katze zu stürmen, sagt man »Nein«.

Fast alle Hunde lieben Jagdspiele; sie sollten aber nicht unkontrolliert ablaufen. Trainieren Sie Ihren Hund, dass er sich bei der Verfolgung der Ersatzbeute abrufen lässt.

Man darf das Hetzen von Tieren, Radfahrern, Joggern usw. nie erlauben. Jedes Jagen muss man von Anfang an unterbinden, weil es selbstbelohnend ist.

Diese Übung wiederholt man bei jeder Katzenbegegnung, bis er begriffen hat, dass er nicht jagen darf. Und vergessen Sie nie, folgsames Verhalten zu belohnen. Reagiert er trotzdem aggressiv, drehen Sie seinen Kopf in Ihre Richtung, damit er die Katze nicht mehr sieht. Man darf ihm natürlich keine Schmerzen zufügen, sonst verknüpft er das Negativerlebnis mit Katzen. Dadurch würde sich seine Aggression verstärken.

Hat man das genug geübt und der Hund läuft frei ohne Leine, lässt man ihn absitzen, sobald man eine Katze sieht. Will er losstürmen, sobald er die Katze entdeckt, sagt man »Sitz«. Setzt er sich, wird er gelobt und bekommt eine große Belohnung. Wenn er aber startet, muss man ihm durch Schütteln der bereitgehaltenen Klapperdose drohen. Der Hund muss lernen, auch bei starken Ablenkungsreizen seine Aufmerksamkeit auf Herrchen zu richten. Reagiert er darauf nicht, kommt man nicht darum herum, ihn einmal mit der Klapperdose zu treffen. Bevor man diese Strafe anwendet, muss der Hund allerdings wirklich begriffen haben, dass er nicht jagen darf. Je schneller man reagiert, umso größer ist die Treffsicherheit, weil der Hund noch relativ nah ist. Der Hund bekommt dann einen Schreck und flüchtet zu Herrchen, wenn man alles richtig gemacht hat. Dann wird er gelobt und belohnt. Nun verknüpft er auch das Geräusch der fliegenden Klapperdose mit dem Jagen, und wenn er einmal nicht folgt, schütteln Sie die Dose, und er wird darauf reagieren. Flieht ein Hund aber, hat er kein Vertrauen zum Hundeführer. Das kommt bei launischen und inkonsequenten Haltern häufig vor, die ihren Hund ungerecht bestrafen. Oft liegt es auch daran, dass Herrchen seinen Hund zu wenig lobt, wenn er sich richtig verhält. Damit ein Hund besser folgt, muss er vor allem Vertrauen bekommen – diese Mühe kann man keinem Hundehalter abnehmen.

Auch wenn es Hunden kaum gelingt, Wild zu erbeuten, bedeutet das Stress für das gejagte Tier. Bei der kopflosen Flucht kann es durch einen Sturz zu Tode kommen. Bei dieser Hatz ist auch der Energieverbrauch sehr hoch, und in mageren Zeiten wird es für Wildtiere schwierig, die Energiereserven wieder aufzufüllen.

Versuchen Sie nie, Ihren Hund durch Nachlaufen einzufangen. Sonst glaubt er, Sie beteiligten sich an der Jagd. Das bestärkt ihn in seinem Verhalten. Pfeifen Sie, und wenn er darauf nicht sofort reagiert, schütteln Sie die Klapperdose. Laufen Sie besser in die entgegengesetzte Richtung, damit Ihr Hund merkt, dass sich sein »Rudel« entfernt. Solange Sie Ihren Hund noch nicht gut kontrollieren können, sollten Sie ihn in wildreichen Gebieten an die Leine nehmen.

Die Körpersprache und Mimik, die dem Jagen vorausgehen, sollte jeder Hundeführer kennen: Fixieren, Erstarren und Anschleichen. Sobald man ein Tier sieht, hält man die Klapperdose griffbereit, für den Fall, dass der Hund seine gute Erziehung vergisst. Man lässt ihn absitzen und belohnt ihn, wenn er das Kommando befolgt. Stürmt er aber los, droht man ihm mit der Dose.

Hunde, denen das Jagen nicht von klein auf verboten wurde, können einen ausgeprägten Jagdtrieb entwickeln. Sie hetzen dann nicht nur Wild, sondern oft auch Hühner, Enten und andere Haustiere. Das Jagen der Hühner kann bewirken, dass sie einige Zeit keine Eier mehr legen. Es ist also verständlich, dass Bauern verärgert reagieren, wenn Hunde jagen.

Damit man mit Besitzern von Haustieren keine Probleme bekommt, sollte Ihr Hund so schnell wie möglich richtig erzogen werden. Auch in diesem Fall können wir unseren Hund mit einer Ersatzbeute ablenken. Werfen Sie den Ball bei Tierbegegnungen in die entgegengesetzte Richtung. Läuft Ihr Hund dem Ball nach, wird er gelobt und belohnt, jagt er das Tier, signalisieren Sie ein Drohsignal. So merkt er bald, dass es einträglicher ist, den Ball zu jagen.

Sollte Ihr Hund trotzdem einmal stolz mit einer toten Beute zu Ihnen kommen, so ist das kein Grund, ihn zu bestrafen, denn das Beuteheimbringen ist ein natürliches Verhalten. Trotzdem müssen Sie ihm klarmachen, dass er das nicht darf – aber nie nachträglich. Man kann nur erzieherisch auf einen Hund einwirken, wenn man ihn auf frischer Tat ertappt.

Mein Hund killt Hühner oder andere Tiere

War ein Hund bei der Jagd einmal erfolgreich, belohnt er sich damit selbst. Er wird es deshalb immer wieder versuchen, wenn man nichts dagegen unternimmt. Es hat also keinen Sinn, zu hoffen, dass er es nie wieder tun wird, sondern man muss aktiv etwas dagegen unternehmen. Das gelingt am besten, indem wir ihm den Spaß am Jagen mit Misserfolgen verderben. Dazu sind einige Vorbereitungen notwendig. Wir brauchen nämlich Wurfgeschosse, die den Hund nur erschrecken, aber nicht verletzen. Am besten eignen sich dazu mit Wasser gefüllte Luftballons in handlicher Größe. Und möglichst ein paar Helfer. Bei einem größeren Hund, der unsensibel ist, kann man kleine Aluminium-Getränkedosen benutzen. Man füllt sie mit einer geringen Menge Kies und klebt die Öffnung mit Klebeband zu.

Viele Raubtiere tarnen sich mit Fremdgerüchen, z. B. Aas. Wenn Hunde mit dem sogenannten Aaswälzen beginnen, drücken sie zuerst eine Wange auf den Boden. Dieses Signal sollte jeder Hundehalter kennen und schnell darauf reagieren, um das Schlimmste zu verhindern.

Wenn Ihr Hund gern apportiert, kann man ihm als erlaubte »Beute« einen Ball oder Futterbeutel anbieten; und zwar nahe der Stelle, wo er gern jagt, z. B. Hühner an einem Bauernhof. Man wirft den Ball und lobt ihn, sobald er ihn bringt. Bei diesem Spiel nähert man sich langsam den Hühnern. Der Ball darf aber nie in Richtung der Hühner geworfen werden, sondern immer in entgegengesetzter Richtung. Die Helfer halten sich unauffällig in der Nähe der Hühner auf.

Wenn der Hund zu den Hühnern laufen will, ruft der Hundeführer »Nein« und schüttelt die Klapperdose. Hier kommt es besonders auf eine schnelle Reaktion an. Befolgt der Hund den Befehl und kommt zurück, hat er sich einen »Jackpot« verdient, also ein ganz großes Lob und gute Leckerchen. Jagt er aber ein Huhn, wird er möglichst anonym mit den Wurfgeschossen bombardiert. Dabei dürfen die Helfer nicht schreien, sondern bleiben so unauffällig wie möglich. Denn der Hund sollte möglichst keine Verbindung zwischen den Personen und dem Erschrecken erkennen. Sonst jagt er künftig immer nur dann, wenn keine Personen anwesend sind. Je öfter man diese Aktion wiederholt, umso unangenehmer wird der »Tatort« für den Hund und desto schneller vergeht ihm die Lust am Jagen. Den besten Erfolg erzielt man, wenn man seinem Hund von klein auf jeden Jagdversuch bei allen Tieren verbietet.

Wälzen in stinkenden Sachen

Es gibt verschiedene Hypothesen, warum Hunde sich in Aas oder Kot wälzen: Die wahrscheinlichste ist, dass sie sich – wie andere Raubtiere auch – mit dem Fremdgeruch »tarnen« wollen. Der Fremdgeruch soll den Eigengeruch überdecken und so potenzielle Beutetiere täuschen. Aber

eine sichere Erkenntnis gibt es dafür nicht. Nur eines steht fest: Bei dem sogenannten Aaswälzen nimmt das Fell des Hundes – zum Leidwesen des Besitzers – den Fremdgeruch an.

Das Einzige, was man dagegen tun kann, ist, immer die Augen offen zu halten. Wenn Ihr Hund an einer Stelle intensiv schnuppert und dann den Kopf seitlich auf den Boden drücken will, müssen Sie sofort »Nein« rufen. Erhebt er sich nicht gleich, drohen Sie ihm durch Schütteln der Klapperdose. Achten Sie also immer darauf, welche Haltung Ihr Hund einnimmt. Sobald er den Kopf seitlich auf den Boden drücken will, muss man schnell reagieren, um das Schlimmste zu verhindern.

Hunde wälzen sich aber nicht nur in stinkenden Sachen, sondern auch aus Wohlbehagen; vorzugsweise im Schnee, auf Rasenflächen oder Teppichen – und leider manchmal auch im Schlamm. Beim »Wohlfühlwälzen« legen sie sich hin und rollen oder krümmen sich, um sich den Rücken zu massieren.

Hunde wälzen sich aber auch aus Wohlbehagen, im Gras oder Schnee oder auf einem Teppich. Dabei wird die Wange nicht auf den Boden gedrückt.

Das Aufreiten

Bei Hunden hat das Aufreiten nicht immer etwas mit der Fortpflanzung zu tun. Man kann das schon daran erkennen, dass sich auch gleichgeschlechtliche Tiere bespringen oder eine Hündin einen Rüden. Sie haben sich dann nicht etwa in der Wahl des Partners geirrt, sondern es ist der Versuch, den anderen zu dominieren.

Gelegentlich machen Hunde auch Aufreitversuche an Herrchens Bein oder an Kindern. Das muss man sofort unterbinden, indem man das Hörzeichen »Nein« gibt. Wenn der Hund darauf nicht reagiert, steht man auf und lenkt ihn mit einem Spiel ab oder schickt ihn auf seinen Platz. Bleibt er hartnäckig, kann man ihm über die Schnauze fassen und seinen Kopf wegdrehen, bis er seine Umklammerung löst. Wer dieses Verhalten nicht unterbindet, wird von seinem Hund als rangnieder eingestuft.

Bei manchen Rüden ist der Geschlechtstrieb besonders stark ausgeprägt. Die Ursache dafür kann hormonell bedingt sein. Bei jeder Art von Hypersexualität sollte man eine Kastration in Erwägung ziehen, besonders dann, wenn das Tier ständig streunt oder aggressiv gegen jeden gleichgeschlechtlichen Artgenossen ist (siehe S. 168, Der aggressive Hund). Wenn ein Hund aber ängstlich ist, wäre eine Kastration unangebracht, weil sich dadurch die Angst verstärken kann. Also keine voreiligen Entschlüsse! Mit Hormongaben kann eine Kastration simuliert werden. Dann kann man erkennen, ob eine Kastration die gewünschte Verhaltensänderung bewirkt.

Hypersexualität ist nicht nur für den Halter, sondern auch für das Tier selbst eine Belastung. Der zwanghafte Trieb, den er sowieso kaum ausleben kann, bedeutet für den Hund nur Frustration, aus der sich oft Aggression entwickelt. Mit einer Kastration kann man den Hund – und sich selbst – von diesem Stress befreien.

Viele Hundehalter glauben, dass ein Hund unter einer Kastration leide. Aber genau das Gegenteil ist der Fall. Denn nach einer Kastration werden die meisten Hunde viel umgänglicher und verträglicher, weil sie nicht mehr unter dem Zwang stehen, sich fortpflanzen zu müssen. Es ist zwar gut, wenn Menschen Emotionen für Tiere haben, aber offensichtlich beziehen viele diesen Eingriff auf sich selbst. Sonst würden sie diese Möglichkeit nicht ohne vernünftige Begründung so energisch ablehnen.

Wenn ein Welpe zu zeitig von seinem Wurf getrennt wird und nur mit Menschen Kontakt hat, kann es zu einer Fehlprägung kommen. Hat er keine Möglichkeit, mit Artgenossen zu spielen oder wird er in den ersten Wochen von jedem anderen Hund ferngehalten, kann er auf einen falschen Sexualpartner geprägt werden.

Das Aufreiten an Herrchen Bein ist ein Dominanzversuch, der immer sofort verhindert werden sollte. Stehen Sie auf und lenken Sie den Hund ab.

Dann muss man so schnell wie möglich dafür sorgen, dass der Hund viele Kontakte zu Artgenossen bekommt. Bringen Sie ihn mit gut erzogenen, friedlichen Hunden zusammen und achten Sie darauf, mit welchem er sich am besten versteht. Vielleicht können Sie es arrangieren, dass die beiden sich möglichst oft sehen oder einmal über längere Zeit zusammenbleiben. Dann kann er das versäumte Sozialverhalten vielleicht noch lernen.

Mein Hund macht auf den Fußweg

Während der Erziehung zur Stubenreinheit hat Ihr Hund (hoffentlich) gelernt, seine Bedürfnisse auf natürlichen Untergrund abzusetzen. Wenn man das konsequent einhält, wird er es auch beibehalten. Es sei denn, er wird daran gehindert, weil er z. B. an der Leine läuft und Herrchen nicht aufpasst. Darf ein Hund frei ohne Leine laufen, wird er sich nicht mitten auf den Weg setzen, sondern sich einen natürlichen Platz suchen. Manche Hunde haben sogar das Bedürfnis, ihr Geschäft an einer sichtgeschützten Stelle zu verrichten. Beim Spazierengehen auf Fuß- oder Wanderwegen muss man von Anfang an darauf achten, dass ein Hund nicht auf den Weg macht. Auch wenn bei einem Welpen die Hinterlassenschaften noch klein sind und sich kaum jemand darüber aufregt, muss man daran denken, dass der Hund größer wird. Dann ist es aber viel schwieriger, dem Hund das abzugewöhnen, was bisher erlaubt war.

Bekommt man einen erwachsenen Hund, der diese schlechte Angewohnheit hat, macht man es genauso. Man unterbricht ihn möglichst schon im Ansatz und zieht ihn vom Weg. Es dauert wahrscheinlich etwas länger, bis er es begriffen hat, aber auch ältere Hunde sind lernfähig.

Tipp

Wenn Ihr Welpe beim Spazierengehen Anstalten macht, ein Häufchen auf dem Gehweg zu verrichten, unterbrechen Sie ihn. Gehen Sie schnell seitwärts in die Büsche oder auf Erde. Warten Sie dann geduldig, bis er sein Geschäft gemacht hat. Dazu brauchen Sie unter Umständen etwas Geduld, weil es ihm durch die Unterbrechung vergangen sein kann. Wenn er dann sein Bedürfnis erledigt, muss er gelobt werden. So lernt er bald, wo er darf und wo nicht.

Und wenn es durch die Unachtsamkeit des Hundeführers doch ab und zu passiert, sollte sich jeder verpflichtet fühlen, die Verunreinigung von Geh- und Wanderwegen zu entfernen! Das Gleiche gilt für Weideflächen und Heuwiesen, da über den Hundekot Krankheiten auf Kühe und andere Vegetarier übertragen werden können.

In Ortschaften führt man einen Hund am besten an der Leine entlang der Bordsteinkante, damit er nicht an jeder Hausecke sein Bein hebt. Gleichzeitig nimmt man ihm damit die Möglichkeit, an jeder Duftmarke zu schnuppern, denn Rüden markieren fast nur vertikale Stellen.

Probleme mit fremden Kindern

Zieht man um, wenn ein Hund schon dem Welpenalter entwachsen ist, oder man bekommt einen erwachsenen Hund, ist es wichtig, die Kinder der Nachbarn mit dem Tier vertraut zu machen (siehe auch S. 36, Fremde Kinder).

Hunde, die nicht an Kinder gewöhnt sind, erschrecken manchmal vor ihren lebhaften Bewegungen. Sie zeigen dann Drohsignale. Entweder wurden sie bis zum 4. Lebensmonat nicht mit Kindern sozialisiert oder sie haben schlechte Erfahrungen gemacht. Viele Hundebesitzer reagieren darauf falsch, sodass der Hund noch mehr verunsichert wird. Zeigt ein Hund bei Annäherung eines Kindes Drohsignale, möchte er es auf Abstand halten. Manche Halter neigen dazu, ihren Hund deshalb zu bestrafen – und sei es nur, weil ihnen die Situation peinlich ist. Eine Strafe ist in diesem Fall jedoch unangebracht, denn dadurch verstärkt sich die Aggression gegen Kinder. Es ist viel wichtiger, einem lebhaften Kind vorher zu sagen, dass es sich dem Hund nicht nähern soll.

Um einen Hund besser verstehen zu können, müssen wir uns in seine Lage versetzen. Bekommt man Besuch, und Kinder sind dabei, verhält sich Herrchen aus Unsicherheit oft anders und sperrt den Hund aus oder schickt ihn auf seinen Platz. Und will der Hund ein Kind durch Knurren auf Abstand halten, wird er aus Unkenntnis oft geschimpft. Durch das begrenzte Raumangebot hat ein Hund nicht genügend Ausweichmöglichkeiten und ist unsicher. Das bedeutet für den Hund: Sobald ein Kind im Hause ist, verschlechtert sich mein Wohlbefinden. Kein Wunder, dass er da ärgerlich auf Kinder reagiert und sie mit Aggression vertreiben möchte.

Wollen wir einen Hund an Kinder gewöhnen, müssen wir folglich genau das Gegenteil tun: Der Hund muss möglichst viele positive Erlebnisse erfahren, damit er seine Unsicherheit verliert. Die erste Kontaktaufnahme sollte im Freien erfolgen. Bei einem gemeinsamen Spaziergang fühlt ein Hund sich ohne Leine nicht eingeengt und hat genügend Freiraum, um auszuweichen. Wirft das Kind einen Ball und der Hund reagiert spontan darauf, kann sehr schnell eine gute Beziehung aufgebaut werden. Aber auch dann muss man noch vorsichtig sein und beide gut beobachten. Achten Sie auf die

So kann man Kind und Hund miteinander vertraut machen: Das Kind wirft aus einer sicheren Position unter Aufsicht dem Hund kleine Leckerchen zu. Dadurch macht der Hund positive Erfahrungen mit dem Kind.

Körpersprache des Hundes und unterbrechen Sie das Spiel, sobald Ihr Hund den Schwanz einzieht oder die Ohren nach hinten legt. Das Kind darf dem Hund nicht nachlaufen und niemals versuchen, ihn festzuhalten. Sorgen Sie dafür, dass das Kind den Hund nie bedrängt oder ihm Schmerzen zufügt. **Man darf ein Kind, das nicht zur Familie gehört, nie mit einem Hund unbeaufsichtigt alleine lassen!**

Sobald ein Kind die Wohnung betritt, sollte eine positive Stimmung herrschen. Der Hund bekommt ein paar Leckerchen, er wird gestreichelt und Herrchen spielt mit ihm. Alles, was Ihr Hund gern hat, wird während der Anwesenheit des Kindes gemacht. Das Kind darf sich dem Hund vorläufig nicht nähern. Es darf auch nicht in die Nähe des Futternapfes und des Ruheplatzes kommen. Voraussetzung für eine erfolgreiche »Therapie« ist, dass Herrchen viel Geduld hat und mit der Körpersprache des Hundes vertraut ist. Nur dann kann man jede Anspannung erkennen und aufkommende Aggression rechtzeitig verhindern.

Ein Hund, der durch ein Kind traumatisiert wurde, darf nur in sehr kleinen Schritten an Kinder gewöhnt werden. Wie lange es dauert, bis er die Angst verliert, hängt nicht nur von den Kenntnissen und dem Einfühlungsvermögen des Halters ab, sondern auch davon, welche Erfahrungen er gemacht hat.

Man kann einem Hund die Angst nur dann nehmen, wenn er keine negativen Erlebnisse mehr mit Kindern hat. Je nachdem, wie sensibel ein Hund auf Kinder reagiert, wird das Kind zu Hause auf einen sicheren Platz gesetzt, vor den man einen kleinen Tisch oder Hocker stellen kann. So gibt es keinen direkten Kontakt zwischen Hund und Kind. Zuerst schaut das Kind nur zu, wenn Herrchen mit dem Hund spielt. Später setzt sich der Hundebesitzer neben das Kind und gibt ihm kleine Leckerchen, die es dem Hund zuwirft. Damit diese erste Kontaktaufnahme noch einen spielerischen Charakter bekommt, kann das Kind die Häppchen in verschiedene Richtungen werfen. Durch dieses Spiel macht der Hund positive Erfahrungen mit dem Kind. Außerdem kommt es zu einer positiven Verknüpfung, weil sich der Geruch des Kindes an den Leckerchen befindet. Das Kind sollte auf keinen Fall den Hund schon von Hand füttern. Das kann in dieser Situation zu einem versehentlichen Schnappen führen und würde die ganzen Bemühungen zunichte machen.

Man kann den Erfolg beschleunigen, wenn das Kind für eine gewisse Zeit das Haus verlässt. In dieser Zeit wird der Hund dann von keinem Familienmitglied beachtet und nicht berührt – auch nicht, wenn er kommt, um Streicheleinheiten einzuheimsen. Sobald das Kind zurückkommt, steht der Hund wieder im Mittelpunkt. Mit Spiel und Belohnung wird gute Stimmung verbreitet, damit es dem Hund bei Anwesenheit des Kindes besonders gut geht. Dann dauert es nicht lange, und der Hund nähert sich vorsichtig dem Kind, um an ihm zu riechen. Dabei ist darauf zu achten, dass das Kind vorerst keine schnellen Bewegungen macht. Und Herrchen bleibt dicht neben dem Kind, streichelt den Hund und achtet auf seine Körpersprache.

Bei dem Versuch, den Hund mit dem Kind vertraut zu machen, darf er nicht eingeengt oder gar von Herrchen festgehalten werden. Sobald der Hund den Schwanz einzieht, die Ohren anlegt oder sich die Nase leckt, muss man den Abstand vergrößern. Also überfordern Sie den Hund nie. Wenn das Kind keine Angst vor dem Hund hat, kann es sich auf den Boden setzen. Dadurch fühlt sich ein

> **Tipp**
>
> Bei einer Deckung bleiben die Tiere oft »hängen«. Man darf sie dann nicht erschrecken oder gar gewaltsam trennen; das kann zu Verletzungen führen! Man muss sie beruhigen und immer warten, bis sie sich von selbst trennen.

Hund sicherer und hat keine Veranlassung, aggressiv zu sein.

Bei jedem Besuch des Kindes werden die Angst und die Aggression schrittweise abgebaut. Sobald der Hund beim Anblick des Kindes mit dem Schwanz wedelt, ist der erste wichtige Schritt geschafft. Hat sich das Verhalten des Hundes bereits gebessert, darf das Kind dem Hund trotzdem nie nachlaufen oder ihn erschrecken. Manchmal sind es die typisch kindlichen Verhaltensweisen, die bei einem Hund Aggression auslösen. **Ein Kind sollte nie versuchen, auf einem Hund zu reiten, ihn festzuhalten oder zu umarmen, am Schwanz oder an den Ohren zu ziehen.**

Man darf einen Hund nie zwingen, sich streicheln zu lassen; jeder Zwang muss vermieden werden. Das würde nicht nur die therapeutischen Maßnahmen negativ beeinflussen, sondern es kann für das Kind gefährlich werden. Mit Einfühlungsvermögen und Geduld vermag ein Hundehalter seinen Hund unter Umständen selbst zu »therapieren«. Diese Anregungen kann man, je nach Alter des Kindes und den Reaktionen des Hundes, variieren. Es kann unter Umständen aber sehr lange dauern, bis ein Hund wieder Vertrauen zu Kindern bekommt.

Unerwünschte Deckung einer Hündin

Sobald eine Hündin läufig wird, verbreitet sie einen Geruch, der für alle streunenden Rüden der Umgebung unwiderstehlich ist. Tag und Nacht sitzen sie unter Umständen um das Haus der Angebeteten und vollführen ein schauerliches Heulkonzert, was jeden auf die Palme bringt. Damit eine läufige Hündin möglichst keine Duftspur zum eigenen Grundstück legen kann, sollte sie nicht in der Nähe ihr Geschäft verrichten. Das kann man verhindern, wenn man mit dem Auto weit genug wegfährt. Hunde sollten nicht vor der Geschlechtsreife kastriert werden, sonst bleiben sie ihr Leben lang »Kindsköpfe«.

Im Handel werden Mittel angeboten, die eine unerwünschte Deckung verhindern sollen. Diese Mittel helfen aber nur vor und nach der Standhitze. An den empfängnisbereiten Tagen, wenn eine Hündin die größte Paarungsbereitschaft zeigt, verfehlen sie meistens ihre Wirkung.

Eine läufige Hündin muss gut kontrolliert werden, denn auch das anhänglichste Tier kann während der Standhitze plötzlich streunen. In den ersten 10 Tagen der Läufigkeit verbeißt sie aufdringliche Rüden noch ziemlich aggressiv. Sobald sie aber empfängnisbereit ist, ändert sich das. Sie wendet dann ihr Hinterteil dem Rüden zu und bleibt stehen. Dabei

Kinder sollten Hunde nicht umarmen, auf ihnen reiten und sie nicht festhalten, denn sie kennen die Beschwichtigungs- und Drohsignale der Hunde nicht. Fühlt sich ein Hund eingeengt, kann er in Notwehr beißen.

hebt sie die Rute und dreht sie zur Seite.

Durch unkontrollierte Paarungen steigt die Populationsdichte von unerwünschten Mischlingen weiter an. Viele dieser Tiere werden dann vernachlässigt, sodass es zu weiteren unerwünschten Deckungen kommt. An der großen Anzahl unerwünschter Hunde sind aber nicht die Hunde schuld, sondern Menschen ohne Verantwortungsbewusstsein, die die Tiere unbeaufsichtigt laufen lassen. Nicht selten werden Hunde ausgesetzt, misshandelt oder gar getötet, und so mancher wartet sein Leben lang vergeblich in einem Tierheim auf ein Herrchen.

Gelingt es einer Hündin zu streunen und man ist sich nicht sicher, ob sie gedeckt wurde, sollte man sich so bald wie möglich mit einem Tierarzt in Verbindung setzen. Hat man vor, eine Hündin kastrieren zu lassen, ist das im Anfangsstadium der Trächtigkeit noch möglich. Selbst nach einer Deckung kann man eine Trächtigkeit verhindern, wenn man kurz danach vom Tierarzt einen Progesteron-Antagonisten spritzen lässt. Das Medikament wird im Abstand von 24 Stunden 2-mal verabreicht.

Kastration und Übergewicht
Es ist bekannt, dass viele Hunde nach einer Kastration zunehmen. Ein kastrierter Hund bekommt aber nur Übergewicht, wenn er zu viel Futter erhält oder nicht genügend Bewegung hat. Deshalb sollte man in den ersten 3 Monaten etwas weniger füttern. Übergewicht zu reduzieren erfordert eine genaue Dosierung des Futters und häufige Gewichtskontrollen. Je genauer man die Futtermenge dosiert, umso weniger Hunger verspürt ein Hund. Machen Sie es sich und Ihrem Hund nicht unnötig schwer und lassen Sie es gar nicht erst so weit kommen, dass eine Diät nötig wird.

Probleme beim Autofahren

Viele Hunde sind im Auto aggressiv und bellen vorbeilaufende Artgenossen an. Selbst stärkeren Hunden werden Drohsignale gezeigt, weil der Hund sich hinter den Autoscheiben sicher fühlt. Durch die unüberwindbare Grenze braucht er keine Beschwichtigungssignale zu zeigen, um einen überlegenen Artgenossen zu besänftigen. Würde man die Autotür öffnen, wären die meisten Hunde sofort ruhig. Damit Ihr Hund begreift, dass Sie diese Aggression nicht dulden, müssen Sie bei jedem Drohsignal »Nein« sagen. Hilft das nicht, fährt entweder ein Helfer das Auto, damit Sie sich auf den Hund konzentrieren können, oder Sie parken an einer Stelle, wo viele Hunde vorbeikommen. Sobald Ihr Hund anschlägt, sagen Sie »Nein«. Bellt er weiter, sprühen Sie ihm mit einer Blumenspritze Wasser ins Gesicht. Um einen

Jeder Halter einer Hündin sollte dafür sorgen, dass es zu keiner unerwünschten Deckung kommt. Die Tierheime sind voll genug!

Tipp

Die Ursache für abnormes Verhalten beim Autofahren ist oft in der Nervosität oder Hektik des Besitzers zu suchen. Wer es immer eilig hat und nie zur Ruhe kommt, überträgt diese Stimmung auf den Hund.

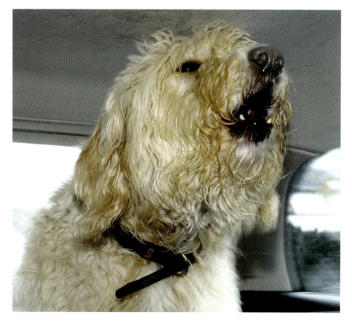

Manche Hunde bellen beim Autofahren aus unterschiedlichen Gründen. Korrigieren Sie dieses Verhalten, indem Sie den Hund immer loben, wenn er aufhört zu bellen.

raschen Erfolg zu erzielen, muss man jedes Mal so schnell wie möglich darauf reagieren. Dann lernt er bald, dass er Ihre Befehle ernst nehmen muss. Wenn er das unerwünschte Verhalten unterbricht, darf man nicht vergessen, ihn zu loben. Nach wenigen Wiederholungen hört das Bellen auf. Falls er wieder anfangen sollte, brauchen Sie ihm nur die Blumenspritze zu zeigen; das genügt meistens.

Manche Hunde reagieren beim Autofahren aus unterschiedlichen Gründen sehr erregt und bellen, fiepen oder toben im Auto auch, wenn kein anderer Hund zu sehen ist. Das kommt besonders bei Hunden vor, die nicht artgerecht ausgelastet werden und sich häufig langweilen; dann bedeutet die Autofahrt eine willkommene Abwechslung. Ein Hund weiß, dass nach einer Autofahrt oft der ersehnte Spaziergang folgt. Es handelt sich also in den meisten Fällen um freudige Erwartung; in seltenen Fällen kann es auch Angst sein.

Die meisten Hunde fahren gern mit dem Auto, denn es ist in jedem Fall besser als alleine zu Hause zu sein. Hunde, die sich im Auto verhaltensauffällig benehmen, wurden entweder in der Sozialisationsphase nicht richtig ans Autofahren gewöhnt oder haben schlechte Erfahrungen gemacht (siehe S. 20, Mein Hund im Auto). Aufgeregtes Verhalten liegt oft daran, dass während der Fahrt zu viele Reize auf das Tier einwirken. In diesem Fall hilft es, dem Hund die Sicht einzuschränken. Wenn er während der Fahrt in eine Transportbox kommt, kann es sein, dass er sich ganz schnell beruhigt (siehe auch S. 34, Gewöhnung an eine Transportbox).

Hat man sein Fahrziel erreicht und öffnet die Tür, springt fast jeder Hund sofort aus dem Auto; das kann in einem verkehrsreichen Gebiet für den Hund gefährlich werden. Deshalb sollte man ihn mit Sichtzeichen absitzen lassen, bevor man die Tür öffnet. Oder man gibt beim Öffnen der Tür das Hörzeichen »Bleib« und hält ihm die gespreizte Hand vor die Nase. Nun kann man ihn bei Bedarf anleinen, oder fordert ihn mit »Komm« auf, das Auto zu verlassen. Damit der Hund die Befehle zuverlässig befolgt, muss man sie auch anwenden, wenn man die Autotür an einem ungefährlichen Ort öffnet. Wenn der Hund beim Öffnen der Tür brav sitzen bleibt, bekommt er ein Leckerchen.

Es gibt auch Hunde, die nicht gern mit dem Auto fahren; sie haben wahrscheinlich schlechte Erfahrungen gemacht (Autounfall, zu langer Transport, Verlustangst durch zu lange Abwesenheit, Wassermangel, Überhitzung, Kälte oder wenn er in der Tür eingeklemmt wurde). Damit Ihr Hund im Auto positive Erfahrungen sammeln kann, geben Sie ihm vorläufig seine Mahlzeiten im parkenden Auto bei offener Tür und verwöhnen Sie ihn anschließend mit Streicheleinheiten. Natürlich genügt es nicht, wenn man diese Übung nur einmal macht.

Wenn man eine längere Autofahrt plant, müssen sich Hunde vorher austoben können. Dann schlafen sie während der Fahrt. Man sollte sie auch gut sichern.

Wenn Ihr Auto in einem eingezäunten Grundstück steht, können Sie die Heckklappe des Fahrzeuges offen lassen, dann nutzt Ihr Hund vielleicht das Auto als Hundehütte und wird so damit vertraut. Dabei muss die Autotür gegen unbeabsichtigtes Zuschlagen gesichert werden. Je öfter diese positiven Erlebnisse wiederholt werden, desto schneller stellt sich der Erfolg ein. Nach ein paar Tagen machen Sie nach dieser Verwöhn-Therapie eine kleine Autofahrt ohne jede Hektik. Vermeiden Sie eine ruppige Fahrweise, also nicht zu scharf anfahren oder bremsen. Fahren Sie auch keine hohen Kurvengeschwindigkeiten und vermeiden Sie holperige Strecken. Wenn Ihr Hund ruhig bleibt, geben Sie ihm wiederholt eine Belohnung, aber nie, wenn er unruhig wird.

Zeigt ein Hund Angst, wenn er ins Auto springen soll, darf man nie ungeduldig oder gar ärgerlich reagieren. Bei dem ersten zögerlichen Versuch muss der Hund sofort ermuntert und gelobt werden; die Belohnung sollte natürlich auch nicht fehlen. Man lässt den Hund an einem besonders guten Leckerchen riechen und wirft diesen ins Auto. Bei verfressenen Hunden kann das Wunder wirken.

Wenn ein Hund keine schlechten Erfahrungen gemacht hat und trotzdem nicht ins Auto springen will, weil er lieber seinen Interessen nachgeht, gibt es einen ganz einfachen Trick: Man fährt auf einen Weg ohne Verkehr und geht eine kleine Runde spazieren. Dann öffnet man die Tür und sagt »Hopp«. Springt Ihr Hund nicht ins Auto, fahren Sie los und behalten ihn gut im Auge. Sobald Sie ihn nicht im Rückspiegel sehen können, müssen Sie anhalten, damit Sie ihn nicht versehentlich anfahren. Wenn er hinter dem Auto gut zu sehen ist, geben Sie Gas. Sobald ein Hund Verlustangst bekommt und hinter dem Auto herläuft, halten Sie an und geben den Befehl erneut. Meistens genügt diese Maßnahme einmal, und Sie haben nie wieder Probleme damit. Bei sehr selbstbewussten Hunden muss man sich relativ weit entfernen.

Unerwünschtes Verhalten

Vor einer längeren Autofahrt sollte ein Hund sich austoben können, damit er müde wird. Wenn er 1 Stunde spazieren war oder besser noch von Herrchen mit dem Fahrrad ausgeführt wurde, schläft der Hund beim Autofahren schnell ein. Geben Sie ihm nach dem Erwachen einen Kauknochen oder ein Spielzeug, damit er unterwegs beschäftigt ist. Denken Sie auch daran, dass Sie vor Reiseantritt selbst aufgeregt sind und Ihr Hund das schon lange merkt, bevor es Ihnen selbst bewusst wird. Bei hyperaktiven oder nervösen Hunden kann ein Beruhigungsmittel bei längeren Autofahrten nützlich sein. Verabreichen Sie das Medikament 1 Stunde vor der Abfahrt; die Dosierung muss ein Tierarzt festlegen. Nehmen Sie genügend Trinkwasser mit und einen auslaufsicheren Napf. Man sollte die Fahrt alle 2 Stunden unterbrechen und eine Pause einlegen, damit sich der Hund und natürlich auch Herrchen die Beine vertreten kann. Leinen Sie einen Hund auf Rastplätzen immer an.

Fressverhalten

Mein Hund frisst alles, was er findet

Wenn Hunde bei einem Spaziergang alles fressen, was sie finden, können sie etwas aufnehmen, das ihnen schadet. Leider gibt es Mitmenschen, die wegen ihrer Unwissenheit Hunde hassen und Gift auslegen. Selbst wenn jemand mit einem Hund schlechte Erfahrungen gemacht hat, ist nicht der Hund, sondern immer der Hundebesitzer schuld. Ein Hund tut nur das, was ihm beigebracht wird. Nicht selten liegt es auch daran, wie sich jemand einem Hund gegenüber verhält – viele Menschen haben das nie gelernt.

Damit ein Hund nicht zu Schaden kommt, müssen wir ihm beibringen, dass er außer Haus nichts fressen darf. Um das zu erreichen, legt man draußen etwas Futter aus und erschreckt ihn, sobald er es nehmen will. Dazu eignen sich Plastik-Mausefallen besonders gut, sie sind leichter zu handhaben als herkömmliche. Benutzen Sie aber nie eine Rattenfalle, sie kann den Hund schwer verletzen! Man legt ein kleines Stück Käse in die Plastik-Mausefalle, und wenn der Hund den Köder nehmen will, schlägt die Falle zu. Er wird dabei nur erschreckt, aber nicht verletzt. Und das begehrte Objekt bleibt in der geschlossenen Falle! Der Schreck und der gleichzeitige Misserfolg sind die besten Voraussetzungen, ihm das »Naschen« abzugewöhnen. Wenn möglich sollte Herrchen weder die Falle noch den Köder berühren, damit der Hund keinen typischen Geruch erkennt. Sonst lernt er schnell, dass er nur das fressen darf, was nicht nach Herrchen riecht; aber genau das wollen wir ja verhindern. Deshalb sollte die Falle nur mit Handschuhen angefasst oder von einem Helfer aufgestellt werden.

Die meisten Hunde fressen regelmäßig Gras. Wenn sie Verdauungsprobleme haben, können sie große Mengen aufnehmen.

Hunde fressen Gras

Hunde fressen gelegentlich Gras, manche regelmäßig, andere sporadisch, das ist ein natürliches Bedürfnis. Der Grund dafür ist nicht eindeutig geklärt. Manche glauben, dass die beim Lecken des Fells aufgenommenen Haare besser aus dem Magen befördert werden, so wie es von Katzen bekannt ist. Bei Welpen wurde beobachtet, dass mit dem Gras Spulwürmer erbrochen wurden. Hunde nehmen mit dem Gras auch Vitamine und Ballaststoffen auf. Wenn Hunde Probleme mit der Verdauung haben, fressen sie manchmal sehr viel Gras. Dieses natürliche Verhalten sollte man nicht unterbinden. Das durch den Verdauungstrakt befördert Gras wird nicht richtig verdaut; dazu ist der Darm eines Fleischfressers zu kurz. Außerdem fehlen Hunden die Darmbakterien der Vegetarier, die die Zellulose aufspalten. Wenn das Gras den Enddarm verlässt, kann ein Hund Schwierigkeiten haben, es loszuwerden; dies gelingt nicht immer auf einmal. Es ist Hunden offensichtlich sehr unangenehm, wenn sie das Gras nicht ausscheiden können. Da muss man schon mal eingreifen und mit einem Papiertaschentuch vorsichtig nachhelfen – aber nie kräftig ziehen, das kann zu Verletzungen führen.

Viele Hunde zerkauen gern Holz. Das ist zwar eine gute Zahnpflege, weil dadurch der Zahnbelag entfernt wird, wenn es aber geschluckt wird, kann es in seltenen Fällen Hals- oder Darmentzündungen verursachen.

Wenn Hunde Erbrochenes fressen

Hunde erbrechen relativ oft und fressen anschließend das Erbrochene wieder auf. Wir empfinden das als eklig, weil wir viel zu oft das Handeln eines Tieres mit unserem Verhalten vergleichen. Bei Hunden ist das natürlich, denn die Jungtiere von Wildhunden und Wölfen werden so mit Nahrung versorgt. Auch hier kann der Hundehalter dieses Verhalten unterbinden, muss aber nicht. Schaden fügt es dem Tier nicht zu.

Hunde erbrechen auch, weil sie als Rudeltiere gierig fressen müssen, um genügend von der Beute abzubekommen. Sie können sich nicht genug Zeit nehmen zu kauen und schlingen große Brocken hinunter, die später wieder erbrochen werden. Es gibt natürlich auch krankhafte Ursachen für häufiges Erbrechen, z. B. bei Gastritis oder »Seekrankheit«, die beim Autofahren entstehen kann (siehe auch S. 20, Mein Hund im Auto). Auf keinen Fall darf man einen Hund schimpfen oder bestrafen, wenn er in der Wohnung erbricht, denn er kann das genauso wenig verhindern wie wir. Am besten entfernen Sie das Malheur kommentarlos.

Kotfressen

Viele Hunde fressen zum Ärger ihres Besitzers Kot. Über diese sogenannte Koprophagie gibt es viele Theorien, aber keine konnte bisher wissenschaftlich belegt werden. Es könnte ein Mangel von Vitaminen (B und K) sein, die von Darmbakterien produziert werden. Kot von Pflanzenfressern wird von Hunden sehr häufig gefressen. Pferdeäpfel scheinen eine besondere »Delikatesse« zu sein. Auch wenn das für uns ein hygienisches Problem ist, kann man dieses Verhalten noch als normal bezeichnen. In der Natur fressen viele Tiere Kot, weil sich darin noch Nährstoffe befinden, die verwertet werden.

Bei Vegetariern (z. B. Gorillas) hat die Kotaufnahme der Jungtiere die Aufgabe, die für die Verdauung notwendigen Bakterien des Muttertieres in den Darm des Jungtieres zu befördern. Bei Raubtieren ist nichts Ähnliches bekannt. Hunde, die ausschließlich mit besonders frischer Nahrung versorgt werden, haben offenbar besonderen Appetit auf Kot. Da die Vorfahren unserer Haushunde Aasfresser sind, sollte man auch ihnen nicht immer nur ganz frische Nahrung anbieten. Auf schlecht gewordenes Fleisch, was uns den Magen umdrehen würde, sind Hunde besonders scharf.

Hündinnen fressen den Kot der Welpen, solange diese den Wurfplatz nicht verlassen können. Fremder Hundekot wird gewöhnlich nur beschnuppert. Wenn ein Hund an einem Hundehäufchen wittert, den wir mit unserem schlecht entwickelten Geruchsorgan schon aus gewisser Entfernung wahrnehmen können, geht er trotz starker Geruchsentwicklung ganz nahe heran. Aber nicht um das zu riechen, was wir Gestank nennen. Hunde können offensichtlich intensive, aber unwichtige Gerüche ignorieren, denn sie spüren mit ihrer selektiven Geruchswahrnehmung daneben minimale Gerüche auf. Beim Kotabsatz wird von den Analdrüsen ein Sekret abgesondert, das wichtige Informationen für andere Hunde enthält. So können sie sehr viel über einen Artgenossen erfahren, ohne ihm jemals begegnet zu sein. Also hindern Sie Ihren Hund nicht am Schnuppern, denn diese Informationen sind für ihn wichtig.

Besonders eklig ist es, wenn Hunde an Menschenkot gehen. Dann muss man immer die Augen offen halten. Verhindern Sie, dass Ihr Hund unbeobachtet zwischen Büschen oder an anderen unübersichtlichen Stellen umherstreift. Und wenn er sich einem Häufchen nähert, muss man ihn mit dem obligatorischen »Nein« von seinem Vorhaben abbringen. Bei wunschgemäßem Verhalten wird er gelobt und belohnt. Befolgt er den Befehl nicht, drohen Sie durch Schütteln der Klapperdose. Auch mit einer Wasserpistole kann man ihn unterbrechen.

Die einzige Möglichkeit, dieses Verhalten dauerhaft zu korrigieren, besteht darin, den Kot mit einem Brechmittel zu präparieren oder mit Bitterstoffen zu vergällen. Wird es dem Hund anschließend schlecht und er verknüpft die Übelkeit mit der Kotaufnahme, wird er es künftig unterlassen. Zu einer Verknüpfung kommt es aber nur bei einem schnell wirkenden Mittel.

Viele Hunde fressen Kot, hautsächlich von Vegetariern; Pferdeäpfel scheinen eine besondere »Delikatesse« zu sein.

Weitere Probleme

Genauso wie wir Menschen haben auch viele Hunde ihre kleinen oder großen Macken. Der eine will nicht an die Leine, der andere lässt sich den Maulkorb nicht anlegen und vieles andere mehr. In vielen Fällen wurde das Tier im Welpenalter mit solchen Dingen nicht vertraut gemacht, oder es hatte schlechte Erfahrungen mit bestimmten Gegenständen oder Situationen. Dazu gibt es unzählige Beispiele, die aber nicht alle besprochen werden können. Wichtig ist nur, das Prinzip der Therapie zu kennen.

Denken Sie sich eine Strategie nach dem Prinzip der oben genannten Beispiele aus, damit Sie mit Ihrem Hund künftig keine Probleme haben. Ein Hundehalter, der sich die Mühe macht, für jedes Problem einen Weg zu finden, hat bald einen gut erzogenen Hund. Je eher man beginnt, den Hund zu »therapieren«, umso besser kann man das Verhalten beeinflussen. Wenn ein Hund das unerwünschte Verhalten schon längere Zeit zeigt, muss man damit rechnen, dass es auch relativ lange dauern kann, bis man es abtrainiert hat. Ohne Geduld läuft nichts!

Einen Maulkorb anlegen

Lässt sich ein Hund zum Beispiel den Maulkorb nicht anlegen, so ist das nur allzu verständlich. Keinem Lebewesen ist es angenehm, eingeengt zu werden und ständig etwas vor der Nase und den Augen zu haben. Wir müssen also etwas tun, damit das Anlegen und Tragen des Maulkorbes nicht nur mit Nachteilen verbunden ist. Auf keinen Fall dürfen wir Zwang ausüben. Der Maulkorb muss groß genug sein, dass er überschüssige Wärme abhecheln kann.

Zunächst hält man ein Leckerchen in den Maulkorb, damit er seine Schnauze selbst hineinsteckt. Der Maulkorb wird sozusagen vorläufig zum Futterkorb umfunktioniert. Denn es wäre falsch, ihn sofort anzulegen. Wir müssen diese Übung oft wiederholen, damit er das Anlegen und Tragen des Maulkorbs mit positiven Erlebnissen verknüpfen kann. Man gibt ihm vorläufig keine Belohnung mehr, solange er keinen Maulkorb trägt. Dafür bekommt er umso mehr, wenn er ihn tragen muss. Legen Sie

Ihrem Hund den Maulkorb erst kurz vor dem Spazierengehen an, damit er abgelenkt ist. Das geschieht am Anfang nur kurze Zeit und wird langsam gesteigert.

Natürlich gibt es noch viele andere Probleme, die man mit der gleichen Methode therapieren kann: Denken Sie sich zu jedem unerwünschten Verhalten eine Übung aus, damit Ihr Hund möglichst viele positive Erlebnisse hat. So wird eine negative Erfahrung mit der Zeit von einer positiven überlagert.

Beim Kauf eines Maulkorbes muss man darauf achten, dass er nicht zu klein gewählt wird. Ein Hund muss bei Hitze oder Stress überschüssige Wärme abhecheln können.

 Tipp

Regen Sie sich nie über unerwünschtes Verhalten Ihres Hundes auf, sondern reagieren Sie jedes Mal ruhig und gelassen. Belohnen Sie ihn immer dann, wenn er sich so verhält, wie Sie es wünschen. Versuchen Sie aber nie, Ihren Hund mit einer Belohnung zu beruhigen, sonst verstärkt sich das Problem.

Register

Aaswälzen 236 f.
Ablenkung 67
Ablenkungsreiz 69, 95 f., 100, 197
Abschied 34
Aggression 78, 95, 116, 138, 140, 146–191
Aggressivität 129, 189
Agility-Training 150, 173
aktive Unterwerfung 97, 110 f., 121
akustische Signale 83, 127
Alleinsein 32, 131, 218 f.
Analdrüse 248
Angriffslust 144
Angriffssignal 144
Angst 8, 35, 146–191
Angstaggression 180
Angstbeißer 24, 36, 118, 136, 187, 190
Ängstlichkeit 63, 187
Anheben 68
Anleinen 62, 136, 205
Anschaffung 147
Anschleichen 112, 236
Anschreien 183
Anspringen 119 f., 211 f.
Apportieren 155, 230
Aufmerksamkeit 52, 55 f., 63, 67, 71, 75, 77, 84, 88, 93 f., 96, 99, 142, 180 f., 195
Aufmerksamkeitstraining 55
Aufreiten 120 f., 238
Aufreitversuch 133
»Aus« 82
Auseinandersetzung 140 f., 168
Auslauf 58
Ausnahme 12, 193
Ausrede 191
Auszeit 166, 205
Autofahren 17, 20 f., 35, 83, 243 f.
Autorität 64, 133

Baby 39, 40 f.
Bachblüten 152
Bachblütentherapie 90, 160
Balkon 205
Ball 83
Bedrohung 37
Befehlsverweigerung 97 f.
Begrüßung 33, 60
Beinheben 117
Beißen 152, 214 f.
Beißkraft 214
Beißunfall 36, 38, 149
Bellen 8, 72, 127–129, 134, 182, 203–205, 219, 222, 243 f.
Beobachtungsgabe 7
Beruhigungsmittel 35, 152, 246
Beschäftigung 21
Beschäftigungsmöglichkeit 15
Beschützerinstinkt 104
Beschwichtigungssignal 42, 50, 57, 73, 90, 107 f., 119, 124, 138, 242
Bestärkung 97
Bestrafung 9, 57, 59, 67, 77, 108, 182, 220
Besucher 220 f.
Bettelgeste 6 f.
Betteln 7, 72, 118, 208
Bevorzugung 102
Bewachungsverhalten 87, 172, 204 f.
Bewegungsbedürfnis 22, 58, 64, 71, 92, 133, 199, 225 f.
Bewegungsfreiheit 45, 153, 164
Bindung 11, 21–23, 47, 87, 106, 146, 154, 186, 224
Bindungsbereitschaft 21
Biss 136
»Bleib« 80 f.
Blickkontakt 50, 56, 66, 93, 117, 125 f., 169
Boshaftigkeit 15
Briefträger 220, 222
»Bring« 83
Brustgeschirr 61 f., 180
Brutpflege 26

Clicker 54 f., 94 f., 169

Dackellähme 105
Deckung 242 f.
Defensivdrohen 110, 127
defensive Aggression 121, 164, 168, 170, 180
defensives Drohsignal 109, 144
Demütigung 13
Demutsbezeugung 90, 172
Desensibilisieren 26, 158, 160
Didaktik 9
Disziplinierung 55
Dogdancing 173
Domestikation 106
dominanter Hund 120, 162
Dominanzaggression 163, 180
Dominanzversuch 7, 37, 120 f., 238
Drohen 110
Drohfixieren 110, 114, 125, 182
Drohsignal 76, 97, 109, 122, 129, 147, 178, 242
Drohverhalten 76 f., 102, 197
Duftmarke 117
Durchsetzungsvermögen 167

Eifersucht 177, 189, 232
eigene Kinder 38, 222
Einfangen 226
Einfühlungsvermögen 11, 58, 96, 192, 211, 242
Eingewöhnungshilfe 28
Eingliederungsprozess 18
Entwicklung 16
Erbanlage 17, 106
Erbrochenes 247
Erfolgserlebnis 56, 67, 81, 193, 222
Erinnerungsvermögen 12
Erkundungsverhalten 27, 193, 218
Ernstkampf 136
Erregung 114
Ersatzbeute 234, 236
Erschrecken 70
Erschütterung 157
Erstarren 112, 114, 123
erwachsene Hunde 86–105
Erziehungsfehler 62, 203
Erziehungshilfe 70, 94–97
Erziehungsproblem 192–249
Extremsituation 92

Fahrrad 64, 101, 133, 198, 201
falsches Belohnen 71
Fangspiel 226
Fehlentwicklung 49, 186
Fehlprägung 238
Fehlverhalten 30, 192
Fellsträuben 114
Ferntrainer 94, 98, 100
Feuerwerk 219
Fiepen 130, 205
flach hinlegen 123
Flegeljahre 43
Flexi-Leine 61
Flucht 156
Fluchtdistanz 127, 149
fremde Kinder 36, 239
Fressverhalten 246
Frisbee-Scheibe 199 f.
frontale Annäherung 78, 142
Führung 61, 133, 171
Fürsorge 20, 22, 201
»Fuß« 77
Futterbetteln 119
Futterneid 231

Gähnen 113
Garten 14, 138, 171, 179, 205
Geborgenheit 154
Geduld 87, 154, 156, 192 f., 242
Gefahrenzone 76
Gefühlsausbruch 67
Gegenkonditionierung 155–158, 160, 190
»Geh« 83
Gehorsam 63
Gehorsamstraining 14, 47, 92, 216
Gelenk 18
Generalisierung 147
Geräusch 25 f.
Gerechtigkeitsempfinden 104
Geruchsinformation 139
Geruchsmarke 136
Geruchswahrnehmung 248
Geschlechtsreife 242
Geschlechtstrieb 238
Gesichtslecken 122
Gesten 59, 84
Gewalt 87, 127, 133, 146, 169

Gewehrschuss 26
Gewissen, schlechtes 15
Gewissenskonflikt 92, 197
Gewitter 20, 32, 151, 157, 159 f., 206, 219
Gier 215
Gift 246
Gleichberechtigung 104, 132
Grundausbildung 92, 98, 100
Gutmütigkeit 135

Halsband 62
Halswirbelsäule 60, 94, 226
Hecheln 131
Heimfindevermögen 12
Heimflucht 200
Heimterritorium 14, 21, 27, 102, 178, 201
Hetzen 230, 233
Heulen 130 f.
»Hier« 76
Hierarchie 63
Hilflosigkeit 21, 63
Hinterlist 118
Hochheben 216 f.
Hocke 77
»Hopp« 83
Hormon 171, 175
Hörzeichen 32 f., 52, 54, 65, 72, 74–85
Hühner 236
Hundebegegnung 67, 142, 226
Hundeerziehung 46–85
Hundeführung 181
Hundehalfter 94, 181
Hundepfeife 77, 94 f.
Hundespielzeug 173
Hypersexualität 238

Ignorieren 7 f., 67
Imponieren 110, 114 f., 129, 141
indirekte Konditionierung 65
Infantilbellen 128
Inkonsequenz 12
instrumentelle Konditionierung 50
Intelligenz 14, 21
Intelligenztest 15
Isolation 57, 109, 186

Jagdinstinkt 99
Jagdspiel 199, 201, 230, 234
Jagdtrieb 229 f., 234
Jagdverhalten 43, 112, 234
Jagdversuch 237
Jagen 98, 201, 233, 235 f.
Jaulen 130, 219
Joggen 64, 101, 133, 229 f., 235

Kaniden 122
Kastration 175, 238, 243
Katze 44, 114, 234 f.
Kauen 212
Kauknochen 30, 34, 82, 133
Kehlkopf 60
Kinder 229
Kinderzimmer 39 f.
Kläffer 8
Klapperdose 70, 94 f.
klassische Konditionierung 50
Klauen 209, 211
Kleinkind 39
Knallgeräusch 26, 157, 206, 219
Knurren 39, 109, 129, 182, 231, 240
»Komm« 75
Kommentkampf 136
Kommunikation 9, 22, 55, 57, 59, 61, 63, 66, 106–131, 137 f.
Konditionierung 54
Konflikt 123, 141, 143
Kong 72
Konkurrent 102
Konsequenz 192
Kontaktliegen 22
Konzentrationsfähigkeit 54
Kopf abwenden 114
Kopf auflegen 141
Kopf tätscheln 73
Koprophagie 247
Körperhaltung 146
Körperkontakt 11, 22, 73
Körpersprache 19, 22, 37, 40, 57, 59, 71, 84, 106–129, 137, 146 f.
Körperwärme 131
Korrigieren 88
Kotfressen 247
Kratzen 219
Kreativität 89

Kühe 44
Kurzzeitgedächtnis 10, 12

Langeweile 21, 71
»Lauf« 83
läufige Hündin 224
Läufigkeit 117
Lebensfreude 47, 55
Lebensuntüchtigkeit 63
Leine 60, 62 f., 83, 136, 180 f., 225 f., 230, 239, 248
Leinenführigkeit 94, 225
Leinenführung 61, 171
Lernbereitschaft 9, 21
Lernfähigkeit 49
Lippenlecken 127
Loben 71, 73
Lorenz, Konrad 11
Löschungstrotz 193

Maulkorb 131, 248 f.
Maunzen 205
Meideverhalten 156
Menschenansammlung 24
menschenscheu 16
Milchzähne 67, 213 f.
Mimik 12, 59, 71, 84, 93, 125, 137
Misserfolg 193
Missverständnis 107, 114
Motivation 53, 71, 73, 134
Mülleimer 192 f.
Mundwinkellecken 122

Nachbarhund 178
Nachhilfestunde 86
Nachlässigkeit 209
Nackenfell 68
Nackengriff 68
Narrenfreiheit 23, 48
negative Bestärkung 52
Nesthocker 26
Neugier 49
Notwehr 36, 39, 242

Offensive Aggression 109, 170, 180
offensives Drohen 126 f., 144
Orientierungssinn 12

Paarungsbereitschaft 242
Panik 87, 101, 157
passive Unterwerfung 111, 124
passiver Widerstand 163
Pawlow 50
Pet-Trainer 97
Pfeife 77
Pfoteauflegen 37, 120
Pfoteheben 117, 135
Pföteln 6–8, 118
Pheromone 160
»Platz« 79
positive Bestärkung 51, 53, 55, 71, 88, 94
Postbote 195, 222

Rachenreizung 60, 226
Radfahren 18, 62, 64, 101, 133, 229 f., 235
Rangordnung 21, 24, 57, 104, 125, 132–145, 164, 233
Raufen 136 f., 165, 175 f., 185
Reißzähne 145
Reizschwelle 171
Reizüberflutung 231
Revier 27, 136, 204, 232
richtiges Belohnen 71
Rollentausch 164 f.
Routine 92
Rudelführer 59, 63 f., 132, 149, 166, 183

Scheinangriff 124
Schlagen 52, 182, 183, 226
Schlamperei 209
schlechtes Gewissen 90 f., 108, 125
Schleichhaltung 113
Schleppleine 61
Schleuderball 133, 155, 199
Schmerz 89, 91, 93, 97, 161, 180, 190, 193, 205, 233, 235
Schmerzempfinden 161, 214
Schmerzenslaut 68, 164
Schmerzreiz 162, 183, 212, 226
Schnappen 215

Schnauzengriff 93
Schnauzenkontakt 69, 169
Schoß 8, 212
Schoßhund 21
Schreck 25, 69, 219
Schrecksituation 24, 26
Schreckstarre 157
Schreien 52, 57, 64, 74, 182
Schuhe 29 f.
Schultergelenk 216
Schütteln 13
Schutzhund 190
Schwanzwedeln 115–117
Seekrankheit 20
Selbstbelohnung 43
Selbstbewusstsein 8 f., 57, 219
Selbstsicherheit 9, 31, 36, 96, 117, 148, 150
Selbstvertrauen 9, 72
Sensibilität 87
Sicherheit 22, 50, 57, 90, 154, 187
Sichtkontakt 84
Sichtzeichen 23, 32, 34, 79, 84 f., 193
Signalhand 51, 84
Silvester 20, 26, 32, 151, 157
»Sitz« 79 f.
Skateboardfahrer 19
Solitärjäger 170
Souveränität 87, 92
Sozialisation 16 f., 185
Sozialisationsphase 25, 43, 45, 147, 157, 186
Sozialkontakt 21, 41 f.
Sozialpartner 22
Sozialverhalten 16, 22–24, 41–43, 104, 123 f., 136, 146, 173
Spaziergang 14
Speichelfluss 50
Spielaufforderung 7, 112, 123 f., 147 f.
Spielsachen 133
Spieltrieb 23, 105
Spielverbeugung 112, 147
Spielzeug 30 f., 83, 134
Stachelhalsband 169, 180, 183
Standhitze 242
»Steh« 83
Stehlen 209

»Stopp« 83
Strafandrohung 197
Strafe 12, 52, 59, 69, 89, 91
straffreie Zone 69
Strafreiz 94
Streicheln 60
Stress 27, 171 f.
Stresssituation 36, 59
Streunen 200 f.
Stubenreinheit 26, 206
»Such« 83

Tadeln 71, 88
Tennisball 213
territoriale Aggression 102, 171
Territorium 26 f., 35, 47, 102, 119, 126, 128, 153, 169, 200, 215, 231
Tierarztbesuch 19, 152
Tierheim 243
Todesdrohung 68
Totschütteln 68
Trächtigkeit 243
Trainingseinheit 67
Trainingsleine 100, 198
Transport 35
Transportbox 29, 34
Trennungsangst 13, 34, 131, 206, 219
Triebabbruch 200
Trotz 15, 29

Über die Schnauze fassen 121
Übergewicht 243
Überhitzen 101, 131, 244
Überlegenheit 114
Übersprungshandlung 113, 163, 184
übertriebene Fürsorge 63
Ultraschall 95
Umarmen 242
Umgangsform 41
Umklammerung 121
Umorientierung 95, 230
Unaufmerksamkeit 34
Unfall 186, 190
Ungeduld 57
Ungenauigkeit 73
Unsauberkeit 207
unsensibler Hund 161

Unsicherheit 87, 95, 114, 121, 138, 142, 146, 148 f., 155, 222
Unterordnungsübung 133
Unterwerfen 27, 110
Unterwürfigkeit 24, 108, 122, 124, 169, 196, 207

Verantwortung 41
Verantwortungsbewusstsein 243
Verdauung 12
Verdauungsproblem 18, 28
Verfolgen 165, 229 f.
Verhaltenskette 67
Verhaltenskorrektur 9, 67, 89, 91
Verhaltensstörung 17, 47, 91, 186, 190
Verhätscheln 47
Verkehrsmittel 19, 131
Verknüpfung 50 f., 65, 93, 156, 167, 183
Verletzung 136
Verletzungsbiss 111
Verletzungsgefahr 61
Verlustangst 15, 18, 33, 87, 99, 245
Vermenschlichen 7, 14, 47, 132
Verständigung 106
Verstärker 51, 72
Verteidigungsbereitschaft 129
Verteidigungsbiss 155
Vertrauen 56–58, 86 f., 95 f., 146–148
Vertrauensbruch 90
Vertrauensverhältnis 189
Verweigern 92
Verwöhnen 137
Verzweiflungsangriff 149, 154, 186
Vibrationsgerät 84
»Voran« 83
Vorauslaufen 227
Vorderkörper-Tiefstellung 112, 124, 147

Wachhund 190
Wachposten 31
Wälzen 237

Wangengriff 183
Warnschnappen 24, 67, 105, 110, 122, 136
Wassermangel 244
Wehleidigkeit 24, 43, 201
Weidezaun 45
Welpe 16–45, 48, 50
Welpenschutz 42, 66
Welpenspielgruppe 41, 61
Widerspruch 91
Wild 235 f.
Winseln 130, 205
Wirbelsäule 18, 104 f., 181
Wirbelsäulenschaden 61
Wohlfühlwälzen 237
Wurflager 17, 26
Würgehalsband 169
Wut 169

Zähneblecken 126
Zähnefletschen 39, 109
Zahnpflege 247
Zaun 178
Zerbeißen 218, 220
Ziehen 94, 225
Ziehspiel 39
Züchter 16, 147, 161
Zuneigung 58, 169
Züngeln 27, 108, 127
»Zurück« 83
Zusammengehörigkeitsgefühl 22
Zuwendung 102, 206
Zuwendungsverlust 189
Zwang 249
Zwangslage 205
Zwicken 212, 215
Zwinger 128, 186

Literatur

BLOCH, GÜNTHER: Die Pizza Hunde, Kosmos Verlag 2007

BRENNER, DR. DAVID: Der Hund - Inbetriebnahme, Wartung und Instandhaltung, Carl Hanser Verlag 2005

BUROW / NARDELLI: Dogdance, Cadmos Verlag 2005

CSÁNYI, VILMOS: Wenn Hunde sprechen könnten … Kynos Verlag 2006

EATON, BARRY: Dominanz - Tatsache oder fixe Idee? Animal Learn Verlag 2003

EPP, ALEXANDER: Freundschaft statt Dominanz - Den Hund ohne Fesseln binden, Kynos Verlag 2003

FENNELL, JAN: Mit Hunden sprechen, Ullstein Verlag 2003

GORMAN, CARL: Der alternde Hund, Kynos Verlag 1997

GRIMM, HANS-ULLRICH: Katzen würden Mäuse kaufen, Deuticke Verlagsgesellschaft 2007

HALLGREN, ANDRES: Das Alpha-Syndrom, Animal Learn Verlag 2006

JONES–BAADE, DR. RENATE: Aggressionsverhalten bei Hunden, Franckh-Kosmos Verlags-GmbH 2003

MCCONNELL, PATRICIA B.: Das andere Ende der Leine, Kynos Verlag 2004

MCCONNELL, PATRICIA B.: Liebst Du mich auch? Kynos Verlag 2007

MORRIS, DESMOND: Dogwatching – Die Körpersprache des Hundes, Wilhelm Heyne Verlag 1990

NIEPEL, GABRIELE: Welpenspielstunde, Müller Rischlikon Verlag 2000

PIETRALLA, MARTIN: Clickertraining für Hunde, Kosmos Verlag 2000

O'HEARE, JAMES: Das Aggressionsverhalten des Hundes, Animal Learn Verlag 2003

PRYOR, KAREN: Positiv bestärken – sanft erziehen, Franckh-Kosmos Verlags-GmbH 1999

ROHN, CHRISTIANE: Man nennt mich Hundeflüsterin, Comart 2007

RUGAAS, TURID: Calming Signals – Die Beschwichtigungssignale der Hunde, Animal Learn Verlag 2001

RUGAAS, TURID: Das Bellverhalten der Hunde, Animal Learn Verlag 2007

SCHNEIDER, DOROTHEE: Die Welt in seinem Kopf, Animal Learn Verlag 2005

SONDERMANN, CHRISTINA: Das große Spielbuch für Hunde, Cadmos Verlag 2005

VON REINHARDT, CLARISSA: Das unerwünschte Jagdverhalten des Hundes, Animal Learn Verlag 2005

WEGMANN, ANGELA: Freizeit-Spaß mit Hunden, BLV Buchverlag 2001

Danksagung

Für die psychologische Fachberatung gilt mein besonderer Dank:
- Tierpsychologin Dr. Ute Baumeister, baumeister@doc4dogs.de, www.doc4dogs.de;
- Dipl. Verhaltenstherapeutin für Tiere Marina Gieche, www.hund-diehundeschule.de, kontakt@hund-diehundeschule.de;
- Tierpsychologin, Hundeverhaltenstherapeutin Susanne Wörn, www.dogproblems.de

Für sonstige Unterstützung und viele Anregungen danke ich den Hundeschulen:
- Rickys Hunde Akademie, Oberhaching, Tanja Reitinger, www.rickys-hunde-akademie.de, rickys-hunde-akademie@t-online.de;
- Stadthund München, Jens Tinschert;
- AJ's Hundetraining, München, Ansgar J. Haid;
- Fa. SOFTTRAINER, www.SOFTTRAINER.de, Peggy Dürichen, Ralf Müller und Enrico Mentzer;
- Tierärztin Jutta Strele, Westendorf, Tirol;
- Gudrun Flier;
- Jason, www.moloss.de.vu;

sowie Fotografen (siehe Bildnachweis) und Fotomodellen, ganz besonders denjenigen, die den Mut hatten, sich für Negativbeispiele zur Verfügung zu stellen.

Dieses Buch ist allen Hundehaltern gewidmet, die sich darum bemühen, Hunde artgerecht zu erziehen.

Impressum

Bibliographische Information der Deutschen Bibliothek

Die Deutsche Bibliothek verzeichnet diese Publikation in der Deutschen Nationalbibliographie; detaillierte bibliographische Daten sind im Internet über http://dnb.ddb.de abrufbar.

BLV Buchverlag
GmbH & Co. KG
80797 München

© 2008 BLV Buchverlag GmbH & Co. KG, München

Das Werk einschließlich aller seiner Teile ist urheberrechtlich geschützt. Jede Verwertung außerhalb der engen Grenzen des Urheberrechtsgesetzes ist ohne Zustimmung des Verlags unzulässig und strafbar. Das gilt insbesondere für Vervielfältigungen, Übersetzungen, Mikroverfilmungen und die Einspeicherung und Verarbeitung in elektronischen Systemen.

Bildnachweis:
Alle Fotos von Dieter Eichler, außer:

Dr. Volker Bantzhaff / Eichler: S. 159
Irene Binderbauer / Eichler: S. 183
Marina Gieche: S. 40
Uschi Gottschalk / Eichler: S. 238
Ipo: S. 27, 33, 68
Jason: S. 245
Juniors: S. 35, 181
Schanz: S. 2/3, 44, 132
Stuewer: S. 75, 91, 98, 122

Umschlaggestaltung:
Anja Masuch, Fürstenfeldbruck
Umschlagfotos:
   Titelbild: Jane Burton /
   Nature picture library
   Rückseite: Dieter Eichler

Lektorat: Dr. Friedrich Kögel,
   Dr. Eva Dempewolf
Herstellung und Layoutkonzept
   Innenteil: Angelika Tröger
Layout: Anton Walter, Gundelfingen
Satz: agentur walter, Gundelfingen

Gedruckt auf chlorfrei gebleichtem Papier

Printed in Germany
ISBN 978-3-8354-0322-2

Hinweis

Die in diesem Buch empfohlenen Methoden und Übungen beruhen auf langjährigen Erfahrungen des Autors und wurden nach bestem Wissen und Gewissen sorgfältig verfasst. Da jeder Mensch und jeder Hund unterschiedlich reagiert, müssen Hundehalter bei den Übungen verantwortungsbewusst handeln und besonders beim Umgang mit Kindern größte Sorgfalt walten lassen. Sollten dennoch unerwartete Zwischenfälle eintreten, übernehmen weder Verlag noch Autor die Haftung für etwaige Personen-, Sach- oder Vermögensschäden.

Eine kleine Auswahl aus unserem Programm

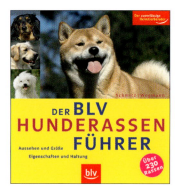

**Siegfried Schmitz/
Angela Wegmann
Der BLV
Hunderassen-Führer**
Entscheidungshilfe für Hundefans: über 230 beliebte, aber auch ausgefallene Rassen im Porträt mit Kompakt-Infos zu Pflegeaufwand, Krankheitsanfälligkeit, Eignung als Familien- oder Stadthund usw.
ISBN 978-3-8354-0049-8

**Katharina von der Leyen
Braver Hund!**
Viel Spaß beim Lesen und Üben: Hunde spielend leicht erziehen mit täglichen 10-minütigen Kurzlektionen; das Basiswissen zur Hundeerziehung mit Illustrationen, die humorvoll die beschriebenen Situationen visualisieren.
ISBN 978-3-8354-0156-3

Barbara Burg
Tierisch gute Hunde-Snacks
Für alle, die ihren Hund verwöhnen und belohnen möchten: Rezepte für gesunde, selbst gemachte Leckerli mit Zutatenliste und Zubereitung; eine Hundeparty ausrichten – mit Menüvorschlägen.
ISBN 978-3-8354-0361-1

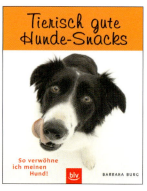

Gisela Fritsche
So fühlt mein Hund sich wohl
Das Beste für den vierbeinigen Freund – was Hunde gesund hält und glücklich macht; die Körpersprache des Hundes verstehen lernen, mit sanften Methoden Beschwerden lindern, Bachblüten und Homöopathie, Wohlfühl-Spiele, der richtige Umgang mit Welpen und älteren Hunden.
ISBN 978-3-8354-0224-9

Angela Wegmann
Hundetricks
Nützliche Aufgaben, die besten Tricks und kleine Kunststückchen für feine Nasen und geschickte Pfoten – mit spannenden Einblicken in die Profi-Arbeit der Filmhunde-Trainerin.
ISBN 978-3-8354-0223-2

BLV Bücher bieten mehr:
- mehr Wissen
- mehr Erfahrung
- mehr Innovation
- mehr Praxisnutzen
- mehr Qualität

Denn 60 Jahre Ratgeberkompetenz sind nicht zu schlagen!

Unser Buchprogramm umfasst rund 800 Titel zu den Themen **Garten · Natur · Heimtiere · Jagd · Angeln · Sport · Golf · Reiten · Alpinismus · Fitness · Gesundheit · Kochen.** Ausführliche Informationen erhalten Sie unter **www.blv.de**

BLV Buchverlag GmbH & Co. KG
Lothstraße 19 · 80797 München
Postfach 40 02 20 · 80702 München
Telefon 089/12 02 12-0 · Fax -121
E-mail: blv.verlag@blv.de

MEHR ERLESEN!